위기의 이성

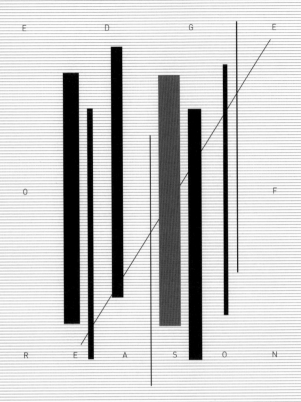

E D G E

O F

R E A S O N

위기의 이성

비합리적 세상에서 합리적 회의주의자가 되는 법

줄리언 바지니 지음 | 박현주 옮김

arte

머리말
이성이라는 신화들

우리는 이성reason을 상실했고, 이는 우연이 아니다. 오늘날 서방 세계는 이성의 힘을 갈수록 더 무시하게 되었다. 이성에 관심을 덜 갖게 되면서, 우리가 이성을 아예 잊은 채 살아간다는 사실을 문득 깨닫곤 한다. 막상 이성을 사용하려 해도, 어떻게 사용해야 하는지 잘 모른다. 이성이 우리를 '진리'라는 이름에 걸맞은 어디로라도 인도하리라는 신념을 갖기가 꺼려지면서, 우리는 이성의 자격에 회의를 품게 되었다.

한동안 이성에 대한 과도한 무시가 새로운 상식이 되었다. '논리와 철학, 합리적 설명에 의지하는 사람들은 결국 정신의 정수가 쇠약해지는 것으로 끝난다'와 같은 한때 급진적이던 주장들을 이제 (예이츠Y.B. Yeats에 기원을 둔) 수많은 영감을 주는 인용문집에서 볼 수 있다. 이제 우리가 떠올리는 전형적인 인간상은 네이선 박사Dr. Nathan 같은 사람이다. 그는 J. G. 밸러드J. G. Ballard의 『잔혹성 전시The Atrocity exhibition』에 나오는 인물로, "이성은 우리 모두에게처럼 네이선 박사에게도 현실을 합리화하는 역할을 하는데, 프로이트의 해석을 적용하면 이는 더 구미에 맞고 손쉬운 이유를 마련해 준다."[1]

대중의 상상 속에서, 이성은 보편적으로 칭송되는 능력을 상실했고, 신비와 모호함의 적이자, 건조한 논리의 냉정한 도구로 그려진다. 이성은 정서emotion의 반대편에 서서, 일상생활의 느낌과 감성sentiment의 역할을 부정하는 것으로 간주된다. 합리성 rationality은 패권을 쥔 억압의 도구이며 가부장적 심상이고, 뇌의 한쪽은 버려 둔 채 다른 한쪽에만 특권을 부여하는 서방 세계의 기만 혹은 착각이라며 묵살된다. 계몽주의가 누구에게나 공경받는 일은 더 이상 없을뿐더러, 오히려 인간성을 말살하는 산업자본주의 시대를 탄생시키고 아우슈비츠로 가는 길을 닦았다는 이유로 비난받는다. 이런 발상들의 조악한 변형들을 대중문화가 흡수했고, 이성의 영향보다는 오히려 유전자, 영악한 기업들, 무의식적 편향이 우리를 좌우한다는 생각이 이제는 널리 퍼져 있다.

늘 그랬던 것은 아니다. 수천 년 동안 합리성은 인간이 성취한 최고의 위업으로 여겨졌다. 한때는 아리스토텔레스를 따라 우리를 동물과 구분하는 것이 추론하는 능력capacity to reason이라고 주장했다. 이성이 사랑과 신뢰, 혹은 심미적 감상 같은 정열적인 덕목들의 냉혹한 적은 아니었다. 예컨대, 성 아우구스티누스는 "우리에게 이성적인 영혼이 없다니, 믿을 수조차 없다"[2]라고 말했다.

우리는 비이성적irrational 충동이 우리를 사로잡을 수 있음을 늘 인식하면서도, 전력을 다하면 더 선하고 이성적인 자아가 영혼 위에 군림할 수 있다고 믿었다. 예컨대, 플라톤은 "어떤 사람의 욕망desires이 자신의 이성에 맞서지 않을 수 없게 되거나, 스스로를 저주하면서 내면의 충동compulsion 근원에 있는 격정passion을 발산하는 것은 전혀 드문 일이 아니다"라고 말했다. 그러나 이어서 "이성적 정신rational mind이 저항을 제지할 때는, 당신은 당신 자신 혹은 어느 누구의 내면에서도 격정이 이성적 정신에 맞서 자신의 욕망을 편드는 상황에 직면한 경험이 있다고 주장할 리 없다"고 강조했다.[3] 아리스토텔레스 역시 '정신에는 이성 말고도 그에 대립하고 거스르는 다른 요소가 있다'는 사실을 인정했다. 하지만 그 또한 이 요소가 "자제력이 있는 사람의 정신에서는 최소한 이성에 복종하고, 아마도 차분한 사람들과 용감한 사람들에게서 보이는 그 요소는 경청할 태세를 더 잘 갖추고 있을 텐데, 그런 경우, 그 요소가 이성과 완벽한 조화 속에 있기 때문"[4]이라고 생각했다.

과거에 우리가 이성적으로 사고할 수 있는 우리 능력을 지나치게 믿은 것이 사실이고, 이성의 한계를 더 많이 인정하는 것이 필요하고 바람직하다는 것도 옳다. 그러나 '이성을 상실하는 것'이 정신 나간 일이라는 데는 이유가 있다. 이성은 제자리에 있어야 하고, 만약 그 자리가 인간 삶의 중심에서 떨어져 있게 되면 우리의 정신은 변덕과 감정, 그리고 타인들이 미치는 영향이라는 바다에서 키를 잃고 이리저리 부유하는 상태로 남게 된다.

이 책은 이성을 되찾는 데 보탬이 되고자 하는 시도이다. 이를 위해 우리는 이성이 무엇인지 이해해야 한다. 이 질문은 이상하게도 방치되었다. 연역 논리나 귀납 추론 같은 이성의 특정한 형태에 관해 쓴 글들은 넘쳐 나지만, 가장 일반적인 의미로서 이성이 무엇을 의미하는지에 관해서는 전혀 그렇지 않다. 이 공백은 우리가 두 개의 단어—이성과 합리성—를 사용한다는 사실에 반영되는데, 이성과 합리성은 동의가 이루어진 엄밀한 철학적 정의가 결여된, 사실상의 동의어들이다(나는 이 둘을 번갈아 가며 쓸 것이다).

이성의 복권이 긴급한 이유는, 우리 시대의 수많은 중대한 문제가 봉착한 진퇴유곡의 곤경에서 벗어나는 길을 찾는 일이 오로지 이성을 제대로 사용하는 것을 통해서만 가능하기 때문이다. 무엇을 의미하는지도 분명하지 않은 채 하나의 시각이 다른 시각보다 더 합리적이라고 한다면, 그렇게 채택된 입장은 결국 개인적인 의견이나 선호에 불과한 것에 근거한 것으로 보인다. 논쟁에서 사람들은 증거나 논거에 입각해서가 아니라 자신이 더 편안하게 느끼는 쪽에 입각하여 한쪽 편에 선다. 무엇이 경제를 위해 최선인가? 당신이 어느 당파에 속해 있는지에 따라, 월스트리트가 원하는 것일 수도 있고 원하지 않는 것일 수도 있다. 인류가 지구온난화에 책임이 있는가? 대기업 혹은 진보 세력에서 뭐라고 말하는지를 일단 알아보고, 그에 맞춰 당신의 입장을 정하라. 만약 과학이 당신의 종교에 도전하는 것으로 보이면, 과학은 종교와 전혀 무관하다고 스스로를 안심시키거나 아니면 절반에는 못 미칠지라도 꽤 숫자가 되는 종교적인 과학자들에게서 위안을 찾도록 하라. 이러한 모든 논쟁에서 사람들은 자신의 입장에 대한 이유를 대지만, 그들이 뭐라고 하건, 반대자들은 '그들은 그렇게 말할 것'이라고 자기네끼리 말하고 무시해 버릴 수 있다.

가장 우려스러운 것은, 이성의 힘을 믿지 못하면 원만한 국제 관계가 불가능하리라는 것이다. 우리가 이성을 단념한다면, 우리에게 남는 유일한 도구는 강제뿐이다. 예를 들어, "시리아와 이라크 테러리스트들의 잔학함은 우리가 어둠의 심연을 들여다보도록 강제한다"라고 미국의 고위급 정치인이 말했다. "이 같은 살인마들에게 통하는 유일한 언어는 힘의 언어뿐이다." 이 정치인은 악명 높은 매파가 아니라, 세계에서 미국의 힘을 행사하는 데 단호하지 못하다는 비판을 자주 받은 버락 오바마Barack Obama 대통령이다. 오바마는 중동에서, 그리고 아프가니스탄에서도 심사숙고한 외교가 해내는 역할을 이해했지만, 그것은 그에게 인기를 가져다주지 않았다. 이성이 평가 절하된 통화가 되었기 때문에, 위협적인 다른 나라들과의 문제 해결에 이성이 어떤 가치라도 갖고 있다고 믿는 사람은 점점 더 줄어든다.

오바마는 2014년 유엔 본부에서 열린 제69차 정기 총회에서 행한 연설에서 그렇게 언급했다. 신문들이 이성의 범주를 넘어선 양극적인 분쟁의 유발에 초점을 맞춘 것은 인상적이다. "유엔 연설에서 오바마, '죽음의 네트워크' ISIS와 싸우겠다 선언"이라고 《뉴욕타임스》는 단언했다. "오바마, 유엔 연설에서 IS 위협 강조"라고 《월스트리트저널》은 썼다. 하지만 그의 연설 대부분이 실제로는 세계 열강이 평화적으로 함께 일할 필요성에 관한 내용이었다. "세상의 빛에 지속적으로 노출되고 직면하고 논박된다면, ISIL이나 알카에다나 보코하람의 이데올로기는 시들고 사라질 것"이라는 게 그가 한 말이었다.[5] 테러리즘을 물리칠 수 있는 이성의 잠재력이라는 메시지는 상실되고 말았는데, 우리 중에 그것을 믿는 사람이 점점 줄어들고 있다는 데 어느 정도 이유가 있다.

플라톤과 아리스토텔레스를 비롯해 그들의 계승자들이 이성에 대해 지나치게 낙관적인 관점을 가졌다고 보는 것도 무리는 아니다. 하지만 우리 사이의 차이를 해결하고 공적 이성public reason이라는 공유 공간에서 결과를 도출할 수 있는 능력이 가장 소중한 인간 역량 중 하나라고 생각한 점에서는 그들이 옳았다. 이성에 대한 정당한 존중을 회복하기 위해서, 우리는 합리성을 포용하는 것이 비정하고 감동 없는 과학 만능 세계관으로의 후퇴를 요구하는 것이 아니라는 것은, 사고 활동이 요구되는 곳 어디라도 비판적 사고의 적용을 수반한다는 사실을 이해해야 한다.

하나의 개념으로서 이성은 더 얇거나 혹은 더 두껍기도 한 다양한 형태로 나타난다. 가장 얇은 차원에서, 이성은 문제들을 사고하는 데서 지성의 사용을 호소한다. 가장 두꺼운 차원에서는, 그러한 사고 활동이 수행되어야 하는 정확한 방법을 명시한다. 두꺼운 이성 개념은 연역적, 과학적, 변증법적이라는 다양한 방법을 요구할 수 있다. 얇은 개념의 이성은 대부분의 사람이 자신도 모르는 사이에 그 가치에 지지를 보낼 수 있는 미덕을 갖지만, 그 의견 일치가 '이성'을 너무 모호하게 규정하는 희생을 감수하는 것이어서 이성을 사용하는 게 무슨 의미가 있는지 아무런 실질적인 정보도 제시하지 못한다. 두꺼운 개념의 이성은 이 문제를 극복하는 대신 합의를 희생한다. 우리가 이성과 관련해 얼마나 두꺼운 개념을 사용해야 하는지에 대해 어떠한 합의도 없다.

따라서 우리에게 필요한 것은 공유된 토론 공간에서 개인들 혹은 문화들 사이에 상호 이해가 가능한 추론이 존재할 수 있을 만큼 충분히 얇은 이성의 개념이다. 물론 그 개념은 모호한 차이를 가진 단계적 논쟁에서부터 탁자를 치면서 자기 입장의 올바름을 고집하는 데에 이르는 모든 것을 추론으로 간주하게 할 정도로 너무 얇아서는 안 된다. 이 책의 목표는 충분히 얇으면서 동시에 충분히 본질적이어서 공적 대화를 가능하게 하는 이성의 개념을 개발하는 것이다. 그것은 실질적으로 합당하다는 점에서 광범위한 다양성을 허용하면서도, 진지하게 주장되기만 하면 어떠한 의견도 허용할 정도로 관대하지는 않다. 따라서 이 책은 공적 이성이라는 영역을 지키고 강화하기 위해 가능한 한 많은 사람을 단일한 '이성의 공동체'로 함께 모아 내기 위한 노력이다.

이러한 얇은 개념상에서는 합리적 논쟁이 공식적이고 기계론적이며 융통성 없는 방법이 아니라, 그야말로 신념을 위한 객관적 이유들을 제시하고 평가하는 과정이다. 그 이유들은 우리의 개인적 가치와 무관하게 판단이 이루어지고 설득력을 가지면서도 증거가 바뀔 경우에는 수정 가능성이 있는, 적절한 사유 능력을 갖춘 사람competent thinker이라면 누구라도 평가하고 이해할 수 있는 것들이다.

이런 유형의 합리성은 균형을 잡기 힘들 수 있는 이성의 가장자리edge로 우리를 데려간다. 우선, 심리학적 관점에서, 그곳은 넘어지기 쉽고, 무의식적인 내면의 편향과 외인에 의해 형성된 정보와 논거의 왜곡으로 눈이 멀어 종국에는 편견을 고수하고 말 수도 있다. 둘째로, 엄밀한 논리의 단단한 핵심에서 벗어나 있어서, 이성은 과거의 낙관적 합리주의자들이 믿어 온 것보다 얇은 얼음일 수 있다. 이성을 옹호하고 싶은 우리는 그 한계와 취약점을 지적하는 데서 가차 없어야 한다. 이성은 강력하지만 어떤 힘이라도 최대한의 잠재력까지 사용하려면 우리의 적보다 훨씬 더 그 약점을 잘 이해해야 한다. 우리가 걷고 있는 이성의 가장자리가 우리가 믿었던 만큼 단단하지 않다는 사실을 깨닫게 될 때, 이성은 공포감을 유발할 수도 있다. 하지만 선택의 여지는 없다. 만약 우리가 종교에 대한 신념과 본능을 믿으면서 희망 사항에 불과한 일에 의존한다면, 우리는 두 발을 땅에서 떼고 지적 환상의 비행을 하게 된다. 반면에, 만약 우리가 이성이 잘못되었음을 드러내고자 한다면, 우리는 발밑 얼음에 구멍을 내고 불합리의 언 바다에서 허우적거리는 상태가 된다.

우리의 가장 긴밀한 친구들만이 우리의 가장 심각한 결함을 알고 있듯이, 마찬가지로 이성에 대해 가장 격렬한 회의주의자들이 그것을 지키려는 사람들일 것이다. 만약 우리가 이성에 관한 거창한 신화가 틀렸음을 드러내지 못한다면, 그 적들이 훨씬 더 파괴적으로 그렇게 해낼 것이다. 따라서 합리성을 옹호하는 나는 우리가 네 가지 합리성의 신화를 익힐 것을 적극 주장한다. 그 네 가지는 모두 플라톤으로 거슬러 올라갈 수 있다.

이 신화들이란, 이성은 전적으로 객관적이어서 어떠한 주관적 판단도 요구하지 않는다는 것, 이성은 우리에게 최고의 지표 역할을 할 수 있고 또 해야 하며 영혼의 전차를 모는 마부라는 것, 이성은 우리가 행동할 근본적인 이유를 제공한다는 것, 그리고 우리가 완벽하게 이성적인 원칙 위에 사회를 건설할 수 있다는 것이다.

네 가지 신화의 배후에는, 거의 모든 이성의 수호자들이 어떤 형태로든 신봉한 잘못된 원칙이 있다. 존 스튜어트 밀John Stuart Mill이 가장 분명하게 썼다. "그곳이 어디건 자신의 지적 능력이 이끄는 대로 따르는 것이 첫째가는 임무라는 사실을 인식하지 않는 자는 그 누구도 위대한 사상가가 될 수 없다."[6] 이 생각은 플라톤으로 거슬러 올라가는데, 『국가The Republic』에서 소크라테스는 말한다. "우리는 우리의 목적지가 토론의 흐름에 의해 결정되도록 해야 한다."[7] 『에우티프론Euthyphron』에서는 이렇게 말한다. "탐구를 사랑하는 자는 그곳이 어디건 자신이 사랑하는 것이 이끄는 곳으로 따라가야 한다."[8]

이성을 **따르라**는 중요한 진리를 담은 강력한 은유다. 즉, 늘 사물을 우리가 원하는 대로 보지 말고 있는 그대로 보려고 노력해야 한다는 것이다. 하지만 이 은유는 이성이 실제로 어떻게 작동하는지를 근본적으로 잘못 이해한 표현이다. 우리는 이성을 따르지 않고, 이성 또한 우리를 따르지 않는다. 오히려 우리는 그 길을 찾게 해 줄 이성과 동행한다. 이성의 노예도 아니고 이성의 주인도 아닌 것이다.

이 지점에서, 이러한 생각들이 어떻게 발전해 왔는지 잠깐 이야기하고 가는 것도 좋겠다. 철학 박사 과정을 마친 후, 나는 학계 외부에서 철학 잡지를 편집하고 책과 기사를 쓰며 경력을 쌓았다. 동시에 나는 학계에 한쪽 발을 담근 채로 교과서와 학술지 논문과 책을 쓰고 학계의 간행물들을 의뢰하고 편집했다. 이러한 활동의 가장 큰 혜택 중 하나는 수년간 세계의 저명한 철학자 다수를 인터뷰할 기회를 가진다는 것이다. 그 대화들 중 일부는 이 책에 직접 인용된다.

이 색다른 경력은 필요와 선택이라는 양 측면에서 나를 다재다능한 사람으로 만들어 주었다. 그것이 내게 숲 전체를 볼 수 있는 독특한 관점을 제공했다고 생각하고 싶다. 안타깝게도 그 숲은 주로 특정한 나무들이나 심지어 잎사귀들만 꿰뚫는 전문가들로만 꽉 차 있는 곳이다. 또한 그러한 경력 덕분에 나는 내게 지속적으로 흥미를 주는 것에 관한 철학을 글로 쓰는 데 열정적으로 집중할 수 있었다. 이는 내가 모든 주장을 제시할 때마다 그 글 속에서 한 항목에 최소한 하나의 참고 문헌을 덧붙일 만큼 크게 열성적이지는 않았다는 의미다. 물론 모든 주석이 논증의 타당성을 더해 주기는 하지만 말이다. 나는 멋진 철학자 필리파 풋Philippa Foot의 사례에서 용기를 얻었다. 그는 겸손하게 말했다. "정말로 나는 철학의 많은 것에 관해 지독히도 아는 게 없습니다. 나는 기억력이 아주 나빠서 기억력이 좋은 총명한 사람들과 훌륭한 학자들이 하는 방식으로는 하지 않아요."[9]

내 글쓰기가 표준적인 학계 스타일과 대조되기를 바라는데, 버나드 윌리엄스Bernard Williams가 말했다시피, 그것은 "거듭해서 엄격하게 해석하는 방향으로 발표하는 것을 통해 완벽히 세뇌된 엄밀함을 추구하는" 것이다. 나는 이것을 피하고, 대신 "이견들과 있을 수 있는 틀린 해석들이 고려 대상이 되어 확실히 텍스트에 영향을 미친 다음에는, 가장 중요한 것을 제외한 나머지는 마치 — 건물의 틀을 형성하지만 건물이 완성된 후에는 필요하지 않은 — 비계처럼 제거될 수 있다"[10]는 그의 바람을 채우고자 노력했다. 나의 폭넓은 시야와 결합된 학술적 훈련이 나로 하여금 다른 관점들에서는 덜 부각되는 이성의 미덕들과 여러 측면을 내가 제대로 인식하게 해 주었기를 바란다.

이성이 존경받던 자리에서 끌어내려진 이유는 너무 높이 추어올려졌기 때문이다. 역설적으로 합리성에 대한 더 신중한 버전이 그에 선행한 전능에 가까운 신화적 버전보다 강력하고 유용하다고 판명될 것이다. 마이클 P. 린치Michael P. Lynch가 말했듯, 이성은 "허약함을 특징으로 하고 감성과 정념을 먹고살기에, 이성의 창조적인 불꽃이 꺼질 듯 펄럭이다 수그러들지 않도록 장려되어야 한다."[11]

차례

머리말_ 이성이라는 신화들 _5

1부 심판자로서 이성 _21

  1장 종교 논쟁 _26

    1. 의심 없는 확신 _29
    2. 믿음의 기본 원리 _37
    3. 정초주의와 정합주의 _44
    4. 바위와 단단한 마디 사이 _50
    5. 변증법으로서 이성 _58
    6. 어둑한 빛 _65

  2장 과학적 발견 _71

    1. 과학적 추론의 비이성적 측면 _74
    2. 과학적 방법론 _81
    3. 진리라는 느낌 _91
    4. 과학이라는 불순물 _100

  3장 논리 철학 _104

    1. 철학의 숨기고 싶은 비밀 _105
    2. 논리와 판단 _114
    3. 논리의 한계 _123
    4. 불충분한 추론 _127

2부 삶의 지표로서 이성 _135

  4장 철학자의 삶 _139

    1. 사상가와 사상 _141
    2. 철학 하기의 의미 _151

  5장 심리학의 도전 _164

    1. 뜨거운 머리 _165
    2. 뜨거운 이성과 냉정한 이성 _173
    3. 페미니즘의 기여 _179
    4. 복잡하게 얽힌 이성 _189

  6장 진리와 객관성 _192

    1. 도달 불가능한 객관성 _195
    2. 객관성의 다섯 가지 특징 _202
    3. 합리성의 경계선 _228
    4. 합리적 보편성 _234
    5. 진리 전쟁 종료 _240

3부 선행의 동기로서 이성 _247

  7장 당위적 실천 _252

    1. 반드시 합리적이어야 하는 윤리 _255
    2. 누구의 이유인가? _262
    3. 사실에서 가치로 _268
    4. 이타주의를 위한 이유들 _274
    5. 일관성에 대한 요구 _286

  8장 과학주의 _295

    1. 도덕의 과학적 근거 _296

  2. 도덕과 대조되는 과학 _306
  3. 과학과 도덕 _307

9장 이성의 영향력 _316

  1. 이성 그 자체의 당위 _317
  2. 도덕적 당위의 합리성 _324
  3. 철학자들의 정념 _329

4부 정치적 이상으로서 이성 _333

10장 유토피아 디스토피아 _337

  1. 소크라테스의 오류 _338
  2. 보수주의의 진리 _346
  3. 아나키즘과 공산주의 _350
  4. 호모 에코노미쿠스 _358
  5. 치명적인 단순화 _367

11장 정치적 세속주의 _370

  1. 정치적 다원주의 _371
  2. 다원주의에 대한 위협 _384
  3. 전통적 세속주의 _390
  4. 새로운 세속적 다원주의 _401

맺음말_ 이성의 신화를 넘어 _408

  감사의 말 _429
  주석 _430
  참고 문헌 _441
  찾아보기 _451

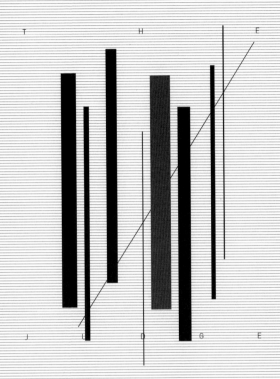

1부

심판자로서 이성
The Judge

합리성에 관한 주된 신화들 가운데 하나가, 합리성을 적절하게 잘 사용하기만 한다면 우리가 개인적 판단이나 주관적 판단을 필요로 하지 않는다는 것이다. 사람들에게 동일한 일련의 추론이 주어진다 해도 각기 다른 결론에 충분히 도달할 수 있다고 인정해야 하는 지점에 이른다는 것이 철학자들은 어김없이 불쾌하다. 그것을 참을 수 없어 하는 태도가 플라톤의 '논증을 따른다'는 이념에 암시적으로 드러나고, 이성주의 전통rationalist tradition에서 가장 분명하게 표현되었다. 후자에서, 르네 데카르트René Descartes는 이성의 '자연의 빛natural light'을 따르는 것을 논의했고, 바뤼흐 스피노자Baruch de Spinoza는 일련의 유사類似수학적 추론으로 그의 『윤리학Ethics』에서 논증에 착수했다. 그런 태도는—영국과 북미에서 지배적인 전통인—20세기 분석철학에도 모습을 드러내는데, 분석철학의 학부 커리큘럼에는 기호논리학 학습이 핵심을 차지한다. 학생들은 그들의 논거를 논리 언어로 바꿔 낼 수만 있다면, 객관적으로 타당하다고 단언할 수 있는 것들과 거짓된 것들을 깔끔하게 분간할 수 있다고 믿도록 부추김을 받는다.

수많은 철학자가 간직해 온 꿈은 주관적 판단이 추방되고 중요하게 여겨지는 모든 것이 알고리즘을 엄격하게 적용하여 설명될 수 있는 이성의 한 형태a form of reason에 관한 것이다. 이성은 하나의 정확한 결론, 하나의 유일한 결론으로 이끈다. 이처럼 높은 기준을 감안할 때, 그 기준에 도달한 적이 없다는 사실을 합리성이 심하게 과대평가되어 왔다는 증거로 간주하는 이들이 많은 것도 어쩌면 놀랄 일은 아닌 것 같다. 예컨대, 과학에서 관찰된 사실들은, 어김없다고 할 수는 없어도 최소한 거의 매번, 하나 이상의 이론상으로 가능한 설명에 들어맞는다고 확실하게 주장되었다. 이와 같은 발상들로 인해, 과학적 지식이란 어떠한 특별한 자격도 갖지 못하며 인간의 그렇고 그런 심상이나 담화에 불과하다고 무시하는, 극단적인 입장을 가진 이들이 생겨나기도 했다.

우리가 합리적인 것이 무엇인지에 대해 현실적이면서도 확고한 개념을 놓치지 않으려면, 이성은 합리적으로 비판하거나 검토할 수 없는 주관적 견해에 의존하는 판단을 필요로 하지 않는다는 신화가 틀렸음을 드러내야 한다. 이 점이 종교와 과학 분야에서 이성의 사용법에 초점을 맞추게 될 1장과 2장에서 목표로 삼는 것이다. 추론의 다양한 영역에서 결코 제거될 수 없는 판단의 역할이 있다. 하지만 그것은 이성과 합리성의 약화를 가져오는 회의주의를 수반하지 않는다.

1장

종교 논쟁

신God과 종교라는 큰 쟁점은 각자가 직면해야 하는 가장 중대하고 중요한 문제 중 하나다. 신이 존재하는가? 과학은 종교와 양립 가능한가? 신 없이도 도덕이 있을 수 있는가? 각각의 질문이 다 중요하다고 인정하면서도, 만일 내게 이 중 하나의 주제로 진행되는 공개 토론에 참여하라는 초청이 온다면, 내가 수락할 의향은 줄어들 것이다. 그러한 행사들에 필연적으로 수반되는 일들을 지켜보면, 모든 실전 자체가 점점 더 속임수 같아 보인다. 한쪽에서 논거를 내놓고, 이어 다른 쪽이 내놓는다. 양쪽을 지지하는 이유들이 계속 쌓여 간다. 하지만 결국에는 거의 모두가 처음에 자신들이 믿었던 그대로를 믿는다. 청중 가운데 정말로 확신이 없고 혼란스러워하는 극히 소수가 이쪽 혹은 저쪽으로 흔들릴 수 있다. 그러한 토론들은 논거가 제시되고 평가를 받는 지적이고 철학적인 실험들의 투쟁으로 간주된다. 그러나 현실에서는 모두가 자기네 편을 응원하러 나왔다가, 결과와는 상관없이 최고의 시합이었다고 확신하며

심판자로서 이성

떠나는 스포츠 경기나 다름없다. 그러한 행사들에서 유일하게 건설적인 효과를 찾는다면, 그것은 시민들의 의견 차이가 가능하다는 사실, 그리고 자신들과 반대 의견을 가진 이들 또한 선하고 지적인 사람들일 수 있다는 사실을 청중에게 상기시킨다는 것이다. 그것 말고는 없는 것 같다.

이러한 허무한 느낌은 정형화된 토론에만 국한되지 않는다. 종교철학이라는 학문 세계가 일깨우는 허무감은 훨씬 더하다. 여기서 우리는 모두가 하나같이 자기 신념에 대해 가능한 한 이성적 자세를 취하려고 열심히 노력하는 매우 똑똑한 사람들과 만나게 된다. 그들은 엄청나게 난해하고 미묘하고 복잡한 논거들로 꽉 찬 책들과 학술지 논문들을 쓴다. 정말로 그들이 이성을 매우 진지하게 받아들이는 사람들이라는 점은 확실하다. 그런데 그들 중 누가 큰 쟁점 가운데 어떤 것에서건 생각을 바꾸는 경우를 얼마나 볼 수 있을까? 거의 없다. 유신론과 무신론 간의 학문적 교류는 사실상 전무하다. 누군가가 변절을 하는 드문 경우에, 그것은 빅뉴스가 된다. 얼마나 대단한지 애매한 주저함까지도 흥미진진한 일로 간주된다. 일례로, 유명한 무신론자 앤터니 플루Antony Flew가 매우 연로한 나이에 이신론의 일종을 지지하는 것처럼 보이자, "유명한 무신론자, 이제 신을 믿다"라는 문구가 세계 곳곳에서 헤드라인을 장식했다.

만약 종교철학자들이 논증이 이끄는 대로 따른다면, 처음에는 이쪽으로 다음에는 저쪽으로 더 자주 이동하리라고 쉽게 예상할 수 있다. 그러나 그러한 논거들은 오로지 다음번의 반박으로 이어질 뿐이라는 것, 그것이 진실이다. 예컨대, 어떤 무신론자가 신의 존재에 대해 자신이 반박할 수 없는 새로운 논거를 만났을 때, 그는 "오! 그렇다면 이제 난 신을 믿어야 해!"라고 말하지 않는다. 오히려 이렇게 말한다. "기발하군. 거기엔 틀림없이 뭔가 오류가 있을 거야. 기다려, 내가 그걸 찾아내고 말겠어." 마찬가지로, 무신론을 지지하는 어떤 논거와 맞닥뜨린 유신론자가 자신이 반박할 수 없다는 이유만으로 자신의 신념을 포기하지도 않을 것이다. 오히려 그 논거는 적절한 때에 그야말로 도전할 목표가 될 것이다.

이 모든 게 언어도단으로 보일지도 모른다. 종교철학에서 통용되는 통화는 합리적 논증이어야 마땅하지만, 반대편 입장은 가격을 불문하고 구매하지 않는다. 하지만 이 사실에 절망한다면 합리적 논증의 본질, 그리고 신을 믿을지 말지와 같은 중대한 인생의 서약에서 합리적 논증이 갖는 중요성을 못 알아보게 된다. 이 지점에서 이성에 주어진 중요한 역할이 분명히 있지만, 그것이 독립적이고 객관적인 심판자의 역할은 아니다. 최종 심판자는 이성이 아니라 추론가reasoner이다. 합리성은 그 사람에게 필요한 도구일 뿐, 대단한 권위가 되어 주는 게 아니다.[1]

1.
의심 없는 확신

　　최신의 가장 정교한 논증이 사람들의 근본적인 종교적 신념에 아주 작은 변화조차 만들어 내지 못하는 한 가지 이유는, 큰 쟁점들에 관한 한 큰 논증이 설득력을 갖기 때문이다. 철학자들과 신학자들은 정교한 세부 사항들을 논하기를 즐기지만, 일반적으로 승리를 거두는 것은 폭이 넓은 솔broad brush, 즉 개괄적 접근법이다. 이것을 '종국의end of the day' 시험대라 부를 수 있을 것이다. 누군가에게 종국적으로 무엇이 자신의 종합적인 입장에 대한 확신을 갖게 했는지 물어보라. 장담하건대, 그것이 '학술지 논문'이라고 답하는 사람은(물론 늘 독특한 괴짜들이 있기는 하지만) 거의 없을 것이다. 만약 그렇게 답했다면, 그것은 그 논문이 작은 요점이 아니라 큰 요점을 정확히 밝혔기 때문일 것이다.

　지식인들은 이 사실을 인정하기 싫어하는데, 그 이유는 그것이 자신들을, 이를테면 호머 심슨과 같은 훨씬 단순한 보통 사람들과 동일한 수준으로 끌어내리기 때문이다. 내가 가장 좋아하는 "심슨The Simpsons" 에피소드에는 호머가 교회 다니기를 그만두는 장면이 나온다. 더 이상 신을 믿지 않는 것은 아니지만, 그는 신에게 예배드릴 이유를 찾지 못한다. 그 행위에 대해 그가 내세우는 이유들은 전혀 정교하지 않지만, 그보다 더 나을 수는 없을 것 같다.

> 일요일마다 썩 괜찮은 건물에 다니는 게 대수야? 내 말은,
> 신은 어디에나 계시는 거 아니냔 말이야.
> 전지전능하신 분께는, 어떤 별 볼 일 없는 인간이 일주일 중
> 하찮은 한 시간을 어디에서 보내는지 걱정하는 것보다 더 나
> 은 일들이 있지 않겠어?
> 게다가 우리가 잘못된 종교를 고른 거라면 어쩔 건데? 매주
> 우리는 점점 더 신의 노여움을 사고 있는 건 아닐까?²

　물론, 신의 존재 여부와 상관없이, 교회에 가야 하는 엄청나
게 많은 이유가 있을 수도 있다. 호머의 요점은 다만 그가 교회
에 나가지 않는다고 해서 잘못을 저지르는 것은 아니라는 이유
를 보여 준다는 데 있다. 그의 논증은 모두 바로 그 보편적인
논증을 정확히 가리킨다. 만인에게 자비로운 신이 사람들이 자
신에게 예배드리러 매주 특정한 장소에 가는 것이 정말로 중요
하다고 생각할까? 실제로 신이 그처럼 자비롭다면, 우리는 잘
못된 예배 장소를 선택하고 그를 점점 더 짜증 나게 하고 있는
지도 모른다. 신이 그의 백성들이 자신 앞에 엎드리기를 요구하
는 독선적인 폭군으로 상상되는 그런 논리는 완전히 정신 나간
의인관anthropomorphism이다.

　　　　　　　　　　심판자로서 이성

앞서 말했다시피 나는, 신이 존재한다면 교회에 가는 게 좋을 이유, 그리고 심지어 신은 우리가 그러기를 바랄 이유들을 갖고 있다는 합리적인 주장들을 상상할 수 있다. 하지만 교회에 가지 않는 사람들에게 신이 험악한 표정을 지을 거라는 발상은 그것을 솜씨 좋게 반박하는 논증을 고려하는 것이 한정된 지적 자원의 현명한 사용은 아니라고 여길 만큼 너무도 분명하게 어이가 없다.

그 '분명하게'가 매우 중요하다. 정말로 확신을 주는 것은 크고 폭넓은 요점이지 작고 복잡한 논증이 아니기 때문이다. 때로는 적절한 보통의 답변이 분명하다고 여겨진다. 내 개인적 경험을 사례로 들어 보겠다. 십 대 시절에, 나는 우리 가족 아무도 다니지 않는 한 감리교회에 자발적으로 나갔다. 나는 신자였지만 의심이 자라났다. 교회에 다니기 이전 상태가 되지는 않았지만, 한 사건 때문에 나는 신앙을 상실하고 다시 회복하지 못했다. 〈감리교 청년 클럽 연합Methodist Association of Youth Clubs〉(이하 MAYC)에서 주관한 런던 주말 모임에서였다. 나는 우리가 도착한 순간부터 토하기 시작하여, 로열 앨버트 홀의 장엄한 분위기 속에 주일 아침 예배 시간이 돌아왔을 때는 응급 처치 구역에 앉아 있었다. 그곳은 아이러니하게도 신의 품속 어디쯤이었던 것으로 밝혀지게 된다. 그리하여 그곳에서 나는 예배에 참석했다기보다는 몸이 불편한 상태로 관찰하고 있었다. 거리를 둔 채, 몰두하지 않았다.

그것은 하나의 계시였다. 갑자기 예배에 관한 핵심적 사실이 눈부시도록 투명하게 분명해졌다. 성령이 전혀 임하지 않는다는 걸 깨달았을 때, 그때가 갈림길에서 돌아온 나의 선택의 순간 my road back from Damascus moment이었다. 이것이 바로 모든 사람이 겪는 일이다. 사람들이 그리스도에 대해 서원을 세우거나 일신하라는 요청을 받는 중대한 순간에 감정이 최고조에 이르기까지 어떻게 커져 가는지 볼 수 있었다. 그것이 집단 히스테리라는 단정은 조금 지나칠 수도 있지만, 크게 과도한 것은 아니다.

설사 내가 복음주의자들 중에는 사기꾼들도 있다고 확신한다 해도, 내가 본 MAYC의 모습 때문은 분명 아니다. 나는 조직가들이 자신들이 하는 일이란 성령이 임할 수 있도록 적절한 환경을 조성하는 것일 뿐이라고 진심으로 생각한다고 믿는다. [동일하게, 일부 '심령술사들'이 불운한 피해자들을 속이기 위한 콜드리딩cold-reading(사전 지식 없이 빠르게 알아차리는 것-옮긴이)을 사용하는 한편, 또 다른 이들은 기본적으로 동일한 기법이라 할 수 있는 것을 정성껏 사용하고 그 결과에 크게 감동하면서, 자신들에게 특별한 힘이 있다고 굳게 믿는다.]

학교에서 수행한 「요한복음」에 대한 집중 연구로, 성경이 신이 아닌 인간의 작품이라는 것을 나는 이미 분명히 알고 있었다. MAYC 모임에서 내가 확인한 것은 내 신앙의 각기 다른 모

심판자로서 이성

든 측면 또한 참이라는 것이었다. 정신의 스위치가 켜졌던 것이다. 신은, 기독교가 이해한 것보다 더 완전한, 인간의 창조물이라고 말이다.

한낱 자전적 관심을 넘어 내가 생각하게 된 것은, 일단 인식론적 고비를 넘기고 나면, 머지않아 인간이 만든 종교의 속성은 단지 우리가 참이라고 믿는 어떤 것이 아니라 분명하게 참으로 보이는 어떤 것이 된다는 것이다. 하지만 그와 동시에, 수많은 신앙인에게 신의 존재는 그 자체로 분명하고 명백하다.

이와 관련한 아주 확실한 사례가 언젠가 내 동료 제러미 스탱룸Jeremy Stangroom과의 인터뷰에서 기독교인이자 물리학자인 러셀 스태너드Russel Stannard가 한 말이다. 기도하는 사람이 신과 접촉했다는 증거를 어떻게 가질 수 있느냐는 물음에, "당신이 깨달아야 하는 것은"이라며 스태너드가 말했다. "당신이 신앙을 가진 사람과 이야기하고 있을 때, 그들은 그러한 강력한 내면의 증거가 있다고 느낍니다. 카를 구스타프 융Carl Gustav Jung이 말했다시피, 내가 신을 믿을 필요가 없습니다. 신이 존재한다는 것을 아는 것, 그것이 바로 나의 느낌이지요."[3]

그 발언 직전까지 스태너드는, 마치 신의 존재가 과학적 방법론에 의해 사실로 확인되어야 하는 하나의 가설인 것처럼, 자신이 신을 믿는 증거에 관해 매우 냉정한 시선으로 이야기했다. 하지만 그 발언으로 그것이 어떤 면에서는 허울이었다는 게 드러났다. 신앙인들에게는 제3자의 검증 가능한 증거가 전혀 필요하지 않다는 것, 즉 내면의 확신으로 충분하기 때문이다.

　나는 이것이 신앙의 그런 분명함의 전형을 보여 준다고 생각한다. 그것이 분명한 것은 분명해 보이거나 그렇게 느껴지기 때문이기에, 신앙을 가진 당사자 말고 그 누구도 그 분명함을 입증할 필요가 없다. 내가 종종 인용하는 또 한 가지 사례는 달 표면에 가장 최근에 발을 디딘 유진 서넌Eugene Cernan이 한 말이다. "분별 있는 사람이라면 그 어디서라도 별들과 영원한 어둠을 들여다보고서 존재의 영성을 부정하거나 어떤 절대자a Supreme Being의 존재를 부정하지 못한다." 이 말은 절대자를 분명하게 느끼는 사람들에게는 호소가 되겠지만, 뒷받침할 아무런 증거도 없는 호소다. 마치 이렇게 말하는 것과 같다. '내가 느끼는 것을 당신이 느낀다면, 당신 또한 그것이 분명하다고 깨달을 것이다.'

　그렇다고 해서, 분명해 보이는 것이 전혀 상이한 사람들 사이에서 합리적 논쟁이 아예 불가능하다는 말은 아니다. 나는 종교가 하나의 인간 심상이라고 믿을 때 더 우세한 분명함이 있다는 논증을 하려 한다. 이 분명함은 주관적 느낌이 아니라, 누구나 접할 수 있는 다수의 증거에 의지한다. 사회학, 역사학, 종교심리학은 모두 신성divine origin보다는 인간 본원human origin에 주목한다. 신성한 대의를 가리키는 해석이 아니라 이 해석을 가리키는 증거의 압도적 영향력이야말로 이를 분명하게 해 준다. 이는 무신론의 여타 분명한 신조들에도 마찬가지로 적용된다. 우리는 제대로 기능하는 신체와 두뇌에 우리 존재와 의식이 의존하는 생물학적 유기체다. 이 사실이 분명한 이유는 그것이 참이어야 한다고 느껴서가 아니라, 그 증거가 분명하고 압도적이기 때문이다.

따라서 우리는 분명함에 최소한 두 가지 유형이 있음을 알 수 있다. 그런데 또 다른 차원의 분명함도 있으니 자연주의자들에게, 어떤 유형의 분명함이 가장 영향력을 갖는지는 확실해 보인다. 그것은 누구나 획득 가능한 경험적 증거에 기초한 것이지, 주관적 경험에 기초한 것이 아니다. 그러나 곧 알게 되겠지만, 이것이 결코 누구에게든 분명한 것일 수는 없다. 만약 누군가가 신의 존재에 대한 경험이 과학적 관찰보다 더 확실히 생생해야 한다고 판단할 경우, 그것이 '지당하게 기본적properly basic'일 수 없다는 것을 결정적으로 보여 주기는 쉽지 않다.

지적인 사람들은 신을 믿거나 안 믿거나 어느 쪽이건 기본 신념을 공유하는 사람들에게 말할 때를 제외하고는 '그것은 분명하다'와 같은 말을 대체로 하지 않는다. 상식을 언급할 때처럼, 그것을 마치 지적으로 무례하고 평판을 떨어뜨리는 대화법처럼 간주하는 것 같다. 하지만 여기에는 일종의 속임수가 있으니, 많은 사람이 정말로 자신의 신앙 혹은 신앙 없음의 핵심 요소들은 분명하다고 생각한다. 한 발 더 나아가, 나는 분명한 것이란 대체로 사람들이 신과 영성에 대해 어떤 기준의 신념을 가질지 결정하는 데 가장 크게 영향을 미치는 것이라고 생각한다. 반면에, 특히나 학자들은 신의 존재 여부를 판단하는 문제에 관한 한 존재론적 논증의 최신 개정판의 복잡한 세부 사항 같은 것이 정말 중요할 수도 있다는 환상을 고수한다. 그런데 만약 그들이 그러하다면, 우리의 경우는 마음의 변화가 더 자주 일어나는 것일 수 있다. 현재로서는, 종교철학자들이 최소한 자신들의 근원적 신념에 누구보다 더 충실한 것 같다.

이것이 냉소적인 반응을 유발할 수도 있겠지만, 나는 반드시 그래야만 한다고 주장하고자 한다. 데이비드 흄David Hume이 말했다시피, 증거와 논증에 따라 신념을 가지는 것이 이성을 잘 사용하는 것이다. 이러한 균형 잡기를 하는 가운데, 얼마 되지도 않는 관찰과 난해한 논리적 전문어들보다는, 전반적인 관찰에 기초한 논거들과 진실성이 분명한 논리의 요점에 기초한 주장들을 더 중시하는 것은 전적으로 타당하다. 결국 주장이 더 미묘할수록 궤변의 여지는 더 커진다. 이는 형사재판과 같다. 단 하나의 증언 혹은 확실하지 않은 과학 실험에 의지하는 것보다 중요하고 논쟁의 여지가 없는 증거가 영향력을 갖는다. 만약 피해자의 심장에 탄환이 있다면, 달리 생각할 아주 합당한 이유가 없는 한, 우리는 그가 총에 맞아 죽었다고 추정한다.

심판자로서 이성

설사 모든 증거를 경청하는 것이 이치에 맞다 하더라도, 종교에 관한 한, 평결은 검사도 피고도 논쟁을 벌일 수 없는 사실들에 전적으로 달려 있을 게 확실하다. 가령, 사람들이 신이 존재한다는 강렬한 느낌을 갖고 있다는 사실, 물리학 말고는 다른 어떤 타당한 과학적 증거도 존재하지 않는다는 사실, 성경이 오류를 면치 못하는 인간들에 의해 쓰였다는 사실 같은 것 말이다. 하지만 이것이 형사재판과 다른 점은 그러한 증거의 어떤 부분이 사건의 기본 원리를 제시하는지에 대해 사람들의 의견 일치가 이루어지지 않을 공산이 더 크다는 사실이다. 왜 그럴 수밖에 없을까?

2.
믿음의 기본 원리

내 경험상, 이성에 중요성과 가치를 부여한다는 점에서는 믿는 사람들과 믿지 않는 사람들 사이에 그들이 선언한 신념에 따른 차이가 유의미할 정도는 아니다. 자연주의자들—자연 세계는 있는 그대로가 전부라고 믿고, 따라서 유신론의 신을 믿지 않는 사람들—과 유신론자들 양쪽 다 정합성, 모순 없음, 합리적 일관성이 있을 것을 자기 신념의 기본 원리에 포함시킨다. 그런 의미에서, 양쪽 다 똑같이 합리성을 마음에 새기고 있을 수도 있다. ('있을 수도 있다'라고 한 것은 신앙은 이성에 도전한다는 주장도 있기 때문이다.) 그러나 어떤 면에서는, 합리성이 특별히 폭넓은 공통 기반은 아니다. 단지 추론 과정에 관련된 것일 뿐, 추론이 기반으로 삼는 전제는 공통된 것이 아니다. 논리적 추론은 종종 '소시지용 고기 다지는 기구'로 불리곤 한다. 뿌린 대로 거둔다는 것이다. 올바른 전제로 출발해서 추론을 잘하면, 결국 올바른 결론을 얻게 될 것이다. 잘못된 전제로 출발하면, 혹여 어쩌다 맞는 결론에 이를지는 몰라도, 흠잡을 데 없는 추론이 잘못된 결론에 이르는 경우가 훨씬 더 많다.

자연주의자들과 유신론자들 간의 차이는 대체로 그들이 서로 다른 핵심적 전제들을 자신들의 신념 체계의 기본 원리로 채택하고 있다는 데 있다. 자연주의자들에게는, 이러한 전제들이 누구라도 직접 검토하고 평가할 수 있는 명백하고 객관적인 종류의 증거에서 비롯된다. 그러나 종교를 가진 사람들에게는, 그것이 매우 다르다. "그들이 채택한 증거가 말하는 것에 근거해서 종교적 신념을 엄격하게 받아들이는 사람들도 있을 수 있다"고 앨빈 플랜팅가Alvin Plantinga는 말한다. "하지만 우리 대부분에게, 우리의 종교적 신념은 과학적 가설과는 다르"며 "우리는 (그 어떤 상황에서도) 변함없이 그대로다.'

여기서 플랜팅가는 그 인식론, 즉 신에 대한 믿음이 "지당하

심판자로서 이성

게 기본적"이라는 인식에 관련한 자신의 불후의 공헌을 언급한다. 플랜팅가는 신념에 대한 정당화를 어느 지점에선가는 중단할 수밖에 없고, 따라서 특정한 신념은 "기본적"이란 사실을 철학자 대부분이 받아들인다고 주장한다. 기본적 신념이란 우리가 '받아들이되 뭔가 다른 신념에 근거하여 받아들이는 것이 아닌' 신념을 말한다. 플랜팅가는 "예컨대 나는 2+1=3이라고 믿지만, 다른 명제에 근거해서 그것을 믿는 게 아니다. 또한 나는 내가 내 책상에 앉아 있으며, 내 오른쪽 무릎에 경미한 통증이 있다고 믿는다"는 예시를 든다. 우리에게도 어떤 것은 납득이 되고 또 어떤 것은 납득되지 않는 신념들이 있고, 그것들은 기본적이지 않은 것이다. 그것들은 "증거에 근거해서만 받아들여지며, 여기서 증거는 궁극적으로, 지당하게 기본적인 것으로까지 거슬러 올라가야 한다."[4]

신에 대한 신념은 종종 기본적이지 않다non-basic고 여겨지기도 한다. 그것은 우리 모두가 받아들일 수 있는, 결과적으로 기본적 신념과 다름없는 것에 의존하는 논증과 증거를 근거로 하여 타당함을 보여 주어야 한다. 플랜팅가는 이것이 틀렸다고 주장한다. "신에 대한 신념은 다른 명제들에서 나온 논증이나 증거에 근거를 둘 필요가 전혀 없다. …… 신앙을 가진 사람들은 설사 자신이 유력한 유신론적 논증 (연역적이든 귀납적이든)을 모른다 할지라도, 설사 그러한 논증이 없다고 믿을지라도, 그리고 실제로 그러한 논증이란 아예 존재하지 않는다 해도, 전적으로 자신의 지적 권리 안에서 지금 가진 그대로의 신앙을 갖는 것이 당연하다."[5]

어떻게 이것이 가능할까? 플랜팅가가 이 주장을 방어하는 일에 자신의 경력 대부분을 바쳐 왔다는 것을 감안할 때, 간단하게 답변한다면 다소 지나친 단순화를 피할 도리가 없다. 하지만 답변의 요점은 아주 단순하다. 플랜팅가의 논증은, 무엇이 됐든 믿기 위해서는 어떤 신념들은 기본적이라는 사실을 모두가 받아들여야 한다는 것이다. 하지만 그저 아무 신념이나 기본적이라고 간주될 수는 없으며, 그럴 경우 이치에 맞는 말과 허튼소리를 구분할 길이 없어진다. 예컨대, 내가 산타클로스의 존재를 기본적인 것으로 간주한다고 그냥 주장할 수는 없다. 그렇다면 어떤 신념들이 **지당하게** 기본적이라고 받아들여질 수 있는가?

플랜팅가는 신념이 교정 불가하거나 자명할 경우에는 대체로 지당하게 기본적이라고 받아들여진다고 말한다.[6] 하지만 그의 주장은 너무 엄격해서 시금석이 될 수 없다. 예컨대, 그 기준을 그대로 적용해 보라. 통과하지 못한다. 신념들이 교정 불가하거나 자명하다면 지당하게 기본적이라는 건, 교정 불가한 것도 자명한 것도 아니다. 더구나 이는 객관적 기준처럼 보일지 몰라도, 실제로는 개인적인 판단에 달려 있다. 예컨대, 1+2=3이 교

심판자로서 이성

정 불가하거나 자명하다고 말하는 것은 어떤 의미일까? 그것이 참이 아닐 수는 없다는 것인가? 그런데 실제로 우리가 정직하게 말할 수 있는 최선이란, 그것이 어떻게 거짓일 수 있을지 도저히 우리는 **상상할 수 없다**는 것이다. 달리 상상할 수 있는 능력이 우리에게 없음을 그것이 정말로 달리 될 수 없는 증거라고 상정하는 것은 우리의 판단력에 너무 많은 신뢰를 부여하는 것이다.

이 점을 받아들이는 것은 주관주의subjectivity에 문을 열어 주는 것이지만, 우리는 그래야만 한다. 만약 우리가 정직하다면, 진정으로 교정 불가하거나 자명한 것과, 단지 우리에게 교정 불가해 보이거나 자명해 보이는 것을 분간할 엄격한 시금석을 우리가 제시할 수 없다는 사실을 받아들여야 한다. 그렇다고 해서 우리가 맨 처음 가진 주관적 판단에 성급하게 의존해야 한다는 의미는 물론 아니다. 우리의 확신을 테스트하기 위해 타인들의 견해를 구하고 증거를 철저히 검증할 수 있다. 하지만 궁극적으로 최종 판단의 책임은 우리에게 주어질 것이다. 진실은 민주주의가 아니어서, 설사 어떤 명제가 교정 불가하거나 자명하다는 것을 다른 이들이 믿지 않는다는 사실을 우리가 알게 되더라도, 그들이 우리를 설득할 수 없다면 그들을 따라서는 안 된다.

일단 이것을 받아들이면, 어떻게 해서 어떤 이들에게는 신에 대한 믿음이 지당하게 기본적인지 알 수 있다. 그들은 자신의 존재나 외부 세계의 존재에 대한 믿음만큼, 어쩌면 그보다 훨씬 더 강한, 신의 실체와 현존에 대한 감각을 갖고 있다. 만약 우리가 동일하게 느낄 수 없다면 도저히 이해할 수 없을지도 모른다. 하지만 플랜팅가는 그들의 믿음이 지당하게 기본적이지 않다고 주장할 수는 없다고 억지를 부린다. 그렇게 하는 건, 신의 실재성이 그들을 감탄시키는 힘에 관한 진리를 설명하지 못한 채 증거에 기초하지 않고 그저 주장하는 셈이다.

만약 당신이 특정한 종교적 신념은 지당하게 기본적이라고 인정한다면, 당신은 종교적 신념과 자연주의자들이 주장하는 세계에 대한 경험적 진실 간에 생긴, 누가 봐도 알 수 있는 갈등 상황에서 '시원하게 빠져나갈get out of jail free' 묘수를 실질적으로 제시하게 된다. 예컨대, 자연주의자들에게, 생명체가 임의적 돌연변이나 자연선택으로 발생한 것이 아니라 신에 의해 창조되었다는 생각과 같은 특정한 종교적 주장은 과학적 증거를 기반으로 성립할 수 없다. 만약 경험적 관찰과 논리 원칙만이 지당하게 기본적이라고 인정된다면, 이로써 문제가 해결될 것이다. 하지만 종교를 가진 수많은 사람은 자신들의 증거 기반에는 사랑하는 창조주 존재와 같은 과학적 존재 이외의 사실들이 포함된다고 말할 것이다. 만약 진화의 과학적 증거에 이것을 추가한다면, 생명의 발생에 대한 가장 그럴듯한 설명은 신이 임의적 돌연변이를 통해 우리와 같은 생명체들이 반드시 진화하도록 보장한 것이 될 것이다. 그리고 플랜팅가가 주장하다시피, 진화론에서 그 가능성을 부정하는 것은 전혀 없다. 진화 과정이 전적으로 인도받지 않았다는 발상은 "형이상학적 혹은 신학상의 덧붙임"이다. 오히려 진화론은 "적절한 돌연변이가 적절한 시점에 일어나도록 하여, 나머지 모두에게 자연선택이 이루어지게 함으로써, 어쩌면 신은 자신이 원한 결과를 성취할 수도 있었을 것"이라고 말하고 있기 때문이다.[7]

지당하게 기본적인 신념에서 보이는 이 다양성의 여지는, 한쪽의 결정적 승리를 초래하는 종교적 신념에 관한 모든 철학적 논쟁이, 설사 실질적 불가능성은 아니더라도, 소멸되어 가면서 가망성이 없어지고 있다는 것을 설명한다. 갈등은 실제로 사람들이 자신들이 믿는 바를 믿는 이유의 저변에 놓여 있지만, 전쟁은 거기서 넘쳐 나오는 신념을 두고 벌어진다. 그것은 마치 뿌리 체계가 너무 깊어서 맹렬하게 잘라 내도 스스로 재생하는 줄기들을 난도질하는 식으로 호장근Japanese knotweed을 제거하려는 것과 같다. 철학자들은 논증이라는 형식의 매우 날카로운 낫을 지니고 있고, 대체로 그것을 잘 휘두른다. 하지만 그들이 하는 일이란 새로운 잡초가 다시 자랄 공간을 제공한 다음 그것들 또한 적당한 크기로 잘라 전체적으로 또다시 순환이 시작되게 할 뿐이다.

'지당하게 기본적인 신념'이라는 발상은 왜 큰 쟁점들에 대한 사람들의 입장이 좀 더 크고 폭넓은 논증에 근거하는지, 따라서 왜 훨씬 더 촘촘한 추론이 신을 믿는 사람들과 믿지 않는 사람들 사이의 논쟁을 끝낼 수 없는지를 더 분명하게 알 수 있게 한다. 세심한 추론이 논객들이 지당하게 기본적이라 간주하는 것의 기초를 아주 확실히 위태롭게 하지 않는 한, 그러한 추론은 더욱더 무력해질 뿐이다. 만약 세심한 추론이 그것을 해내지 못한다면 사람들은 더 미묘한 논증보다는 더 폭넓은 논증에 근거한 자신들의 결론에 매우 합리적으로 도달하게 될 것이다. 왜냐하면 우리가 의심하는 이성reason to suspect을 가졌다는 사실로 볼 때, 추론에서 영리함과 재간을 과시하는 데 만족하기보다는 분명하고 명백해 보이는 것을 중시하는 것이 더 합리적이기 때문이다.

3.
정초주의와 정합주의

그러나 '기본적' 신념이라는 개념은 그것이 이성을 상향식 과정, 즉 논거들이 단단한 기초 위에 세워지는 과정이라는 이성의 메타포에 가장 적합하다는 점에서, 다소 오해의 소지가 있다. 이것은 **정초주의적**foundationalist 접근법으로,

"내가 만약 안정적이고 지속적일 수 있는 과학에서 그 무엇이라도 확립하고자 한다면, 모든 것을 철저히 파괴하고 기초에서 다시 출발"[8]해야 한다고 믿은 데카르트와 역사적으로 가장 친연성이 있다. 정초주의는 지식을 위한 확고한 기초, 다른 모든 신념이 지탱할 수 있는 바위처럼 흔들림 없는 확실성의 어떤 유형을 찾아내고자 한다.

이성에 대한 '정초주의적' 해석은 역사가 길지만 근본적으로는 잘못된 판단이다. 그 이유를 확인하기 위해서는, '어디로든 논증이 이끄는 대로 따른다following the argument wherever it leads'는 메타포로 되돌아가는 것이 도움이 된다. 여기서 논증을 단수the argument로 쓴 것은 근본적으로 **잘못** 이끄는 것이다. 그 논증을 따르는 것은 대단히 비이성적irrational인데, 늘 한 가지 이상의 논증이 존재하며 이성적인 탐구자라면 모든 타당한 논증들을 계산에 넣어야 하기 때문이다.

건강은 종교보다는 이러한 일반적 원칙에 대해 더 분명하고 덜 논쟁적인 사례를 제공한다. 고도 포화 지방 소비와 심장 질환의 관련성을 예로 들어 보자. 이 관련성은 수많은 연구에 근거해 밝혀졌고, 상당수 연구는 많은 양의 포화 지방 섭취가 심장에 손상을 가한다는 생물학적 메커니즘에 대한 이해를 통해 상당히 보완되었다.

우리가 유력 신문에서 "포화 지방과 심장 질환 사이에 관련성 없는 것으로 확인"[9]이라고 내건 기사를 읽을 경우, 무슨 일이 일어날까? 우선, 그 신문이 연구 결과를 정확히 보도한 것인지 확인하려 애쓴다. 이 경우, 실제로는 "고도 불포화 지방산을 많이 섭취하고 모든 포화 지방을 적게 섭취하라고 권장하는 심혈관 관련 지침을 확실히 뒷받침하는 증거는 현재 없다"[10]는 것이 결론임을 알게 된다. 이것을 확증한 후에 우리가 하지 말아야 하는 일은 그 연구의 논증을 따라 구운 치즈와 소고기 기름 샌드위치가 주식이 되어야 한다고 결론짓는 것이다. 더 정확히 말하면, 우리는 이 새로운 연구가 기존 증거와 들어맞는지 생각해 보아야 한다. 뚜렷한 모순을 어떻게 설명할 수 있겠는가?

이에 대해 있음 직한 대답이 몇 가지 있다. 하나는 과거 이론이 인과관계의 연관성을 잘못 판단했기 때문에 완전히 틀렸다는 것이다. 따라서 어쩌면 심장 질환의 증가는 포화 지방은 높을지언정 그 밖의 다른 이유들 때문에 우리에게 좋지 않은 가공육과 유제품 같은 특정한 식품 섭취의 결과일지도 모른다. 사람들을 비가공육을 먹는 사람들과 가공육을 먹는 사람들로 분리하기는 힘들기 때문에, 연구자들이 결정적 차이를 놓쳤을지도 모른다.

또 한 가지 가능한 설명은, 새 연구가 빗나간 상관관계를 발견했다는 것이다. 서방 세계의 수많은, 어쩌면 대부분 사람이

심판자로서 이성

지방 소비를 줄여 결과적으로 설탕을 포함한 정제 탄수화물을 더 섭취한다는 증거가 충분히 있다. 따라서 포화 지방 섭취 감소로 그들이 얻는 모든 이로움이 상쇄될 수도 있다. 사람들이 포화 지방 대신 무엇을 섭취하는지 정확히 검토하지 않은 연구는, 아무리 대대적으로 이루어졌다 해도 포화 지방 섭취를 줄이는 것이 당신에게 좋은지 나쁜지 말해 줄 수 없을 것이다. 이는 알코올 섭취 저하가 건강에 좋지 않은데, 결과적으로 그 연구에서 알코올 섭취를 줄인 사람들이 그 대신 흡연을 늘렸기 때문이라고 결론짓는 것과 유사하다.

물론 놀랄 만한 새로운 연구 결과에 대해 수많은 다른 설명이 있을 수 있다. 그러나 요컨대, 핵심은 당신이 새 연구만 따로 본다고 해서 그것을 알아낼 수는 없다는 것이다. 새 연구란 다른 모든 증거가 이미 존재하는 환경에서 합리적인 탐구자가 고찰해야 할 증거를 작업대로 더 가져오는 것이다. 더 나은 충고를 하자면, 논증 하나하나가 동일한 방식으로 결과에 이르지는 않는다는 사실을 인식하면서, **논증들**이 이끄는 길을 따라가는 것이다.

여기서 특히 중요하게 주목해야 할 것은, 새 연구에 대한 판단을 유보하기 위해 그 연구에 결함이 있을지도 모른다는 생각이 반드시 필요한 것은 아니라는 점이다. 판단 유보의 이유는 내인적일 수도, 외인적일 수도 있다. 논증의 어떤 전제 혹은 취해진 어떤 조치가 의심스러운지 알 수 있을 때는 내인적이다. 사실이라고 믿을 만한 매우 합당한 이유가 있는 것들과 논증의 결론 사이에 모순이 있을 때, 이는 외인적이다. 이는 당신이 포화 지방과 심장 질환의 연관성을 압도적으로 지지하는 현재의 증거를 믿을 경우, 당신에게는 새로운 하나의 연구를 근거로, 비록 **그 연구에 논리적 결점이 없어 보일지라도, 즉각적으로** 당신의 마음을 바꾸지 않을 매우 합당한 이유가 있다는 것을 의미한다.

신의 존재를 지지하거나 반대하는 논증의 유사성은 분명하다. 종교철학자는 대부분 자신의 입장을 지지하는 몇 가지 논증을 확신한다. 일부 근거는 너무 강력해서 어떻게 잘못된 것으로 판명될 수 있는지 상상조차 할 수 없다고 믿기도 한다. 따라서 모순되는 주장을 지지하는 것으로 보이는 새로운 논증이 하나 나타나면, 그 논증에 대한 판단을 유보하고 그것이 틀렸다고 밝혀지리라는 추정에 따라 진행하는 것이 그들로서는 합리적이다. 물론, 그것이 확정적으로 틀렸다고 가정하고, 그 논증이 타당할 가능성을 묵살하는 것은 불합리하다. 하지만 이 **하나의** 논증을 여타의 다른 논증과 분리한 채 성급하게 따라가지 않기 위해 그러한 극단적인 독단론dogmatism과 비타협적 태도가 이성적으로 요구되는 것은 아니다.

명백하게 합리적인 논증에 찬성을 보류할 만한 합리적으로 타당한 이유로서 외인에 따른 것을 하나 더 들자면, 겉보기에 강력한 논증이나 증거가 사실은 허약한 것으로 입증된 유사한 경험을 우리가 거듭 겪어 왔다는 점이다. 이것이 바로 우리가 초자연적 현상에 대한 불가사의한 소문들을 일축하는 것이 정당화되는 이유이다. 예컨대, 예언이 너무 정확해서 요행히 맞췄다고는 생각할 수 없는 천리안을 가진 사람에 대해 들어 보았을 것이다. 하지만 우리가 경험상 알게 된바, 그러한 사례들은 어김없이 처음에 느낀 것과 달리 설득력이 부족한 것으로 드러난다. 따라서 유사한 새로운 주장들이 나타났을 때 그걸 믿지 않을 충분한 이유가 있다.

지적인 논쟁에 정통하게 되면, 유사한 '메타-귀납적meta-inductive' 회의주의가 정당화된다. 예컨대, 신의 존재를 순수하게 논리적으로 증명하려는 시도를 수십 번 보았고, 또 그 모두가 실패했을 경우, 당신은 아마도 그것들이 모조리 실패한 합당한 이유가 있을 거라고 믿는 게 합당하다고 여길 것이다. 따라서 과거 접근 방식에 입각한 새로운 변형을 만날 때, 그것이 선행한 것들과 동일하게 진행되리라는 가정은 지극히 합리적이다.

따라서 왜 수많은 지적 논쟁 속의 논증들이 사람들이 마음을 바꾸도록 이끄는 경우가 드문지 그 이유를 이해하려면, 우리는 추론의 전체론적 본성the holistic nature of reasoning을 이해해야 한다. 자신이 하는 일들을 믿는 이유는 서로 중복되고 상호 강화하는 수없이 많은 이유와 논증 때문이며, 어느 쪽으로든 하나가 그 쟁점을 해결하는 경우는 드물기 때문이다.

4.
바위와 단단한 마디 사이

하지만 이를테면 건강 조언의 경우와 종교적 신념의 경우에는 차이가 있다. 포화 지방의 경우에는, 시간이 흐르면서 사안 전반이 논쟁의 한쪽을 분명하게 뒷받침하게 되고 따라서 전문가들의 의견은 수렴된다고 예상할 수 있다. 하지만 종교적 신념의 경우에, 이것은 허망한 바람일 것 같다. 전문가들의 이의 제기는 끝없이 이어지고, 논쟁을 정리해 줄 위력적인 논증이나 결정적 증거를 기다린다는 발상은 가망 없이 낙천적으로 보인다. 그렇다면 시간이 흘러도 이성이 의견 일치를 이끌어 내지 못하는 이유는 무엇일까?

이 질문에 답하려면, 우리는 이성이 전체론적으로 작동한다는 생각과 특정한 신념들은 그럼에도 '지당하게 기본적'이라는 통찰을 결합해야 한다. 종교 논쟁에서 어느 편에 서는 사람에게든, 그들의 전체론적 네트워크 안에 있는 어떤 신념들은 너무 확고해서 나머지 다른 것들은 그것들과 조화를 이루도록 스

심판자로서 이성

스로를 정렬해야 한다. 만약 신이 모든 이해를 초월한다는 것을 당연한 일로 믿는다면, 이러한 재정렬된 신념들이 어떻게 다 함께 적절하게 들어맞는지 이해할 필요조차 없다. 따라서 만약 세상의 온갖 끔찍한 고통이 분명하게 존재한다는 사실과 신이 모든 사람을 사랑하고 전지전능하다는 믿음 사이에 갈등이 있다면, 신이 우리로서는 이해하지 못하는 이 모든 고통을 허용한 이유를 갖고 있다는 것이 논리적으로 매우 쉽게 내릴 수 있는 결론이다.

이성의 본성과 한계를 이해하기 위해서는, 신념에 대한 전체론적 입장이 특정한 신념의 기본 원리bedrock nature와 공존하는 이유를 분명하게 이해하는 것이 중요하다. 이것이 모순으로 보일 것이기 때문이다. 현재의 표준적 전문 용어를 사용하자면, 정초주의foundationalism와, 우리가 가진 신념들이 서로 잘 들어맞아야 하고 결국 현실에 대한 가장 종합적으로 일관된 그림이 되는 방식으로 증거와도 들어맞아야 한다고 주장하는 정합주의coherentism 사이에 뚜렷한 차이가 있는 것처럼 보인다. 예컨대, 니콜라스 레셔Nicholas Rescher는 이렇게 썼다.

[정초주의]는 정합주의와 뚜렷한 대조를 보이는데, 정합주의는 실제적인 것, 심지어 있음 직한 것에 대한 지식이 확실성의 근거를 필요로 한다는 관점을 명백하게 거부하면서 사

실의 기본적이고 기초적인 사실성에 대한 어떤 호소도 생략하기 때문이다. 정합주의자들에게 지식이란 단단한 기초 위에서 블록이 블록을 지탱하는 베이컨주의자들의 '장brick wall'이 아니다. 오히려, 지식의 각 세목이 증거에 입각한 가느다란 가닥들에 의해 서로 연결되어 하나의 마디가 되는 거미집이다. 각각은 약하지만 공동으로 강한 구조를 만들어 내기에는 충분하다.[11]

이 논쟁에서, 나는 정합주의자들의 편이다. 하지만 그 차이가 교과서에서 주장하는 것만큼 아주 명료하지는 않으며, 내가 호소하고자 하는 정합주의의 핵심적 진리가 정초주의자들에 의해 수용될 수 있고 실제로 수용되고 있다고 믿는다. 순수한 정초주의적 접근법을 추구한 가장 엄격한 이성주의 철학자들조차 그 기반에 대해 어느 정도까지는 상호 지지를 필요로 했다. 예컨대, 데카르트가 '무엇이건 내가 확실하고 분명하게 진리라고 인지한' 원칙과 선한 신이 존재한다는 신념 양자를 다 자신의 기초에 포함시킬 필요를 느낀 건 주지의 사실이다. 하지만 두 원칙이 별도로 진실임을 입증할 수는 없다. 신의 존재를, 그는 신이 존재한다는 확실하고 분명한 인식에 의해 겨우 확립할 수 있었지만, 신이 존재한다는 추정에 대한 자신의 확실하고 분명한 인식을 신뢰할 수 있었을 따름이다. 이 '데카르트의 순환논법Cartesian circle'은 수많은 비평가에게 비난받을 만하고 그의 논증의 권위를 약화시킨다. 좀 더 친절하게 설명하면, 어떠한 정초주의도 순수하게 존재할 수는 없고, 일정 정도의 일관성을 필요로 한다는 것이다.

아마도 훨씬 더 의미심장한 것은, 정합주의자들이 어떤 신념은 다른 것들보다 더 기본적이라는 것을 반박하기만 하는 것은 아니라는 점이다. 가장 눈에 띄는 것이, '정초정합주의foundherentism'라는 어색한 이름을 붙여 자신의 입장을 논증한 수전 학Susan Haack이다. 정초정합주의는 신념들이 비록 십자말풀이 속 단어들처럼 서로 잘 들어맞는다 하더라도, 어떤 의미에서는 서로 얽혀 있는 전체적인 구조물에 기반을 제공하는 것은 경험이라고 인정한다.[12]

신뢰할 만한 정합주의는 정초주의에 그러한 양보를 해야 한다는 것이 내 주장이다. 다시 말해, '신념 망web of belief'에 담긴 어떤 원칙이 제1원리로 쓸모가 있다는 것을 받아들여야 한다. 이것은 모순되지 않는다. 루트비히 비트겐슈타인Ludwig Wittgenstein은 우리가 확신의 최저점에 도달했을 때 "이 기초 벽foundation-walls(지표면 밑에 있는 구조 벽-옮긴이)을 집 전체가 지탱하고 있다"[13]고 말해도 될 것 같다는 자신의 착상에서 이것을 포착해 냈다.

정합주의가 어떤 종류의 제1원리를 필요로 한다는 것은 버트

런드 러셀Bertrand Russel이 비모순율prinsiple of non-contradiction이라는 예시로 분명하게 보여 주었다.

> '일관성'은 논리 법칙이라는 진리를 필요조건으로 한다. 두 가지 명제는 양자 모두가 참일 때 일관성이 있고, 적어도 하나가 거짓이면 일관성이 없다. 이제 두 명제가 모두 참인지 알려면, 우리는 모순 법칙과 같은 진리를 알아야 한다. 하지만 모순 법칙 자체가 일관성의 시험 대상일 경우, 만약 우리가 그것을 거짓이라고 추정한다면, 그 어떤 것도 다른 어떤 것과 더 이상 일관되지 않을 것이라는 사실을 깨달아야 한다. 따라서 논리 법칙은 일관성의 시험이 적용되는 뼈대나 골격을 제공하지, 그것들이 이 시험에 의해 스스로 확립될 수 없다.[14]

러셀 자신은 이것이 정합주의에 대한 반박 논증이라고 생각했다. 하지만 실제로 정합주의자가 그러한 제1원리의 존재를 허용할 이유는 없다. 먼저 '신념 망'이라는 메타포를 통해 정합주의를 이해함으로써, 그리고 레셔가 사용한, 망의 가닥들이 연결되는 곳을 의미하는 '마디'라는 용어에서 우리는 그 이유를 알 수 있다. 망상web-like 구조가 어떻게 작동하는지 생각해 보면, 전체 망을 하나로 잘 유지시키기 위해 특정한 마디들이 필수적인 망을 상상하기는 어렵지 않다. 예컨대, 거미줄에서 망은 주로 한두 개의 기본 줄에 의해 고정된다. 이것을 자르면 거미줄은 무너진다. 하지만 망 자체에 연결된 고리 몇 개를 자르더라도 전체로서의 거미줄은 그대로 유지된다.

메타포는 오해를 부를 수 있지만, 이 경우 핵심 요점들은 더 이어진다. 신념들이 한두 개의 핵심적인 기초 위에 있는 것이 아니라 서로가 서로를 지탱하는 하나의 '망'에서 서로 잘 어울린다고 주장한다고 해서, 정합주의자들이 이 망 안의 모든 요소가 똑같이 중요하다고 주장해야 할 필요는 없다. 예컨대, 응집성 있는 그 어떤 신념 망도 온전하게 유지되기 위해서는 비모순율이 필수적인 반면, 우리 대부분에게는 2002년 5월 7일 뉴욕의 기온의 실상이 무엇이건 그것에 좌우될 일이란 조금도, 혹은 전혀 없는 것이다.

따라서 정합주의자들은 정당한 신념 네트워크의 손상 없는 보존이라는 측면에서 신념 망의 특정한 요소들이 다른 것들보다 더 중요하다는 것을 받아들여야 한다. 그 요소들이 필수적인 이유는 그것들이 내가 '결정적 마디들'—네트워크 내 수많은 다른 신념이 연결되는 마디들, 네트워크를 유지하기 위해 요구되는 마디들—이라 부르는 것들이기 때문이다. 그처럼 중요하기 때문에 그것들이 본질적으로 정합주의자들의 기본 원칙인 것이다. 하지만 전통적인 정초주의자들의 기본 원칙들과는 달리, 이 '결정적 마디들'은 직접적으로, 확실히 그리고 늘 그렇듯 감각 경험에 의해 혹은 자명하게 알 수 있는 것이 아니다. 예를 들어, 데카르트가 "확실하고 분명한 생각"[15]에 호소한 반면, 존 로크John Locke는 "내가 직관적이라고 부르는 것에 어김없이 수반되는 눈에 띄는 광채와 완전한 자신감"[16]에 대해 말했다. 그에 반해, '결정적 마디들'은 좀 더 넓은 '신념 망'에서 차지하는 지위에 의해 정당화될 뿐이다. 비트겐슈타인이 썼다시피, "명백하게 내게 떠오르는 것은 단 하나의 자명한 이치가 아니다. 결론과 전제가 서로를 지탱하는 시스템이다."[17] 예컨대, 비모순율에 대한 옹호는 그것이 별개로 고립된 채로 자명하다는 것을 알 수 있어서가 아니라, 그것 없이는 어떤 신념 망도 유지될 수 없다는 것을 우리가 알기 때문에 가능하다. 그것들은 반론의 여지가 없다기보다는 어쩔 수 없는 것이다.

따라서 정합주의자들과 정초주의자들의 차이는 대체로 추정되는 것만큼 선명하지 않다. 합리적인 신념이 어떻게 정당화되는지에 대한 당신의 이론이 무엇이건, 거기에는 늘 특정한 정초주의적 혹은 유사 정초주의적 지위를 차지하는 특정한 신념들이 있을 것이다. 모든 신념의 구성물은 특정한 바위 혹은 마디들 위에 서거나 좌초한다. 그리고 결정적으로는, 이처럼 지탱되기보다는 지탱하기 때문에, 그것들을 믿는 데 대한 우리의 정당화는 어떤 의미에서 자립적이다. 그렇다고 해서 그것들을 정

심판자로서 이성

당화하기 위해 우리가 할 말이 전혀 없다는 것을 의미하지는 않는다. 마이클 P. 린치Michel P. Lynch는 설사 우리가 당연시해야 하는 원칙과 신념이 있다 해도, "그것이 우리가 당연하게 간주하는 것들에 대한 이유를 제시할 수 없음을 의미하지는 않는다. 그것은 우리가 제시할 수 있는 이유들이 다른 종류여야 한다는 의미일 뿐이다"[18]라고 말했다.

양측은 어떤 신념들이 '무효화가 가능한' 정도를 판단하는 방식에서도 공통점이 있는데, 새로운 정보나 논거를 바탕으로 수정이나 거부에 열려 있다는 의미에서 그러하다. 정초주의자들이 특정한 신념은 무효화할 수 없다고 밝히는 반면, 정합주의자들은 모든 '아직 경험적으로 실증되지 않은 가설truth-claims'은 무효화가 가능하다는 태도를 보이는데, 그것은 한때 명백하거나 자명해 보인 것들이 의심의 대상이 되는 그러한 방식으로, 정당한 신념 망도 미래에는 변할 가능성에 정합주의가 열려 있어야 하기 때문이라고 생각된다.

그러나 무효화 가능성이라는 쟁점은 정초주의적인가 정합주의적인가와 무관해 보일 수 있다. 어떤 면에서는, 정직한 탐구자라면 누구나 자신의 모든 신념의 무효화 가능성을 받아들여야 한다. 훌륭한 정초주의자들조차 그들이 틀릴 수 있음을 받아들여야 한다는 것이다. 따라서 실질적인 쟁점은 어떤 신념에 대한 엄밀한 의미의 무효화 가능성 여부가 아니다. 오히려 실제로 의문을 갖지 않을 만큼 특정한 신념들이 잘 확증된 것으로 받아들여지는 정도의 문제다. 여기서, 정합주의자들과 정초주의자들은 거의 같은 위치에 설 수 있다. 합리성이라는 전체 망이 붕괴되는 것을 막기 위해, 중대한 특정 마디들이 필수적이라는 것을 받아들이는 정합주의자들은 이것이 정초주의자들의 기본 원칙들만큼 극도로 단단하다고 믿을지도 모르겠다. 예컨대, 비모순율은 그것이 확고한 기초인 만큼이나 분리할 수 없는 결정적으로 중요한 마디일 수 있다.

5.
변증법으로서 이성

합리적 논증이 예상만큼 충분히 또는 자주 사람들이 마음을 바꾸도록 이끌어 내지 못하는 한 가지 최종적인 이유는 그 대부분이 기본적으로 **변증론**apologetics이기 때문이다. 이 용어는 종교적인 신학 체계와 가장 밀접하게 연관되어 있다. 예컨대, 기독교 변증론은 유신론의 합리성에 반대하는 논증들을 논박하고 그 신념이 무리 없이 양립할 수 있음을 보여 주려는 노력이다. 따라서 변증론은 본질적으로 **건설적**이기보다는 **방어적**이다. 신념의 합리적 기반을 쌓는 것을 목표로 이성을 사용하는 것이 아니다. 신념의 기초는 다른 곳에 존재한다. 오히려 종교의 기초가 과학적, 역사적 혹은 다른 어떤 경험적 증거에 의해 논리적으로 결함이 없다거나 치명적으로 권위가 훼손되지 않는다는 것을 보여 주기 위해 이성을 사용한다.

실제로 신정론(악의 존재를 신의 섭리로 보는 사상─옮긴이)은 신학의 가장 뚜렷한 예시들을 제시한다. 신정론은 만인을 사랑하고 모든 것을 알고 모든 힘을 가진 신이 사악한 인간 행위에서부터 자연재해에 이르기까지 온갖 종류의 악을 용인하는 것이 어떻게 가능한지 설명하려는 하나의 시도이다. 이 '악의 문제'는 신의 존재를 반박하는 합리적으로 명확한 논거로 보인다. 예컨대, 만약 신이 사람들이 끔찍한 에볼라 바이러스로 죽도록 방치한다면, 신이 그것을 멈출 수 없거나(신은 전능하지 않다), 그것에 대해 알지 못하거나(신은 전지하지 않다), 그것을 멈추고 싶어 하지 않는 것(신은 만인을 사랑하지 않는다)처럼 보일 것이기 때문이다. 신정론이 이러한 삼자 택일의 궁지에서 벗어나려는 시도로 보여 주는 것은 예컨대 이런 것이다. 신이 이러한 모든 일이 일어나도록 허용해야 하는 것은 우리 자신을 위해서이므로, 우리에게 단기적인 악을 허용하는 것이 장기적인 은혜를 거부하는 것보다 우리를 더 사랑하는 것이다.

또 다른 예시는 신은 성부와 성자와 성령으로 이루어졌다는 삼위일체 교리와 관련된 것이다. 중세의 삼위일체 방패Scutum Fidei가 시각적으로 보여 주듯 이것은 다소 역설적 교리인데, 성부와 성자와 성령 각각이 신이지만 성부는 성자도 아니고 성령도 아니고, 성자는 성부도 아니고 성령도 아니며, 성령은 성부도 아니고 성자도 아니라고 단언하기 때문이다.

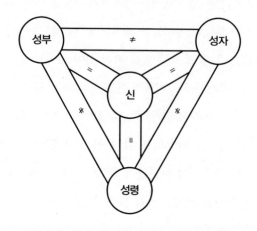

이는 논리의 가장 기본 원칙을 거부하는 것처럼 보일 것이다. 표준 논리에 따르면, 만약 'A=B'이고 'B=C'라면 'A=C'이다. 따라서 예컨대, 빌 클린턴이 42대 미국 대통령이고, 42대 미국 대통령이 첼시의 아버지라면, 빌 클린턴은 첼시의 아버지여야 한다. 삼위일체의 교리는 이처럼 명백하게 움직일 수 없는 논리를 거부한다. 성부는 신이고 신은 성자이지만 성부는 성자가 아니다. 따라서 변증론이 하는 일은 이 순환이 어떻게 일치를 이루는지 보여 주는 것이다.

신정론과 삼위일체 양자 모두의 경우에, 옹호되는 입장은 합리적 논증에서 나오지 않는다. 오히려 그것은 신념의 한 조항이고, 전통이나 계시나 성서, 혹은 이 세 가지 모두에 존재하는 기반이다. 따라서 이성의 역할은 다른 도구들을 사용해 확립되어 온 그대로 그냥 쭉 서 있는 것이다.

이성이 이렇게 사용되면, 이성이 사람들이 지지하는 편을 바꾸도록 이끌어 내는 일이 그다지 자주 일어나지 않는 이유는 매우 분명할 수밖에 없다. 만약 입장의 근거가 이성에 토대를 두지 않는다면, 이성이 그 입장을 지지할 수 없다는 것을 보여 줌으로써 그들을 흔들어 놓는 일은 거의 없을 것이다. 변증론이 실패한다는 것은 전혀 중요하지 않을 수도 있다. 예를 들어, 기존의 신정론 중 어느 하나도 전적으로 흡족하지 않다는 사실을 받아들이는 신자가 다수 존재한다. 그런데도 자신들의 신념을 뒷받침하는 수많은 다른 근거를 갖고 있기 때문에, 그들은 이것을 결정적이라고 받아들이지 않는다. 신의 우주 안에 있는 악의 존재는 그저 풀리지 않는 미스터리로 받아들여질 뿐이다.

많은 자연주의자에게, 이는 종교적 신념이 얼마나 비합리적인지를 보여 줄 뿐이다. 하지만 종교적 변증론이 주는 교훈들이 좀 더 넓은 의미에서 중요성을 갖는다고 여겨야 하는 이유가 최소한 두 가지가 있다.

첫째, 수 세기 동안 해결되지 않은 수많은 철학적 역설 같은 풀리지 않는 미스터리들을 받아들이는 데에 지적으로 언어도단인 점은 전혀 없다. 과학은 미해결의 난제들로 가득 차 있다. 현재 거의 한 세기에 걸쳐, 과학자들과 철학자들은 논리의 기본 법칙이나 상식에 위배되지 않는 방식으로 양자물리학을 이해하기 위해 분투하고 있다. 그 외의 과학 분야에서는 근거가 매우 분명하기 때문에, 이러한 문제점들이 있다는 이유로 과학자들이 그들의 모든 이론을 어쩔 수 없이 폐기해야 할 의무는 없다. 물론 그렇다고 해서 언젠가 이러한 미스터리와 모순이 해결될 수 있다는 희망을 포기한다는 의미는 아니다. 하지만 만약 우리가 아직 그것을 어떻게 하는 게 나을지 알 수 없다면, 당분간 미스터리와 함께 사는 것은 합리적인 선택일 수 있다.

미스터리와 공존한다는 것은 전체론, 정합주의, 그리고 '지당하게 기본적'인 신념과 연결된다. 양자물리학자들과 신학자들 모두가 논리적으로 역설적인 자기 신념의 당연한 귀결을 받아들이는 이유는, 그러한 신념들이 다른 어떠한 대안보다 더 근거가 있다고 여기기 때문이다. 그들 사이의 핵심적 차이는 신학자들이 신념에 대한 과학적 근거들만큼이나 비과학적 근거도 받아들인다는 점뿐이다. 자연주의자들이 이것을 싫어하기는 하겠지만, 이것이 원칙적으로 비합리적이라고 입증할 손쉬운 방법은 없다. 과학이 정당한 신념의 유일한 기반이라고 말하는 것은 과학적 주장이 아니다. 더 정확히 말하면 그것은 **과학주의**다. 하지만 과학주의는 논쟁이 필요한 철학적 입장이다. 과학

심판자로서 이성

은 오로지 과학만이 진리를 도출한다는 것을 밝히지 못한다.

실제로 우리는 한 걸음 더 나아가 수많은 과학자—아마도 대부분—가 과학적이지 않다는 것을 알아야 한다. 예컨대, 그들은 자신들의 도덕적 신념의 기초를 실험실의 연구 결과에 두지 않을 뿐 아니라, 배우자의 사랑의 진실성을 시험할 실험을 고안하지도 않는다. 시나 음악 작품의 심미적 가치를 평가할 때, 그들은 조금도 과학적이지 않은 기준들을 사용한다.

따라서 우리 입장이 역설적인 함의를 품고 있다고 인정하는 것도, 과학적이지 않은 근거들로 신념을 갖는 것도 생래적으로 비합리적이라 할 수 없다. 그러므로 변증론이 이러한 것들을 수용하는 데 전혀 특별할 게 없을뿐더러, 그러한 것들에 의해 치명적으로 약화되지도 않는다.

어쩌면 첫 번째보다 더 중요하고 훨씬 더 합리적이라 할 만한 두 번째 이유는 변증론의 일종으로, 신학 이외의 영역에서는, 사람들이 어느 정도 합리적이고 또 어느 정도는 합리적이지 않은 다른 이유들 때문에 기존 입장을 방어한다는 오로지 그 목적으로 자신이 이성을 사용한다고 노골적으로 말하는 경우가 드물다는 것이다. 하지만 실제로는 이것이야말로 정확히 사람들이 자주 하는 행동이다.

철학과 관련된 어느 토론에서건 특정한 입장에 선 사람들을 발견할 것이다. 그렇다면 그들이 쓴 글들을 살펴보라. 그들의 연구가 그 입장을 더욱 강하고 모호하게 진전시켜 나감으로써, 결국 비평가들에 맞서 그 입장을 방어하기 위한 체계적인 공격이 되는 것을 발견하더라도 전혀 놀랍지 않을 것이다. 그것은 너무 자연스러워서, 우리는 그것이 얼마나 쉽게 다른 입장이 될 수도 있는지 간과할 수 있다. 예컨대, 철학자들이 어떤 주제를 두고, 어떤 특정 입장을 옹호하는 다양한 논문을 쓰고, 다른 이들은 그것을 논박하는 세상을 상상할 수 있다. 만약 그들이 완벽하게 감정에 좌우되지 않는 관찰자들이라면, 바로 그것이 정확히 우리가 그들에게 기대하는 것이다. 그러나 여기서는 오로지 예외만이 그 법칙을 증명한다. 예컨대, 힐러리 퍼트넘Hilary Putnam은 그 길을 걸어오는 동안 수많은 핵심 쟁점에서 입장을 바꾼 것으로 명성이 자자하다. "'나'는 어떤 입장을 채택하고 그 입장을 옹호하는 사람으로 널리 알려지고자 하는 것이 미덕이라 생각해 본 적이 한 번도 없다"고 언젠가 퍼트넘은 말했다. "그것은 상표명의 공급업자 혹은 콘플레이크를 파는 사람과 같다."**19** 하지만 정확히 그것이야말로 그의 동료 대부분이 했던 바로 그 일이다. 어쩌면 전형적인 철학계에서, 쉽게 눈에 띄는 사람들은 자신의 생각을 바꾸지 **않은** 사람들일지도 모른다.

논쟁의 여지가 있겠지만 변증론자와 철학자의 차이는, 설사 양자 모두 **이성을 방어물로** 사용할지라도, 철학자의 경우 그들이 방어하는 것은 궁극적으로 **이성에 근거해 있다**는 점이기도 할 것

심판자로서 이성

이다. 이 책 전반을 통해 내가 보여 주고자 하는 것처럼 설사 여기에 어떤 진리가 있을 수는 있더라도, 이처럼 직설적일 수는 없다. 하지만 비록 그렇다 할지라도, 어떤 입장이 실제로 올바른지를 객관적으로 확립하는 수단으로 이성이 사용되기보다는 일종의 변증론을 위한 도구로 사용되는 경우가 더 많다는 사실은 인정할 필요가 있다.

6.
어둑한 빛

이제 우리는 이성이 있는 어둑한 장소에 도달한 것 같다. 일단 이성은 전체론적으로 작동한다는 것, 신념들이 확고부동한 기반을 갖기보다는 긴밀히 협업한다는 것, 우리의 가장 기본적인 신념들은 그 자체로 반드시 이성에 의지하지 않아도 된다는 것을 인정하고 나면, 왜 이성이 신의 존재나 본성을 둘러싸고 벌어지는 것과 같은 중대한 지적 토론을 사멸시키는 원인이 될 정도로 무력해지는 경우가 많은지 그 이유가 분명해진다. 만약 거기에, 최소한 이성은 입장들을 확립하기 위해 필요한 만큼 그 입장들을 방어하기 위해서도 사용된다는 경험적 사실을 보탠다면, 추론할 때 우리가 그저 합리화하는 것에 불과하다는 생각, 즉 우리가 전혀 합리적이지 않은 이유로 믿는 것들을 우리 자신은 물론이고 타인에게도 합리화하려 한다는 생각을 어쩌면 용서받을 수 있을지도 모른다.

하지만 너무 성급하게 실망해서는 안 된다. 전능하다고 믿는 무엇인가가 실제로는 생각보다 훨씬 더 약하다는 것을 알게 될 때, 우리는 그것을 포기할 수도 있고 그것이 가진 힘을 최대한 이용할 수도 있다. 그리고 이성은 그 모든 한계에도 불구하고 진정한 힘을 충분히 갖고 있다.

첫째, 플랜팅가 자신이 분명히 인정하듯, '지당하게 기본적'인 신념이라는 인식이 그저 어떤 신념이라도 정당한 기본 원리로 받아들이기 위한 핑계가 될 수는 없다. 우리는 특정한 기본 신념이 얼마나 정당한지 묻기 위해 이성을 사용할 수 있다. 여기에는 두 가지 핵심적 질문이 포함된다. 이 신념은 **필수 불가결**한가? 그리고 **믿을 만한가**?

첫 번째 질문은 우리가 기본적이라고 받아들이는 어떤 신념들을 필요로 하는지 묻는다. 어떤 신념들은 이 시험을 의심할 여지없이 통과한다. 우리가 정신 나간 게 아니라는 사실, 비모순율과 같은 논리의 기본 법칙이 타당하다는 사실, 우리의 인식이 완전히 잘못된 게 아니라는 사실, 우리의 마음이 진심이라는 사실, 물리적 사건들이 물리적 원인의 결과라는 사실 등등을 우리가 인정할 수 없다면, 결코 우리가 분별력이 있다고 말할 수 없다. 관념으로만 존재하는 사색의 안락의자에서는 이 모든 것에 대한 급진적 회의주의가 가능하겠지만, 우리가 세상에서 계속 살아가며 사고한다면 그것은 불가능하다. 그러한 신념들이 지당하게 기본적인 이유는 그것들이 필수 불가결하기 때문이다.

두 번째 질문은 이 기본적인 신념이 믿을 만한가 하는 것이다. 내가 필수 불가결하다고 인정한 몇몇 신념에조차 전적으로 믿음이 가지 않을 수도 있지만, 대신 선택할 수 있는 다른 것들보다는 확실히 더 신뢰할 수 있다. 예컨대, 물리적 사건에서 물리적 원인이 있다는 신념에 근거해 행동한다면, 우리는 이것이 믿을 만하다고 생각한다. 그것은 우리가 그 신념을 갖지 않았을 때보다 일을 더 잘 처리할 수 있도록, 훨씬 더 정확히 예측할 수 있도록 해 준다.

하지만 만약 종교적 신념에 관해 이 두 가지 질문을 한다면, 우리는 그 답들이 부정적임을 알 수 있다. 사람들이 세상을 이해하기 위해 반드시 신을 믿을 필요가 없다는 것은 매우 분명하다. 신뢰성이라는 쟁점은 훨씬 더 중요하다. 많은 사람이 신에 대한 자신의 체험을 신의 실존이 현실로 인정되는 증거로 간주한다. 하지만 이 두 가지 체험은 매우 다른 종류의 것이다. 외부 세계에 대한 체험은 필수 불가결한 만큼 보편적이고 사람들이 그 세계를 신뢰하고 탐색하도록 이끈다. 하지만 신에 대한 체험은 전혀 보편적이지 않으며 세계 여기저기로 퍼져 나갈 그 어떤 향상된 신뢰감도 주지 않는다. 실제로, 너무 많은 일에서 신의 손길을 목격하는 사람들은 신뢰감이 떨어지는데, 오로지 물리적 작용과 반작용만 있는 곳에서 그들은 목적을 보기 때문이다.

신성 체험이라고 알려진 것이 명백히 믿을 수 없는 유형의 증거라는 점이야말로 가장 저주스러운 일이다. 많은 사람이 신성 체험을 했다고 주장한다. 하지만 그들이 믿는 그것은 사람에 따라, 문화에 따라 제각각 엄청난 차이가 난다는 것을 보여준다. 만약 종교적 체험이 인격신人格神과 비인격적 하느님 양자를 다 드러내 보인다면, 그 종교적 체험은 믿을 수 없게 된다. 둘 다 옳을 수는 없으며, 적어도 하나는 잘못된 것일 수밖에 없기 때문이다. 그러므로 우리는 특정한 유형의 종교적 신념은 지당하게 기본적인 신념으로 간주되어야 한다는 주장에 진지하게 이의를 제기하기 위해 이성을 사용할 수 있다.

신념 망 내부의 어떤 마디들이 다른 것들보다 더 중요하고 이 마디들 중 일부는 어떤 식으로든 증거에 의지하기 때문에, 이 마디들을 문제화함으로써 정합주의적인 입장을 심각하게 약화시키는 것이 가능하다는 점에서, 이성에 요구되는 더 큰 역할이 있다.[20] 물론 종교적 신념은 여러 형태로 나타나지만, 많은 신념은 이처럼 취약하다. 예컨대, 비물질적인 영혼의 존재를 물질계의 물질과는 별개의 실체라고 주장하는 다양한 이원론

심판자로서 이성

적 종교들이 있다. 반론의 결정적 마디들은 첫째, 우리는 하나의 생물학적 종인 인간이고, 둘째, 우리가 가진 모든 타당한 증거에 따르면 적절하게 기능하는 두뇌는 의식에 필요하고 충분하다. 이것은 확고부동하고, 참일 경우에는 이원론적 관점과 양립할 수 없다. 유사하게, 성경의 무오류성을 주장하는 각종 기독교가 있다. 성경이 기록된 방식과 그것의 내적 모순을 감안한다면, 이 입장이 유지될 수 없는 구체적인 증거는 엄청나다.

기본적인 신념들이 수행하는 역할과 논증의 정합주의적 구조가 의미하는 것은 사람들이 그들의 기본 전제를 선택할 수 있는 여지가 매우 커서 어떤 견해가 더 합리적으로 근거를 갖추는지 입증할 방법이 전혀 없다는 것이다. 이는 비관적 결론으로 나아가게 하지만, 위 논증에서 이성에 요구되는 역할은 우리가 그것을 어떻게 피할 수 있는지 보여 준다. 그것은 너무 비관적이며, 핵심은 오히려 손쉬운 방법이 없다는 것이다. 신념 망에 존재하는 마디들 중 일부를 파괴함으로써 신념 체계 전반을 붕괴시킬 만큼 결정적으로 중요한 마디들은 사실상 없다. 그리고 신념 망 내 다른 모든 것과 완전히 별개로 비판받을 수 있는 마디는 거의 없다. 더 정확히 말하면, 그 망은 하나하나 분리되어야 한다.

사실상, 어쩌면 이것이 비관적인 결론과 거의 다르지 않을 수도 있다. 무언가를 믿고자 하는 갈망이 강할 때는, 하나의 마디를 반박하는 결정적 논증이 전혀 결정적이지 않다거나 그 논증을 반박할 답변을 찾았다고 스스로를 납득시키는 것이 어김없이 가능하다. 수선과 임시변통이 계속됨으로써 사람들은 신념망이 여전히 고장 없이 유지된다고 생각하게 된다. 심지어 어떤 타당한 비평이 그것을 조각조각 찢어 낸 이후라도 마찬가지다. 그러나 이성이 모든 사람을 납득시키지 못하리라는 점을 잘 알고 있다는 사실은 중요하지 않다. 어떤 논증이 타당한가 아닌가 하는 것과 그것이 설득력이 있는가 아닌가 하는 것은 별개의 질문이다. 타당한 합리적 논증이 종종 사람들을 설득하지 못한다는 데에 새삼 놀라워할 것도 없다. 이성 옹호론은 그것이 늘 심리적으로 효력을 발휘한다는 점에서가 아니라, 진정으로 우리가 진리로 향하게 해 준다는 점에서 의미를 갖는다. 하지만 우리가 말을 물가로 이끌 수는 있지만 물을 마시게 할 수는 없듯이, 정신을 이성으로 인도할 수는 있어도 사유하게 만들 수는 없다.

2장
과학적 발견

　　1999년 양자물리학을 다룬 한 주요 국제 대회에서, 세계의 유수 물리학자 90명에게 양자 이론에서 그들이 지지하는 해석에 투표하도록 했다. 코펜하겐 해석(양자역학을 설명하는 해석 중 가장 널리 받아들여지는 해석이다. 닐스 보어의 상보성 원리와 베르너 하이젠베르크의 불확정성 원리를 바탕으로 하여, 사건에 대한 인간의 관측 활동이 사건의 현실을 변화시킨다고 설명한다.-옮긴이)으로 알려진 것에 네 명이 투표했고, 30명이 '다세계 해석Many Worlds(코펜하겐 해석이 주장하는 파동 함수 붕괴가 실재하지 않고, 대신 모든 사건에 대해 가능한 모든 결과가 '양자 결풀림'이라는 현상을 통해 각자의 '역사' 혹은 '세계'에 실재한다는 해석이다. 양자역학의 결정론적 방정식으로부터 어떻게 비결정론적 관측이 도출되는지를 설명한다.-옮긴이)' 견해를 지지한 반면, 50명은 '위 견해 어디에도 해당하지 않거나 미결정'을 선택함으로써, 학자들 사이에 의견 일치가 이루어지지 않았다.[1] 양자역학에서 그러한 불일치는 그 분야의 기초에 관한 것이라 할지라도 드문 일이 아니다. 대회 참여자 33명에게 실시한 또 다른 조사에서, '물체physical objects가 측량measurement에 선행하여, 그리고 독립하여 자체의 뚜렷한 속성을 가지는지'에 관한 질문에서는 대체로 반반으로 나뉜 의견 분포를 보였다.[2]

그러한 극명한 의견 차이가 존재하는 것은 단지 증거에 따를 뿐 견해를 달리할 여지가 없다는 과학적 방법론의 이미지와 충돌한다. 어쩌면 우리는 양자역학이 예외적일 뿐이라고, 과학이 최첨단을 걸을 때는 서로 다른 이론들이 공존하고 경합하는 것이라고 스스로를 위안할 수 있을지도 모른다. 그렇기에, 시간이 흘러 증거가 더 명확해지면서 물리학자들이 모두 동일한 견해로 수렴될 거라고 희망하는 것이 비이성적이지는 않다.

시간이 흐르면 과학은 진리로 수렴된다는 관점과 물리학의 현 상태가 서로 충돌을 일으키지 않는다는 것은 옳다. 하지만 만약 우리가 과학 논쟁에서 그 수렴의 과정이 일어나는 모습을 들여다본다면, 과학이 작동하는 방식이 아니라 모든 타당한 추론이 작동하는 방식과 관련하여 매우 중요한 무언가를 파악할 수 있다. 우리가 알게 되는 것은, 과학적 이성은 무질서와 모호함에서 자유롭지 않고 결코 그럴 수 없다는 것, 개인적 판단에 정당성을 부여하는 것 또한 전혀 힘들지 않다는 것이다.

이는 과학이 타당성을 부여한 각각의 '설명들'이, 경합 중인 나머지 설명들에 비해 특별히 더 나을 게 없다는 주장과는 같지 않다. 예컨대, 만약 우주의 기원에 관한 과학적 설명과 성서적 설명 사이에 불일치가 있다면, 과학적 설명이 설복시켜야 한다. 요점은, 과학을 경시하거나 과학의 연구 성과를 격하할 것이 아니라, 과학이 작동하는 방식에 대한 현실적 해석을 진척시키자는 것이다.

이것은 매우 중요한데, 종종 과학이 인간 이성의 정점이자 모범으로 제시되곤 하기 때문이다. 만약 우리가 사유하는 법을 알고자 한다면, 과학자들이 사유하는 법을 모방하려고 노력해야 한다는 것이다. 이렇게 극도로 단순화한 관점은 다소 오해의 소지가 있는데, 모든 문제가 다 과학적인 문제는 아니기 때문이다. 따라서 문제들을 과학의 방법론으로 해결하려는 것은 치과의사의 송곳을 사용해 석유를 시추하려는 것만큼이나 무용하다. (이와 관련하여 8장에서 더 다룰 것이다.)

과학적 이성을 특별히 꼬집어서 칭송하는 데서 나타나는 또 하나의 중대한 문제는 우리가 하는 나머지 대부분의 추론에 영향을 미치는 개인적 판단에서 혼란스럽고 불충분한 모든 요소를 없애 주는 특별히 과학적 추론 방식이 존재한다고 당연하게 여긴다는 점이다. 나는 과학자 대부분이 이것이 사실이 아님을 잘 알고 있다고 생각한다. 하지만 과학적 명제들이 다른 무엇보다 특별한 자격을 지닌다는 것을 부정하고 싶어 하는, 악의에 찬 바보들을 부추길지도 모른다는 두려움 때문에 그것을 기꺼이 인정하지 않을 뿐이다. 과학에서 판단의 역할을 전혀 손상하지 않고 그것을 인정하는 방법을 입증하는 것이 내 목표다. 하지만 그렇다고 해서, 우리가 추정하는 이성의 작동 방식을 재고할 필요는 없다.

1.
과학적 추론의 비이성적 측면

과학의 상식적 견해를 따르면, 이론은 증거에 의해 확정된다. 만약 경합하는 두 개의 명제가 있다면, 승리하는 쪽은 사실에 가장 부합하는 명제일 것이다. 하지만 이는 지나친 단순화일 수밖에 없음을 시사하는 구체적인 역사적 사례들이 있다.

니콜라우스 코페르니쿠스Nicolaus Copernicus의 태양 주위를 도는 행성들의 공전 궤도 모델을 예로 들어 보자. 이제 우리는 그것이 프톨레마이오스의 지구중심설보다 명백히 우수하다고 받아들이지만, 케플러가 행성들의 타원형 궤도들을 발견하기까지는 그것이 더 정확한 것도 아니었다. 다시 말해, 관찰된 사실들은 프톨레마이오스와 코페르니쿠스의 이론에 똑같이 잘 들어맞았다. 그렇다고 해서, 케플러 이전에 경합하는 두 이론 사이에서 하나를 선택할 근거가 전혀 없었다고 말하는 것은 아니다.

코페르니쿠스 이론의 우월성이 단지 관찰된 데이터에 더 잘 들어맞는 데 기인한 것이 아니라는 뜻일 뿐이다. 선택된 건 다른 이유들 때문인데, 주로(곧 살펴보게 될) 평이함과 설명의 경제성 때문이다. 증거가 그 자체로 결정적 요소는 아니다. 두 이론 다 증거에 의해서는 **확정되지 않았는데**, 이는 어느 쪽이 진리인지를 확립하기에 증거가 충분하지 않았다는 의미다.

더 최근의 사례로 양자역학에서 경합한 에르빈 슈뢰딩거Erwin Schrödinger와 베르너 하이젠베르크Werner Heisenberg의 이론을 들 수 있다. 과학 저술가 만지트 쿠마르Manjit Kumar가 지적하듯, 이 이론들은 "한쪽은 파동방정식을 다른 쪽은 행렬대수를 쓰고, 한쪽은 파동을 다른 쪽은 입자를 묘사하니, 형식과 내용에서 너무 달라 보였다." 그러나 양쪽 다 데이터와 양립 가능했을 뿐 아니라, "수학적으로도 상응했다."[3] 다시 말해, 증거로도 수학으로도 둘 다 확정되지 못한 것이다.

관찰된 데이터로부터 하나의 이론이 거침없이 넘쳐 나온다는 지나친 자신감은 과학자들을 대안적 가능성들을 무시하는 방향으로 이끌 수 있다. 예를 들어, 1952년에 빛의 파동설pilot wave theory에 관한 데이비드 봄David Bohm의 시험적 견해를 접한 물리학자 존 벨John Bell은 그것이 당시 지배적이던 코펜하겐 해석에 맞서 성공할 수 있는 대안임을 알아보았다. 코펜하겐 해석은 마치 그것의 이론적 결론이 관찰된 사실들로부터 거침없이 넘쳐 나오는 것처럼 제시되었다. 벨이 생각하기에, 실제 상황은 해석의 "모호함, 주관성, 불확정성들이 실험에 의거한 사실들에 의해서가 아니라 신중한 이론적 선택에 의해 우리에게 강요"[4]되는 것이었다.

이 사례들이 일반 규칙에 대한 역사적 예외로 간주될 수도 있겠지만, '증거에 의한 이론의 과소 결정the underdetermination of theory by evidence'이라는 명제에 따르면, 과학적 설명의 진리를 확정하는 데 증거는 그 자체로 **결코** 결정적 요인이 될 수 없다. 이 생각은 오늘날 뒤앙-콰인 명제와 가장 밀접하게 관련되어 있다. 피에르 뒤앙Pierre Duhem은 1914년 발간된 책 『물리학 이론의 목표와 구조The Aim and Structure of Physical Theory』에서 과소 결정에 관한 다양한 과학 문제를 공식화한 프랑스 물리학자이자 과학철학자이다. 윌러드 밴 오먼 콰인Willard Van Orman Quine은 20세기 후반에 그 생각을 발전, 확장시켜 과소 결정의 문제가 단지 과학만이 아닌 모든 형태의 인간 지식에 적용된다고 주장했다.

하지만 과소 결정이라는 개념은 콰인과 뒤앙이 공식화하기 이전에도 존재했다. 예컨대, 존 스튜어트 밀John Stuart Mill은 『논리의 구조A System of Logic』에서 하나의 가설이 "알려진 모든 현상을 설명해 준다는 이유로 아마도 참일 거라고 받아들여질 수는 없는데, 그 이유는 경합하는 두 가지 가설에 의해 때에 따라서는 그것이 웬만큼 잘 충족되기도 하는 어떤 조건이기 때문이

심판자로서 이성

다"라고 썼다. 밀은 그것을 "어느 정도의 냉철함을 지닌 사상가라면" 누구라도 믿는다고 생각했다. 그것이 일부 경우에만 확실한데도, 밀은 그것이 항상 진리일 거라고 믿었다는 것, 오직 대안적 가능성에 대한 상상력의 결핍만이 진리를 볼 수 없도록 가로막는다는 것은 분명해 보인다. 그는 "똑같이 가능한 어쩌면 천 개가 넘는 [가설들]이 존재"하겠지만 "우리의 경험상으로는 유사한 게 없으므로, 그 가설들을 상상하기에 우리 정신이 적합하지 않다"[5]고 썼다.

하지만 우리는 가장 단순하게 관찰된 사실들과도 완전히 양립할 수 있는 온갖 기이한 이론들을 완벽하게 상상하는 능력을 갖고 있다. 데카르트가 자신의 체험 중 어떤 것도 자신이 사악한 악령evil demon에게 철저히 속임을 당할 가능성과 양립할 수는 없다는 사실을 인정했을 때, 바로 그렇게 했던 것이다. 더 최근에 닉 보스트롬Nick Bostrum은, 우리가 단지 컴퓨터 시뮬레이션 속에서 살고 있을 뿐 아니라, 오히려 그것이야말로 개연성이 높다고 말했다.[6]

과학자들은 뒤앙-콰인 명제를 비롯해 그와 유사한 명제들에 대해 대체로 부정적이다. 실제로, 그들은—코페르니쿠스, 프톨레마이오스, 슈뢰딩거, 하이젠베르크의 존재에도 불구하고—데이터에 들어맞는 신뢰할 만한 단 하나의 이론이 존재하는 경우가 많고, 철학자들이 고안해 낸 논리적으로 있음 직한 대안들은 현실성이 없다고 주장한다. 하지만 이는 논점을 벗어난 것이다. 과소 결정 명제의 가치는 믿을 수 있다고 증명된 가장 강력한 과학적 설명에 대한 모든 대안을 우리가 진지하게 고려하게 하는 데 있지 않다. 그 명제의 가치는, 심지어 증거가 한 이론을 다른 이론보다 압도적으로 뒷받침하는 것으로 보일 때조차, 증거가 우리에게 결론을 내리라고 **명령하는** 것과 우리가 **실제로** 결정을 내리는 것 사이에는 아무리 작더라도 어김없이 격차가 있다는 사실을 분명히 한다는 데 있다.

일상 담화에서 우리는 이 격차를 메우기 위해 때로는 '이성적인' 것들에 호소한다. 과학자들 또한 때로는 마찬가지로 행동한다. 예컨대, 알베르트 아인슈타인Albert Einstein과 진행 중이던 논쟁에서, 닐스 보어Niels Bohr는 라이트 박스light box로 알려진 가상의 장치 안에서 광양자 에너지와 그것의 누출 시간 둘 다를 측정하는 것은 불가능하다고 설명했다. 물리학자가 아닌 사람들은 거의 이해하기 힘든 이유들로 인해, 그 일은 보어에게 결정적 승리를 안겨 주었다. 하지만 아인슈타인은 납득할 수 없었다. 1930년 레이던에서 아인슈타인이 그 사고 실험에 관해 강의하면서 말했다. "이 사안에 모순이 없다는 것을 알지만, 내가 보기에는 어떤 비이성적인 측면이 포함되어 있어요."[7] 단어 선택이 매우 훌륭하다. 그런 경우에 실제로 우리는 이성을 사용하기 때문이다. 하지만 이성에서 이 부분은 일종의 판단으

심판자로서 이성

로, 이는 이유나 증거만으로 온전히 끄집어낼 수 없는 어떤 것이다. 아인슈타인은 뭔가가 수긍이 가지 않았지만, 데이터와 그 데이터로부터 연역한 보어의 추론을 흠잡을 수는 없었다.

이 경우, 아인슈타인이 너무 완고한 태도를 취했을 뿐, 보어의 논거에 비이성적 면이 전혀 없을지도 모른다. 그럼에도 논증 가능한 결함들에 근거해서가 아니라 그것에 포함된 비이성적인 측면을 근거로 어떤 이론을 기각하는 데 정당성을 부여하는 경우는 수없이 많다. 예컨대, 지구가 우주의 중심이라고 믿는 것은 실제로는 합리적이지 않지만, 그것은 관찰에 따른 데이터가 그러한 가설을 불가능하게 만들기 때문이 아니다. 매우 지적인 '젊은 지구 창조론자들young earth creationists'의 존재가 이를 말해 준다. 그들은 자신들의 신념을 데이터와 양립시킬 수 있는데, 이것을 가능하게 하는 대단히 난해하지만 일관성 있는 논거들을 받아들일 준비가 되어 있기 때문이다. 그런 사람들과의 논쟁은, 그들이 사실들을 부정한다는 것을 보여 주려는 시도에서 출발하는 것이 일반적이다. 하지만 창조론자들이 매우 총명할 때는, 반박이란 게 대체로 '비이성적인' '기이한' '타당해 보이지 않는' '매우 난해한' 같은 용어들에 호소하는 것으로 귀결되고 만다.

"빌 아저씨의 과학 이야기"의 빌 나이Bill Nye와 창조론자 캔햄Ken Ham 간에 벌어진 논쟁을 예로 들어 보자. 나이는 노아의 방주가 어떻게 1만 4000명의 사람을 실을 수 있었는지에 대한 햄의 설명이 "솔직히 말하자면 …… 터무니없고", 동물들이 모두 방주에 타기 전에 초식성이었다는 것이 "실로 믿을 수 없을 만큼 놀랍다"고 평가한다. 방사성 탄소 연대 측정에 신뢰가 가지 않는다는 생각에 반대하여, 그는 단지 4000년 전에 모든 게 변했다는 사실이 자신에게는 정말 이성적이지 않다고 말했다. 노아가 방주를 일곱 가족들과 함께 만들었다는 주장에 대해서 또다시 그는 "내게는 완전히 비이성적"이라고 말했다. 총체적으로, 그는 진화론적 설명이 "훨씬 더 이성적"이라고 판단을 내린다.[8]

사람들이 나이처럼 그런 어휘를 사용하는 경우, 그 점이 그들이 이성을 단념할 수밖에 없어 헐뜯기에 의지했다는 증거는 되지 않는다. 오히려 그것은 이성이 논리와 증거가 아니라 절망스러울 정도로 모호한 이러저러한 말들로만 묘사가 가능한 판단 형태들에 얼마나 의존하는지를 보여 준다. 나이는 옳았다. 햄의 주장이 비이성적이지만 우리가 그러한 논거를 합리적인 논거와 구분할 수 있는 엄격한 법칙은 존재하지 않기 때문이다. 우리는 우리의 판단을 사용해야 한다.

판단에 대해 다음 장들(특히 3장과 6장)에서 심도 있게 살펴볼 것이다. 지금은, 그것이 존재한다는 것, 그리고 과학적 추론이 그것에 의존한다는 사실을 언급하는 것으로 충분하다.

심판자로서 이성

2.
과학적 방법론

언젠가 생물학자 루이스 울퍼트Lewis Wolpert는 "매우 일반적이고 보편적인 조건에서가 아니라면, 과학적 방법론이 존재하는지 의심스럽다"[9]고 했다. 주체는 "무엇과도 무관하다"[10]며 과학철학을 맹렬하게 비난할 때 특히 그는 집요하다. 울퍼트가 유별나게 단도직입적일 수도 있지만, 많은, 아마도, 비교적 온건한 그의 동료 대부분도 "어떤 사실을 발견하는 방법과 관련한 공식이나 규칙을 제시하는 과학적 방법론을 찾아낸" 사람은 아무도 없다는 그의 기본적인 주장에 동의할 것이다. 그렇다고 해서 과학자들이 과학을 잘하는 법에 대해 아무런 할 말이 없다는 것은 아니다. 이름난 다양한 과학자들이 주는 조언에는, 울퍼트의 것도 있다.

시도하라, 무수히. 가슴 뛰게 하는 일을 하라. 크게 생각하라. 빛이 보이지 않는 곳으로 탐험에 나서라. 가능성에 도전하라. 역설을 찾아라cherchez le paradox. 예상하지 못한 일이 일어날 만큼 어설프게 하되, 무슨 일이 일어났는지 알지 못할 만큼 어설프지는 않도록 하라. 거꾸로 뒤집어 보라. 답을 추론할 수 있을 때까지는 절대 문제를 해결하려 하지 말라. 상상력을 북돋우라. 평이함을 찾으라. 아름다움을 추구하라.

그럼에도 "과학의 과정을 포착하게 해 줄 하나의 방법론은 없으며, 범례도 존재하지 않는다"[11]는 사실을 인식하는 것은 중요하다. **유일한** 과학적 방법론 같은 것은 없다. 비록 과학철학자 대부분이 과학적 방법론의 체계화를 시도했지만, 다수의 과학자들은 그것의 가능성 여부에 대한 울퍼트의 회의주의를 공유했다. 예컨대, 팀 르윈스Tim Lewens는 비록 "무수한 과학적 **방법론**이 존재한다 할지라도 …… 명성을 얻은 모든 과학들에 공통되는 탐구 비법을 정확히 집어내려 할 때면, 우리는 곤경에 **빠**지게 된다"[12]고 말한다.

하지만 과학적 방법론이라는 신화를 영속시키는 책임을 몇 안 되는 철학자들에게만 묻는 것은 온당치 않을 것이다. 과학자들 스스로가 발견에 실재하는 까다로움을 얼버무리는 방식으로 그들의 연구 결과를 작성함으로써, 명령이나 규칙이 잘 지켜진 표준적인 방법론에 대한 사실과 다른 막연한 관념을 만드는 데 한몫한다. 생물학자 피터 메더워Peter Medawar는 1964년 BBC와 한 대담에서 "정통적인 형식의 과학 논문은 과학적 사고의 본성에 대한, 심지어 모방일 때조차, 완전히 잘못된 개념을 구현한다"[13]면서 이에 대해 이야기했다. 논문들은 과학자들이 사실들을 관찰하고 사실들로부터 보편적 결론을 도출하면서 규칙과 명령이 잘 지켜진 귀납추리라는 방법론으로 연구한다고 암시한다. 그러나 현실은 훨씬 혼란스럽다. 메더워는 "가

심판자로서 이성

설은 추측과 영감에 의해 유발"되고 "확실히 논리라고 할 수만은 없는, 심리 작용의 주제에 영향을 미치는 과정"에 기인하는 것이라며, "과학자들은, 그들 중 다수가 명백히 부끄럽게 인정하듯, 가설이 사유 활동의 미지의 샛길을 따라 그들의 마음속에 떠오른다는 것, 그들이 성격상 창의적이고 영감을 받은 사람들이라는 것, 그리고 그들이 실제로 모험가들이라는 것을 인정하기를 부끄러워할 필요가 없다"고 말한다.

이것은 방법론에 대한 설명만으로는 포착할 수 없는 방식으로, 과학에서 진보가 그것의 사회학에 의해 영향을 받는다는 널리 인식된 사실보다 훨씬 더 근본적이다. 과학의 진보는 연구 결과가 어디에 할당된다거나 누가 특정한 직위에 임명된다거나 하는 온갖 종류의 만일의 사태에 의해 영향을 받으며, 후자가 전적으로 경쟁력만으로 결정되지 않는다는 사실을 우리는 잘 알고 있다. 예컨대, 물리학 역사상 가장 중요한 몇 가지 논문을 발표한 후에도, 단지 박사 학위가 없다는 이유로 아인슈타인은 입사 지원서를 몇 군데서 거부당했다.[14] 토머스 영Thomas Young의 사상에 대해 너무 단호하게 그리고 너무 오랜 시간 저항이 계속되었던 것은 그것이 당시 건드릴 수 없었던 아이작 뉴턴Isaac Newton의 사상과 상반되었기 때문이고, 이는 영으로 하여금 거인에 대해 "그의 권위가 때로는 어쩌면 과학의 진보를 지체시켜 온 것일지도 모른다"[15]고 말하게 만들었다. 사상에 대한 저항력은 과학적 사실에 대한 존중이 아니라 편견과 관습에 뿌리를 두었음에 거의 틀림없다. 막스 플랑크Max Planck가 잘 말했다시피, "새로운 과학적 진리는 반대자들을 설득시키고 그들에게 빛을 보게 함으로써 승리를 거두기보다는, 오히려 반대자들이 결국 죽어 새로운 진실에 친숙한 새로운 세대가 성장함으로써 가능해진다."[16]

개인적, 사회적 요인들이 과학적 방법론에 **지장을 주는** 현실을 낙천적으로 인정하면서도 그 방법론 자체는 여전히 엄격하고 논리적인 측면에서 완전히 객관적이면서 납득할 만하다는 주장도 가능하다. 사람들이 그 방법론을 따르지 않는 경우가 많다는 사실이 그 자체로 그 방법론이 참이 아니라는 논증은 아니다. 하지만 방법론에 대한 이런 방식의 옹호는 두 가지 이유로 적절하지 않다.

먼저, 그 과학적 방법론이 정말로 이상화된 추상 속에만 존재할 뿐 과학자들이 실제로는 따르지 않는다면, 인간의 합리성을 보여 주는 전형으로서 그것이 갖는 중요성은 크게 약화된다. 그 대신, 사실상 그것은 인간미 없는 합리성의 전형, 과학자들이 갈망하면서도 결코 성취하지 못하는 뭔가가 되고 말 뿐이다.

둘째, 과학이 어떻게 진보하는지 들여다보면, 그것이 문화와 심리 작용에 기인한 몇 가지 결함이 있는 어떤 확실한 방법론을 따르는 것 같지는 않다. 오히려, 순수한 실험과 연역이라는

심판자로서 이성

공식 버전에서의 일탈과 우연이, 과학이 작동하는 방식에 깊이 뿌리내리고 있다. 이것이야말로 메더워가 제시한 도전적인 발상이다.

판단—이런 경우에는 보통 직관이라 일컫는—은 과학자들이 연구하는 방식에서 중심이 된다. 이는 통찰insight의 특정 순간에 가장 분명하게 나타난다. 이차형식quadratic forms이 비유클리드 기하학 형식과 동일하다는 것을 어떻게 깨닫게 되었는지에 대한 쥘 앙리 푸앵카레Jules Henri Poincaré의 설명은 생생한 사례를 제공한다. "나는 겉보기에 그다지 성공적이지 않고 나의 선행 연구들과 아무런 연관성도 없어 보이는 몇 가지 산술적 질문들에 대한 연구로 시선을 돌렸다"고 그는 썼다.

> 실패에 신물이 났던 나는 바닷가에서 며칠 지내며 뭔가 다른 생각을 해 보려 했다. 어느 날 아침, 절벽을 걷던 중이었다. 내가 푸크스의 함수Fuchsian functions를 정의하기 위해 사용했던 변환이 비유클리드 기하학의 함수와 동일하다는 생각이 아주 간결하게, 뜻밖에, 그리고 직관적으로 확실하게 내 뇌리에 떠올랐다.[17]

그러한 '유레카'의 순간은 신비주의와는 아무 상관이 없다. 올퍼트는 "과학적 깨달음이 갑자기 일어나는 모든 경우에, 그것은 장기간에 걸친 집중된 의식적 연구가 선행한 결과"라고 말하면서, "아인슈타인이 언급했듯이, 한 과학자의 직관력은 신뢰할 만하고 중요하다고 간주될 수 있는 것에 대한 전문적인 해석에 달려 있다"[18]고 덧붙인다. 갑자기 떠오른 영감에 이어 신중한 점검, 수학적 계산, 실험적 테스트, 기타 등등이 뒤따름은 물론이다. 메더워가 언급했듯, 발견과 입증은 다른 일이다. 문제는 과학적 방법론을 설명하려는 시도들에서 그 둘을 혼동한다는 것이다.[19] 따라서 의식적 사고가 선행하지 않은 채로 뜻밖에 떠오를 수 있는 명료한 순간이 공식적인 계산과 검증 과정보다 먼저 온다는 사실을 우리가 인식하지 못할 때, 우리는 과학적 추론의 본성을 왜곡한다. 이성은 체계적이고 의식적인 측면뿐 아니라 무의식적이고 말로 표현할 수 없는 측면도 지닌다. 이성이 전자와 관련될 뿐이라고 주장하는 것은 이론이 관찰 결과를 따르지 않는 것이다.

이론과 관찰의 관계는 그 자체로 과학적 방법론이 형식화에 도전하는 모습을 보여 주는 훌륭한 사례다. 이는 하나가 늘 다른 하나에 선행한다는 뜻이 아니다. 오히려, 때로는 과학자들이 이론의 인도를 받고 때로는 관찰의 인도를 받으니, 무엇에 더 비중을 두어야 하는지와 관련해 통칙은 없는 것 같다.

올퍼트는, 자기 이론에 대한 신뢰를 감소시킬 수도 있는 증거 부재를 감안하지 않은 과학자들의 다양한 이야기를 모아 정리한다. 예컨대, 코페르니쿠스의 태양중심설은 행성들의 운동을 예측하는 데서 프톨레마이오스의 이론과 다를 바 없었고, 금성의 변화 양상들을 설명하는 데서도 문제점이 있었다. 그 문제점을 자신이 만든 망원경으로 반세기 만에 해결한 갈릴레오가 코페르니쿠스를 '탁월한 지성sublime intellect'이라고 믿은 이유는, 자신의 이론을 입증할 결정적인 데이터도 없이 코페르니쿠스가 입장을 견지했다는 바로 그 점 때문이었다. 갈릴레오는 "이성을 그의 인도자로 삼아, 그는 상식적인 경험과 상반되어 보이는 것들을 단호하게 확언하기를 멈추지 않았다"라고 썼다.[20]

자신의 이론이 관찰로 확증되지 않을 때 집요하게 입장을 견지한 것은 로버트 보일Robert Boyle 또한 마찬가지였다. 공기 중에 한데 뭉쳐 고루 잘 섞인 물체들이 진공 상태에서는 서로 분리될 거라는 그의 가설과 관련한 시험은 마흔아홉 차례 실패하였고 쉰 번째에 성공했다.[21] 아인슈타인은 "일반상대성이론은, 만약 그 이론에서 예측한 스펙트럼선의 중력 이동이 관찰되지 않는 다면 유지될 수 없을 것"이라고 말했지만, 그 예측이 자신이 죽은 후에야 확증되었음에도 자신의 이론이 옳다고 확신했다.[22]

로버트 밀리컨Robert Millikan은 자신의 생각에 들어맞지 않은 데이터는 종종 거부하곤 했던 또 한 명의 과학자다. 울퍼트는 밀리컨이 명백하게 부정적인 증거를 입증하는 실험은 별로 엄밀하지 않다는 것을 근거로 삼아 거부한 경우가 많았다고 말한다. 이러한 해석에는 자기 고양적 편향self-serving bias이라는 명백한 위험이 존재한다. 과학자가 모순되는 데이터를 산출하는 실험들을 결함이 있다고 기각하는 반면 긍정적인 데이터를 산출하는 실험들을 유효한 것으로 환영하는 것은 매우 편의적일 수 있기 때문이다. 형편없는 과학자들은 순전히 편의를 핑계로 이런 구분을 한다. 그러나 판단을 잘하는 것과 단지 자기 고양적인 이유들에 불과한 것 사이에 존재하는 차이는 엄청나다. 그것이야말로 올퍼트가 "훌륭한, 심지어 위대한 과학자들을 그렇지 못한 사람들과 구분하는 결정적 특징"[23]이기 때문이다.

몇몇 과학자들은 자신들의 이론을 무용지물로 만들 상충하는 데이터를 용인하지 않을 뿐 아니라, 심지어는 노골적으로 이론이, 아주 가끔은 관찰보다 우선시되어야 한다고 말한다. 1919년 일식이 일어나는 동안 진행한 관찰로 중력에 따른 빛의 휨을 입증했던 아서 에딩턴Arthur Eddington은 "이론에 의해 입증될 때까지는 관찰 결과에 지나친 신뢰를 부여하지 않는 것이 좋은 방법"[24]이라고 말했다. 플랑크는 "관찰과 이론의 불일치가 모든 의심을 넘어 타당하다고 공식화되려면 다양한 관찰자들의 수치들이 실질적으로 서로 일치할 때뿐"이라고 하면서, 어떤 이론이 틀렸음을 입증했다고 간주되려면 증거가 압도적이어야만 한다고 말했다.[25]

이론과 관찰의 관계의 복잡성은 아인슈타인이 했던 두 가지 전혀 다른 언급에 의해 특히 분명해진다. 1971년에 하이젠베르크는 1926년 아인슈타인과의 첫 만남을 회상했다. 아인슈타인이 그의 실수를 바로잡아 주기까지는 오래 걸리지 않았다. 아인슈타인은 "관찰 가능한 크기만으로 어떤 이론을 만들려 하는 것은 아주 잘못된 것"이라며 "실제로는 정반대의 상황이 발생한다. 우리가 관찰할 수 있는 것을 결정하는 것은 이론"이라고 말했다. 이는 행렬역학에 관한 하이젠베르크의 사고와 매우 구체적으로 관련성을 갖고 있다. "관찰 가능한 크기만을 소개하고 있다는 당신의 주장은 따라서 당신이 공식화하고자 하는 이론의 특성에 관한 하나의 가정입니다"라고 아인슈타인이 그에게 말했다. 나중에 하이젠베르크는 "그의 논거들이 설득력이 있다는 것을 깨달았다"고 인정했다.[26]

반면에, 아인슈타인은 1930년에 열린 솔베이 회의Solvay conference에서는 "대부분 동료들이 사실들에서 이론을 보려 하지 않고 이론에서 사실들을 보려 한다. 그들은 과거 언젠가 받아들인 개념의 그물에서 탈출하지 못하고, 우스꽝스러운 모습으로 그저 파닥거리고 있을 뿐"[27]이라고 불평했다. 따라서 어떤 경우에 아인슈타인은 관찰된 것을 실질적으로 결정하는 것이 이론이라고 믿은 반면, 또 어떤 경우에는 이론에 대한 너무 경직된 구속은 사람들을 모순된 증거에 맹목적이게 만든다고 믿었다.

여기에 형식적인 모순은 존재하지 않는다. 오히려 과학적 방법론이 하나의 공식으로 환원될 수 없으면서도 좋은 판단의 사용을 늘 필요로 할 수밖에 없다는 것을 보여 주는 사례이다. 이 판단은 오랜 시간에 걸친 훈련으로 개발한 일종의 기능으로, 그리스인들이 실천지實踐知, phronēsis(목적과 그 달성 수단을 결정하는 지혜-옮긴이) 혹은 실제적 현명함practical wisdom이라 부른 것이다. 과학자들이 모두 동의하는 것은 궁극적으로 데이터는 다른 모든 것을 능가한다는 것이다. 문제는 그 데이터가 어떤 논쟁을 확실히 정리하기 위해 사용될 수 있을 만큼 명백하거나 확실하지 않고, 이론과 별개의 성격을 갖지 않는 경우가 많다는 점이다. 실제로 어떤 실험이나 관찰이 결정적—논쟁을 정리하기에 충분할 만큼—인지 아닌지 하는 문제는 그 자체로 하나의 판단이다.

이론과 관찰의 관계조차 정확하고 규범적인 형태로 설명될 수 없다는 사실이야말로, 설사 과학에 과학적 방법론이 있고 그것들이 매우 성공적이라 할지라도, 단일하고 균일한 과학적 방법론은 존재하지 않음을 보여 주는 어쩌면 가장 충격적인 증거인지도 모른다. 오히려 그 가치가 증명되어 온 무수한 기술이 존재하며, 그것들을 이용하기 위해 숙련된 과학자들은 판단을 사용해야만 한다. 과학적 추론이 참이라는 것은 전체로서 이성이 참이라는 것이다. 연역법이나 귀납법 같은 특별하게 정의된

심판자로서 이성

추론의 방법론이 존재하고, 그것들이 매우 성공적이라 할지라도, 단일하고 균일한 합리적 방법론은 존재하지 않는다. 오히려 무수한 기술들이 존재하고, 훌륭한 추론가들은 그중 어떤 것을 고르고 어떻게 사용할지 결정하는 데 자신들의 판단을 사용해야 한다.

3.
진리라는 느낌

과학자들이 동일한 사실들 앞에 직면할 때, 그들은 왜 개인적 판단에 따라 각기 다른 결정을 내리는 걸까? 이성이 냉철하고 사심 없기를 바라는 사람들에게는 달갑지 않은 일이겠지만, 과학자들이 지닌 가지각색의 기질과 정서적 특징이 그 답의 일부가 될 수밖에 없다. 과학을 잘 아는 사람들 다수가 마음속 깊이 이를 받아들인다. 양자물리학에서 경합하는 다른 해석들에 관해《네이처Nature》에 쓴 글에서, 물리학자 알랭 아스페Alain Aspect는 "누군가가 이끌어 내는" 철학적 "결론은 논리보다는 오히려 취향의 문제"[28]라고 결론짓는다.

물리학의 역사에는 근원적 기질과 '취향'의 중요성을 증언하는 사례가 무수하다. 예컨대, 볼프강 파울리Wolfgang Pauli와 막스 보른Max Born을 비교하면서 쿠마르는 "파울리는 물리학의 어떤 문제와 대결할 때도 논리적으로 완벽한 논거를 추구하면서 자신의 물리학적 직관을 믿었다. 하지만 보른은 수학에 훨씬 더 기꺼이 의지하여 그것이 해답을 찾아 나가는 자신의 탐구를 인도하도록 허용했다"[29]고 말한다. 유사하게, "하이젠베르크의 첫 번째 기항지는 늘 수학이었던 반면, 보어는 수학 너머의 물리학에서 출항하고 물리학을 이해하고자 했다."[30]

놀랄 일이 아니다. 이론들에는 무수히 다른 영역이 있고, 어느 것이 가장 결정적일 것 같은지 우리에게 알려 주는 알고리즘은 없다. 이는 각기 다른 과학자들이 각기 다른 영역에 먼저 흥미를 갖게 되는 경향이 있을 터이니, 이는 적어도 부분적으로는 그들이 가장 만족스럽게 느끼는 일에 의지하게 될 것임을 말한다. 수학적 정신을 가진 사람은 숫자에 더 이끌릴 테고, 좀 더 철학적인 사람은 이론의 해석으로 기울 것이며, 실험주의자는 경험적 결과에, 기타 등등으로 이어질 것이다.

게다가 그들의 두뇌가 아무리 강력한 힘을 발휘한다 할지라도, 과학자들은 직감에 초점을 맞추려는 경향이 있다. 과학자들이 직관력과 싸워야 할 이유가 없다고 생각한 슈뢰딩거는 물리학자들이 "직관력을 억누르고 추상적 개념들로만 작업"[31]할 필요는 없다고 말했다. 그는 "나는 전자가 벼룩처럼 뛰어다닌다고는 상상이 안 된다"[32]고 혼잣말을 했고, 그것이야말로 그러지 않을 것이라고 의심할 만한 타당한 이유라고 생각했다.

심판자로서 이성

때로는 이러한 직감적 반응이 정서적으로 정말로 강렬하다. 예컨대, 쿠마르는 보어가 "빛의 양자 이론을 혐오했다"[33]고 말한다. 이러한 극단적인 감정은 전기 작가다운 풍부한 상상력의 산물일 뿐이라고 의심할 수도 있다. 그런 반응이 드문 일이 아니라면 말이다. 하이젠베르크는 훨씬 더 강한 표현을 쓰기도 했다. "슈뢰딩거 이론이 물리학에서 차지하는 비중을 생각하면 할수록, 나는 더욱 불쾌해진다."[34]

대체로 언어는 덜 본능적이지만 이성보다는 감정을 나타낸다. 예컨대, 양자물리학의 코펜하겐 해석과 관련한 아인슈타인의 의문점들은 종종 어떤 것이 틀림없이 옳은지에 대한 그의 직관적 느낌을 그들이 거슬렀다는 점을 근거로 전적으로 정당화되곤 했다. "나는, 어쨌든, 그분[신]이 주사위를 던지지 않는다고 확신한다"면서 아인슈타인은 "양자역학은 틀림없이 인상적이다. 하지만 내면의 목소리는 내게 그것이 아직은 실재real thing가 아니라고 말한다"라고 썼다.[35] 이 언급은 보어에게 보낸 편지에 있었다고 알려져 있다. 내가 여기서 인용한 대부분이 토론과 편지에서 나온 것으로, 그런 데서 사람들은 실제로 그들이 어떻게 결정을 내리는지에 대해 좀 더 솔직한 모습을 드러내는 것 같다. 어떤 "내면의 목소리"가 그것이 옳다고 말한다는 것을 근거로, 그리고 사실은 그러한 내면의 목소리가 결론 형성에 영향을 미치며 작용한다는 것을 기초로, 논문에서 어떤 주장을 옹호하는 과학자는 없을 것이다. 내면의 목소리가 결코 공식적으로 승인되지 않는다고 해서 실질적이지 않거나 중요하지 않다는 것을 의미하지는 않는다.

아인슈타인의 또 다른 언급은 지극히 흥미로운 사실을 드러낸다. 언젠가 그는 이렇게 말했다. "나는 방사선에 노출된 전자가 출발할 순간뿐 아니라 움직일 방향까지도 **자신의 자유의지**로 선택해야 한다는 발상이 도저히 참을 수 없다고 느꼈다. 그 경우, 나는 물리학자보다는 차라리 구두 수선공이나 도박장에 고용된 종업원이 되는 게 낫겠다 싶었다."[36] 그의 반감의 근거는 그 발상이 앞뒤가 맞지 않고 이치에 어긋나며 충분한 증거에 바탕을 두지 않았다는 것을 깨달았기 때문이라기보다는 그저 "참을 수 없기 때문"이다. 그의 언급이 흥미로운 것은 물리학에 대한 그의 충실함이 무엇보다도 진리에 대한 헌신이 아니라는 점에도 있다. 그것은 마치 물리학에 대한 그의 사랑이, 세계에 대한 우리의 해석에 질서와 조화를 부여한다고 그가 믿고 있으며, 따라서 그것이 마음속으로 질서 정연한 느낌을 갖게 한다는 사실과 깊게 연관되어 있는 것처럼 보인다. 만약 그렇지 않다면, 차라리 구두공이 되는 게 더 나을 테니까.

아인슈타인만이 아니다. 푸앵카레가 써 놓은 놀라운 문장은 거의 전문을 인용해도 될 만한 가치가 있다. 여기서 그는 진리보다는 오히려 아름다움이 왜 과학의 주된 매력인지 설명한다.

심판자로서 이성

과학자가 자연을 연구하는 것은 그것이 쓸모 있어서가 아니다. 그 속에서 그가 즐겁기 때문이고, 그가 즐거운 것은 자연이 아름답기 때문이다. 만약 자연이 아름답지 않다면 그것은 알아야 할 가치가 없고, 자연에 알아야 할 가치가 없다면 삶은 살아야 할 가치가 없을 것이다. …… 따라서 화가가 그림을 완성시켜 주고 거기에 성격과 생명을 부여해 주는 것들을 대상의 특성들 가운데서 골라내는 것처럼, 우리가 이 조화로움에 기여하기에 가장 적합한 사실들을 고를 수 있는 것은 이 특별한 아름다움에 대한 탐색, 우주의 조화로움에 대한 감각 덕분이다. …… 그리고 우리가 되도록이면 단순한 사실, 숭고한 사실을 추구하는 것은, 우리가 지금 별들의 웅장한 추이를 쫓고, 지금 그 또한 심원深遠한 존재인 엄청나게 작은 것들을 현미경으로 조사하는 것은, 지금 지질 연대에서 너무 멀리 있어서 마음이 끌리는 과거의 흔적을 찾는 것은, 단순함이 아름답고 장엄함이 아름답기 때문이다.[37]

과학의 역사에서 거듭 우리는 새로운 이론에 대한 으뜸가는 긍정적 반응이 그것의 아름다움에 대한 경탄임을 본다. 아인슈타인은 여러 경우에 미학적인 언어를 썼다. 그는 원자구조에 관한 보어의 1922년 논문을 "사고의 영역에서 최상의 경지에 이른 음악성"[38]이라고 묘사했다. 그는 상대성이론이 수성의 궤도를 예측하는 과정을 목격하고 감동해서 말했다. "이 이론은 비할 데 없이 아름답다."[39] 그는 또 이렇게 말했다. "우리가 기꺼이 받아들일 수 있는 물리 이론들에는 아름다운 이론 말고는 없다."[40] 노벨상 수상자인 물리학자 프랭크 윌첵Frank Wilczek은 『아름다운 질문: 자연의 심오한 의도의 발견A Beautiful Question: Finding Nature's Deep Design』이라고 이름 붙인 책에서 "이론을 만들고 있을 때, 우리는 아름다움을 믿는다"고 썼다.

과학자가 아닌 사람들은 아름다움에 관한 이런 말들에 때로는 당혹해하곤 한다. 일상적인 말로, 이론들은 단순함과 강력한 설명력이 조합을 이루어 낼 때, 아름답다고 묘사된다. 예컨대, 분자과학자 아슈토시 조갈레카르Ashutosh Jogalekar가 디랙방정식Dirac equation이 아름답다고 말한 것은, "그것이 냅킨에 쓰일 수 있으며, 무수한 현상을 경제적이고 알기 쉬운 부호들로 설명할 수 있다"[41]는 이유에서였다. 하지만 '단순함'은 당연히 상대적인 용어이다. 나와 같은 비과학자에게, 단순한 방정식이란 아예 가능하지도 않다.

$$\left[\beta m c^2 + \sum_{k=1}^{3} \alpha_k p_k c \right] \psi(x,t) = i\hbar \frac{\partial \psi(x,t)}{\partial t}$$

그렇더라도 방정식 풀 능력이 없는 우리조차 양자역학과 상대성이론을 종합하여 스핀을 설명하는 것이 얼마나 놀라우리만

심판자로서 이성

치 간결한 방식인지 그 진가를 인정할 수 있다.

하지만 과학 이론을 솜씨 좋게 아름답게 만드는 것에 관해 이치에 맞는 몇 가지 이야기를 할 수는 있다 해도, 보편적으로 동의하는 기준은 존재하지 않으며 궁극적으로 아름다움은 보는 사람의 생각에 달린 것 같다. 폴 디랙Paul Dirac은 "방정식에 아름다움을 부여하는 것은 그 방정식이 실험에 들어맞게 하는 것보다 더 중요하다"[42]고 주장하면서도, 수학적 아름다움은 "예술에서 아름다움을 정의할 수 없듯이 정의될 수 없는 성질이지만, 수학을 연구하는 사람들은 대개 그 진가를 인정하는 데 전혀 어려움이 없다"[43]고 인정했다. 이로써 가치 결정권자an arbiter of value로서 아름다움은 쓸모가 없어지는데, 판관마다 무엇이 아름다운지 견해가 서로 달라서 그 문제를 결정할 기준이 없어지기 때문일 것이다. 조갈레카르는 "어떻게 하여 단순한 화학 방정식이 아름다워 보일 수 있으면서도 근사치이거나 유한할 수 있는지", 그리고 "어떻게 하여 복잡한 방정식이 추해 보일 수 있으면서도 소수점 여섯 자리까지 정확한 답을 내면서 보편적일 수 있는지" 주목하는 데로 나아간다. 당신은 어떤 방정식이 더 '아름다운' 등식이라고 정의하겠는가?

더구나 아름다운 과학적 이론의 무수한 사례가 있다손 치더라도, 많은 과학자는 타당함을 주는 것 이상으로 아름다운 이론들에 특전을 부여하는 것 같다. 조지 엘리스George Ellis와

조 실크Joe Silk가 언급했듯, "실험을 통해, 정상우주론steady-state theory of cosmology에서부터 전자석의 약한 자계석과 강한 자계석의 상호 작용의 통합을 목표로 한 입자물리학의 SU(5) 대통일 이론에 이르기까지 아름답고 단순한 수많은 이론이 틀렸음이 입증되어 왔다."[44] 과학 작가 필립 볼Philip Ball은 페르마의 마지막 정리Fermat's Last Theorem에 대한 앤드루 와일스Andrew Wiles의 증명과 같은 정말로 우아하지 못한 예시들에 주목한다. 볼은 "기본 정리는 놀랄 만큼 단순하고 근사하"지만, "그 증명은 결코 그렇지 않아서, 100쪽이나 되는 분량에 퐁피두 센터보다 더 복잡하다"고 말한다.[45]

이로써 아름다운 이론 선호가 그러한 이론들이 더 참일 것처럼 보였다는 것을 근거로 과학적 용어로 정당화될 수 있다는 발상에 의구심이 제기된다. 만약 아름다움이 두 이론 사이에서 다른 모든 것이 동등할 때 판단을 내릴 기준에 불과하다면, 우리는 이것을 받아들일 수 있다. 하지만 많은 이들이 참인 이론은 모두 아름답고 추함은 근원적 결함의 지표라고 믿는 데로 한 발 더 나아간다.

우리가 살펴보았듯, 과학적 아름다움을 구성하는 하나의 요소는 단일하고 간단한 법칙이 보편적으로 유지되는 방식이라 추정된다. 하지만 낸시 카트라이트Nancy Cartwright는 만약 어떤 법칙이 참일 경우, 그것이 "보편적"이고 "어디에서도 유지되고 모든 영역에서 기준이 된다"는 생각을 "근본주의적"이라고 비판한다. 그녀는 그것이 참이라고 간주할 타당한 이유가 없다고 주장한다. 그 대신 그녀는 "자연은 체계적 혹은 균일한 방식으로 서로에게 반드시 관련될 필요 없이 각기 다른 법칙 체계에 따라 각기 다른 영역에서 기준이 된다"고 주장하는 "형이상학적 법칙론적 다원성metaphysical nomological pluralism"을 제안한다.[46] 법칙들이 보편적으로 유지되어야 한다는 생각에 담긴 매력은 단순하고 강한 것에 대한 미적 선호, 근본적으로는 기질 그 이상도 이하도 아닌 선호일 것이다.

여느 지성인과 마찬가지로 과학자들도 자신의 기질과 개인적 선호에 영향을 받는다는 것을 알게 된 데에 놀라서는 안 된다. 4장에서 살펴보겠지만, 철학자들 또한 이 점에서는 전혀 다르지 않다. 인간 심리는 극도로 복잡해서 탁월함은 특이한, 어떤 면에서는 훨씬 일탈적인 성격 유형과 함께 오는 경우가 많다. 예컨대 아폴로 우주선의 달 탐사 과학자들에 관한 한 연구에서 더 높은 수준의 창의력은 변화에 대한 더 큰 저항과 상관관계가 있다는 사실을 발견했다. 이 점은 놀라워 보일 텐데, 변화에 대한 저항이 일종의 닫힘인 반면, 창의력은 일종의 열림이기 때문이다. 하지만 과학에서는 그 둘의 혼합물을 갖는 것이 도움이 되는 것 같다. 다른 성향들이 낙담이나 의심을 안길 때 열린 마음은 새로운 가능성을 보여 주고 그때 편협함은 그 가능성을 밀고 나가게 해 준다. 그 어떤 충분한 설명이 주어지더라도, 아폴로 연구의 모든 과학자가 "과학자는 객관적이고 정서적으로 냉담하다는 생각은 고지식한 관념이라는 데 의견이 일치한다"[47]는 사실에 이제는 놀라서는 안 된다. 그리고 과학자들은 냉담하지 않으므로, 그들은 증거가 참이라고 시사하는 것만큼이나 자신이 참이기를 바라는 것에서 동기부여를 받는 경우가 분명 많다.

4.
과학이라는 불순물

　　비록 과학적 방법론에 관한 울퍼트의 회의주의에 찬성하여 그의 글을 인용하기는 했지만, 그가 과학철학의 중요성을 무시할 때는 뭔가를 놓치는 것으로 보인다. "포퍼를 비롯한 과학철학자들이 과학과 관련해 말해 줄 수 있는 유의미한 것이란 전혀 없다"라고 언젠가 울퍼트가 말했다. "나는 과학철학에 약간이라도 흥미를 가진 어떤 과학자도 알지 못한다. …… 과학은 어떤 종류의 철학 없이도 매우 훌륭하게 해 왔다."[48]

그러나 과학을 철학과 섞이지 않도록 순수하게 유지하려는 것과는 달리, 확정적인 하나의 과학적 방법론에 대한 그의 분명한 거부는 실제로 철학에 의한 과학의 오염을 의미한다. 과학은 장치와 연산을 사용해서만 수행할 수 있는 것이 아니다. 과학은 판단을 필요로 하고 그와 더불어 해석 또한 요구한다. 과학적 기업scientific enterprise의 속성을 말할 때보다 이 점이 더 분명해지는 경우는 없다. 과학은 물리적 세계의 정확한 묘사인가, 아니면 그것을 우리가 이해하도록 도와주는 도구일 뿐인가?

이에 관해 과학자들은 이견을 보여 왔다. 플랑크는 "나는 늘 절대적인 것에 대한 탐구를 모든 과학적 활동의 가장 고귀한 목표로 간주했다"[49]고 말했다. 따라서 예컨대, 빈의 변위법칙 Wien's law에서 개선점을 찾아냈을 때, 그는 자신이 "진정한 물리학적 의미로 거기에 부여하는 책무"를 완수하지 않는 한 그것은 "그저 형식적 의미"에 불과할 것이라고 생각했다.[50] 아인슈타인 또한 그러한 취향을 지닌 사람으로, "우리가 과학이라고 부르는 것은 그것이 무엇인지를 확정한다는 단 하나의 목표를 갖는다"[51]고 말했다.

반면에, 보어는 이러한 과학적 실재론scientific realism을 전면 거부했다. "양자 세계란 존재하지 않는다. 추상적인 양자역학 설명만이 있을 뿐"이라고 그는 말했다. "물리학의 책무가 자연이 어떤 모습인지 밝혀내는 것이라는 생각은 잘못됐다. 물리학은 자연에 대해 우리가 무엇을 말할 수 있는지와 관련이 있다."[52] 올퍼트는 이러한 철학적 차이들은 중요하지 않지만 실제로 그것들이 모든 위대한 물리학자들의 과학 연구에 크게 영향을 미쳤다고 생각했을 법하다. 이러한 의견 차이는 오늘날까지 계속되는 양자물리학에 관한 막대한 의견 차이를 뒷받침했다.

과학이 '불순하다'고 말한다고 해서 과학을 폄하하는 것은 아니다. 데이터와 실험들이 장기적으로 과학적 진리를 확정하는 데 얼마나 영향력이 큰지 결코 과소평가해서는 안 된다. 하지만 수학과 자연과학은 이 점에서 운이 좋다. 인간을 탐구하는 상당수의 다른 영역들에서는, 정보를 가진 모든 지적인 관찰자들 사이에서 옳은 것으로 의견 일치가 이루어져야만 하는 어떤 설명을 제시할 만큼 데이터가 충분히 확실하거나 정확할 가능성이 거의 없다. 과학의 성과가 과학이 모든 추론에 필요한 전형을 제시한다는 신념을 도출해서는 안 된다. 더 정확히 말하면, 과학 분야는 이성을 사용하기에 특히 수행성이 좋은 영역이다.

우리가 과학의 성공을 깎아내리지 말아야 하는 한편, 판단, 기질, 선호, 개성에는 아무런 역할이 없다는 일부의 입장에 표명된 비현실적이고 잘못 해석된 과학의 이미지에 대응하는 것 또한 중요하다. 이것은 일반적으로 이성에 대한 비현실적인 이미지이기도 하다. 사람들이 이성의 비연산적non-algorithmic 측면들에 주목할 때, 이러한 오해의 결과는 이성에 대한 공격이 된다. 그러나 공격 대신 방어가 되어야 한다. 우리는 이성적인 것이 무엇을 의미하는지와 관련해 좀 더 확장된 개념을 필요로 한다. 그것은 우리가 엄격하게 형식적이고 경험적인 요소들에만 초점을 둘 때 배제되는 모든 요소를 포함해야 한다. 이 개념의 핵심에, 판단의 중요성을 두어야 한다. 지금까지는 **왜** 그래야 하는지를 살펴보았고, 다음 장들에서는 그것을 **얼마나** 정확하게 해야 하는지에 대해 더 살펴볼 것이다.

만약 과학자들이 냉정한 컴퓨터가 아니라 저마다 다른 선호와 기질과 기술과 성향을 가진 인간이라는 사실이 충격적으로 여겨지는 사람들이 있다면, 그들은 사람들이 사고하는 방식에 대해 매우 특이한 견해를 갖고 있음에 틀림없다. 진정으로 과학은 최고로 뛰어난 합리적 활동이다. 하지만 우리가 과학이 복잡하고 다소 뒤범벅된 능력이 아닌 것처럼 행동한다면, 그것은 합리성이라는 개념에 폭력을 가하는 것이다.

3장
논리 철학

　종교와 과학 연구에서 합리성의 역할에 대한 지금까지의 논의는 왜 이성이 논증들 가운데서 판단하면서 중립적, 객관적, 확정적 심판자로서 역할을 할 수 없는지, 그 이유를 설명하기 시작했다. 이성 자체가 그 힘을 갖고 있지는 않다. 궁극적으로, 추론가들은 다음과 같은 질문들에 답하면서 스스로 일정한 판단을 내려야 한다. 이 신념들은 지당하게 기본적인가? 이 신념들은 다른 것들보다 더 이치에 맞는가? 이처럼 역설적으로 필연적인 결과가 그 결과를 낳은 기초를 위태롭게 할까, 아니면 그것이 당분간은 풀리지 않는 미스터리로서 인정되어야 할까? 이성은 이 같은 질문들에 답을 내릴 도구를 우리 손에 쥐어 주지만, 그 판단을 우리에게서 제거해야 하는 알고리즘 같은 것은 전혀 제시하지 않는다.

　우리는 이성이 왜 그러해야만 하는지 몇 가지 이유를 이미 살펴보았다. 이 장에서는, 심지어 이론상으로도 이성에서 개인들의 판단을 결코 추방할 수 없는 가장 근원적인 이유를 설명

심판자로서 이성

하려고 한다. 하지만 그 전에, 판단의 역할이 일찍이 더 광범위하게 인식되지 않은 이유와 관련하여 이야기하고 싶다.[1]

1.
철학의 숨기고 싶은 비밀

영미식 분석철학—나는 그 전통 속에서 훈련받았다—은 그 자체로 논리에 대한 집착과 논증에서의 엄격함에 자부심을 갖는다. 하지만 철학자 대부분은 그저 영리할 뿐인—실제로 **매우 훨씬** 영리하다 할지라도—철학자와 진정으로 탁월한 철학자 사이에 차이가 있다는 사실을 알고 있다. 영리하기만 한 철학자는 논증을 기호 논리로 즉각 정식화할 수 있어, 100미터 거리에서도 근거 없는 추론을 발견하면, 동료들이 있는 데서 그것을 마구 헐뜯으면서 그 동료의 논문에 있는 그 어떤 취약성이건 공격해 댄다. 그런 사상가는 대체로 빠르게 고용되고 승진하며, 젊고 유망한 집단의 일원으로 칭송된다. 하지만 은퇴할 무렵 그런 철학자들이 자신이 다룬 논제에 남기는 흔적은 아무것도 없다. 그들은 지적인 번득임만 보여 줄 뿐 진정으로 중요한 토론의 핵심에 가닿지도, 그에 관한 충실하고 지속적인 무언가를 말하지도 못한다.

진실로 좋은 철학 하기는 면도날처럼 예리한 두뇌 이상의 무엇, 때로는 명민한 지성이라 불리는 어떤 것, 철학적 감수성 혹은 통찰력을 요구한다. 나는 그것을 판단이라 부르는데, **결론에 도달하거나 이론을 형성하는 데 요구되는 인식력**cognitive faculty**으로서 사실들 혹은(그리고) 논리에 호소하는 것만으로는 밝혀낼 수 없는 참 혹은 거짓**이라고 내가 다소 길고 복잡하게 정의하는 것이다. 이와 관련한 무수한 사례가 있지만, 아마도 가장 분명한 사례는 도덕철학에서 나온다.

공리주의 윤리는 무엇이건 최대 다수에게 최선의 성과가 되는 일을 하라고 요구한다. 공리주의에 대한 셀 수 없이 많은 설명이 있지만, 대부분의 경우 우리는 전체적인 고통을 최대한 줄이는 어떤 일을 하기를 요구받는다. 공리주의는 종종 부유한 나라에 사는 사람들에게 현재 그들이 하는 것보다 훨씬 더 많이 나누라는 매우 강한 요구를 유발하는 주장으로 나타나기도 한다. 피터 싱어Peter Singer의 경우에, 그 요구는 특히 부담스럽다. "우리는 한계효용의 수준에 이를 때까지 나누어야 한다. 다시 말해, 그것은 더 나눔으로써 나의 증여에 의해 경감되는 만큼의 고통을 나 자신과 내 부양가족에게 유발하는 수준을 말한다."**2** 명백하게 극단적인 이 주장 이면의 논리는 단순하다. 만약 당신이 충분히 먹을 수 있고 살기에 괜찮은 집이 있다면, 추가로 쓰는 '사치품'— 꼭 필요하지는 않다는 의미에서—에 들어가는 모든 돈이, 가난한 사람들에게 대신 쓰인다면, 고

심판자로서 이성

통 감소라는 목적에 기여하게 된다. 따라서 우리는 사실상 우리의 부가 가능한 한 많은 삶을 개선하는 데 사용되도록 가능한 한 변변찮게 살아야 한다.

여기서 중요한 것은 공리주의에 대한 최고의 지지자들과 비평가들이 그 주장의 논리를 인정한다는 점이다. 그런데 어떻게 하여 그 동일한 논증이 어떤 입장을 옹호하는 데 사용되면서 동시에 반대하는 데 사용될 수 있을까? 왜냐하면 근거가 확실한 어떤 주장이 강력하게 직관에 반대되는 결론에 이르게 될 때, 우리에게는 늘 두 가지 선택권이 주어지기 때문이다. 우리는 그 주장이 상식이나 일반 통념이 아주 잘못되었다는 것을 폭로한다고 말할 수 있다. 혹은 그 주장이 결론으로 이끌어 간 전제들에 틀림없이 문제가 있었음을 입증하는 것이라고 말할 수도 있다. 이 경우 선택은, 공리주의가 인습적 도덕에 대한 심오한 도전이라고 말하는 것, 그리고 공리주의 수용은 필연적으로 우리를 불가능한 요구로 이끌기 때문에 공리주의는 오류임에 틀림없다고 말하는 것 사이에 있다.

후자의 주장 형식은 **귀류법**reductio ad absurdum으로 알려져 있다. 귀류법의 논리는 만약 당신이 참인 전제들에 근거하여 정당한 절차를 밟는 논증—각 단계의 논증이 그 전 단계로부터 필연적으로 도출되는—을 세운다면 그 논증의 결론은 참일 수밖에 없다는 것이다. 따라서 만약 당신이 타당한 논증을 세웠고 그 결론이 거짓이라면, 당신은 그 전제들이 틀림없이 잘못되었음을 깨닫게 된다. 결론이 명백하게 거짓일 때는 문제가 없지만, 그 명칭이 암시하다시피, 많은 경우 그 결론은 그저 '부조리할 absurd' 뿐이다. 피고인이 형사에게 불합리하다고 말하는 범죄 드라마에서 알 수 있듯이, 부조리처럼 보이는 것들이 참으로 밝혀지는 경우는 많다. 부조리는 보는 사람의 마음속에만 있을 때가 많다.

따라서 공리주의를 비롯한 다른 많은 경우에, 우리는 그 논증이 **귀류법**이라는 것을 인정하거나 그 주장의 믿기 어려운 결론을 이를 악물고 감내하거나 둘 중 하나의 선택에 직면한다. 데이비드 차머스 David Chalmers 가 설명하듯, 문제는 종종 우리가 "적수들이 울며 겨자 먹기로 감수는 하되 …… 그것이 그 어떤 패배의 신호로도 기능하지 않는 것에 좌절감"을 느끼곤 한다는 것이다. 이 점이 의외의 책임을 떠맡을 것을 요구할 수도 있다. "하지만 이 책임을 계속해서 주장하는 것이 옹호되지 않는 경우는 거의 없다." 결과는 "철학적 논증은 전형적으로 의견 일치의 결과를 낳기보다는 복잡한 의견 차이를 낳는다"는 것이다.[3]

우리가 이를 악물고 감내하건 책임을 떠맡건, 우리의 선택이 논리나 사실들이 요구하는 것을 넘어선다는 것은 분명하다. 실제로 그러한 논증에서 우리가 자주 하는 일은, 그 논증의 논리

심판자로서 이성

에 따라 그 결과를 부정하는 듯한 사실들보다 더 큰 요구가 우리에게 주어지는지를 판단하는 것이다. 그런 의미에서 우리는 사실들 혹은(그리고) 논리가 요구하는 것을 넘어서는데, 논리나 사실은 각기 다른 것들을 요구하는 것처럼 보이기 때문이다.

철학은 어떤 논증을 타당하다고 받아들이는 것 혹은 그것을 귀류법으로 활용하는 것 사이에서 이루어지는 유사한 선택들로 가득 차 있다. 러셀의 전기 작가 레이 몽크Ray Monk는 또 이렇게 기술했다.

> 러셀은 의미의 인과론을 발전시켰는데, "만약 인과론이 참이라면, 왜 나는 소를 볼 때마다 '소cow'라는 단어를 소리 내게 되지 않는가?"라는 질문을 던진 R.B. 브레이스웨이트R. B. Braithwaite로부터 도전을 받았다. 이에 대한 러셀의 대답은 이러했다. "당신은 어떤지 모르겠지만, 나는 소를 볼 때마다 후두에서 나도 모르게 충동을 느낀다." 이것은 그 논증이 그쪽으로 이끄는 것처럼 보이기 때문에 자신이 기꺼이 부조리를 받아들이겠다는 러셀 표현법의 특성이다. 그리고 그는 그것이 미덕—상식의 배제—이라고 생각한다.

물론 만약 러셀이 달랐더라면, 다른 방향으로 도약했을지도 모른다. "정당한 주장인지 **귀류법**인지는 그 결론이 얼마나 명백

하게 수용 불가능한지에 달려 있을 것"이라고 말하면서, 몽크
는 "확실히 사람들은 어떤 논증을 근거로 그들이 무엇을 믿을
준비가 되어 있는지와 관련하여 제각기 다르다"고 말한다.[4]

어떤 논증이 타당한지 혹은 귀류법인지 사이에서 선택해야
할 필요성은 논리 연산만으로는 최선의 정답을 확정할 수 없을
때 훌륭한 선택에 요구되는 그러한 판단에 대한 하나의 전형이
다. 물론 판단은 다른 논증들과 다른 사실들의 영향을 받는다.
하지만 그런 다른 논증과 사실들이 문제를 해결할 것이고 내가
정의 내린 대로의 판단에는 아무런 역할도 주어지지 않을 거라
고 상정하려면, 극단적으로 낙관적인 유형의 합리주의자가 되
어야만 할 것이다.

따라서 판단은 좋은 철학을 산출하는 타당한 논리와 동맹을
맺은 어떤 부가적 '요소 X'가 아니다. 판단은 철학의 과정에 내
재하는 한 부분이다. 문제는, 설사 이 사실이 때로는 인식된다
할지라도, 이야기되는 경우는 거의 없고, 우리가 철학의 연구
과제를 어떤 관점에서 바라볼지 그 중요성은 드물게만 제기될
뿐이며, 최소한 정규 문헌formal literature에서는 제기되지 않는다.
하지만 인터뷰나 토론 상황에서는 좋은 철학, 흥미로운 철학을
만들어 내려면 기계적 논리 계산으로 환원될 수 없는 '통찰력'
이나 '판단력'이 요구된다는 사실을 철학자들이 기꺼이 인정하
는 모습이 종종 보인다. 예컨대, 마이클 마틴Michael Martin은 분명

심판자로서 이성

하고 타당한 논증을 제시할 필요성을 완전히 인정하는 중견 분석철학자다. "하지만 그것이 분명해지기 위해서는, 적절한 가설들, 즉 직관에 호소하는 듯한, 혹은 어떤 면에서는 세계가 존재하는 모습을 우리가 어떻게 포착하는지 정확히 표현하는 가설들을 마련해야 한다. 바로 그곳에서 진짜 노력이 이루어지고, 일이 어려워진다." 이어서 그는 말한다. "나는 당신이 철학의 나쁜 부분에서 좋은 부분들을 분류할 수 있게 해 줄 튜링 기계를 설명해 줄 수는 없다."[5] 마틴은 확실히 옳지만, "직관에 호소하는 듯한" 것은, 혹여 철학적 추론에 관한 교과서나 강의 속 훌륭한 논증들의 주요 속성 가운데 거론된 적이 있을지는 몰라도 거의 드물다.

몽크도 매우 유사한 이야기를 했다. "위대한 철학자들은 통찰력을, 즉 중요한 어떤 것에 대한 통찰력을 가진 사람들이다." 그는 이렇게 말한다.

니체를 읽고, 비트겐슈타인을 읽고, 키르케고르를 읽고는, 마치 그것이 하나의 명제 계산propositional calculus이기나 한 것처럼 펼쳐 놓으면서, 그 주장이 성립되거나 혹은 그렇지 않다고 말하는가? 그것은 어처구니없이 지루하고 핵심에서 빗나간다. 우리가 하는 방식으로 학생들을 훈련하는 데서 나타나는 문제점은 그들에게 어떤 주장이 근거가 있는지 없는지에 관심을 갖도록 권장할 뿐, 그들이 그 주장이 '흥미'로운지 아닌지의 문제를 숙고하도록 깊이 용기를 북돋지 않는다는 점이다.[6]

물론 어느 것이 '흥미로운'지를 판단하는 알고리즘이 확실히 존재하지는 않는다.

퍼트넘은 한 걸음 더 나아가, 이야기되고 있는 것을 이해하기 위해서라도 판단을 실행할 필요가 있다고 주장한다. "우리가 주어진 조건에서 하나의 단어를 말함으로써 의미하는 것 혹은 한 문장으로 의미하는 것, 그것은 의미를 전달하기 위해 가장 적정하게 선택된다는 점에서 판단이라 할 만하다."[7]

'직관에 호소하는 듯하다' '흥미롭다' '합당하다' 이 단어들이 '근거 있다' '타당하다' 혹은 '명백하다'와 같은 단어들과 동일한 외연으로 말해지는 경우는 거의 없다. 그러나 만약 당신이 철학을 제대로 하고자 한다면, 좋은 판단을 구성하는 이 요소들은 최소한 똑같이 중요성을 지닌다. 철학이 타당한 논증과 추론에 요구되는 기준을 체계화하고 발전시키면서 진보를 이루어 온 반면, 이런 종류의 '좋은 판단'을 구성하는 것과 그것의 긴요성을 인정하는 것에 관해서는 말할 만한 것이 거의 없다.

판단이 철학자들에 의해 열외 취급을 받아 온 데는 최소한 세 가지 이유가 있다고 본다. 우선, 판단으로는 분명하게 보여

심판자로서 이성

줄 수 없도록 철학의 논리적 측면이 도식화되고 형식화될 수 있다는 데 있다. 그 결과, 판단의 본질을 통찰하는 것보다 형식 논리와 논증 구조에 대해 뭔가를 떠올리는 것이 훨씬 더 쉽다.

두 번째 이유는 철학의 이론화와 관련된다. 좋건 나쁘건, 학문적 철학 연구는 점점 더 세부적인 수준에서 이루어진다. 직업적 철학자들은 논문을 게재해야 하고, 어느 정도 심도 깊게 탐구되어 온 문제들에 철학의 상투적이고 분석적인 기술을 적용함으로써, '독창적'이라는 학술 논문의 요건을 충족하는 것을 제출하고 고도의 전문적 수준을 과시하는 것이 가능하다. 그리하여 설사 그 결과가 시시하더라도 결과를 더 빨리 얻기 때문에 철학의 분석적, 논리적 측면에 대한 포상이 있게 된다.

어쩌면 세 번째 이유가 더 중요할지 모른다. 판단은 합리적 논증의 배제할 수 없는 허용치를 표현한다. 그리고 철학은 늘 가능한 한 합리성 추구를 목표로 삼기 때문에, 판단의 역할을 줄이는 것이 흔들리지 않는 목표가 되는데, 이는 철학에서 판단의 역할을 완전히 제거하기는 불가능하기 때문이다. 우리는 철학에서 가능한 한 판단에 덜 의존하기를 원하는 한편, 그와 동시에 그것 없이는 철학을 하는 것이 가능하지 않다는 사실을 잘 알고 있다. 이성적으로 설득력이 강력할수록 논증이 판단에 덜 의존하므로, 논증들이 그 안에서 판단이 차지할 역할을 위장하거나 은폐함으로써 더욱 이성적으로 보일 수 있다. 따라서 판단은 철학의 숨기고 싶은 비밀이다.

2.
논리와 판단

지금까지의 내 주장에 따를 때, 만약 논리와 증거만으로는 우리가 논란의 여지가 없는 결론을 이끌어 낼 수 없다면 판단이 단지 추론에만 필요하다고 여길지도 모른다. 판단은 이성이 우리를 버리고 떠나는 곳과 대답이 놓여 있는 곳 사이의 장외 구역extra yard으로 우리를 데려간다. 하지만 판단의 역할은 이보다 더 중요하다. 그것은 추론 과정 자체에 내재된 일부이지, 문제를 풀 수 없을 때 필요한 부가물이 아니다.

왜 그러한지를 말해 주는 가장 명백한 이유는 대부분의 추론이 연역적이지 않으며, 오로지 연역적 추론만이 심지어 판단에 의존하지 않는, 일단 진실로 여겨지는prima facie 주장을 만들어 낼 수 있기 때문이다. 연역적 추론은 형식논리 측면에서 표현될 수 있는 유형의 추론이다. 특정한 전제들이 주어진다면, 수학적 증명으로서 동일한 불변의 필연성을 가진 특정한 결과들이 도출되어야 한다. 이것이 연역적 추론의 정확성이며 순수함이다. 연역 논리의 가장 오래된 체계는 삼단논법으로, 아리스토텔레스로까지 거슬러 올라갈 수 있다. 삼단논법의 논리는

심판자로서 이성

특정한 주장들의 일반적 형태를 입증한다. 따라서 삼단논법을 이렇게 예시할 수 있다.

인간은 날개가 없다.

조지는 인간이다.

따라서 조지는 날개가 없다.

이 예시는 첫 행이 일반 명제(대전제), 둘째 행이 특정 명제(소전제)이고 셋째 행이 그 둘로부터 도출된 결론이 되는 삼단논법의 가장 엄밀한 형태에 들어맞는다. 각 명제는 보편적('전부all' 혹은 '전무none')이거나 특수하다(일부이다some). 논리학자들은 삼단논법이 취할 수 있는 온갖 다양한 형태를 연구해 유효한 스물네 가지 종류를 식별했는데, 그것은 그 결론이 전제들로부터 필연적으로 도출된다는 의미다. 논리적으로 타당한 논증에서는, 만약 전제들이 참이라면 결론 또한 참이어야 한다.

위에 든 예시는 다음과 같은 유효한 형태를 띤다.

A는 B가 아니다.

모든 C들은 A다.

따라서 어떤 C도 B가 아니다.

어쩌면 다시 보고 나서야 이것이 삼단논법의 형식임을 알아 차릴 수도 있다. 어떤 삼단논법이—'조지' '파리' 혹은 '모나 리자'와 같은—하나의 독립체를 수반할 때, 그것은 여전히 보편적 명제의 형식에 들어맞는다. 따라서 '조지'는 사실상 '모든 조지들'인데, 이는 조지라 불리는 모든 사람들은 아니지만 이 조지가 유일한 구성원인 집합체를 의미한다. 혼돈을 일으킬 여지가 있는 다른 하나는 삼단논법 형식에서 '이다/아니다'를 사용하는 데 반해, 우리의 논증에서는 동사 '있다/없다'를 사용하는 점이다. 이것은 문제가 되지 않는다. 논리적 관점으로 볼 때 '인간은 날개가 없다'는 '날개 달린 것은 인간이 아니다'와 동일하고, 전자가 더 자연스러운 표현 방식일 뿐이다.

삼단논법은 형식적인 연역적 논증의 가장 기본적인 사례다. 오늘날 논리학자들은 더욱 복잡한 기호논리학 형식을 활용하는데, 3행에 국한되지도 매우 한정된 종류의 명제들에 국한되지도 않는다. 하지만 기본 원칙은 동일하다. 이러한 복잡한 형식은 훨씬 더 복잡한 행들로 논증이 기술되어 타당성을 시험하게 한다. 하지만 기본 원칙은 동일하다. 논증들은 보편적 형식 측면에서 분석된다. 기호와 글자는 조건들의 관계를 나타내기 위해 사용되고, 법칙들은 어떤 추론이 유효하고 어떤 것이 그렇지 않은지 판단하기 위해 수립된다. 그 결과에 따른 논리는 자연 언어를 이용한 논증보다는 수학에 더 가깝다. 수학에서는,

심판자로서 이성

일단 우리가 '+' '−' '√'와 'θ'와 같은 숫자들과 조건들이 의미하는 바를 정의하고 수학의 공리들(모두 증명된)을 이해하고 나면, 계산이 옳은지 그른지는 객관적 사실의 문제가 된다. 마찬가지로, 일단 우리가 '¬' '∃' '⇒'와 '∀'와 같은 논리 연산자들이 어떻게 정의되는지 알고 나서 논리의 공리들을 이해하면, 어떤 주장이 유효한지 아닌지는 객관적 사실의 문제가 된다.

따라서 형식적, 논리적 형태로 어떤 논증을 제시한다는 목표는 판단의 역할을 배제하고 그 논증의 타당성 여부를 객관적으로 확정 가능하게 만드는 일이라고 말할 수 있다. 하지만 이것은 불가능하다. 판단의 역할은 그러한 과정에 의해 최소화될 수 있고 또 그래야 하지만, 판단은 사실상 그 과정의 모든 단계에 포함되어 있다.

무엇보다 먼저, 우리는 어떤 공리들이 옳은지 판단해야 한다. 이것은 논리 체계 자체로는 판단할 수 없는데, 순환 논리가 될 것이기 때문이다. 즉, 논리 체계가 타당하게 구성되는지 그러지 않는지 여부를 판가름하는 기준으로서 우리가 확립하려는 타당성인 그 체계를 사용할 수 없다는 것이다. 만약 논리가 자체적 타당성에 대한 단독 심판자라면, 그것은 기껏해야 **내적으로**internally 모순이 없되 **외인적**external 타당성은 갖지 못할 것이다. 이는 어느 지점에서는 논리라는 공리의 타당성에 대해 외인적 확증이 필요하고, 여기에는 판단이 요구된다는 의미이다.

그 확증은 논리 체계 자체는 제공할 수 없는 무언가를 제공하기 때문이다.

　논리 체계에 대한 비준은 일종의 직관에서 나올 수 있다. 직관은 우리가 1+1=2를 한순간에 아는 것처럼, 어떤 공리가 주장될 때 해당 용어들이 의미하는 바를 이해하는 한 바로 알 수 있는 것을 표현한다. 또는, 이 외인적 판단은 전적으로 실용주의적일 수 있다. 우리가 이 법칙을 따라야 하는 이유는 그것이 우리가 믿을 만하다고 판단하는 논증이라는 결과로 이어지기 때문이다. 철학에서, 이러한 유형의 신뢰도 주장reliability argument을 논리적 법칙과 논증의 최종적 정당화로 인정하는 강력한 전통이 있는데, 미국식 실용주의에서 가장 두드러진다. 이것은 논리와 증거가 보여 줄 수 있는 것을 넘어서기 때문에, 명백하게 어떤 형태의 판단이다. 효과가 있다는 것은 우리에게 효과가 있는 것이고, 이는 판단의 문제이지 사실의 문제가 아니다. '효과가 있는 것'이 의미하는 바에 대해 사람들 사이에서 의견 차이가 생길 수 있기 때문이다. 따라서 예컨대, 특정한 종교의 성구를 권위가 있다고 받아들이는 것이 어떤 신념을 가진 사람들에게는 효과가 있는 반면, 다른 이들에게는 권위에만 의존하는 어떠한 성구도 인정하지 않는 것이 효과가 있다고 간주될 수 있다.

　하지만 판단에 어떠한 역할도 부여하지 않은 채 어떻게든 공리들을 객관적으로 정의할 수 있다고 상상해 보자. 만약 당신

심판자로서 이성

이 숫자와 글자로 이루어진 논리만을 사용한다면, 그것이 주는 것은 오로지 수학적 정확성을 갖는 결과일 뿐이다. 하지만 만약 철학이 할 수 있는 최선이 어떻게 하여 A는 B가 아니고, 모든 C가 A일 때 결국 C들은 B가 아닌지를 보여 주는 것이라면 논리학자들을 제외한 어느 누구에게도 철학은 그다지 흥미롭지 않을 것이다. 이것을 실제의 A들, B들, C들에 적용할 수 있을 때만 쓸모 있을 것이다. 그럴 때는 가장 단순한 경우라도 최소한 일정한 판단이 요구된다.

앞서 예시로 든 '인간은 날개가 없다. 조지는 인간이다. 따라서 조지는 날개가 없다'라는 논증을 보자. 주 전제인 '인간은 날개가 없다'는 명백히 참이지만, '인간' 범주는 동물의 왕국을 분할하기 위해 우리가 만들어 낸 범주로, 논란의 여지가 있다. 우리의 분류학이 일관성을 가지려면, 호모Homo 속은 세 개의 종, 호모 트로글로디테스Homo troglodytes(침팬지), 호모 파니스쿠스Home paniscus(피그미 침팬지)와 호모 사피엔스(우리)를 포함한다고 논해진다. 침팬지들 역시 날개가 없기 때문에 이 분류가 그 주장에 영향을 미치지는 않겠지만, 명백히 단순한 전제 뒤에 복잡성과 판단이 숨어 있음을 설명해 준다.

이 같은 사례들을 제시하는 요점은, 그 사례들이 논증의 기본 구조와 정당성을 명쾌하게 해 줄 만큼 논증들을 매우 뚜렷하고 분명하게 입증한다는 것임을 기억할 필요도 있다. 실제로,

어떤 철학자—혹은 이 사안에 관해서라면 동물학자—도 특정 인간이 날개를 갖고 있지 않다는 사실을 보여 주기 위해 논증을 세우지는 않을 것이다. 철학적 논증은 전제들이 내용 면에서 어느 정도 더욱 충실할 때 그야말로 흥미롭겠지만, 당연히 이는 그 전제들의 자명함이 떨어진다는 뜻도 된다.

데카르트의 『성찰Meditations』 같은 권위 있는 철학적 문서를 예로 들어 보자. 실제로 여느 위대한 철학자들처럼 데카르트도 자신의 주장을 깔끔한 전제 혹은 결론 형태로 제시하지 않지만, 그의 핵심 전제들과 그로부터 그가 도출한 결론들을 확인하는 것은 그다지 복잡하지 않다. 단순한 명제들로 바꾸어 보면, 데카르트가 언급한 명제들의 종류에 포함되는 것들은 다음과 같다.

> 만약 신이 선하다면, 내가 속임수에 넘어가도록 놔두지 않을 것이다.(제1성찰)
> 만약 내가 어떤 속성 없이 나 자신을 상상할 수 있다면, 그 속성은 나의 본래적인 속성의 일부가 아니다.(제2성찰)
> 유효하고 완전한 목적에는 최소한 그 목적의 결과에 존재하는 만큼의 실체가 틀림없이 있다.(제3성찰)
> 어떤 사물에 속하는 것으로 분명하고 뚜렷하게 인식되는 모든 것은 실제로 그것에 속한다.(제5성찰)

심판자로서 이성

감각에 의한 인식 능력은 수동적이다. 어떤 사람이 자신이 지각하는 것의 속성을 통제할 수는 없다.(제6성찰)

이 전제들 각각이 다 정당화와 해석을 필요로 한다. 어느 것도 단순하고 당연한 공리가 아닐뿐더러 간단한 경험적 관찰 또한 아니다. 따라서 그것들이 참인지 아닌지 판단하는 데는 데카르트가 그것들을 공식화할 때 그 자신의 판단을 사용해야 했던 것처럼 우리의 판단이 요구된다.

상황을 더 복잡하게 만드는 또 하나의 요소는 논리 언어들이 자연언어가 아니라는 점이다. 즉, 만약 우리가 논증의 토대로서 일상어 명제들을 사용하기 원한다면, 우선 그 논증을 형식논리로 번역해야 하는데, 그것이 늘 쉽지만은 않다. 예컨대, 간단한 예시에서조차 다소 어색한 번역을 해야만 하는데, '인간은 날개가 없다'는 '날개가 달린 인간은 없다'로 옮겨지고, '조지는 인간이다'는 '조지라는 부류의 모든 성원은 다 인간이다'가 된다. 이것은 번역하기는 매우 쉽지만, 우리가 이미 보았듯 특히 간단한, 심지어 지극히 평범한 주장이다.

이론상으로, 현대의 논리 언어들이 매우 복잡한 주장들을 다룰 수 있는 하나의 이유는 절 전체를 단순한 문자들로 대체할 수 있기 때문이다. 데카르트의 제2성찰 "만약 내가 어떤 속성 없이 나 자신을 상상할 수 있다면, 그 속성은 나의 본래적인 속성의 일부가 아니다"를 예로 들어 보자. 이것을 논리적으로 표현하기 위해 우리는 그 전제를 전건(가설의 만약if에 의해 포괄되는 절)과 후건(그에 이어 ~면then에 뒤따르는 절)으로 나눌 필요가 있다. 따라서 우리는 전건 '만약 내가 어떤 속성 없이 나 자신을 상상할 수 있다면'을 X로, 후건 '그 속성은 나의 본래적인 속성의 일부다'를 Y로 부를 수 있다. 그런 다음 우리는 'if/then' 관계를 나타내기 위해 부호 '⊃'를, 후건을 부인하기 위해 'ㄱ'을 사용한다. 이렇게 하여 작업할 수 있는 정돈된 공식 'X ⊃ ㄱ Y'를 얻게 된다.

물론 그럼에도 어떤 논증을 논리로 번역하고 그 연역이 성사되는지 확인해 줄 임무가 있다. 만약 데카르트가 그의 X들과 Y들과 Z들 사이의 적정한 관계를 구하지 못한다면, 그의 논증은 작동하지 않는다. 하지만 사람들이 데카르트의 추론에서 오류들을 확인한 후에 현대논리학이 그것들이 정식으로 표현될 수 있도록 했다는 점은 기억할 가치가 있다. 또한 대개 어떤 논증의 핵심은 어떤 전제가 하나의 글자로 축소될 때 이미 지워 없어진다. 데카르트의 논증이 흥미로운 이유는 그 전제가 'X ⊃ ㄱ Y'라는 공식이라는 것이 아니라, '만약 내가 어떤 속성 없이 나 자신을 상상할 수 있다면, 그 속성은 나의 본래적인 속성의 일부가 아니다'라는 구체적인 내용에 있다는 점이다.

따라서 일상어 전제들을 기호 언어로 번역하는 데는 두 가지

심판자로서 이성

문제가 있고, 둘 다 판단이 필수 불가결하다는 점에 주목한다. 우선, 오역의 위험성이 있고, 어떤 번역이 적절한지 그렇지 않은지 늘 판단이 요구될 수밖에 없다. 하지만 번역이 정확할 때조차, 전제에 담긴 모든 의미를 제거하는 것이 그러한 번역의 속성이다. 따라서 어떤 논증의 타당성 여부를 알기 위해, 우리는 그 논증의 논리 구조 자체가 보여 주는 것에 의존할 수는 없다. 우리는 늘 전제들의 진리성을 판단해야 한다.

3.
논리의 한계

합리성이 논리의 기본 법칙에 의해 **제약받는다**는 주장이 최소한 가능할 수는 있다. 설사 논리 자체에 확고부동한 형식적 기반external foundation이 있는 것은 아니라 해도 그것을 받아들일 필요는 있을 것 같다. 일단 그런 다음에는, 우리는 사유 활동에서 일관성이라는 논리의 기본 요구를 반드시 따라야 한다. 이것은 역설을 그대로 두어야 할 경우들에 대해 내가 이야기해 온 것들을 용인하라는 주장이 될 수도 있다. 그런 경우, 우리는 어떤 것이 틀렸음을 인정하지만 상황이 훨씬 더 악화되지 않도록 바로잡을 방법 또한 전혀 없다는 것도 받아들인다. 그것은 최선the best이 선the good의 적이어서는 안 된다는 주장의 한 변형이다. 즉, 만약 두 가지 선택지만이 가능하고 둘 다 앞뒤가 맞지 않다면, 우선은 차악을 감수하라는 것이다. 하지만 분명히 말하는데, 어느 쪽도 궁극적으로 적절하지 않다.

여기서의 기본 원칙은 배중률the law excluded middle, 이치논리the principle of bivalence, 비모순율과 같은 다양한 형식으로 나타난다. 이 모든 것의 배후에는 어떤 명제도 참 혹은 거짓이어야 하며 둘 다 참이거나 둘 다 거짓일 수는 없다는 인식이 깔려 있다. 종종 이 점은 좋은 추론의 보편 법칙이 아니라 서구 논리학에서 특수한 것으로 주장된다. 동양철학은 '양자택일either/or' 논리보다는 '양자 모두both/and' 논리를 포괄한다. 그러나 이는 서양철학과 동양철학 양자를 다 잘못 이해한 것 같다. 동양철학에서 모순을 수용할 때, 그것은 거의 항상, 실제로 반대되는 것들의 진정한 공존을 보여 주기 위해서가 아니라 모순되는 개념들의 한계를 보여 주기 위해서이다. 깊이 들여다보면, 두 전통 모두가 배중률을 옹호하며, 그 속에서 외견상이 아닌 진정한 모순의 존재를 어떤 것이 옳지 않다는 증거로 간주한다. 차이는 서양철학자들이 언어를 세련되게 사용함으로써 모순을 해소하려 하는 반면, 동양철학자들은 그러한 모순이 존재하지 않는 언어를 넘어선 현실에 호소함으로써 모순을 해소하는 경우가 많다는 점이다.

예를 들어 도교는 언어가 현실을 다루는 데 불완전한 도구이며 현실에 대한 적절한 표상을 제공하지 못한다는 사실을 강조한다. 따라서 언어가 일으키는 모든 모순을 해소하려고 애쓰기보다는 때로는 언어를 앞서 나가야 한다. 장자는 "말은 의미를 위한 것"이라고 쓰면서, "의미를 이해하고 나면, 말을 잊을 수 있다. 내가 어디를 가야 말을 잊은 사람과 이야기 나눌 수 있을까?"라고 한다.[8]

따라서 배중률을 좋은 추론의 핵심적인 요소로 받아들이는 것은 배타적chauvinistic이지 않다. 하지만 이것이 논리의 요구에 너무 많이 양보하는 것일까? 설사 그것이 추론의 정당한 원칙으로 확실해 보여 논리의 제약을 보통 받을 수밖에 없을지라도, **어김없이** 제약된다고 말하는 것에 선험적 근거는 없다. 예시를 하나 들어 보자. 과학 탐구 끝에 논리적으로 역설적인 결과를 얻었다고 상상해 보자. 예컨대, 이론물리학자들 사이에서 일치하는 의견은, 미립자 위치의 불확정성을 이해할 수 있는 유일한 방법은 주어진 미립자가 a 혹은 b 위치에 있다는 것이 참도 거짓도 아니라는 것이다(이 결론이 현재 양자이론에서 요구되는 것이라고 분명하게 주장하는 것은 **아니다**). 형식에 관해 말한다면, 이 경우 우리가 비모순율을 무시한 'P이면서 P가 아닌 것'이라는 진술을 수용해야 한다는 사실에 그들의 의견은 일치한다. 그러한 결론에 대한 수많은 대응 방안이 있겠지만, 나는 그것을 부인Denial, 수정Revision, 거부Rejection의 세 가지로 개괄해 보겠다.

부인은 그것이 도저히 참이 될 수 없다는 입장이다. 어떤 명제도 참이거나 거짓이어야 하고 제3의 대안은 없다고 언명하는 이치논리나 배중률에 대한 논리적 위반을 수반하기 때문이다.

수정은 그것이 참일 수도 있고 이치논리가 참일 수도 있다는 입장인데, 논리는 자족적인 시스템이고 세계 그 자체가 논리 원칙과 일치할 수도 혹은 아닐 수도 있기 때문이다. 그렇다고 가정하는 이유는, 이 가정을 기반으로 작업하는 것이 경험적 탐구를 수행하는 유익한 방법으로 증명되었기 때문이다. 하지만 이 가정이 참이어야 하는 선험적 이유는 없으며, 만약 미립자들의 위치에 관한 처음 보는 이 발견을 뒷받침하는 증거가 압도적이라면, 우리는 실제 세계에 논리를 적용시키는 한계들 가운데 하나를 발견했을 뿐이다.

거부는 발견이 논리의 기반 자체를 파괴하고 그것의 기반이 되는 원칙들이 거짓임을 보여 준다는 더욱 급진적 입장이다.

내가 현재 목표로 하는 것들을 위해, 이러한 반응 중 어느 것이 옳은지 판단할 필요는 없다. 결국, 우리는 이 사고실험이라는 새로운 가설적 연구 결과들에 대한 정보가 부재한 채로는 어느 것이 더 나은지 알 수 없다. 내 말의 요지는 그러한 조건에서 우리가 어떤 대응이 **더 합리적**인지 분별 있게 질문할 수 있어야 한다는 것이다. 그와 같은 질문이 일리 있다는 바로 그 사실이 우리의 합리성 개념이 반드시 논리 개념에 의해 강제되거

심판자로서 이성

나 그 개념과 동일한 외연을 갖지는 않으리라는 것을 시사한다. 그러한 경우, 혹여 문제가 있다면 그것은 논리가 요구하는 것을 수용하거나 수정 혹은 거부하는 것이 얼마나 합리적인가에 달려 있기 때문이다. 다시 말해, 비논리적인 연구 결과를 수용하는 것이 합리적인지 아닌지는 열린 질문이다. 연구 결과에 외견상 보이는 비논리성은 논리가 합리성의 군주라고 믿을 만한 다른 어떤 타당한 이유가 없는 한 합리적 근거로 그것을 기각할 충분한 이유가 될 수 없다. 만약 합리적 논증을 확증하기 위해 논리가 필요하지도 충분하지도 않은 최소한 어느 한 번의 경우가 있다면, 합리성은 논리의 기본 법칙을 따라야 한다는 요구에 반드시 제약될 필요가 없다. 논리는 합리성이 사용하는 하나의 도구가 될 뿐이지, 합리성의 본질 그 자체는 아니다.

4.
불충분한 추론

판단이야말로 추론에 내재된 일부이고, 그 점이 논리학이 실패할 때 쓰는 대비책에 불과한 게 아닌 결정적 이유이다. 진실은, 논리 형식을 갖춘 연역적 논증 방식이 우리가 추론하는 주된 방법이 아니라는 것이다. "연역법으로 사고하는 사람은 지구 곳곳에 있다"고 철학자 퍼트리샤 처치랜드

Patricia Churchland는 언급한다. "정말 그럴까? 아마도 내가 매주 두 차례는 연역을 하는 것 같다. 내가 얼마나 자주 연역을 하는지는 모르겠지만 그다지 자주는 아니다." 우리가 하는 대부분의 추론은 상당히 다르다. 처치랜드는 "그것을 개연적 삼단논법abduction(간접환원법)이라 부르고, 최선의 선택에 대한 추론 혹은 최선의 설명에 대한 추론이라 할 수 있다"고 말한다. 하지만 그것을 무어라 부르건 간에 "우리는 그것이 어떻게 이루어졌는지 알 수 없다."⁹ 나는 그 마지막 주장을 받아들인다. 그것은 그런 추론이 완전히 불가사의해서라기보다는 인간 두뇌가 그런 추론을 어떻게 하는지 알지 못할 뿐 아니라 올바르게 추론하고 있다고 알려 줄 확실한 법칙이나 알고리즘도 없음을 의미한다. 우리는 증거를 살펴보고 그것을 가장 잘 설명해 주는 가설을 만들어 낸다. 우리가 일관성을 유지하는지 확인하고 우리의 설명이 터무니없는 결론으로 귀결되는지(이미 보았듯, 설사 이런 것들이 늘 돌이킬 수 없는 것은 아니라 할지라도) 알게 되는 정도까지 논리는 개입한다. 하지만 최종적으로, 논증의 타당성 여부는 객관적으로 입증될 수 없다. 다시 한 번, 우리는 판단을 사용한다.

합리성이 연역 논리와 동일한 외연을 갖지 않는다는 주장은 논란의 여지가 없어야 한다. 왜냐하면 합리적 논증에는 성격상 그 자체로 연역적인 것과는 다른 귀납법이나 간접순환법과 같은 수많은 형식이 있기 때문이다. 사실 문제와 관련된 추론

심판자로서 이성

과 논리 문제와 관련된 추론에 대한 흄의 구분과 같은 것을 수용하는 사람이라면 누구라도 여기서 놀라워하거나 불쾌해하지 않아야 한다.[10] 흄의 목표는 사실 문제와 관련하여 전혀 연역적이지 않은 추론은 비이성적이라는 것을 보여 주려는 게 아니고, 합리성이 연역 논리로 이루어지는 것만은 아님을 보여 주려는 것이다. 만약 그가 그렇다고 생각했더라면, 예컨대 기적에 반대하는 자신의 논증들이 비이성적이거나 비논리적이라고 생각했을 텐데, 왜냐면 그것들이 철두철미하게 귀납적 원칙들에 근거했기 때문이다.

그러나 서양철학사에서 존경받는 흄의 지위에도 불구하고, 그의 핵심적인 메시지가 충분히 받아들여지지는 않는 것 같다. 철학의 방법론을 접하게 되는 학생들은 비공식적인 것들보다는 연역법이라는 형식적 추론 구조에 초점을 맞춘다. 그리고 실제로 철학자가 연역적이지 않은 그 모든 추론에 판단을 사용할 필요가 있다는 사실을 강하고 분명하게 인정하는 경우는 좀처럼 없다.

만약 철학이 실제로 연역법에 그다지 크게 의존하지 않는다는 생각이 이설異說, heretical이라면, 더욱 완전한 진리는 훨씬 더 놀라운 것이다. 철학이 논증에 전혀 의존하지 않는 경우가 많다는 것이다. 철학의 역사에서 거듭, 철학자들이 만든 핵심적 변화들은 논증보다는 관찰에 더 가까운 세심한 검토에서 드러난다. 철학자들이 수행한 일은 지극히 중요한 일로 주목받고 그 일에 우리는 주의를 돌린다. 일단 그러고 나면, 어느새 우리도 지금 우리가 볼 수 있는 현재의 것에 동의하게 된다. 논증은 사용되지도 않는다.

셀 수도 없는 사례들이 있다. 가장 잘 알려진 사례 몇 가지만 들어 보자. 우선, "나는 생각한다. 고로 나는 존재한다cogito ergo sum"라는 공식으로 널리 알려진 데카르트의 코기토cogito가 있다. 이것은 데카르트가 『방법서설Discourse on Method』에서 사용한 공식이고, 최소한 논증의 표면적인superficial 형식이다. 하지만 『성찰』에서 그는 상당히 다른 이야기를 한다. "내가 존재함은 내가 존재한다는 생각을 할 때마다, 그 생각을 내 머릿속에서 떠올릴 때마다 필연적으로 참이다."[11] 이것은 논증보다는 관찰에 가깝다. 데카르트가 여기서 정말로 하고 있는 것은, 사유가 일어나는 순간에는 우리가 존재하는지에 대한 어떠한 의심도 할 수 없다는 사실로 우리의 주의를 돌리는 것이다. '내가 존재하지 않는다'고 생각하는 것은 자기모순이 될 수 있다. 이것은 전적으로 논리적인 요소가 아니어서, 데카르트의 주장을 반박 가능하게 해 준다. 한편 이것은 논증도 아닌데, 전제도 결론도 없기 때문이다. 오히려 이것은 관찰, 즉 우리가 입장하도록 초청받고 그런 다음 최선을 다해 해석하는 세상에 관한 하나의 사실이다.

　　　　　　　심판자로서 이성

유사하게, 흄은 우리 모두는 보이지 않는 자아를 갖고 있다는 데카르트의 생각을 반박하는 데 논증을 사용하지 않았다. 오히려 그는 우리가 생각할 때 일어나는 일에 좀 더 신중하게 주의를 기울일 것을 요청했다. "내 경우에는"이라고 그는 썼다. "내가 **나 자신**myself이라고 부르는 것에 가장 친밀하게 공감할 때, 나는 늘 열이나 냉기, 빛이나 그림자, 사랑이나 미움, 고통이나 즐거움, 색깔이나 소리 등등 이러저러한 지각을 느낀다. 그런 지각과 완전히 별개인 나를 느낀 적이 없다."[12] 다시 말해, 이것은 옳은 결론으로 이끄는 초대장에 다름 아니다. 따라서 자아의 본성이라는 근원적 쟁점에 관해 역사상 가장 중요한 철학 논쟁 중 하나에서 우리가 볼 수 있는 것은 논증이 아니라 오로지 관찰의 상호 교환뿐이라는 것을 알 수 있다.

이러한 것들은 특별한 예외가 아니다. 도덕철학에서는, 관찰이 훨씬 더 분명한 기본 원리이다. 예컨대, 인류에게 무엇이 최선인지 생각해 보자. 다수가 행복이라고 주장하지만, 그렇다고 해서 그들이 그 입장을 반드시 고수하는 것은 아니다. 더 정확히 말해, 그들은 우리에게 선택의 종류 그리고 우리가 고르게 될 각기 다른 사회에 대해 숙고해 볼 것을 요구하고, 각각의 경우에 그 하나가 나머지보다 선호되는 유일한 이유는 그것이 더 나은 행복을 가져오기 때문이라고 설득하려 한다. 다른 의견을 가진 사람들은 우리에게 다른 것들에 주의를 기울여 보라고 그저 요청할 뿐이다. 예컨대, 로버트 노직Robert Nozick의 유명한 경험 기계 사고실험experience machine thought experiment은 우리가 우리를 행복하게 해 주려는 목적으로만 설계된 어떤 가상 세계에서 중단 없는 행복을 선호할지, 아니면 실제 세계에서 좋다가 나쁘다가 하는 삶을 선호할지 생각해 보게 한다.[13] 대부분이 후자를 선택하는데, 이는 우리가 행복을 최고선이라 여기지 않는다는 것을 보여 준다. 하지만 이것은 논증이 아니다. 단지 우리가 더 행복하게 해 주는 일만 늘 선호하는 게 아님을 깨닫게 하는 재치 있는 방법일 뿐이다.

주의를 기울이는 것이 논증보다 더 유용한 경우가 많다. 비트겐슈타인이 말하듯, "나는 여기 있는 게 손인지 아닌지 모르겠어"라고 말하는 회의론자에게 대응하는 최선의 방법은 "더 자세히 보라"고 말해 주는 것이다.[14] 주의를 기울이는 것은 좋은 추론에서 결정적 요소이고, 철학을 하기 위해서는 판단을 사용하는 것이 불가피하고 논리와 증거가 명령하는 것에만 의지할 수 없는 가장 분명한 사례를 제공한다. 그런데 우리가 목도해 왔다시피, 판단은 논리라는 그 자명한 이치를 세우는 데서부터 연역의 사용을 거쳐 수많은 철학적 입장이 기초하는 핵심적 관찰의 수행에 이르기까지, **모든** 철학적 논증 방식에서 요구된다. 나는 이것을 철학의 더러운 비밀이라고 불러 왔지만, 그 어떤 불결함도 추론이 세속을 벗어난 순수함을 지닐 수 있고

심판자로서 이성

또 그래야 한다고 믿는 비현실적인 사람들에 의해 그저 상상될 뿐이다. 비교적 현실에 기반을 두고 생각하는 사람들에게는 더러운 것이란 존재하지 않는다.

추론에서 판단이 갖는 불가결한 역할에 공감하게 되면, 어느 한쪽이 틀렸다고 입증하는 어떤 오류를 확정적으로 밝히는 것이 가능하지 않은 채로 철학에서 근본적 의견 차이가 어떻게 가능한지 이해하게 된다. 추상적 대상들이 실질적이고 독자적인 실체를 갖는지에 대한 논쟁이 바로 그런 경우다. 학계 철학자와 대학원생을 대상으로 실시한 광범위한 조사에서, 39퍼센트가 그렇다고 믿는다, 38퍼센트가 그렇지 않다고 믿는다, 그리고 나머지는 모르겠다거나 다른 입장이라고 답했다.[15] 만약 철학이 판단을 전혀 필요로 하지 않는다면, 이런 유형의 근본적 의견 차이가 존재하는 것이 당황스러울 수 있다. 나는 그 이유가 합리적 논증이 궁극적으로, 논리적 알고리즘이 아니라 그러한 의견 차이들이 존재함이 이해 가능할 뿐 아니라 불가피하기도 한 판단에 의존하기 때문이라고 생각한다.

판단에 너무 큰 강조점을 둘 경우 종국에는, 각각의 판단에 따라 서로 다른 결론에 다다른 두 사람을 중재할 만한 아무 기반도 없는, 수용할 수 없는 수준의 주관주의에 이를 수도 있다고 다수가 우려할 것 같다. 그것은 너무 비관적이다. 과학과 종교의 사례에서 이미 보았다시피 판단의 역할을 받아들이는 것은, 어떻게 되어도 상관없다며 추론된 모든 논증이 토론에서 아무런 힘도 갖지 못한다고 말하는 것과는 다르다. 다음 장들에서는 이 점을 좀 더 진전시켜 나간다. 하지만 현재로선 너무 확실한 것은 일축해야 한다고 그저 받아들여야 한다. 만약 "어디로든 논증이 이끄는 대로 따르라"는 금언에 일말의 진리가 있다면, 그것은 우리 마음에 들지 않는 결론이 있을지 몰라 두렵다는 이유 때문에 진리를 피해서는 안 된다는 것이다.

심판자로서 이성

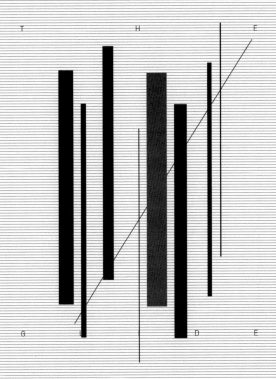

2부

삶의 지표로서 이성

The Guide

이성을 개인적 판단을 필요로 하지 않는 능력으로 보는 첫 번째 신화처럼, 두 번째 신화 역시 플라톤의 대화편으로 거슬러 올라갈 수 있다. 『파이드로스Phaedrus』에서, 영혼은 하나는 제멋대로이고 하나는 훌륭하게 성장한 말 두 필이 끄는 마차 한 대에 비유된다. 지성 또는 이성은 자아에서 좀 더 순종적이고 합리적인 부분과 골칫덩이 감정이 조화를 이루게 하며 마차를 모는 사람이다.

이 은유는 혹여 우리가 방치할 경우에는 감정이 폭주할 수도 있지만 이성에 의한 인도가 바람직하며 가능하기도 하다는 게 역사적으로 통용되는 생각이라는 것을 잘 보여 준다. 또한 이성과 감정이 자율적인 두 개의 충동이라고 믿는 연관 오류도 보여 준다. 이러한 오류들이 실제와 맞닥뜨리면, 이성을 환영처럼 보이는 상태로 몰아넣는다. 만약 철학자들이 실제로 어떻게 작업하는지 연구해 본다면, 그들이 훌륭하게 성장한 플라톤의 말에 앉아 있는 게 아니라 오히려 고집스러운 잡종 말을 타고 있다는 것을 알 수 있다. 그리고 정신이 어떻게 작동하는지와 관련해 심리학이 가르쳐 주는 것을 들여다본다면, 합리주의적 순종純種이라는 발상은 신화에 나오는 유니콘처럼 몽상적으로 보일 것이다.

이른바 사유 활동의 비합리적 요소를 충분히 고려한다면, 이성에 대한 우리의 해석을 수정하여 이성이 일생에 걸쳐 우리를 인도하는 중요한 역할을 수행하는 반면, 감정을 비롯해 다른 심리적 충동들로부터 독립하여 작동하지 않고 그럴 수도 없다는 것을 보여 줄 수 있다. 말의 은유를 극한으로 몰고 가면, 이성이 당나귀일 리 없지만 혈통 좋은 경마 말보다는 차라리 부지런한 노새에 더 가깝고, 그렇다고 해서 달라지는 것은 없다.

4장

철학자의 삶

앞서 나는 추론 활동에서 판단의 분리 불가능성을 '철학의 숨기고 싶은 비밀'로 묘사했다. 하지만 어쩌면 철학이라는 학문에는 훨씬 더 어두운 비밀이 있는지도 모른다. 사람들이 철학을 하는 방식은 대체로 그들의 개성personalities에 의해 결정된다. 학계 바깥에 있는 사람들은 대부분 이 점을 분명한 진리로 간주한다. 우리의 신념이나 가치가 타고난 성향과 훈육, 문화의 결합으로 형성된다는 것이 공리가 되었기 때문이다. 넓은 세상에서는 이 점을 받아들이는 데 전혀 문제가 없을 수 있지만, 추론자가 이끄는reasoner-led 것이 아닌, 이성이 이끄는reason-led 철학의 이미지에 그것은 위협적이다.

우리가 철학의 공정한 객관성을 위협하지 않는다고 생각하면서도, 성격이 영향을 미친다는 명백한 진리를 인정하도록 용기를 북돋는 간단한 방법이 있다. 과학자들이 자신들의 방법론이 근본적으로 개별적인 버릇이나 기벽에 의존하지 않는다고 스스로를 안심시키는 것과 동일한 방식이다. 이는 물론 개성과 가치관이 과학자들이 연구에 착수하는 방식에 영향을 미친다고 인정하는 것이다. 어떤 이들은 다른 이들보다 더 실험적이거나 창의적이거나 보수적이거나 면밀하거나 혹은 끈기가 있다. 과학자들이 이끌리는 특정 분야 역시 그들의 성향에 따라 달라질 것이다. 그리고 가치관은 사람들이 자신의 세계관과 일치하는 특정한 결과를 추구하는 경향을 갖게 한다. 그러나 이것이 과학적 연구 결과의 순수한 객관성 자체를 위태롭게 하지는 않는다. 개성이 사람들로 하여금 자신이 하는 일을 발견하게 할 수도 있지만, 실제로 과학자들의 연구 결과가 옳은 발견인지 오류인지는 증거와 이성만이 판단한다. 학업으로서 과학에는 과학자들의 개성이 영향을 미치지만, 일련의 결과물로서 과학은 외향적인 사람에게만큼 내향적인 사람에게도, 보수주의자에게만큼 진보주의자에게도, 유신론자에게만큼 무신론자에게도 똑같이 적용된다.

2장에서 확인했듯, 과학에서조차 상황이 그처럼 간단하지는 않다. 그런데 설사 과학의 객관성에 대한 옹호는 대체로 온당하다고 해도, 철학도 동일하게 작동한다고 정말로 인정할 수 있을까? 그러지 않을 것 같다. 철학에서 개성이 미치는 영향력은 과학에서보다 훨씬 더 깊이 작용하는데, 이는 철학도 과학만큼이나 특정 개인과 무관하게 객관적이라는 주장의 권위를 약화시킨다. 개성이 미치는 영향력은 철학을 떠나서도 중요하다. 왜

삶의 지표로서 이성

냐하면 그것은 이성이 개인적인 것과 인간적인 것을 완전히 벗어날 수는 없다는 좀 더 일반적인 진리를 반영하기 때문이다.

이를 입증하기 위해, 종종 당연하게 방치되곤 하는 문학 장르인 철학자의 자서전을 살펴보고자 한다. 그런 작품들의 대부분은 솔직히 따분하다. 지성인의 삶을 살아간 사람들의 경우, 흥미로운 삶보다는 흥미로운 정신을 종종 더 많이 가지고 있다. 이러한 철학자의 자서전은 개성과 이성 간의 관계를 여러모로 환하게 조명해 준다.[1]

1.
사상가와 사상

다양한 철학자의 자서전을 읽어 보면, 그들의 개성으로 드러나는 점이 철학자로서 그들이 사유하는 방식을 설명해 주는 경우가 얼마나 많은지 그저 놀라울 따름이다. 삶과 사유의 연관성이 때로는 명쾌하게 도출되기도 한다. 예컨대, 밀은 자서전의 가장 유명한 장에서 자신의 신경쇠약을 새뮤얼 테일러 콜리지Samuel Tayor Coleridge의 「우울Dejection」에 나온 말을 빌려 논한다. "공허하고 어둡고 음울한 고통이 없는 큰 슬픔 / 나른하고 답답하고 감정이 없는 슬픔 / 자연스러운 발산이나 위안을 전혀 찾을 수 없네 / 말로도, 한숨으로도, 눈물로도."

밀은 그 경험이 "나의 의견과 성격에 매우 뚜렷한 영향"을 끼쳤음을 분명히 하는데, 이는 그의 철학적 관점을 바꿔 놓는 경험이기도 했다. 우선, 행복이 최고선이라는 그의 확신은 그대로 유지되었다 해도, 그는 "오로지 그들만이 행복한 사람들이다. …… 그들 자신의 행복이 아닌 어떤 대상, 즉 타인들의 행복에, 인류의 진보에, 더 나아가 수단으로서가 아니라 이상적인 목표 그 자체로서 추구되는 어떤 예술이나 일에 마음을 두는 사람들"이라고 생각하게 되었다. 두 번째 변화는 정치적인 것에서 개인적인 것으로 강조점이 이동한 것이다. "처음으로 나는 인간의 안녕에 불가결한 것들 가운데서도 개인의 정신 수양에 행복 본연의 자리를 부여했다."[2]

『고백록 Confessions』에서 장 자크 루소Jean Jacques Rousseau는 자기 삶에 일어난 일들을 자신의 지적 발전의 원인으로 자주 규정한다. 예컨대, 어릴 적에 자신이 하지 않은 어떤 일로 벌을 받은 사건을 이야기하면서, 그는 우리에게 그 일이 그의 어린 자아에 끼친 영향을 상상해 볼 것을 요구한다. "얼마나 혼돈스러운 일인가! 얼마나 정서적으로 불안한 일인가! 그의 마음에, 머릿속에, 그의 지적, 도덕적인 전 존재에 얼마나 획기적 사건인가!"[3]

하지만 이것은 그저 어떤 철학자의 자서전에서 흥미로운 인생의 사건들 혹은 그 일들이 사고에 미친 영향력만은 아니다. 그것은 성격과 사유, 특히 어린 시절에 형성되는 그러한 성격

삶의 지표로서 이성

적 측면들의 관련성이기도 하다. 예컨대, 콰인의 자서전을 보자. 그 책은 여행과 사건이 쉴 새 없이 펼쳐지는 안내서catalog인데, 책에서 그는 자신이 얼마나 많은 나라를 방문했는지 셈하고, 오로지 자신의 또 다른 목록을 체크할 목적으로 여정이 바뀌는 이야기를 하며 책을 마무리한다. "하울랜드가에서 5주를 보낸 후, 경계 넘기를 즐기는 우리의 성향에 따라 우리는 로드아일랜드주와 코네티컷주로 히치하이크를 계속해 나갔다"라는 대목에서, 우리는 전형적으로 주목을 끄는 문장을 어떻게 시작하는지 볼 수 있다. "향후의 여행은 뉴햄프셔, 메인, 버몬트로 이어진다."[4] 이 문장에서 가능한 한 자신의 거의 모든 세계에 관념적인 순서와 질서를 세우려는 뿌리 깊은 갈망을 지닌 사상가, 즉 걸음마를 배우는 아이로서 집을 나서 낯선 길을 찾는 자의 모습이 드러나는데, 그는 그것을 "이론과학에서의 발견의 전율, 즉 낯선 것들에서 익숙한 것들로의 귀환"을 반영한 것으로 해석한다.[5]

반면, 파울 파이어아벤트Paul Feyerabend는 열 살이 채 안 되었을 때 마술과 수수께끼에 넋을 잃고 모호함과 역설에 만족해하던 자신을 떠올린다. 예컨대, 그는 크리스마스에 자기 침실에 선물을 가져온 인물이 실제로는 산타클로스 복장을 한 아버지라는 사실을 처음으로 알게 된 순간에 대해 "그건 아버지였다. 분명히 그건 아버지였다"라고 썼다. "하지만 동시에 그건 아버지가 아니라 산타클로스였다."[6] 당연히 콰인과 파이어 아벤트는 매우 다른 철학을 써 나갔다. 콰인의 철학은 형식적이고 논리적이면서 분류하는 전통을 따랐고(비록 그러한 형식화의 한계들에 전형적으로 기반을 두었지만), 파이어아벤트의 철학은 반환원주의적anti-reductive이고 반체계적anti-systematizing이다.

우리가 이처럼 원숙한 작품들을 읽을 때, 파이어아벤트의 반체계적 철학과 콰인의 건조한 논리 중 어느 것이 옳은지 묻는 건 자연스러운 일이다. 하지만 이처럼 서로 다른 철학 이론들이 각자의 개성에 깊게 뿌리내린 차이들을 반영한다는 외견상 분명한 사실을 그들의 자서전에서 마주하는 순간, 개인적인 것이 개입되지 않는 이성과 진리만이 철학의 판관이라는 사실을 받아들이기는 힘들어진다. 파이어아벤트와 콰인의 성향이 너무 분명하게 그들이 확립한 결론들과 조화를 이루는 것처럼 보일 때, 그들이 오로지 논증을 따라감으로써 각자의 철학적 입장에 이르렀다고 생각하려면 철학과 철학자들의 객관성에 대한 엄청난 믿음이 요구될 것이다. 그리고 만약 그것이 그들에게 참이라면, 그러한 순수한 철학 정신을 가졌다고 주장할 수는 없는 우리 나머지 사람들에게도 최소한 그것은 적용된다.

어쩌면 그들이 어떻게 그런 입장에 **도달**했는가보다 훨씬 더 중요한 것은 그 입장을 **계속 유지**한 이유를 설명하는 것일지 모른다. 만약 철학이 과학과 마찬가지라면, 서로 다른 개성을 가진 사람들이 서로 다른 사상을 내놓을 거라고 예상할 수도 있 겠지만 궁극적으로는 하나의 설명을 참이라고 합의할 수 있는 철학계를 우리는 기대할 것이다. 하지만 우리가 알게 되는 것은 그와 다르다. 종종 생각보다 더한 수렴이 있기도 하겠지만, 철 학의 대부분 영역에서 의견 일치 같은 것은 존재하지 않는다. "철학에서 의견 차이는 만연하고 결코 해소될 수 없다"고 피터 밴 인와겐Peter van Inwagen은 말한다. "철학자들이 의견 일치를 이 루는 철학 논제란 거의 존재하지 않는다."[7]

이것은 '필페이퍼스PhilPapers' 조사에서 경험적으로 확증된 것 이다. 이 조사는 데이비드 부르제David Bourget와 데이비드 차머 스David Chalmers가 박사와 대학원생을 포함한 철학 교수진 1803 명에게 서른 가지 핵심적인 철학 논쟁에 대한 입장을 묻는 방식 으로 이루어졌다. 차머스가 기록하다시피, 단 하나의 견해만이 80퍼센트 이상의 지지를 받았고, 70퍼센트 이상의 지지를 받은 것은 세 가지였다. 서른 가지 논쟁 중 스물세 가지에서 주도적 인 견해가 60퍼센트 미만의 지지를 받았다.[8] 3장에서 나는 추 상적 대상들의 본성에 관한 불일치를 언급한 바 있다. 또 한 가 지 예는 어떤 것이 옳다 또는 그르다는 믿음이 그 도덕적 원칙 에 따라 행동할 내재적 동기를 제공하는가 하는 질문이다. 34.9 퍼센트가 그렇다고 생각했고, 29.8퍼센트가 그렇지 않다고 생각 했으며, 나머지가 다른 견해 혹은 판단할 수 없다고 했다.[9] 차머스가 결론지었다시피, "철학의 중요한 질문들에는 진리로의 광범위한 집단적 수렴이 이루어진 적이 없다."**10**

오로지 논증만으로는 명석하게 사고하는 모든 사람을 동일한 결론에 이르도록 설복하기 어렵다는 것이 분명하다. 철학자 대부분이 논리적으로 사고하지 않거나 아니면 논증의 힘이 아닌 다른 요인들이 작용하는 것이다. '필페이퍼스' 조사는 사람들이 취하는 관점과 그들의 나이, 성별은 물론 그들이 어디서 태어났고 어디서 박사 과정을 밟았으며 현재 어디서 일하는가 하는 문제들 사이의 상관관계를 통해 후자의 설명이 옳다는 증거를 더 제공한다. 예컨대 여성(7.5퍼센트) 철학자들의 두 배(13.7퍼센트)에 해당하는 남성 철학자들이 자신을 정치적 진보주의자로 묘사한다. 행위의 결과가 좋은지 아니면 나쁜지와 무관하게 행위 그 자체로 옳은지 그른지를 묻는 질문에서, 23.3퍼센트에 그치는 비非미국인에 비해 34.4퍼센트의 미국인이 옳다고 대답했다. 어떤 논거가 더 유력한지 판단하는 데 있어, 철학자들의 판단력에는 저마다의 기질과 문화가 확실히 영향력을 행사한다.

철학자들의 자서전은 철학이 순수하게 객관적 학문이 아니라는, 즉 그 산물들이 그것을 산출하는 사람들과 전혀 관계없는 게 아니라는 강력한 증거를 제공한다. 철학은 어떤 중대한 의미에서 일개인의 추구이고, 개인적인 것이 개입되지 않는 '이성'이란 능력으로 철학을 수행하는 것이 아니다. 더 정확히 말하면, 우리가 어떻게 추론하는지는 우리가 어떤 사람인지에 의해, 그리고 이미 열심히 해 온 것들에 의해 영향을 받는다. 누군가는 한 발 더 나아가 비트겐슈타인의 신념을 지지하고 싶을지도 모른다. "철학에서 연구는 …… 사실은 차라리 자신에 관한 연구라 할 것이다. 자신의 개념작용에 관한 것. 자신이 사물을 보는 방식에 관한 것."[11]

나는 철학자들의 자서전이 이러한 결론들을 지지하는 **증거**를 제공한다고 말했다. 하지만 우리가 그 결론들을 어쩔 수 없이 인정해야 하는 것은 아니다. 제시된 명제가 정확히, 추론과 증거의 법칙들만으로는 합리적인 사람들을 모두 동일한 결론으로 강제하는 것이 충분하지 않다는 것일 때, 어떻게 그것이 가능하겠는가? 그럼에도 증거는 강력하고, 응답을 필요로 한다. 이 증거 앞에서, 철학적 논증과 원칙은 늘 개인과 완전히 무관하게 숙고되어야 한다고 계속 주장하고 싶은 사람이라면 누구라도 삶과 사유의 분리가 어떻게 성취될 수 있는지 설명해야 한다. 철학자의 자서전은 입증의 책임을 철학 하기의 개인적 속성을 인정하지 않는 사람들에게로 이동시킨다.

이 점을 완전히 인정할 준비가 된 철학자들이 있기는 하지만 충분하지는 않다. 테드 혼더리치Ted Honderich가 "그럼에도 불구하고 고집스럽게도, 나는 대부분의 철학자들과 더불어 논증의 영향을 거의 받지 않는 철학자다. 이 점에서 철학과 관련한 진리가 존재한다. 철학의 밑바닥에는 약속된 것으로는 정확하게 설명되지 않는 것들이 있다. 그것은 세계가 이미 우리를 파악하는 방식이라는 게 더 나은 표현이겠다"[12]라고 썼을 때, 그는 굉장히 솔직했다. 하지만 14년 뒤에 혼더리치조차 "철학에서 최후의 승리를 거두는 자는 세월이 흘러 사실과 논리Fact and Logic라는 최종 심판자들에 의해 결정될 것"이라는 기준을 거듭 밝혔다.[13] 어쩌면 일찍이 혼더리치가 철학자들은 궁극적으로 논증에 영향을 받지 않음impervousness에 찬성하는 논증에 영향을 받지 않는다impervous고 썼어야 했던 것 같다.

대화를 나누다 보면, 철학자들이 혼더리치의 덜 낙관적인 의견을 더욱더 기꺼이 지지한다는 것을 알게 될 수도 있다. 예컨대 자유의지에 관한 내 책에 대해 사울 스밀란스키Saul Smilansky에게 말했을 때, 그는 내게 논쟁의 다루기 힘든 점이 다음과 같은 사실로 설명된다고 말했다.

> 철학자들은 인간이고 그들이 태어난 곳도, 각자가 지닌 가치도 다르다. 설사 자유의지에 대한 각기 다른 개념에 관해 의견 일치가 이루어진다 해도, 일부 철학자들은—다른 표현을 찾지 못하겠다—기질상 목표를 높이 잡는 경향이 있고, 따라서 자유의지란 없다고 말할 것이다. 또 어떤 이들은 목표

　　　　　삶의 지표로서 이성

를 낮추어 잡아 자유의지는 확실히 존재한다고 말할 것이며, 나와 같은 일부는 그건 복잡하고 우리에게는 다양한 목표치가 있다고 말할 것이다. 나는 심지어 어느 정도까지는 일부 철학자들이 낙관적인 혹은 비관적인 기질을 갖고 있고 따라서 그들은 자신들이 직감적으로 만족감을 느끼게 될 방향으로 목표를 조정한다는 생각마저 든다.

스밀란스키는 다음을 확신한다.

당신이 누군가 다른 사람이 될 수는 없다. 당신이 다른 견해를 가진 사람들을 이해하고자 애쓸 수 있지만, 결국 가장 생산적인 일은 어쩌면 당신이 강박적이 되어 가능한 한 최선을 다해 당신의 입장을 드러내려고 애쓴 다음, 그것이 다른 사람들에게 타당해 보이건 그들이 어떤 반대 의견을 갖건 상관 없이, 벌어지는 일을 지켜보는 것이 될지도 모른다.[14]

하지만 보통 철학에서 작용하는 개성의 역할을 공개적으로 인정한 경우를 찾아보기가 쉽지는 않을 것이다. 나는 이것이 어느 정도는 철학이 지닌 진취적 정신에 대한, 이해할 법한 방어적 태도 때문이라고 생각한다. 철학자들은 자신들이 다루는 주제를 많은 사람이 기껏해야 탁상공론으로, 최악의 경우에는 헛

소리로 여긴다는 사실을 잘 알고 있다. 따라서 그들은 철학이 빈틈없고 엄격하고 분석적이고 논리적일 수 있음을 강조하기 위해 피나는 노력을 기울인다. 당신이 어떤 철학적 입장을 취하는지를 결정하는 데 개성이 중요한 역할을 수행하도록 허용할 경우 이 엄중함에 대한 모든 주장을 잠재적으로 훼손할 수 있다. 또한 철학은 비과학적이고 독선적인 허튼소리일 뿐이라고 말하는 그 어떤 증거에도 편승할 채비가 되어 있는 더 넓은 사회의 수많은 회의주의자의 계략에 빠질 수도 있다.

하지만 철학에서 작용하는 개성의 역할을 공개적으로 인정하지 않는 것은 어쩌면 철학자들 내부에 자신들이 하는 일이 실제로 어느 정도는 탁상공론이고 늘 허튼소리로 무너져 내릴 위험이 있다는 사실을 기꺼이 인정하지 못하는 태도를 반영하는 것에 다름 아닐지도 모른다. 사이먼 글렌디닝Simon Glendinning이 예리하게 지적했다시피, "철학자라면 누구나 자신이 하고 있는 일이나 자신이 가치 있다고 생각하는 일이 그저 바람 속의 급회전이거나 아예 아무것도 하지 않는 거나 마찬가지이거나 혹은 뭔가 매우 잘못된 일을 하는 것일 수도 있다는 사실을 인정하기가 늘 힘겹기만 하다." 글렌디닝은 그것이 많은 영어권 분석철학자들로 하여금 "대륙 철학"을 영어권 분석철학의 "타자"로, "모든 철학하기에 내재하면서 또한 그것을 위협할 가능성—그것은 공허함의 가능성이자 궤변의 가능성이다—에 대한 자칭

분석철학의 잘못된 체현으로" 간주하도록 이끌 가능성에 직면하기를 꺼리는 것이라는 흥미로운 가설을 제시한다.[15]

나는 상당히 많은 진리가 이 속에 있다고 생각하고 싶지만, 철학자들이 오늘날까지도 그 증거가 분명하게 그렇다고 제시하는 만큼 기꺼이 철학 하기에서 개성이 하는 역할을 받아들이며 철학 하지 않는다는 것을 보기 위해 우리가 글렌디닝의 '타자화' 명제를 전부 따라갈 필요는 없을 것이다.

2.
철학 하기의 의미

하지만 철학자의 자서전은 단순히 저자의 개성과 편견을 드러내는 것 이상으로 훨씬 많은 것을 알려 준다. 왜 그러한 요인들이 전기물傳記物을 넘어 필연적으로 우리의 판단에 작용할 수밖에 없는지, 그 이유와 관련한 놀라운 사례들을 제공한다.

혼더리치는 자신의 자서전 마지막 부분에서 중대한 쟁점들을 제기한다. 그는 인과관계의 문제, 그리고 어떤 인물의 삶에 있었던 일을 야기한 것들이 무엇인지 판단하는 문제에 전기 작가가 직면하는 상황을 논한다. 실제로, 이것은 혼더리치가 일찍이 그 책에서 성냥을 켜는 사례를 들어 분명히 했듯이, 인과관계에 관한 보편적인 철학적 문제의 특별한 경우일 뿐이다.[16] 성냥을 긋고 점화가 일어나게 하는 것이 무엇인지 물을 때, 우리는 자연스럽게 그 원인이 긋는 일이라고 규정한다. 이는 반사실적 조건문counterfactual terms으로, 만약 우리가 성냥을 긋지 않으면 점화가 일어나지 않을 것이고, 따라서 긋는 일이 원인이 된다. 하지만 점화가 일어나려면 다른 것들이 들어맞아야 하는 것 또한 참이다. 만약 산소가 전혀 없다면, 혹은 성냥이 젖었다면 점화는 일어나지 않을 것이다. 그 어떤 효과라도 일어나려면, 우리는 단 하나의 원인이 아니라 혼더리치가 말하는 "인과적 사건causal circumstance", 즉 효과가 발생하기 위해 요구되는 주변 상황set of circumstances을 필요로 한다.

문제는 어떤 사건에 필요한 인과적 사실이 대규모일 수 있고 매우 많은 요건을 포함할 수 있다는 것이다. 하지만 무엇이 성냥이 점화되는 원인인지 물을 때, 우리는 완전한 인과적 사실을 듣기 원하는 것이 아니며, 우리가 보통 듣고자 하는 것은 성냥이 그어졌다거나 혹은 성냥이 노출된 불꽃naked flame에 접촉했다는 것이다. 혼더리치의 말을 빌리자면, 우리는 이 조건의 한 측면을 **원인**으로 "칭송"하거나 "중요시"하고 싶어 한다. 하지만 무엇이 그 인과적 사건의 이 부분을 **그** 원인으로 분리하도록 정당화할까? 혼더리치는 그런 것은 없다며 긴 논증을 펼치는데, 그 결과 우리가 어떤 일이 일어나는 이유를 설명할 때 지적으로 존중할 만한 유일한 설명은 인과적 사건에 의한 설명explanation-by-causal-circumstance이라는 것이다. 원인에 의한 설명explanation-by-cause은 인과적 사건의 한 부분에 대한 정당화될 수 없는 분리라고 볼 수 있다.

자서전의 경우, 과장된다는 점이 문제다. 어떤 사람이 특정한 행위를 하는 이유를 설명하는 데서, 인과적 사건은 방대하다. 그 행위 직전의 상황과 사유 과정은 물론이고, 그 사람의 삶 전체와 그이가 물려받은 성격적 특징들도 있다. 하지만 어떤 삶을 이해할 때 우리는 원인들을 칭송하고 싶은 강렬한 충동을 느낀다. 실제로 수많은 철학자가 그것[원인들을 칭송하는 것]을 어떤 문제로 명백하게 간주하지 않은 채로 그렇게 해 왔다. 예컨대, 러셀은 극심한 고통을 겪던 화이트헤드 부인을 보았을 때 마음속에서 자신의 인생을 완전히 바꿔 놓은 5분을 이야기한다. "그 5분이 지났을 즈음, 나는 완전히 다른 사람이 되어 있었다."[17] 그 영향은 개인적이면서 정치적이었다. 러셀은 그 5분 동안에 자신이 제국주의자에서 친보어인pro-Boer 평화주의자가 되었다고 주장한다. 그 변화가 그 5분의 훨씬 너머로 확장되는 인과적 사건에 대한 언급 없이는 충분히 설명될 수 없다는 것은 분명해 보인다. 하지만 러셀에게는 자신의 태도가 변화한 원인으로서 그 짧은 시간을 지목하는 것이 아무런 문제가 되지 않는다.

혼더리치는 원인에 의한 설명이라는 생각에 비판적인데, "우리가 원인이라고 말하는 것은 우리에게 **영향을 끼치는** 어떤 인과적 사건의 특정 요소일 뿐"[18]이고, "[어떤 선택된 원인은] 왜 우리에게 무슨 일이 일어났는지에 대한 정보를 조금도 주지 않을뿐더러, 실제로는 우리의 이해관계, 실질적인 이해관계일 뿐"[19]이라고 말한다. 하지만 우리는 거꾸로 뒤집어, 비판보다는 차라리, 왜 이런 의견이 그가 인과관계에 관한 문제를 해결할 열쇠를 쥔 것으로 보이지 않는지 질문을 던질 수 있다.

우리는 원인에 의한 설명이 왜 문제인지 질문을 던지는 것에서 출발할 수 있다. 문제가 있는 이유는 인과적 사건의 한 부분이 다른 부분을 능가해 "중요시"하거나 "칭송"할 엄밀히 객관적인 그 어떤 이유를 혼더리치가 규정할 수 없기 때문이다. 그러한 이유가 없으므로, 객관적으로 우리가 가진 것은 인과적 사건이 전부다. 하지만 만약 우리가 원인에 의한 설명을 제시할 **완전히** 객관적인 이유가 필요하다는 것을 더 이상 믿지 않으면 그 문제는 사라진다. 인과적 사건의 한 요소를 "칭송"하는 데 우리가 이해관계나 심지어 욕망을 반영한다는 사실을 자신만만하게 인정할 수는 없을까? 객관적이려면, 이러한 이해관계와 욕망을 있는 그대로 인정하는 것으로 충분하지 않을까?

나는 틀림없이 그럴 거라고 생각한다. 혼더리치가 그 문제를 설정했듯, 인과적 사건에 의한 설명만이 유일하게 완전히 객관

삶의 지표로서 이성

적인 설명이 될 수 있을 것 같다. 일단 하나의 효과는 최대한 인과적 사건에 의해 오직 완전히 설명된다는 것을 받아들이고 나면, 그것은 비교적 적은 요인들에 호소하는 그 어떤 설명도 완벽할 수는 없다는 것이 논리적으로 도출된다. 따라서 선택은 원인에 의한 설명을 제시해서는 결코 안 된다고 말하거나 원인에 의한 설명은 결코 완전한 인과적 설명일 수 없다는 사실을 받아들이거나 둘 중 하나다.

우리가 뭔가를 할 수 있으려면 원인에 의한 설명이 반드시 있어야 하므로, 첫 번째 가능성은 기각될 수밖에 없다. 우리는 종종 인과적 사건에 의한 설명이 제 역할을 다하지 못할 그러한 설명을 제시할 것을 요구받고는 한다. 예컨대 내가 차량 충돌 사고의 원인을 알고 싶은데, 정답은 '브레이크 결함'일 거라는 느낌이 있다. 비록 철학자로서 그 인과적 사건의 이 요소가 '그 원인'으로 규정되어야 하는 이유에 대해 만족스러운 설명을 제시할 수는 없을지라도, 우리는 이 요소를 그 원인으로 규정하는 것이 합리적인 동시에 필수적이라는 사실을 부정할 수 없다. 이 원인이 칭송되어야 하는 이유와 관련해서는 철학적으로 문제가 있을 수 있지만, 그러하고 그래야 한다는 데는 의심의 여지가 없다. 일반적으로 원인에 의한 설명의 존재를 정당화하는 데는 아무런 문제가 없다. 유일한 문제는 왜 특별한 경우마다 우리가 그 원인을 칭송하는지 그 이유가 타당함을 보여 주는 것이며, 대개는 자신이 그러는 이유를 우리는 매우 잘 알고 있다.

원인에 의한 설명이 필수 불가결하다는 것을 감안할 때, 선택해야 할 분별 있는 유일한 길은 그 한계들을 받아들이는 것이다. 그러한 설명들은 완벽하지 않고, 따라서 우리는 어떠한 이해관계가 원인을 칭송하도록 인도하는지 주의를 기울이고 모든 원인에 의한 설명이 다 '진짜' 설명이라고 생각하는 착각에 빠지지 않아야 한다.

우리가 가려내는 어떤 원인 혹은 원인들을 "칭송"할지 판단이 요구된다. 그것은 무작위 과정이 아니다. 예컨대, 사고 조사원이 무엇이 화재를 일으켰는지 물을 때, 어떤 답변(누군가 담배꽁초를 버렸다)은 다른 답변(그 방에 산소가 있었다)보다 더 타당하다. 과정은 무작위가 아니지만 동시에 사실들과 논리의 조합이 '무엇이 화재를 일으켰는가?' 혹은 심지어 '어떻게 불이 시작되었는지에 대해 내가 알아야 할 것을 말해 달라'와 같은 질문에 어떤 답을 내놓지는 않는다. 두 번째 질문의 경우, '사고 조사원이 필요로 하는 정보'가 되어 줄 조건을 명시할 수 있어 판단을 사용하지 않고 어떤 식으로든 증거로부터 정보를 추출하게 해 줄 가능성은 거의 없다.

이것이 심리철학이나 인공지능에서 말하는 이른바 '프레임 문제frame problem'이다. 프레임 문제는 체스 컴퓨터가 작동하는 법을 생각해 보는 것으로 이해할 수 있다. 체스 컴퓨터는 몇 수

삶의 지표로서 이성

앞을 내다보고 성공할 가능성이 가장 높은 것이 무엇인지, 가능한 모든 동작을 검토하고 계산할 수 있기 때문에 인간을 이길 수 있다. 하지만 이는 세계 최고의 체스 명인이 작업하는 모습은 아니다. 체스 선수들은 모든 수의 결과를 계산할 수 없다. 그렇게 하는 것이 효율적이지도 않을 것이다. 많은 수들이 지체 없이 시시한 것으로 배제될 수 있다. 인공지능 창조자들에게 난문은 갈피를 못 잡게 할 만큼이나 열려 있는 가능성의 범위를 체스 선수들이 어떻게 좁히는지 산출해 내는 것이다. 전통적 알고리즘은 이 일을 할 수 없는데, 모든 것을 체계적으로 처리해 작업하는 데 의존하기 때문이고, 그것이야말로 정확히 프레이밍framing이 회피하는 일이다. 따라서 인간은 형식적 추론 메커니즘이 수행할 수 없는, 무엇이 적절하고 혹은 부적절한지 판단을 내리는 것 같다.

특정 유형의 인과적 설명에 상응하는 어떤 인과적 사건의 일부를 식별하는 것은 매우 유사한 문제다. 이것은 인간 정신이 알아내기에 매우 쉽다고 보는 어떤 것이지만, 형식논리로 표현될 수 있는 것이 아니다. 설사 그것이 형식논리로 **고안**될 수는 있다 할지라도, 우리가 그러한 일들에 대해 **실제로** 생각하는 방식이 이 형식적 패턴을 따르지는 않는다. 그렇다면 판단—결론에 이르거나 이론을 형성하는 능력, 무엇이 사실들과 논리(혹은 오로지 논리)에 호소하는 것에 의해 결정될 수 없는지에 관한 참 혹은 거짓—이야말로 우리 사고의 필수 불가결한 특징일 것이다.

따라서 혼더리치가 인과적 사건의 어떤 요소들을 다른 요소들보다 더 중시하는 것을 형이상학적으로 임의적인 선택으로 간주하는 데 반해, 나는 적절한 방식으로 인과적 사건을 표현할 합리적 필요성을 보는데, 그 '적절함'은 알고리즘으로 결정될 수 없다. 그럴 수 없는 한 가지 이유는, 철학자들의 자서전이 보여 주듯, 철학은 개인적인 것과 무관한 객관적 합리성뿐 아니라 혼더리치가 "전념commitments"이라 칭하는 것과 성격에도 영향을 받는 개인적 추구이기 때문이다. 원인에 의한 설명이 우리가 설명에 제공하는 이해관계와 가치관에 영향을 받는다는 사실에 놀랄 필요는 없다. **어떤** 철학적 설명도 그러한 것들의 영향을 받기 때문이다. 분별 있는 반응은 그것을 완전히 극복하지 못하는 모든 철학적 설명을 거부하기보다 그 한계를 인정하고 솔직해지는 것이다. 이 쟁점은 회의주의라는 좀 더 폭넓은 문제를 비춘다. 회의론자의 의심은 결코 완전히 제거될 수 없다. 해결의 열쇠는 의심이 일어나는 이유를 이해하고, 그로부터 철학의 한계를 깨우치고, 그런 다음 그 한계 속에서 연구하는 것이다.

객관성의 한계들을 이야기할 때 단순히 사실들 속에 존재하는 차이들에 대해 이야기하는 게 아님을 인식하는 것은 매우 중요하다. 더 정확히 말하면, 우리는 다양한 상황에서 우리가 이해하고 해석해야 하는 모든 것이 사실들만으로는 구성되지

삶의 지표로서 이성

않는다는 진리에 주목하고 있다. 자서전의 경우에, 혼더리치는 어떤 인생에 대한 설명이나 요약은 "사실들에 의해 상기되는 요약일 뿐 아니라 불가피하게 어떤 삶, 죽음에 대한 태도, 혹은 뿌리 깊은 사고방식이기도 하다"[20]고 썼다. 잠시 후 그는 "그러한 것들은 오로지 진리만의 문제는 아니"라고 이어 간다. 여기서 요점은 어떤 삶을 이야기할 때 우리는 사실들을 보여 줄 뿐 아니라 판단도 해야만 한다는 것이다. 설사 우리가 판단을 의미하는 용어를 피한다 하더라도, 어떤 사건들은 의미 있는 것으로 선택하고 다른 것들은 누락하는 것이, 실질적 의미에서, 삶에서 중요한 것에 대한 하나의 판단이다. 혼더리치의 논증은 그러한 판단이 사실들에 의해서는 결코 충분히 정해질 수 없다는 것이다.

자서전을 한참 벗어난 곳에서도 동일한 규칙이 적용된다. 인과적 설명은 단지 사실들을 기술하는 데 그치지 않고 사실들에 대한 우리의 태도를 반영한다. 예컨대, 범죄 행위를 설명할 때 우리가 주관적 동기나 사회 환경에 얼마나 많은 강조점을 두는지 생각해 보라. 개인의 책임을 강조하고 싶어 하는 사람들과 범죄의 사회적 결정 요인을 강조하는 사람들 사이에는 종종 현실적인 의견 차이가 존재한다. 하지만 완전한 인과적 사건에 각 요인이 어느 정도 기여하는지 서로 정확히 일치할 때조차도, 사람들은 한 요소를 다른 요소보다 여전히 강조하고 싶어 할 수도 있는데, 그 이유는 용서에 대한 선호 혹은 사람들이 책임을 지도록 고무하는 것에 대한 선호처럼, 가치와 다르지 않기 때문이다.

우선 우리는 관련된 모든 사실을 포착하는 우리 역량을 과대 평가하는 것 같다. 우리는 스스로를 속여, 필수적인 모든 데이터를 수집해 그것들을 주장의 전제들로 배열한 다음 그에 맞춰 결론을 이끌어 낸다고 믿는다. 이것은 자만이다. 늘 우리가 그 당시 가장 적절하다고 판단하는 것을 선택해 왔으며, 그 선택에는 우리의 원초적인 추론 능력뿐 아니라 우리의 가치와 사고방식을 반영하게 되어 있다는 것, 이것이 현실이다.

논쟁의 역사적 전개를 생각해 보면 이 점을 알 수 있다. 예컨대, 현대 인식론에서 그 문제는 수 세기에 걸쳐 개별 주체 knower(인식아)와 앎의 대상which is known 사이의 관계라는 측면으로 간주되었다. '사회적 인식론social epistemology'이라는 개념을 사용하기 시작한 것이 불과 1980년대로, 대부분 앨빈 골드먼Alvin Goldman의 노력 덕분이다.[21] 사회적 인식론은 인간 지식은 순수하게 개인적인 성취라기보다는 집단적 성취라는 통찰을 바탕으로 한다. 이것은 너무도 명백하게 진실로 보이기 때문에 철학자들이 인식론에 사회적인 것the social을 담아내는 일이 왜 그토록 긴 시간이 걸렸는지 우리가 묻는 것도 무리는 아니다. 적어도 부분적으로는, 합리적 개인의 자주성autonomy에 부여된 궁극의

삶의 지표로서 이성

가치가 철학자들로 하여금 지식의 사회적 측면에 눈을 감게 했다는 것이 확실해 보인다. 만약 우리가 다른 가치들이 현재 우리의 관심을 어떤 요소들로 돌리지 못하게 하고 다른 요소들은 피하게 하고 있다고 생각한다면, 우리는 확실히 착각하고 있는 것이다.

어떤 데이터를 선택하고 다른 데이터는 무시하는 것은 필요하기도 하고 바람직하기도 하다. 어떤 설명도 결코 모든 것을 포함할 수는 없다. 오래된 은유를 사용한다면, 사물이 보여 주는 것과 동일한 세부 묘사를 가진 지도는 지도가 아니라 사물 그 자체이거나 특급 복제품이다. 어떤 지도는 정확해서 쓸모가 있어야 하지만, 지도이기 위해서는 그 지도가 도식화에 선택적이어야 한다. 그것이 바로 지리학자, 보행자, 운전자가 서로 다른 지도를 필요로 하는 이유이다.

이것이 바로 '진리The truth'가 되는 단 하나의 설명이 있을 수 없는 이유다. '진리truth'가 우리를 초월해 있어서가 아니다. 우리는 '진리The truth'인 어떤 설명과 '진실한' 설명의 차이를 구분해야 한다.[22] 만약 우리가 어떤 삶에 대한 하나의 참되고 완벽한 설명이라는 뜻으로 그 삶의 '진리The truth'를 말한다면, 그러한 진리들은 결코 말해질 수 없다. 하지만 우리의 삶과 다른 이들의 삶에 대해 어느 정도 진실한 이야기를 할 수 있다. 난처한 사실들을 감추지 않는 이야기들, 그저 홍보하기 원하는 것들이 아니라 어떤 개성의 많은 측면을 드러내는 이야기들 말이다. 진실한 이야기를 한다는 것은 어떤 사람에 관해 있을 수 있는 일련의 진짜 사실을 가장 많이 보여 주는 것이 아니다. 우리가 진리와 합리성에 전념하려면, 우리의 개념 지도들이 지도로 나타내려는 것의 진짜 특질들을 포괄하고 그 지도의 사용자가 쓸모 있다고 합리적으로 기대할 만한 어떤 것도 빠뜨리지 않아야 하는 이유가 바로 그 때문이다. 하지만 우리의 가치와 이해관계를 반영하지 않는 어떠한 유형의 개념상의 지도라도 찾아낼 수 있다는 발상은 신기루다. 철학자의 자서전은 모든 추론의 배후에 결코 자신의 개별성을 모두 비워 버릴 수 없는 추론자가 있음을 보여 준다.

이것은 결코 철학의 불명예가 아니다. 이것이 철학하기가 결국에는 **고작** 편견들의 반영 혹은 일반 통념이 되고 만다는 것을 의미하지는 않는다. 내가 주장해 온 것처럼, 철학은 판단을 요구한다. 여기에 보태야 할 것은 형용사 '개인적인personal'이다. 이로써 철학이 **개인적인** 판단을 필요로 함을 인정하는 것이다. 철학자들의 자서전은 우리가 추론하는 방식이 불가분하게 우리 개성과 삶에 단단히 묶여 있다는 강력한 증거를 제공한다. 따라서 우리는 어떠한 판단이건, 추론하는 데 그 역할이 무엇이건, 판단은 사람마다 다를 수밖에 없다는 의미에서 개인적이며, 판단을 포함하는 모든 논증이 모든 합리적 행위자rational agent를 설득할 거라고 기대하는 것이 비현실적이라는 점을 인정해야 한다.

콰인은 다음 문장으로 자서전을 시작한다. "1908년 6월 25일 적크리스마스 날, 애크런의 남동중부의 내시 거리에 있는 수수한 목재 가옥에서 내가 태어남으로써 6만 명의 이웃이 사는 그 산업 도시의 인구에 숫자 하나를 추가했다."23 콰인은 그의 인생에 대한 사실들을 독자가 필요로 하는 것 이상으로, 그의 동료 자서전 작가들보다 더 많이 보여 주고자 신경 썼다. 하지만 한숨 돌려 생각할 시간도 두지 않고 자신의 삶에 대한 설명을 곧장 시작하는데, 만약 그 시도가 어떤 철학적 쟁점을 제기한다면, 그의 회고록은 다른 철학자들의 회고록을 대변한다. 예컨대, 앨프리드 줄스 에이어Alfred Jules Ayer는 혼더리치의 자서전에 등장하는데, 그 책이 그 장르의 목표, 범위, 한계를 고찰하는 데 반해, 에이어는 이런 쟁점들에 심지어 손도 대지 않은 채 두 권의 자서전을 써 나갔다.24 이러한 소홀함은 유감스러운데, 왜냐하면 철학자들의 자서전은 삶과 사유의 상호작용, 그리고 철학뿐 아니라 모든 추론에서 개인적 판단의 역할을 인정하고 이해할 필요성을 검토하는 데 특별히 초점이 잘 맞춰진 매체이기 때문이다.

5장

심리학의 도전

1939년 지그문트 프로이트Sigmund Freud가 사망한 직후, 고인을 추모하여 쓴 시에서 위스턴 휴 오든Wystan Hugh Auden은 이 정신분석학의 창시자를 한 개인이라기보다 그 영향력 아래서 우리가 삶을 살아가는 '여론의 총체적 경향a whole climate of opinion'으로 묘사했다.[1] 이것은 누구도 부정할 수 없는 인간이 만든 경향 변화의 한 형태이다. 프로이트는 무의식the unconscious을 발견한 것이 아니라, 의식conscious mind이 빙산의 일각일 뿐이며 대부분의 욕망과 신념이 그 보유자에게 간과된다는 생각을 공식화하고 대중화했다. 우리가 이성이라 부르는 것은 우리가 하는 일에 대해 기분은 한결 좋아지게 하지만 대체로 허구적인 이야기를 들려주는 데 반해, 보이지 않는 정신의 힘은 우리를 앞으로 나아갈 수밖에 없도록 한다.

많은 이들이 이제 프로이트의 이론—과 정신분석학 일반—에 회의적이지만, 무의식이 주도적인 역할을 한다는 일반적인 인식은 광범위하게 수용되었고 심리학에서 이루어진 당대 연구가 실증적 증거가 되었다. 실험심리학자들이 프로이트의 **에로스**와 **타나토스**—성性과 죽음 충동—의 중요성을 전적으로 확신하지는 않을지 몰라도, 그들은 우리 면면에 영향을 끼치는 사고의 편향과 왜곡을 다수 목록화했다. 그들이 프로이트의 특정한 생각을 포기했을 수는 있어도, 프로이트가 우리를 합리적이기보다는 사건이 발생한 후 이성을 사용해 신념과 행동을 이치에 맞게 만드는 **합리화하는 자**로 그려 놓은 인간 본성의 전체적인 그림에 그저 덧붙여 말하고 있을 뿐이다. 그렇다면 우리는 이성이 비합리적인 충동의 겉치장에 불과하다는 사실을 인정해야 할까? 아니면 인간의 사고와 판단에서 합리성에 대한 중요한 역할 부여를 심리학이 정당화해 줄까?

1.
뜨거운 머리

1967년, 필리파 풋Philippa Foot은 20세기 도덕철학에서 가장 유명한 가상의 도덕적 딜레마 가운데 하나를 고안했다.[2] 탈선한 열차가 다섯 명이 작업 중인 좁은 터널을 향해 돌진하고 있다. 만약 그대로 계속 간다면, 그들은 죽을 수밖에 없다. 그들에게 경고를 보내거나 열차를 멈출 방도는 없다. 결과를 바꾸기 위해 우리가 할 수 있는 유일한 일은 레버를 당겨 열차를 우회시키는 것으로, 그곳에서는 한 사람만 죽게 된다. 우리는 레버를 당겨야 할까?

그 딜레마—광차 문제trolley problem로 알려진—가 도덕철학자들의 마음을 사로잡은 것은 그것이 도덕성에 관한 사고방식에서 중대한 차이를 극적으로 표현했기 때문이다. **결과주의** 전통에 따르면, 중요한 것은 종합적으로 가능한 최선의 결과를 창출하는 것으로, 이 경우는 네 명이 덜 죽도록 레버를 당기는 것이 분명하다. 하지만 **의무론** 전통에 따르면, 결과가 늘 수단을 정당화하지는 않는데, 그 이유는 우리에게는 타인을 죽이는 것과 같은 특정한 행동을 피해야 할 의무가 있기 때문이다. 광차 문제는 결과론자가 옳은지 의무론자가 옳은지에 대한 우리의 직관력을 끌어내기 위해 고안되었다. 이 시나리오에서는, 대부분 사람들이 결과주의 입장에 이끌린다. 그들은 레버를 당기는 것이 그 행동이 즉각적으로 한 사람의 죽음을 초래한다는 것을 의미하는데도, 더 많은 생명을 구한다는 이유로 정당화된다고 생각한다.

하지만 만약 광차 문제를 조금 다르게 설명한다면, 매우 다른 직관력을 끌어낼 수 있다. 또 다른 버전에서는 당신이 열차를 멈출 수 있는 유일한 길이 궤도 위로 다른 누군가를 밀어내는 것인데, 그것이 열차를 멈추기에 충분하리라는 점을 철도 전문가로서 확신하기 때문이다. 적용되는 도덕적 추정은 동일

삶의 지표로서 이성

하다. 다섯 명을 구하기 위해 한 명의 죽음을 초래하는 데 개입할 것인가, 아니면 재앙이 전개되도록 놔둘 것인가. 하지만 이 경우, 한 명의 죽음을 초래하는 것이 옳은 일이라고 말하는 경향이 훨씬 줄어든다. 마지못해서이긴 해도 레버를 당기겠다는 사람들은 대체로 기꺼이 한 사람을 죽음으로 몰아넣겠다는 말은 하지 않는다.

이제 '광차학trolleyology'에 관한 온전한 논문이 있고, 그 문제의 여러 버전에 대한 각기 다른 응답들을, 설사 정당화하지는 않는다 하더라도 설명하는 다양한 해설이 존재한다. 보편적인 승인 같은 것을 획득한 단일한 해설은 없다손 치더라도, 우리가 각기 다른 직관을 갖게 되는 가장 중요한 하나의 이유가 도덕법칙이 아니라 심리 작용으로 설명된다는 것은 대부분이 인정할 것이다.

이것을 이해할 수 있도록 이론 모델을 제공한 심리학자가 대니얼 카너먼Daniel Kahneman이다. 카너먼은 우리가 사실상 두 가지 다른 사고방식을 갖고 있다고 설득력 있게 논증했다. "**시스템 1**은 무의식적으로 신속하게, 노력을 거의 혹은 전혀 들이지 않고 자율 규제의 감각 없이 작동한다"라고 그는 말한다. 반면에, "**시스템 2**는 복잡한 평가를 포함해, 노력이 필수적으로 드는 정신 활동에 주의력을 할당한다. 시스템 2의 작동은 작용agency, 선택, 집중이라는 주관적 경험과 관련되는 경우가 많다."[3] 이를 압축해서 생생하게 표현하면 시스템 1은 '뜨겁고' 정서적이고 신속한 사고인 반면, 시스템 2는 냉정하고 차분한 추론이다.

인간이 시스템 2에 좌우되며 시스템 1은 우리가 지치고 정서적일 때 이따금씩 효과가 나타나는 골칫거리일 뿐이라고 생각하고 싶은 사람들에게 불편한 진실은 우리의 사고가 예상보다 훨씬 '더 뜨겁다'는 것일 듯하다. 정서적 반응을 유발하는 어떤 것도 시스템 1을 작동시키고, 시스템 2는 그 결과를 그저 합리화할 뿐인 것 같다. 반면에, 좀 더 많은 사람을 생각할 때면 그들은 그저 숫자가 되어 버리고 우리는 그들에 대한 정서적 반응을 중단한 채 시스템 2를 사용한다. 이것이 바로 자선 단체들이 기금을 모금할 때 숫자보다는 판에 박힌 듯 개개인의 이야기에 초점을 맞추는 이유다. 이오시프 스탈린Iosif Stalin이 말한 것으로 간주되는 인용문 ―"한 사람의 죽음은 비극이지만, 백만 명의 죽음은 통계일 뿐이다"―이 오싹하게 정확한 이유이기도 하다.

광차 문제의 경우, 우리가 피해자 숫자와 레버를 당기는 것을 이야기할 때, 문제가 순전히 실용적이고 지극히 추상적으로 간주됨으로써 대부분 사람이 시스템 2를 사용해 문제를 해결하려고 한다. 하지만 우리가 궤도 위로 누군가를 밀어 버리는 상상을 할 수밖에 없을 때, 그 문제는 정서적 반응을 촉발한다. 시스템 1이 작동하고 자기도 모르게 저항한다. 하지만 만약 왜

　　　　　　　　　　　　　삶의 지표로서 이성

그 사람을 밀어서는 안 되는지 질문을 받는다면, 물론 우리는 "모르겠어요, 옳지 않다고 느낄 뿐이에요"라고 말하지는 않는다. 오히려 어떤 사람을 목적을 위해 수단으로 사용하는 것은 잘못이라는 견해와 같은 다양한 합리적인 변명을 내놓는다. 이것이 레버 사례에서 마련된 것일 뿐이라 해도 말이다. 시스템 1이 사고 활동을 지배하는 방식에 대한 우리의 무지 정도를 보여 주는 증거는 '광차학'이 수십 년이 걸렸다는 데 있다. 즉, 다양한 직관에 대한 의미 있는 설명이 그야말로 정서적이라는 인식을 진지하게 여기는 누군가가 나타날 시간이 그만큼 필요했다는 것이다.

냉정한 이성에는 더욱 좋지 않다. 카너먼을 비롯한 그의 동료 심리학자들은 우리 중 가장 총명한 사람들조차 의식적, 합리적 사고보다는 무의식, 비합리적 정신 과정의 기반에서 움직인다는 것을 갖가지 방식으로 입증했다. 사고 활동과 관련해 우리는 근본적으로 게을러서, 우리가 실제로 계산해야 하는 수고를 덜어 주는 무의식적으로 처리된 경험 법칙들—'경험적 접근법heuristics'—에 의존한다. 예컨대 최근의 선거 이후 내가 소셜 미디어에서 공유한 통계는 이런 내용이었다. 사립학교 교육을 받은 인구 비율이 7퍼센트에 불과한데도, 영국 의회의 보수당 의원 중에는 그 비율이 48퍼센트이고 노동당은 17퍼센트, 자유민주당은 14퍼센트, 스코틀랜드국민당은 5퍼센트라는 것이다. 각자의 원인 추정background assumption에 따라, 동일한 사실들로부터 완전히 다른 결론들이 도출되는데, 추론하는 사람에게는 각각의 사실들이 명백해 보이기 때문이다. 당신이 정치적으로 급진적일 경우, 이 통계를 사회가 지속적으로 부자들 자녀에게 너무 많은 특권을 부여한다는 당신의 신념을 확증해 주는 것으로 간주하는 데 어떠한 사고 활동도 따로 필요하지 않다. 그러나 당신이 좀 더 보수적일 경우, 이것이 전혀 뻔해 보이지 않을 수도 있다. 내가 올린 포스트에 누군가가 "사립학교 교육이 공적인 책임감을 불어넣는다는 증명"이라는 견해를 댓글로 단 이유가 바로 그것이다. 이것은 갖가지 혼동을 야기하는데, 영국에서는 '사립학교'가 사실상 엘리트 사립학교이기 때문이다. 하지만 혼동 속에서 분명해지는 것은, 사립학교들이 학생들에게 시민의 의무감을 심어 준다는 매우 믿기 어려운 일이 누군가에게는 곧바로 분명해 보였다는 것이다. 물론 우리는 사람이 편견과 기존 신념에 따라 사실들에서 서로 다른 결론을 도출한다는 사실을 잘 알고 있다. 하지만 카너먼은 우리가 그렇게 하는 것이 차분한 시스템 2 사고가 왜곡되었기 때문이라는 것을 입증한다. 더 정확히 말해, 시스템 1은 전혀 실질적이지 않은 추론을 근거로 비약적으로 어떤 결론에 도달한다.

이러한 유형의 합리적 사고—어쨌든 철학자들이 인식하는 대로의 '합리적'—의 부재에 관한 무수한 예시를 제시하면서

삶의 지표로서 이성

마음이 작동하는 다양한 방식을 구체적으로 다루는 책들이 있다. 카너먼의 『생각에 관한 생각Thinking Fast and Slow』은 이 저서를 이미 알고 있는 사람이 아니라면 누구에게라도 필독서이다. 그 모든 과정을 이해할 수 있다면 그것들을 중단시킬 수 있겠다는 믿음으로 그 책을 사러 내달릴 사람도 있을지 모른다. 하지만 카너먼 자신은 이에 대해 매우 비관적이다. 언젠가 플라톤의 마차를 모는 사람처럼 시스템 1을 제어하는 것이 가능한지 묻는 질문에, 그는 "닻 내림anchoring은 우리가 방어할 수 있는 몇 안 되는 사례 중 하나입니다"라고 대답했다. 닻 내리는 곳은 우리가 어떤 숫자가 그것과 함께 혹은 그것보다 먼저 다른 어떤 숫자들이 제시되는가에 따라 해석이 달라질 수 있는 지점이다. 예컨대, 어느 식당에서 20파운드짜리 음식은 다른 음식이 모두 15파운드가량이라면 비싸게 보이겠지만, 만약 25파운드 이상의 다른 선택권이 많은 경우에는 꽤 저렴하다고 여길 것이다. 우리에게 물건을 팔려는 많은 사람이 일부러 고가 상품을 만들어 낸 다음 마치 그것을 '할인'하는 것처럼, 이 같은 속임수를 쓴다. 카너먼은 우리가 이에 맞서 우리 자신을 방어할 수 있다고 생각하는데, "그 숫자의 출처가 어디인지를 물어보는 아주 단순한 질문이 있기 때문입니다. 만약 당신이 그 숫자들을 의심한다면, 당신은 그 착각에서 벗어날 수 있을지도 모르지요."

하지만 이처럼 상대적으로 단순한 자유조차도 '특별한 노력을 필요로 하고', 대부분의 경우에 우리가 실질적으로 할 수 있는 일이 거의 없다. 따라서 카너먼조차도, 45년간의 연구가 그가 판단하는 방식을 바꾸어 주었는지 질문을 받자, 이렇게 답해야 했다. "사실상 거의 그렇지 않습니다. 직관 시스템이자 빠른 사고 활동인 시스템 1은 변화에 실제로 거의 영향을 받지 않습니다. 우리 대부분은 타고난 지각 시스템을 그대로 지닌 채로 무덤에 갈 뿐이지요."

그를 인터뷰한 사람은 그 말을 확신할 수 없어 이렇게 물었다. "하지만 당신은 때로는 혼자서 '그것은 빠른 사고 활동이었고, 저것은 직관이었어, 내가 곧 그걸 확인해 보겠어'라고 생각하지 않나요?"

그는 "가끔은 그러지요"라고 대답하면서도 "충분하지 않습니다. 그것이 다른 사람들의 오류일 때는 그렇게 하는 게 훨씬 더 효과적입니다. 나 자신의 오류일 때는, 오류를 저지르느라 너무 바빠서 그걸 극복할 수가 없습니다."[4] 다른 기회에, 카너먼은 자신의 비관주의를 압축적으로 이렇게 묘사했다. "만약 우리가 믿는 것들에 믿는 이유를 갖고 있다고 생각한다면, 그것이 오류인 경우가 많습니다. 우리의 신념, 우리의 바람, 우리의 희망이 늘 이성에 단단히 기반을 두는 것은 아닙니다."[5]

삶의 지표로서 이성

2.
뜨거운 이성과 냉정한 이성

흥미롭게도, 이 같은 발견들에 대한 우리의 철학적 반응은 닻 내림 효과anchoring effect(초기에 접한 정보를 기준으로 판단하려는 경향을 나타내는 행동경제학 용어-옮긴이) 자체에 영향을 받을 수 있다. 여기서 닻anchor은 우리 사고의 어느 정도가 의식적이고 논리적인가에 관한 우리의 사전 가정prior assumption이다. 만약 우리가 그 대부분이 그렇다고 생각한다면, 심리학에서 들려오는 소식은 실제로 매우 좋지 않게 보일 것이다. 하지만 만약 우리가 인간의 합리성에 대해 좀 더 겸손한 견해를 갖고 비합리적인 힘이 거의 모든 순간에 우리 사고를 형성한다는 생각에 이미 익숙해져 있다면, 아마도 우리의 동요는 덜 심할 것 같다.

더욱 중요하게는, 만약 우리가 합리성이 논리와 형식적 추론만으로 규정된다는 협소한 견해를 가진다면, 시스템 1은 참을 수 없는 침입자일 것이다. 하지만 만약 우리가 합리성을 더 폭넓게 이해한다면, 시스템 1을 이성의 완전한 적으로 돌릴 정도로 지나치게 성급해지지 않을 수도 있다. 카너먼은 이 견해에 마음을 두는 것 같다. 그는 언젠가 "사람들은 꽤 합리적입니다"라고 말했다. "그것은 사람들이 비합리적이라는 말이 아니에요. 나는 그런 정의가 정말 싫어요."[6] 그것이 어떻게 가능할까?

실마리는 의식적, 체계적 이성은 약간의 무의식적, 기계적 메커니즘들의 사용을 허가할 수 있다는 데 있다. 달리 말하면, 의식적 추론을 전혀 수반하지 않는다는 이유로 보통 비합리적이라고 여겨지는 것에 대한 합리적 정당화가 있을 수 있다. 이와 관련한 훌륭한 소설적 사례가 데이비드 허버트 로런스David Herbert Lawrence의 단편소설 「흔들목마를 탄 우승자the rocking horse winner」에 있다. 한 아이가 경마에서 어느 말이 이길 거라는 아무런 이유도 없이, 따라서 자신의 선택에 대한 아무런 타당한 근거도 없이 반복해서 확실하게 우승마들을 선택한다. 전문적인 정보 제공자들조차 장기적으로 보면 운에 맡기는 것보다 크게 나을 게 없다는 것을 알고 있는 우리로서는, 눈치 빠른 다른 누군가의 정보보다는 소년의 정보를 따르는 것이 더 합리적이라고 하지 않을 이유가 있을까? 이성은 우리에게 그가 다른 누구보다 더 믿음직한 정보 제공자라고 말하고 있고, 따라서 그의 방법에 어떤 확실한 사유 과정이 없는데도 우리는 그의 조언을 따른다.

실생활에서, 이런 일의 대표적인 예는 찝찝하다는 이유로 뭔가를 추진하지 않을 때이다. 이론상으로는 모든 게 훌륭해 보이지만 뭔가가 우리를 경계하게 만드는데, 그것이 무엇인지 알 수 없다. 이러한 유형의 직관이 주의를 기울일 만한 충분한 가치가 있다고 믿을 만큼 결단코 확실하다고 믿을 필요는 없다.

삶의 지표로서 이성

우리가 이러한 유형의 상황에서 이렇게 느낄 때 보통 그것이 무언가 낌새가 좋지 않음을 가리킨다고 믿을 타당한 근거를 갖고 있는 한, 설사 그 예감 자체는 합리적 숙고의 결과물이 아니라 할지라도 우리에게는 그 예감을 따를 합리적 근거가 있다.

이제 왜 시스템 1이 어김없이 이성의 적인 것만은 아닌지 그 이유가 분명해져야 한다. 시스템 1이 차츰 발달하게 된 이유는 가만히 앉아 사태를 충분히 생각할 시간이 없을 때 우리는 종종 재빠르고 즉각적인 판단을 내릴 필요가 있기 때문이다. 경험적 접근법은 경험적 지식에 바탕을 둔 지름길이고, 그것들이 자주 작동하지 않았더라면 발달할 리 없었을 거라는 점에 실마리가 있다. 문제는 경험적 접근법이 너무 깊게 뿌리내려서, 빠르고 급한 해법이 필요한 게 아니라 냉철하고 차분한 추론이 필요할 때조차 우리도 모르게 어느새 그것을 사용하는 경우가 많다는 점이다. 하지만 이는 그것이 없는 게 나을 거라고 말하는 것과는 전혀 다르다. 만약 우리가 어떠한 경험적 접근법도 사용하지 않고서 단 하루라도 살아가려 한다면, 우리는 모든 게 안전한지 위험한지, 경솔한지 분별 있는지, 공정한지 부당한지 여부를 확인해야 하는 어려움으로 무력해져 완전 엉망진창이 되고 말 것이다. 만약 이 점을 시스템 2가 곰곰이 생각해 본다면 시스템 1을 유지하는 선택을 할 것이 확실하다. 그것 없이 생존할 수 없기 때문이다. 그것은 완벽한 것과는 거리가 멀지만, 그것을 사용하고 싶어 하는 것은 합리적이다.

왜 '뜨거운' 사고가 냉정한 사고와 충돌하기보다 오히려 그것을 보완할 수 있는지 두 가지 이유가 있다. 광차 문제를 다시 생각해 보자. 다섯 명을 구하기 위해 한 생명을 희생하는 것이 합리적 행동이라는 견해를 택하는 사람들이 있는데, 우리가 그렇게 하기를 거부하는 이유는 그것이 누군가를 밀어 버릴 것을 요구하기 때문이고, 그것은 정서가 판단을 흐리는 원인이 된다. 하지만 왜 우리는 최적의 도덕적 판단은 '냉정한' 판단이라는 태도를 취해야 할까? 실제로 우리는 그렇지 않다고 생각할 다양한 이유를 갖고 있다. 나중에(7장에서) 보게 되겠지만, 첫째, 도덕성은 순수이성의 원칙들이 아니라 '도덕적 연민'이나 감정이입에 뿌리내리고 있다고 생각할 타당한 이유들이 있다. 우리가 도덕적이어야 할 어떤 이유가 있다면, 그것은 우리가 사람들을 가엾어하고 그들을 정서적으로 좋아하기 때문이다. 이와 관련해서는 나중에 훨씬 더 많이 다루게 될 것이다.

둘째, 도덕적으로 우월하기는커녕, 어떻게 해서든 필요한 최대의 선을 극대화하려는 성향을 더 많이 보이는 사람들이 도덕적으로 결함이 있다고 생각할 이유들이 있다. 심리학자 대니얼 바르텔스Daniel Bartels와 데이비드 피자로David Pizarro는 광차 문제의 다른 버전들을 사람들에게 제시하는 연구를 수행했다. 그들은 "실용주의적 해법에 더 강한 지지를 나타낸 사람들이 정신병질, 마키아벨리주의, 삶의 무의미함의 척도에서 더 높은 점수를 보인다"는 점을 발견했다. 이것은 "도덕적 과오moral errors를 저지르는 경향이 가장 덜한 개인들이 많은 사람이 표준적으로 부도덕하다고 여길 일련의 심리적 특성을 지니기도 한다는, 직관에 어긋나는 결론"을 함축한다.[7]

여기서 '도덕적 과오'라는 문구에 담긴 논점 회피 논리의 사용에 주목할 필요가 있는데, 이것은 감정이 도덕적 판단에 필수적임을 분명히 보여 줄 수 있을 때 감정이 올바른 도덕적 판단을 왜곡한다고 상정한다. 우리는 실제로 도덕에 관한 추론이, 도덕을 분명한 법칙과 원칙의 문제로 만들려는 모든 시도를 가로막는 방식으로 감정의 투입을 실제로 요구한다고 생각할 타당한 이유들을 갖고 있다. 물론 어떤 논거를 뒷받침할 과학 논문을 갖고 있으면 좋긴 하겠으나, 경험이라는 보편적 데이터 말고는 아무런 실증적 증거가 없더라도, 우리는 계산에 따라 행동하는 것이 늘 최대 다수의 최대 행복을 산출한다는 것과 사랑과 관심이라는 대체로 긍정적인 감정과 조화를 이루어 행동하는 것 사이에 늘 긴장이 존재한다는 것을 알 수 있다. 가장 분명한 사례가 부모의 사랑이다. 만약 부모가 자녀를 전혀 우선시하지 않고 모든 아이의 이익을 동등하게 간주한다면, 세상이 더 나아질까? 그럴 것 같지는 않다. 그렇다 해도 부모들이 자녀에게 그토록 많은 사랑을 아낌없이 쏟아붓기 때문에,

말라리아로 죽어 가는 한 아이를 구할 수 있는 돈이 자녀가 원하지도 않는 어처구니없는 장난감과 훌륭한 요리에 쓰인다.

이러한 긴장을 어떻게 풀어야 할지는 결코 확실하지 않지만, 나는 대부분 사람이 뜨거운 이성과 냉정한 이성 중 하나를 제거하기보다는 그 둘의 조화를 이루어야 한다는 견해를 받아들일 거라고 생각한다. 그리고 뜨거운 이성은 실제로 '이성'이라는 이름을 가질 자격이 있다. 이성은 우리에게 삶에서 무의식적이고 신중하지 않은 정서적 측면을 마땅히 고려하며 살아갈 것을 요구하는데, 우리는 실용적 목적만이 아니라 윤리적 목표에도 의존해 살아가기 때문이다. 블레즈 파스칼Blaise Pascal이 아주 잘 말했다시피, "마음heart은 이성이 결코 알지 못하는 이유들을 갖고 있다." 그러나 이 말은 이성이 무엇이며 이성이 무엇을 이해할 수 있는지에 대한 너무 흔한 협소한 개념을 무심코 드러낸다.[8]

심리학은 마음의 이유들에 관한 정보를 차분하고 경험적 지식을 바탕에 두는 이성에 알려 주고 있다. 이는 우리가 그 이유들 중 어느 것을 정당한 것으로 택하고 어느 것에 도전해야 하는지 판단할 수 있는 최초의 세대들 가운데 하나임을 의미한다. 물론 우리는 때로는 무의식적이고 정서적인 반응이 약간은 부적절하고 오해를 낳지만, 그것이 다 그렇다는 의미는 아님을 알아 가는 중이다. 심리학자 댄 애리얼리Dan Ariely가 카너먼의 연

삶의 지표로서 이성

구에 답하여 말했듯, "우리는 결여되어 있고, 우리는 완벽하지 않고, 우리는 모든 면에서 비합리적이다. 하지만 우리가 더 잘 못된 결정보다는 더 나은 결정을 하게 해 주는, 이 세계와 양립하는 세계를 우리는 건설할 수 있다. 그것이 나의 희망이다."[9] 그리고 이것은 나의 희망이기도 하다.

3.
페미니즘의 기여

나는 우리의 이성이 완전하지 않고 갖가지 심리 작용에 지배받는다는 사실을 인정해야 한다고 생각한다. 하지만 그 작용들이 각기 다른 집단에서 조직적으로 상이한 형태를 띤다면, 그리고 생각하는 방식이 성별에 따라 달리 나타난다면 어떻게 될까? 이성을 단수형이 아니라, 남성적 이성과 여성적 이성으로 나눠 사고해야 할까?

프랑스 철학자 뤼스 이리가레Luce Iregaray는 우리가 그래야 한다고 생각한다.[10] "남성과 여성이 언어를 만들어 내고 담화를 구축하는 방식은 동일하지 않다"고 그녀는 말했다. "그리고 그들은 서로를 이해하지 못할 뿐 아니라, 무엇보다도 그런 차이들을 인식하지도 못해, 심지어 서로가 상대의 말을 경청하지도 못한다." 이리가레의 논지는 남성과 여성이 다르게 생각하는 **경향**

이 있다는 현재 광범위하게 수용된 그 명제가 아니다. 이 주장을 둘러싼 논쟁들은 이러한 일반적 차이들이 생물학, 문화 혹은 그 둘의 어떤 혼합에 뿌리내리는지에 전적으로 집중된다. 영국인 심리학자 사이먼 배런코언Simon Baron-Cohen처럼 남성과 여성의 두뇌 차이가 내장된 것이라고 주장하는 사람들조차 이 차이들은 상징적일 뿐이고, 따라서 "모든 남성이 남성적 두뇌를 갖고 있지는 않고, 모든 여성이 다 여성적 두뇌를 가진 것도 아니"[11]라는 꽤 혼란스러운 주장을 하는 데 매우 열심이다.

"남성이 되는 것과 여성이 되는 것은 단순한 생물학에도, 단순한 사회적 고정관념에도 부합되는 것이 아니다"라고 이리가레는 말한다. "그것은 관계적 정체성에 상응한다. 이 관계적 정체성은 실재한다. 여성으로부터, 즉 동일한 젠더, 동일한 성별로부터, 소녀로 태어난다는 것이 어머니가 될 능력이 있다는 것, 다른 여성과 똑같이 아이를 낳을 수 있다는 것, 사랑할 수 있다는 것과 동일한 것은 아니다." 아마도 이 대목이 이리가레의 사상에 정신분석이 미친 영향이 분명히 드러나는 부분일 것이다. 그녀는 제대로 훈련된 라캉학파 분석가이다. 그녀 입장에서는, 여성이 자신과 성별이 같은 사람에게서 태어나는 반면 남성은 그렇지 않다는 것이 결정적 차이를 만든 게 틀림없다. "남성의 삶에서 최초의 타자", 즉 "그가 소통하는 최초의 인간you은 여성적-모성적 인간female-maternal you이다."[12]

삶의 지표로서 이성

그녀와 인터뷰할 때, 나는 그 인터뷰가 우리가 동일한 인식을 공유할 수는 없기 때문에 어떤 면에서는 내가 그녀를 전혀 만나고 있지 않다는 것을 의미하기도 한다는 생각을 내비쳤다. 그녀는 동의했다. "이 순간, 우리는 동일한 공간, 동일한 시간, 동일한 나라, 동일한 문화, 동일한 언어에 깃들어 있어서, 동일한 장소에 있는 것처럼 보입니다. 보기에 따라 이것은 그저 착각일 뿐이지요."

이리가레의 입장은 극단적인 것으로, 솔직히 말해 심리학에서 최량의 증거로 지지받지는 못한다. 그러나 다행히도, 성차별 gender apartheid이 일상적으로 벌어지는 학문 연구의 그 어떤 진지한 분야에서도 남성과 여성이 각자의 이성을 별도로 사용하지 않기는 마찬가지다. 예컨대 페미니즘 철학은 다른 모든 철학과 분리되어 있지 않다. 인식론epistemology, theory of knowledge에 대한 페미니즘 측 비판에는 힘이 있다. 젠더에 기인하는 왜곡, 페미니즘이 바로잡고자 하는 왜곡으로 인해 인식론이 놓치는 무언가가 있다고 암시하기 때문이다. 만약 그런 비판이 남성적 인식론과 여성적 인식론이 따로 있고, 그 둘은 서로 간섭하지 않아야 한다는 주장에 이를 경우, 그것은 아무런 힘도 갖지 못할 것이다.

만약 이성이 어떤 영향력이라도 가져야 한다면, 그것은 실질적 의미에서 어떤 유형의 보편성을 열망해야 한다. 다음 장에서 그것에 대해 좀 더 이야기하겠지만, 여기서는 인류의 절반에게 는 전혀 힘이 될 수 없는 논증은 합리적 논증이 아니라는 것만 최소한 분명히 해야겠다. 따라서 남성적 이성과 여성적 이성은 별도여서 화해할 수 없다는 극단적 주장을 받아들이는 것은 합 리성을 단념하는 것이다. 이것은 고집스럽게 보일 텐데, 우리에 게는 젠더를 확실하게 가로지르는 지식과 이론에 대한 수없이 많은 사례가 있기 때문이다. 과학이 가장 분명한 사례이다. 뉴 턴의 법칙은 모든 젠더에 공평하게 적용되고, 남성이 그것을 설 명하는 방정식을 썼다는 이유로 여성이 중력의 당기는 힘으로 부터 자유로울 수는 없다.

하지만 이성이 본질적으로 젠더 중립적gender-neutral이라고 말 하는 것은, 우리가 올바르게 사고하고자 할 경우, 젠더가 이성 의 사용에 영향을 미칠 수도 있는 태도들에 대해 반드시 관심 을 가져야 할 수많은 상황이 존재한다는 사실을 부정하는 것이 다. 이것이 다른 학문에 비해 여성이 특히 과소 대표되는 철학 보다 더 명백한 곳은 없다. 가장 최근의 체계적 연구가 보여 주 는 것은, 철학을 전공하는 영국 대학생의 거의 절반이 여성인 데도, 그 비율이 박사 단계에서는 30퍼센트로 내려가고, 전임 과 말단 강사 permanent and junior lecturers 중에는 21퍼센트, 교수 단 계에서는 고작 15퍼센트에 불과하다.[13] 미국에서도 상황은 매우 유사하다.

삶의 지표로서 이성

이에 대해 다수가 탐탁지 않아 한다는 말은 절제된 표현이다. 샐리 하슬랭거Sally Haslanger는 그녀가 철학에 입문했을 당시를 이렇게 묘사했다.

> 페미니즘 의식에 막 눈뜬 나는 당시 내가 듣는 수업에서 추천 도서 목록 저자나 교사 가운데 여성이 충분하지 않다고 생각했다. 하지만 페미니즘 운동의 중요성을 감안할 때, 상황은 분명히 바뀔 거라고 생각했다. 그래도 나는 철학계를 벗어나지 않았고, 〈여성지위위원회the Committee on the Status of Women〉에서 열심히 활동했다. 여성의 이해 증진을 위해 노력하는 〈철학여성협회Society for Women in Philosophy〉와 같은 다른 포럼들에서도 노력해 왔다. 30년 후, 나는 실질적으로 그다지 큰 변화가 없다는 것을 알았고, 그 사실에 화가 났다.[14]

하슬랭거, 레이 랭턴Rae Langton, 제니퍼 사울Jennifer Saul, 헬렌 비비Helen Beebee 같은 철학자들은 이것이 철학이 본질적으로 남성적이기 때문이라고 생각하지 않는다. 오히려 그들은 그 문제의 핵심을 심리학에서 찾는다.

"대부분의 인간이 낙인찍힌 특정 집단—흑인, 게이, 여성, 장애인 기타 등등과 같은—에 반대하는 다양한 편향에 지배받는다는 것을 보여 주는 실증적 연구가 수없이 많다"고 사울은 말한다. "그 편향들은 무의식 차원에서 작용한다. 그 사람의 솔직하고 진심에서 우러난 의식적인 신념과는 완전히 반대된다. 어쩌면 그들은 인종차별과 성차별에 맞서 싸우는 일에 헌신하는 삶을 살 수도 있다. 그럼에도 그들이 그런 편향들을 갖고 있음을 실험으로 드러낸 시험 결과들이 있다. 심지어 심리학자들조차 이 시험을 잘 아는데도, 그러한 편향의 지배를 받는다."

그런 편향의 하나가 고정관념 위협stereotype threat인데, 사울의 설명에 따르면 다음과 같다.

[그것은] 어떤 특정 지역에서 낙인찍힌 집단의 구성원들이 위협을 불러일으키고 있다는 말을 듣는 상황을 겪을 때 일어나는데, 그곳에서 그들은 자기 집단에 대한 고정관념을 더욱 견고하게 할 수도 있다는 두려움에 사로잡히게 되고, 그 결과 실제로는 평균에 못 미치게 행동한다. 따라서 흑인 학생들은 지적 능력 테스트로 제시되는 그 어떤 시험에서도 기량을 발휘하지 못한다. 수학 시험을 치기 전 자신의 성별을 표시하는 칸에 체크할 것을 요구받은 여성들은 실력을 발휘하지 못한다. 다섯 살짜리 여자아이들이 석양을 그린 그림보다 인형을 들고 있는 여자아이를 그린 그림에 먼저 색칠할 경우, 수학 시험에서 더 나쁜 성적을 낼 것이다. 당신에게 당신 집단에 대한 고정관념을 상기시키는 모든 것 때문에 당신은 당

삶의 지표로서 이성

신 집단이 잘하지 못한다는 고정관념이 있는 영역에서 기량을 발휘하지 못하게 된다.

다른 학문보다 철학이 이러한 편향들을 극복하는 데 그간 성공을 거두지 못한 한 가지 이유는 그 학문의 자아상이 훨씬 취약해서일 수 있다. "철학자들은 객관성과 특별한 관계를 맺고 있다"고 사울은 말한다. "그곳에서 우리는 우리가 아는 누구보다 더 탁월하고 더 합리적이라고 생각한다. 사람들이 자신의 객관성을 판단하는 일에 정말로 서투르고 그것을 철저히 과대평가한다는 것은 충분히 확인된 사실이다. 하지만 매우 흥미롭게도, 어떤 것이 얼마나 객관적인지 생각하는 일이 편향을 감소시키기보다는 증대시킨다는 것 또한 드러난 사실이다. 만약 당신이 젠더나 인종 편향에 빠지지 않으려고, 그리고 영향을 받지 않으려고 분명한 지향을 형성한다면, 당신은 그것들의 영향을 더 많이 받게 될 것이다."

따라서 어떤 의미에서는, 철학자들이 여성이 연관된 사안에 그토록 형편없는 이유는 젠더 중립적이고자 하는 강한 열망이 있어서가 아니라 그러한 열망 때문일 것이다. "많은 철학자들이 객관적이려면 몰가치하거나 가치중립적이어야 한다고 생각하는데, 페미니즘은 본질적으로 몰가치일 수도, 가치중립적일 수도 없습니다"라고 하슬랭거는 설명한다.

따라서 지금까지도 페미니즘 철학 혹은 페미니즘 인식론이라는 개념에 내재적 모순이 있다고 생각하는 철학자가 매우 많다. 하지만 나는 객관성의 목표 중 하나가 어떤 현상을 더 잘 이해하기 위해 복수의 관점을 갖는 것이라고 생각한다. 만약 당신이 그 현상에 대해 하나의 관점만을 갖는다면, 그것이 당신이 편향에 빠지는 것을 막지 못한다. 페미니스트들은 현대 서구와 철학사 전반에 걸친 학문 수련knowledge practices이 배타적이었고 의문의 여지가 있었으며 일정한 유형의 지식만을 우선시하는 대신 편향을 반영하는 식으로 다른 유형의 지식을 희생시켰다는 것을 입증해 왔다. 따라서 우리가 말하는 것은, 이 대화에 여성과 페미니스트들을 끌어들임으로써 우리가 더욱 탁월한 객관성을 성취할 수 있다는 것이다.

내가 하슬랭거와 사울보다 더 잘 표현할 수는 없다. 그들은 이성이 젠더 중립적이라는 관념이 틀렸음을 심리학이 제대로 드러내지 못하며, 심리학은 그 실천이 그런 태도가 아니라는 점을 단지 지적할 뿐이라고 설득력 있게 설명한다. 철학계에서 일하는 여성들의 실정은 합리성에서 종종 간과되는 또 다른 특성 또한 분명하게 드러낸다. 철학자들은 당연하게도 이성의 본성 자체에 집중한다. 하지만 이성을 꽃피우기 위해서는 이성이 적절한 환경에서 실행될 필요가 있다. 그리고 이성이 최고의 평가를 받는 바로 그곳에서 애석하게도 결여된 경우가 많다.

따라서 예컨대, 철학이 가장 숙련된 철학자 전원을 투입해 합리적 역량을 극대화하기 위해서는, 모두가 동등하게 기여할 수 있는 환경을 창출해야 한다. 우리가 보고 있는 현실이 그러하다는 생각에는 다수가 동의하지 않는다. 비비는 '철학 세미나—이것은 전문적 혹은 대학원 단계에서이기는 하지만 아마도 일정 정도는 학부 단계에도 이루어지는—에서 종종 보게 되는 극도로 공격적인 논의들을 지적한다. 세미나에서는 내 경험상, 청중이 발표자들을 향해 갖는 적대적이고 대결적인 태도가 나타난다. 그것은 마치 이러는 것 같다. 지금 우리는 전투 중이다, 나는 전투에서 이기고 싶고 당신이 이 전투에서 패배하기를 원한다. 따라서 그것은 심한 불쾌감을 줄 수 있다.

그런 세미나가 일급 철학의 활발한 토론에는 미치지 못한다는 것을 의미한다는 이유로 이 의견이 여성을 깎아내린다는 데 반대하는 이들도 있다. 비비는 그러한 혐의를 거부한다. "내가 다수의 사람들이 서로를 향해 극단적 공격성을 보이거나 싸움에서 이기려 하는 모습이 그다지 편치 않게 느껴진다고 말한다고 해서 내 자신감이 떨어진다고는 생각하지 않는다. 내가 한 말을 여성은 철학이라는 학문에서 전문가가 될 수 없는 것으로 받아들인다면, 그것은 철학의 본성을 철학자들이 늘 빠지곤 하는, 특정한 사회적 상호작용에 따라 부수적으로 생겨나는 것으로 착각하는 것이다."

비비가 말하는 핵심은 철학적 토론의 공격적 본성은 무심결에 소수자 집단임을 깨닫게 되는 어떤 집단에도 불리하게 작용하게 마련이라는 것이다. "만약 당신이 이미 주변화된 집단에 속하는 사람을 향해 매우 공격적이고 경쟁적으로 행동한다면, 설사 그가 당신만큼이나 경쟁적이고 공격적이라 할지라도, 그에게 불쾌감을 느끼게 할 것이다."

랭턴은 세미나 스타일보다 훨씬 더 심각한 문제를 강조한다. "철학계에서 많은 여성이 견뎌 내는 순전히 골치 아픈 일들의 수준을 무시해서는 안 된다"고 그녀는 말한다. "그 문제들이 '철학계에서 여성이란 존재는 무엇일까?What's It Like To Be a Woman in Philosophy'라는 새로 나온 블로그에서 부상하고 있다. 무수한 이야기가 성희롱과 강간 시도가 일어나는 분야와 관련된 공포물이다."

그 블로그에 있는 글은 철학이 본질적으로 자기 수양적이라는 환상에 지배받는 사람이라면 누구라도 정신이 번쩍 들게 한다. 한 여성은, 학회에 발표하러 와서 주최 측에 맨 처음 하는 말이 "나랑 잘 대학원생 한 명을 소개해 주시오"[15]인 남자 교수에 대해 말한다. 또 다른 여교수는 인상적인 논문을 발표한 업적이 있는데도, 어느 승진 전망이 빈약한 데 대해 자신의 남자 상관에게서 들은 말을 떠올린다. 그녀의 임신한 배를 가리키

삶의 지표로서 이성

며 그가 설명하기를, **"그게 썩 훌륭한 착상ⁱᵈᵉᵃ인 것 같지는 않군요."** 그녀는 재치 있게 응수했다. "이것을 착상이라 할 수는 없죠. 임신ᶜᵒⁿᶜᵉᵖᵗⁱᵒⁿ이니까요(conception에 '착상'과 '임신'이라는 두 가지 의미가 있음을 활용한 답변 – 옮긴이)."[16] 그러고는 그 자리를 떴다. 철학계의 여성들에게 문제는 이성이 남성적이라는 것이 아니라 너무 많은 남성이 자신들이 그렇다고 생각하는 만큼과 다르게 이성을 거의 제대로 사용하지 않는다는 데 있다.

4.
복잡하게 얽힌 이성

언뜻 보기에, 시스템 1과 시스템 2에 대한 카너먼의 구분은 플라톤의 '인간 영혼의 마부' 우화와 매우 유사하다. 물론 고결한 말은 우리의 합리적 부분인 반면, 제멋대로 구는 말은 우리의 비합리적 욕구와 충동이다. 그 우화는 진리의 싹을 품고 있다. 그 우화에서 우리는 순전히 지성만으로 인도되지 않으며, 좀 더 본능적이고 직관적인 반응들로 인해 길을 잃기도 한다. 하지만 그런 반응들이 한편으로는 우리가 올바른 경로로 순조롭게 나아가도록 해 줄 수도 있는데, 의식적이고 신중한 요소만으로 항로의 모든 세부 사항에 대응할 수는 없기 때문이다. 또한 우리에게 매우 필요한 추진력을 주기도 한다. 정서적인 욕망 없이 오로지 이성만으로는 그 어디로 향할 동기부여가 생길 수 없기 때문이다.

특히 순수이성만으로 인간 영혼이라는 마차를 몰 수 있다고 믿을 경우, 근대 심리학은 우리를 겸허하게 만든다. 하지만 만약 우리가 좀 더 현실적이라면, 우리에게는 다른 이미지가 필요하다. 플라톤의 마차와 말들은 둘 다 너무 복잡한 동시에 너무 단순하다. 그 우화가 너무 단순한 이유는 이성과 정서가 깔끔하게 구분될 수 없기 때문이며, 더욱 합리적이 되기 위해서, 우리는 의식적 숙고 외에 정신의 다른 측면들을 예속시키려 해서는 안 된다. 플라톤의 문제는 그의 고결한 말이 너무 순종마이고, 이성을 전통적 의미, 협의에서만 사용할 수 있다는 점이다.

그의 모델은 너무 복잡하기도 한데, 카너먼조차도 시스템 1과 2를 "허구적 특질들"로, 즉 "상호작용하는 측면들 혹은 부분들을 지닌 독립체라는 일반적 의미에서의 시스템은 아닌" 것으로 묘사하기 때문이다. 따라서 인간 영혼이 극도로 다른 말두 필과 이를 감독하는 마부로 이루어졌다기보다는 의식성, 체계성, 신중함에서부터 본능, 무의식, 정서에 이르기까지 모든 종류의 인식 도구를 사용하는 단일한 말 한 필이라고 간주하는 것이 더 나을 것이다. 내가 이 책을 시작하면서 이와 관련된 부분을 제안했다시피, 오만을 피하려면 이 야수를 순종 말보다는 오히려 노새처럼 여겨야 한다. 우리의 합리성은 형식적 논리

절차로만 파악될 수 없이 다소 뒤범벅된 것이다. 하지만 우리의 노새는 여러모로 플라톤의 혈통서보다 우월한데, 그의 말이 이성과 감정을 함께 묶어 내지 못하는 데 반해 우리는 할 수 있기 때문이다. 한 분야에만 유능한 조랑말보다는 여러 가지에 능한 노새가 되는 것이 낫다.

6장
진리와 객관성

개인적인 것이 개입되지 않는 불편부당한 군주로서 우리를 진리로 이끌 것이라는, 우리가 합리성에 대해 품은 이상을 머릿속에서 깨끗이 지워 버려야 할 이유가 수없이 많다. 이미 확인했듯, 이성은 종교의 중요한 쟁점들에 관해, 그리고 그보다는 정도가 덜한 과학의 쟁점들에 관해, 우리가 무엇을 믿어야 할지 확정해 주지 못한다. 합리적 행위자들은 많은 부분 동의하겠지만, 그 어떤 논리적 알고리즘으로 환원될 수 없는 결론을 내리는 데는 늘 판단이라는 요소가 있다. 우리가 생각하는 방식은 각자의 개인적 기질, 신념, 가치관에 크게 영향을 받는다. 신중한 숙고와는 다른 측면의 수많은 요소가 추론에 영향을 미친다. 따라서 우리가 그것들을 충분히 극복할 수 있다고 믿는 것은 비현실적이다.

만약 우리가 이성을 우리의 전제군주라고 여긴다면, 그것을 권좌에서 끌어내리기 위해 이 같은 고려 사항들을 활용하는 게 나을 것이다. 하지만 지금까지의 군주를 좌천시키는 것은 참수

삶의 지표로서 이성

하는 것과는 다르다. 그다지 전능하지 않은 지도자와 함께할 수 있는 최선을 산출하기 위해, 리더십 역할에 필연적으로 따르는 것이 무엇인지에 대한 가정을 좀 생각해 볼 필요가 있다.

우리 문제는 특권적 지위를 가지고 편견 없는 외부자 관점으로 길잡이가 되어 줄 이성에 기대를 걸어 왔다는 데 있다. 이것은 우리 외부로부터 오는 **타율적**heteronomous 형식의 법칙이다. 이성은 완전히 의인화되지는 않는다 해도, 적어도 '구상화된다'. 즉, 살아 있기라도 한 듯 어떤 심원한 것으로 바뀌는 것이다. 이러한 구상 위에서, 우리가 할 일이란 이성이 요구하는 것을 찾아내 그것을 따르는 것이다. 그러나 우리는 그럴 수 없다. 이성은 주인에 의해 형성되고 제한되는 인간적 능력이기 때문이다. 우리는 외부에 존재하는 논리 법칙들을 만들어 내고 심지어는 귀납적 추론의 몇몇 원칙을 내놓을 수도 있지만, 이성을 실제로 사용하려면 추론자인 우리를 뒤에 남겨 둘 수는 없다.

따라서 이성은 타율적이지 않고 자율적이어야 한다. 이성은 그것을 사용하는 방식을 우리가 책임지면서 직접 사용하고 온전히 소유할 수 있는 것이어야 한다. 그런데 여기에는 역설적이라 할 만한 무언가가 있는데, 이성의 자율성에 대한 이마누엘 칸트Immanuel Kant의 설명이 그것을 분명하게 보여 준다. 칸트는 우리가 추론할 때 결코 외부의 권위에 굴복해서는 안 되며 스스로 사고해야 한다고 주장했다. 오로지 그것만이 인간의 존엄에 어울린다. 하지만 동시에 칸트는 만약 엄격하게 우리 힘으로 생각한다면, 우리는 이성이 요구하는 것들을 깨닫게 되어 그것에 기꺼이 복종하게 될 것이라고 믿었다. 그러므로 교사가 말했다는 이유로 1+1=2를 받아들이는 사람은 타율적으로 사고하는 것인 데 반해, 그 합이 그래야만 하는 이유를 이해하는 사람은 자율적으로 사고하는 것이다. 하지만 그렇게 함으로써, 복종의 성격이 달라진다. 우리는 이성에 고개를 숙이는 것이지, 우리에게 무엇을 생각할지 명령하는 사람들에게 고개를 숙이는 것은 아니다.

그러므로 칸트의 자율성은 타율성의 또 다른 형태로 보일 수 있는데, 거기서 외부의 권위는 인간이 아니며, 순수하고 추상적인 이성 자체의 본성이다. 내가 생각하는 이성의 자율성은 한 걸음 더 나아간다. 우리는 이성이 우리 외부에 있지 않고 우리 내부에서 작동해야 한다는 사실을 받아들여야 한다. 이성은, 우리가 어떠한 판단도 하지 않은 채 알아서 우리를 진리의 길로 데려가리라 기대하면서 우리 자신을 그저 내맡길 수 있는 안내자가 아니다. 이성은 우리 대신 판단해 주는 외부의 안내자라기보다, 정보를 제공하지만 의사 결정을 지시하지는 않는 일종의 내면의 안내자이다. 그럼에도 칸트는 뭔가를 알고 있었을 텐데, 이성이 타율적인 요구를 받아들이라고 명령하는 느낌이 있기 때문이다. 만약 그것이 외부 세계의 엄연한 현실에 전

삶의 지표로서 이성

혀 개의치 않는 일종의 자기 결정에 불과하다면, 우리의 안내자는 쓸모가 없다. 우리에게 논증이 제시되거나 믿을 만한 근거들이 주어질 때, 우리는 주어진 조건이 합리적인지 아닌지 여부를 판단해야 한다. 요컨대 이성이 만약 객관성을 열망하지 않는다면, 의미가 없다. 그것이 바로 이성의 타율적 측면이고, 합리성에 대한 내 설명의 핵심으로 우리를 데려다주는 것이다. **합리적 논증이란 신념을 위한 객관적 이유들을 제시하는 것**으로 규정되어야 한다.[1]

1.
도달 불가능한 객관성

내가 지금껏 주장한 것을 감안하면, 객관성에 대한 요구는 합리성에 장벽을 너무 높게 설정한 것처럼 보일지도 모른다. 객관성은 내가 일관되게 주장한 것과 같은 우리 능력을 벗어난 냉정한 확실성을 분명히 요구하고 있지 않은가? 그러나 내가 합리성에 대해 좀 더 신중하게 이해할 필요가 있다고 주장하듯이, 객관성이라는 개념 또한 우리의 이해가 미치지 못할 만큼 엄격하지는 않다. 마침, 우리가 쓸 만한, 우리에게 필요한 객관성에 대한 바로 그 현실적인 개념이 있다. 토머스 네이절Thomas Nagel이 발전시킨 개념이다.[3]

네이절은 객관성이라는 도달 불가능한 이상을 그와 비슷한 의미인 "아무 데도 없는 관점view from nowhere"으로 묘사한다. 그처럼 묘사하면, 그 불가능성은 자명하지만, 그것이 늘 그렇게 표현될 수 없다는 것도 당연하다. 객관성은 "신의 관점God's eye view"을 취하는 것으로 더 전형적으로 묘사되어 왔는데, 설사 그것이 너무 심하게 은유적이어서 그 아이디어를 나타내는 문자 그대로의 번역이 어떤 모습인지 전혀 분명하지는 않다 해도, 명백하게 역설적이지는 않다.

네이절이 거부하는 강력한 객관성에 대해 가장 신뢰가 가는 설명은 "관점view"이나 "전망prospect"의 은유를 버리는 것이다. 객관적 사실이나 설명은 포착되는 세계의 어떤 특정한 전망과 상관없이 언제 어느 때건 누구에게나 적용된다. 아마도 그러한 객관적 진리들을 표현하려는 가장 야심 찬 인간의 시도라면 1972년과 1973년에 각각 파이어니어Pioneer 우주선 두 대에 금으로 산화 처리된 알루미늄 명판을 실어 보낸 일일 것이다. 그 우주선들은 태양계 너머로 보내진 인간이 만든 최초의 기계였다. 그것은 만약 우주선들이 도중에 외계인을 만나 비행을 멈춘다면, 명판들이 그들에게 우리가 누구이고 어디에서 왔는지 알게 해 주리라는 데서 나온 발상이었다.

명판 설계자들은 버나드 윌리엄스Bernard Williams가 "우리 자신 혹은 다른 어떤 창조물이 세계를 파악하는 특정한 방식에

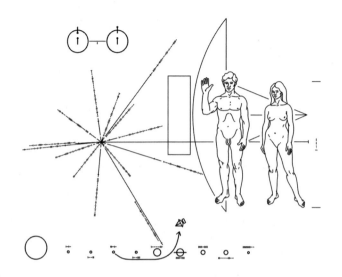

최소한으로만 의지하는 설명 개념과 스타일"[3]이라 일컬은 것을 찾아내고, 그에 따라 실로 객관적인 방식으로 소통하려고 노력했다. 인간의 언어로는 소통이 가능하지 않을 것이었다. 인간의 언어는 우리와 다르게, 아마도 상상 불가능한 방식으로 의사소통하는 이들은 차치하고라도, 우리처럼 구어나 문어를 가진 외계인도 이해할 수 없을 것이기 때문이다. 그 대신 설계자들이 생각 끝에 정한 것이 이미지, 도해, 수학이었다. 우주를 도해한 지도, 수소 원자의 초미세 전이를 표현하는 도해와 함께 남자와 여자를 그렸다. 그 도해들에 이진수를 덧붙였다.

이것을 뒷받침하는 추론은 외계인들이 우리와 제아무리 다르다 할지라도, 지적인 생명체라면 틀림없이 우주에 가장 풍부한 원소인 수소에 친숙할 테고 자연을 이해하는 데 기본적일 듯한 수학 개념도 일정 있으리라는 것이었다. 이해하는 방식이 다를 수는 있겠지만, 그들이 우리가 완전히 도해적으로 표현한 것을 이해할 수 있는 능력을 가졌을 가능성은 매우 높을 것이다.

외계인들이 명판들을 이해할 수 있을지는 미지수다. 손바닥을 펴서 드는 것이 환영을 상징함을 그들이 알 거라고 여기는 이유는 그야말로 가장 확실한 문제이다. 예컨대, 우주 도해에는 화살 하나가 들어 있다. 화살의 의미가 우리에게 너무 자명해서, 오늘날 그것이 도처에 존재하는 이유가 애초에 그것을 사냥꾼이 실제 쓰는 화살의 유사물로서 쉽게 알아볼 수 있었다는 사실에 전적으로 달려 있음을 망각한다. 이러한 인류 역사를 갖지 않은 어떤 종이라도 '→'와 같은 표시를 방향 지시로 이해할 수 있다는 생각은 근거가 없어 보인다. '→'를 '1'이나 '!'나 'Y'보다 하나의 신호로 더 객관적으로 만드는 것은 전혀 없다. 훨씬 더 근본적으로는, 왜 시각적 표시들이 어떻게든 중요하다는 사실을 외계인들이 알 거라고 상정해야 한단 말인가? 만약 그들에게 눈이 없다면, 그 명판 '위에' 우리에게는 선명하게 보이는 것을 그들은 인지조차 못 할 수도 있다.

비록 우리가 정말로 객관적인 의사소통 방법을 찾아내는 데는 실패했을 수 있음에도, 명판에 새긴 정보는 여전히 객관성

삶의 지표로서 이성

과 관련한 썩 괜찮은 시도이지 않을까? 어찌 됐든, 수소는 우주에서 가장 기본적인 원소이고 수학은 보편적이다. 이러한 반응에는 두 가지 문제점이 있다. 우선, 우주에 관한 가장 객관적인 관점이 어떠할지 완벽하게 자신하기는 정말 어렵다. 예컨대 수소를 보자면, 우리는 원소들이 가장 기본적인 구성 요소가 결코 아니라는 사실을 이미 알고 있다. 원소에 따라 (그들이 이제는 폐기했을지도 모르는 또 다른 개념으로서) 물질을 나누는 것이 인간의 신체를 흑담즙, 황담즙, 점액질, 피라는 네 가지 체액으로 나누는 것(인체 구성 원리와 관련해 히포크라테스가 처음 주장한 체액설. 고대 그리스로마 시대와 중세에 영향력이 컸던 의학 이론이다.-옮긴이)만큼이나 원시적이고 잘못 판단한 진보된 문명인지 아니지를 과연 누가 알겠는가?

둘째, 어떤 면에서 이것은 논점을 벗어난다. 설사 우리가 혹한 진리가 실제로 객관적이라 할지라도, 그것은 늘 인간의 이해방식 안에서, 우리 언어와 감각에 의해 표현된다. 이는 심지어 객관적 진리들도 결코 순수하고 객관적인 상태가 아니라 늘 인간 수정체를 통해 보이는 대로 표현됨을 의미한다. 진리는 설사 그것이 그 자체로 순전히 객관적이라 할지라도, **그 어떤** 관점에서 볼 수밖에 없다.

하지만 우리는 절대적 객관성에 도달할 수 없다고 체념할 것이 아니라, 차라리 절대적 객관성에 미치지 못하는 어떤 것을 논하는 것이 이치에 닿는지를 물어야 한다. 이 지점에서 네이절의 설명이 토론에 가담한다. 네이절에게, 지식이란 '객관'과 '주관'의 양자택일로 깔끔하게 갈라지지 않는다. 오히려 절대적 객관성과 주관성을 반대편 양 끝에 둔 스펙트럼이 있고, 그 사이에 각각의 정도들이 있다.

우리의 오성understanding은 그것이 우리의 관점, 추론, 개념 틀이나 감각 특유의 성질들에 의존하는 한 주관적이다. 오성이 이러한 요인들에 덜 의존적일수록, 그리고 그것이 달성할 수 없는 "아무 데도 없는 관점"에 더 가까이 가면 갈수록 더욱 객관적이 된다. 객관성의 가치는, 그것이 우리의 편향과 선호를 반영한다는 면에서도, 좀 더 한정된 범위의 이유들과 경험들을 적용한다는 면에서도, 더 편파적인 주관적 관점들에서 우리를 벗어나게 해 주는 데 있다. 이렇게 이해할 때, 우리는 어떻게 파이어니어호의 명판들이 단지 인간의 오성은 물론이고 고도의 객관성을 가진 지식을 표현했는지 알 수 있다. 어쩌면 우리가 모든 외계인이 이해할 수 있을 만큼 객관적인 형태로 그것을 새기지 않았을지는 몰라도, 최소한 그들이 인간이어야만 그것을 이해할 가망성이 생기는 것은 아니다. 따라서 그 명판의 표현 수단과 내용 둘 다 고도의 객관성을 성취했던 것이다.

그것이 바로 합리적 논증이 신념을 위한 객관적 이유들을 제시하는 것이라고 우리가 말할 때 사용해야 하는 객관성의 개념

삶의 지표로서 이성

이다. 그 개념은 객관적 이유들이 설득력을 갖기 위해 우리만의 특정한 시각을 공유하는 타인들에게 의존하지 않는 이유들에 대한 호소를 수반한다. 이는 어디든 존재하는 어느 지적 존재에게도 설득력을 가질 만큼의 형식을 갖춘 이유들에 대한 호소를 의미하지는 않는다.

여기서 아무런 가치가 없는 것이 하나 있다. '객관objective'이란 종종 '참true'과 동의어로, 아니면 적어도 그것을 암시하는 것으로 간주된다는 것이다. 그러나 이는 오류다. 설명이나 이성, 관찰이 객관적이라거나 주관적이라고 말하는 것은 그것의 진릿값이 아니라 그것의 특징에 관한 무언가를 말하는 것이다. 나는 내 주관적 경험을 이루는 어떤 사실—예컨대 내가 어떤 소리가 노랗다고 지각한다—을 진심으로 전할 수 있다. 그리고 나는, 두 행성 사이 거리처럼, 어떤 객관적 사실을 거짓으로 전할 수 있다. 어떤 주장이 지닌 객관성의 정도는 그것을 이해하기 위한 어떤 특정한 관점이 요구되지 않는 정도까지만 부합한다. 우리가 '객관적 진실들'이나 '객관적 사실들'에 대해 이야기하지 그 진술이 '객관적'이라고는 말하지 않는 것이 옳은 이유이다.

합리성과 객관성 사이에는 대체로 자연스러운 연관성이 있다고 간주된다. 나는 그 관계가 그보다 더 밀접하다고 생각한다. 합리적 논증을 제시한다는 것은 신념을 위해 필요한 객관적 이유들, 증거는 물론 논쟁적 수단들을 포함할 수 있는 이유들을 제공하는 것이다. 이는 합리성에 대해 일부러 폭넓게 정의한 것이다. 어떤 논증이 합리적이지만 실패할 수도 있음을 허용하는 것으로, 이는 틀림없이 옳다. 비합리적으로 주장하는 사람과 합리적으로 주장하지만 오류를 저지르는 사람 사이에 어떤 차이가 있다는 것이다. 그것은 또한 이성의 연역적 측면과 비연역적 측면 둘 다를 하나로 압축하기에도, 그리고 합리적 논증이 진리를 겨냥한다고 생각하는 사람들과 진리The Truth와 같은 것은 존재하지 않는다고 생각하는 사람들에게 호소하기에도, 충분할 만큼 폭넓은 정의이기도 하다. 이 장을 마무리할 즈음에 이것에 대해 좀 더 다루겠다. 우선, 그러한 이유들과 객관적인 논증들을 우리가 어떻게 인식하는지에 대해 좀 더 이야기할 필요가 있다. 나는 객관적 이유들의 핵심적 특징으로 다섯 가지를 주장할 것이다. 이해 가능성, 평가 가능성, 무효화 가능성, 이해관계에서 자유로움, 설득력 있음이 그것이다.

2.
객관성의 다섯 가지 특징

1) 이해 가능성Comprehensibility
예술 감상은 보통 본질상 주관적이라고 여

겨진다. 그럼에도 어떤 판단은 분명히 다른 것들에 비해 더 객관적이다. 예컨대, 우리가 프란시스코 고야Francisco Goya의 그림 〈개perro semihundido〉에 반응하는 모습을 생각해 보자. 당신은 '맘에 든다' 혹은 '슬퍼진다'와 같은 말을 할 수 있다. 이런 말은 그 작품에 대해 내게 아무것도 말해 주지 않는다. 만약 내가 당신과 작품 감상을 함께 나눈다면, 당신의 논평에 내가 어떻게 느끼는지도 묘사될 수 있겠지만, 만약 내가 느낌을 나누지 않는 경우에는 당신이 어떻게 느끼는지만 내게 이야기할 뿐이다. 하지만 만약 내가 독려한다면, 당신은 좀 더 말할 수도 있다. 당신은 그 개의 눈과 어떻게 그것이 일종의 체념한 무력감을 표현하고, 어떻게 거대한 파도가 그 그림의 두드러지는 특징이 되면서 고조되는 느낌을 표현하는 것처럼 보이는지 지적할 수 있을 것이다. 당신은 개를 묘사하는 것이 어떻게 비애를 깊어지게 하는지 골똘히 생각할 수도 있을 텐데, 우리는 어떤 면에서 자연에 직면한 모든 살아 있는 생명체의 무력감을 잘 알고 있기 때문이다.

이러한 언급들 속에, 우리가 완벽한 객관성에 근접할 길은 어디에도 없다. 많은 사람이 어느 순간 자신이 몽매하다고 느낄 것이다. 그럼에도 그러한 언급들 속에 더 탁월한 객관성을 향한 움직임이 분명 존재한다. 객관성의 전형적인 특징은 그것이 특정한 관점에서 좀 더 보편적인 관점으로, 공유될 수 있는 관점으로 이동한다는 점이다. 순전히 개인적 반응을 전하는 것에서 그 작품 자체의 특징을 묘사하고 그런 반응을 불러일으키는 이유를 설명함으로써 개별적인 것에서 좀 더 보편적인 것으로 이동한다. 이러한 이동의 핵심적 특징 한 가지는 주관적 서술보다는 좀 더 객관적인 서술에서 제시되는 설명 용어들이 상대적으로 합리적인 행위자들에 의해 원칙적으로 이해 가능성이 높다는 점이다.

예를 하나 더 들어 보자. 원칙적으로 전형적인 인간의 감각 기관을 결여한 화성인이 이해할 수 있는 물리학이, 세상을 특별히 인간적인 방식으로 경험하는 것에 의존하는 물리학보다는 더 객관적이다. 내가 추측하기로는, 이런 식으로 이해 가능성을 늘려 가는 것이 합리적 논증의 특징을 구성하는 요소이다. 원칙적으로 어떠한 합리적 행위자도 이해할 수 있는 논증은 특정 유형의 합리적 행위자만 이해할 수 있는 논증보다 더 합리적이다.

이것이 난이도나 투명도와 혼동되어서는 안 된다. 이론물리학은 가장 객관적 과학 중 하나이지만, 비전문가에게는 혼란스럽고 이해하기가 극도로 어렵다. 어떤 것이 '원칙적으로' 이해할 수 있다고 말하는 것은 누구에게나 그것을 이해할 지성이나 지식, 적응성이 있다고 말하는 것이 아니다. 여기서 '원칙적으로'는 이해하는 데 지성, 지식, 응용 능력 외에는 방해물이 없

삶의 지표로서 이성

다는 의미이다. 그것들이야말로 현실 세계에서 많은 이들이 정말로 이해할 수 없도록 가로막을 수 있는 방해물이다.

객관적이라는 용어를 더 폭넓게 사용하는 법을 생각해 본다면, 우리는 이해 가능성이 그 핵심에 놓여 있음을 알 수 있다. 공부나 사업 점검과 평가는 분명한 사례이다. 점검은 그 기준들이 무엇이고 어떻게 평가되었는지 누구에게나 완전히 분명해질 때 객관적이라고 지지받을 수 있다. 더 높은 점수를 받거나 점수를 삭감당하는 것을 피할 수 있을지 제대로 알 길이 없을 때는 주관적이라고 비판받을 수 있다. 다른 모든 것이 동등하다면, 어떤 묘사나 설명은 더 이해하기 쉬울수록 더 객관적이다.

2) 평가 가능성 Assessability

이해 가능성은 객관적인 것의 가장 기본이 되는 특징이다. 하지만 어떤 합리적 논증이 어떠한 합리적 행위자도 이해할 수 있는 것만으로는 충분치 않다. 그것은 평가도 가능해야 한다. 만약 주장되는 것의 진실성을 타인들이 판단할 수 있는 방법이 원칙적으로 없을 경우, 그것은 주관적인 영역에 남게 된다. 린치가 말하다시피, 객관성은 "일반적 관점에서 평가에 열려 있는가 하는 문제"이다.[4]

어떤 면에서는 이해할 수 있는 기준의 확장이다. 조사 사례를 다시 생각해 보라. '청결'이나 '양호한 기록 관리'와 같은 기준은 일반적으로 무엇을 의미하는지 충분히 이해하지만, 맥락에서 제대로 이해하려면 그것들의 충족 여부를 어떻게 판단할지 알아야 한다. 조건들이 충족되었는지 평가하는 방법을 아는 것은 그 조건들이 무엇인지 이해하는 핵심이다.

하지만 우리가 평가는 할 수 없어도 이해할 수 있는 경우들이 있다. 이것은 내가 논의했던 예술 감상이 왜 제한적으로만 객관적인지에 대한 한 가지 근거이다. 예컨대, 내가 그 개의 눈에서 체념을 보지 못한다면, 내가 틀렸는지 아니면 당신이 존재하지도 않는 감정을 투사하는지 여부를 평가할 방법은 없다. 나의 판단력은 이해될 수 있는 한에서 객관적이지만, 그 타당성을 평가할 명확한 방법이 없는 한 다른 종류의 판단력보다는 덜 객관적이다.

평가 가능성과 이해 가능성의 중요한 관련성이 또 하나 있다. 모든 객관적 설명의 핵심적 특징 한 가지는 그 안에 있는 모든 것이 다 드러난다는 점이다. 사람들이 내면의 신념, 비밀 폭로, 당국의 강권에 끌릴 때마다, 그들은 그들의 정당화의 핵심 요소들을 숨긴 채 유지함으로써 객관적인 정밀 조사를 회피한다. 객관적 설명을 한다는 것은 당신에게 아무것도 숨기지 말 것을 요구한다. 이것은 당신의 증거와 논증들이 합리적 행위자라면 누구에게나 이해될 수 있을 뿐 아니라 평가될 수 있도록 한다는 점에서, 그것들을 가장 철저한 조사에 공개하는 것을 의미한다.

　무엇이 합리성인지에 대해 설명하면서 합리적 행위자의 개념을 적용할 때 내가 순환논법을 쓰는 잘못을 저지르고 있다는 항의가 있을 수 있다. 이는 일정 정도는 옳지만, 그 논지의 순환성이 잘못된 것은 아니다. 합리적 행위자는 객관적 논증들을 이해하고 평가할 수 있는 행위자이고, 객관적 논증은 만약 그 것이 이해되고 평가될 수 있다면 합리적이다. 이 개념들은 서로 일치한다. 단어들은 다른 단어들을 사용해 정의될 수 있을 뿐이고, 따라서 정의는 늘 쳇바퀴를 돈다. 한 사람이 순환성이라고 비판하는 것을 다른 사람은 언어의 전체론으로 받아들인다.

　객관적 진리에 대한 주장들을 어느 누구라도 평가할 수 있어야 한다는 생각은 고대 그리스에서 기원한 이래로 서양철학의 뿌리 깊은 전제였다. 무엇이 철학적 주장과 이론적 주장을 다르게 만드는가 하는 것은 그러한 주장들을 펼치는 철학자가 증거와 논증 그 자체의 권위 이외의 다른 어떤 권위에 호소하는 방식으로 주장하지 않는다는 데 있다. 하지만 무엇이 평가 가능한 것과 평가할 수 없는 것을 분명히 다르게 만드는지를 더욱 구체적으로 명시하는 일은 극도로 어려운 일로 밝혀졌다. 흄은 평가 가능한 것을 "두 종류로, 더 정확히 말해, 관념들의 관계 Relations of Ideas와 사실의 문제들Matters of Fact"로 구분했다. 관념들의 관계란 "기하학, 대수학, 연산의 과학"이고, 여기에 우리는 형식논리학을 추가할 수도 있다. 이 분과 학문들 범위 내의 주장들은 "직관적 혹은 논증적"이라고 보일 수 있다.[5] 반면에, 사실의 문제들은 경험에 의해 참이라고 증명된다. 하지만 흄이 우리가 이것을 어떻게 보는지에 관해 말한 것은 거의 없는데, 그것은 우리가 "사실의 문제와 관련한 모든 추론에 기반을 둔 것으로 보이는" 인과관계를 어떻게 확립하는지의 문제에 주로 관심을 집중했기 때문이다.

20세기 초에, 단지 추론이 아니라 진짜 사실의 문제로 간주될 수 있는 것에 대한 더욱 강력한 테스트를 찾아내려는 시도들이 있었다. 이른바 빈학파Vienna Circle의 논리실증주의자들이 다양한 형태의 검증 원칙을 제시했는데, 그에 따르면 명제들은 그 진실성을 입증할 경험적 방법론이 존재할 경우에만 유의미하다. 그리하여 평가 가능성은 개연성probability이 대신하게 되었다. 그 후 칼 포퍼Karl Popper는 테스트를 통과하지 못하는 가설들이 거짓되었음을 입증하는 어떤 방법이 존재할 경우 어떤 가설들은 과학적이라는 판단에 따르는, 거울 이미지 대안mirror-image alternative을 제시하게 된다.

검증과 반증은 양자 모두 실패했는데, 대체로 그것들이 자멸적인 것으로 보였기 때문이다. 검증 원칙을 검증하거나 반증 원칙을 반증할 길은 없다. 따라서 자체 기준에 따라 그것들은 무의미하거나 비과학적이다. 하지만 평가 가능성이라는 개념에

삶의 지표로서 이성

좀 더 살을 붙이려는 이런 시도들을 배척하면서, 그것의 지극히 중요한 뼈대들을 내다 버려서는 안 된다. 검증과 반증은 지나치기는 했으나 옳은 방향으로 나아가고 있었다.

논리실증주의를 영국에 들여와 자신의 의견을 덧붙인 에이어는 그 학파가 그 쟁점의 핵심에 얼마나 가까이 다가갔는지 보여 준다. 『언어, 진리, 논리Language, Truth, and Logic』 서문에서, 그는 "내가 경험적 가설을 요구하는 것은 결정적으로 입증할 수 있어야 한다는 것이 아니라, 일정하게 가능한 감각 경험은 그것의 참 혹은 거짓의 결정과 연관되어야 한다는 것이다. 만약 추정되는 명제가 이 원칙을 충족하지 못하고, 유의어 반복이 아니라면, 나는 그것이 형이상학적이며, 참도 거짓도 아니고 문자 그대로 의미 없다고 생각한다"라고 썼다.[6] (당시 영국 경험주의라는 맥락에서, 우리는 '감각 경험'을, 감각 경험에 의존하는 관찰에 궁극적으로 기초한다고 이해된 과학으로부터 수집된 모든 경험적 증거를 포함하는 것으로 이해할 필요가 있다.)

"일정하게 가능한 감각 경험은 그것의 참 혹은 거짓의 결정과 연관되어야 한다"는 경험적 가설에 대한 요구는 검증이나 반증에 대한 요구에는 한참 못 미치는 극도로 신중한 것이다. 에이어가 이러한 신중함을 견지했더라면, 그는 『언어, 진리, 논리』가 이제는 크게 무시되어 학부 필독서 목록에서 거의 찾아볼 수 없음을 의미하는 구제 불능의 어려움에 빠져들지는 않았을 것이다. 하지만 동시에 바로 그 신중함은 그 책이 출판 직후 폭풍을 일으켜 저자를 남은 생애 동안 동 세대의 걸출한 철학자로 만들어 내는 일을 결코 일으키지 않았을 것이다.

에이어의 핵심적 오류는 자신의 원칙이 의미 있는 것과 의미 없는 것의 차이를 분간할 수 있다고 생각한 것이다. 이 오류에는 두 가지 부분이 있다. 첫째, 객관적인 것과 주관적인 것을 구분하는 게 더 나을 거라는 점이다. 예컨대 만약 내가 어떤 음악을 듣고 공중에 떠오르는 것 같은 느낌이 든다고 당신에게 말한다면, 당신은 그 주장을 검증하거나 반증할 방법이 없을 것이다. 하지만 그렇다고 해서 그 느낌을 무의미하게 만드는 것은 아니다. 단지 그것을 주관적으로 만들 뿐이다.

오류의 두 번째 부분은 그 구분이 무지개색이어야 할 곳을 양자택일로 만들어 버린다는 점이다. 만약 어떤 주장을 의미 있게(혹은 객관적이게) 만드는 것이 "일정하게 가능한 감각 경험은 그것의 참 혹은 거짓의 결정과 연관되어야 한다는 것"을 당신이 인정한다면, 당신이 이 테스트를 충족하는 주장과 그러지 못하는 주장을 뚜렷하게 분간할 수 없을 거라는 점이 분명해야 한다. 설사 당신이 경계 지점을 정할 수 있다손 치더라도, 어떤 주장들은 감각 경험에 의해 손쉽게 결정되는 반면, 또 어떤 주장들의 경우 증거가 그 주장이 참인지 가늠하는 데 연관은 되지만 결정하지는 못하기 때문이다.

삶의 지표로서 이성

에이어는 자기도 모르게 전형적인 철학적 궁지에 몰렸다. 만약 어떤 관념이 너무 애매할 경우, 그것은 선명하지 않은 데다 호감을 사려고 불필요한 언동을 한다며 무시될 것이다. 하지만 너무 정밀하면, 그럴듯한 주장을 하는 사람들이 나서서 그것의 모순과 불일치를 찾아내려 들 것이다. 아리스토텔레스가 불후의 격언으로 언명했다시피, "어떠한 주제를 다루는 데서도 그 주제의 본질이 허용하는 것을 넘어서는 정밀함은 아예 기대하지 않는 것이 훈련된 지성의 특징이다." 덧붙일 말이 없는 완벽한 표현이다. 철학의 골디록스 상태goldilocks state(넘치지도 모자라지도 않는 아주 적당한 상태－옮긴이)는 실질적인 것을 말하기에 충분할 만큼 정밀해야 하지만, 실세계의 복잡성과 모호함을 유린할 정도로 너무 정밀해서는 안 된다.

평가 가능성과 관련해 우리는 이처럼 '딱 적절한' 이해력을 갖고 있는가? 목적상, 나는 그렇다고 생각한다. 곧이어 더 상세하게 주장하겠지만, 내가 여기서 내세우는 합리성의 개념은 최소치이고, 그런 의미에서 그것의 핵심 용어들은 각기 다른 학파들이 기입할지도 모르는 더 정밀하고 다양한 용어를 위한 플레이스홀더들place-holders(빠져 있는 다른 것을 대신하는 기호나 텍스트 일부－옮긴이)이다. 더구나 나는 객관적 진리에 관한 주장들이 평가 가능해야 한다기보다는 우리가 객관성의 본질에 유의하고 그것에 이러한 특질이 있다는 데 주목해야 한다고 주장한다. 여기서 합리적 논증들이 얼마나 정확히 평가되어야 할지 정하는 일은 나의 몫이 아니다. 하지만 어떤 논증을 평가할 방법이 전혀 없다면 그것은 합리적일 수 없다는 것은 분명해야 한다. 허용할 수 있는 평가 가능성의 형태에 대한 유일한 선험적 제한은 원칙적으로 어떠한 합리적 행위자도 사용할 수 있는 평가 방법이어야 한다는 것이다.

3) 무효화 가능성 Defeasibility

포퍼가 그의 반증의 원칙으로 진리에 가까이 다가간 것 또한 사실이다. 하지만 다시 한 번, 더 보편적인 용어로 진술되어 논란의 여지가 없었어야 했을 어떤 것을 너무 구체적으로 명시한 것이 오류였다.

오늘날 과학자들 사이에서도 여전히 폭넓게 받아들여지는 포퍼의 핵심적 통찰은 어떤 가설이 정말로 과학적이라면 다른 과학자가 그것을 테스트할 실험을 수행할 수 있어야 한다는 것이다. 그 실험들이 그 이론이 옳다는 사실을 모든 의혹을 넘어서 증명할 수는 없을지라도, 거짓임을 보여 주는 실험 결과들은 존재한다. 간단한 예시를 들자면, 비금속卑金屬을 금으로 변형시킬 수 없다는 가설은 변형을 이뤄 내지 못하는 실패를 반복함으로써는 결코 결정적으로 증명될 수 없다. 하지만 납을 금으로 바꾸는 실험은 그 가설이 거짓임을 입증해 줄 것이다.

합리적 논증의 한 특징으로서 반증은 여러 문제점을 안고 있다. 우선, 포퍼는 반증을 과학과 비과학의 경계를 그어 줄 하나의 기준으로 삼으려 했다. 따라서 설사 그 원칙이 작용한다 하더라도, 합리적 담론의 유일한 형태는 과학적 담론이라고 한층 더한 주장을 펼치지 않는 한, 그것이 합리적인 것들과 비합리적인 것들의 차이를 구분할 수 있게 해 주지는 않는다. 이것이 가능하지 않은 이유는, 그러한 주장은 과학적인 주장은 아니겠지만 철학적 주장이 될 것이고, 따라서 자기 부인self-refuting이기 때문이다.

둘째, 모든 과학적 주장이 실제로 반증 가능한지 확실하지 않다. 예컨대 퍼트넘은 "만유인력의 법칙이 강력히 반증될 수는 없다. 하지만 그것은 틀림없이 과학 이론의 패러다임이다"라고 주장했다.[7] 어떻게 그것이 가능할까? 포퍼에게는, 반증이 가능한 이유는 이론들이 예측을 함축하고, 우리는 이러한 예측들이 증명되는지 안 되는지 알 수 있기 때문이다. 예컨대 아인슈타인의 일반상대성이론은 빛이 완벽하게 직선으로 여행하지 않는다고 예측했다. 1919년 5월 29일, 에딩턴은 그것을 알아보기 위해 개기 일식 기간에 실험을 했다. 잉글랜드의 왕실 천문대장 프랭크 왓슨 다이슨Frank Watson Dyson은 태양이 일식 중에 히아데스Hyades 성단을 횡단하고, 따라서 이 별빛이 태양의 중력장을 통과해야 하는데, 이에 대해 아인슈타인의 이론에서는 별빛이 진로를 바꿀 것이라고 예측했다는 사실을 인식하고 있었다. 일식 덕분에 별빛이 휘는 것이 관찰될 수 있으리라는 것이었다. 그 순간에 외견상으로 별들이 보이는 위치를 별들의 실제 위치와 비교함으로써, 에딩턴은 빛이 실제로 휘었다는 것을 입증할 수 있었다.

그런데 실험에서 그 휨을 감지하지 못했더라면, 아인슈타인의 이론이 틀렸음을 입증한 것이 되었을까? 과학사에서 예측을 사실로 확인하지 못한 여러 사례들은 그렇지 않다는 것을 보여 준다. 실험이 기존의 연구 결과들과 충돌을 일으키는 경우가 종종 있지만, 그렇다고 해서 자동적으로 그 실험이 기존의 연구 결과가 잘못되었음을 입증하는 것으로 당연시되지는 않는다. 실험 설계에 어떤 잘못이 있었거나 틀린 가설이 세워졌을 가능성을 열어 두는 경우가 많다. 퍼트넘은 수성의 궤도를 예시로 드는데, 그것이 뉴턴의 이론으로는 완벽하게 설명되지 않았다. 하지만 그렇다고 해서 뉴턴의 이론이 기각되는 결과가 도출되는 것은 아니다. 더 정확히 말하면, 수성은 변칙 사례로 한옆에 제쳐 두었다. 설명되지 않는 변칙들에 대한 이러한 용인은 과학에서 특별한 것이 아니다.

퍼트넘에 따르면, 이것을 설명해 주는 한 가지 이유는 "이론들이" 포퍼가 믿는 직선적인 방식으로 "예측들을 함축하지 않기 때문"이다. "그것은 일반적으로 예측을 함축하는 특정한

삶의 지표로서 이성

'보조 진술auxiliary statements'이 있는 이론의 결합일 뿐이다." 이 것은 "우리가 어떤 예측이 틀렸다고 해서 어떤 이론이 틀렸다 는 게 확정적으로 입증되었다고 상정할 수는 없다"는 것을 의 미하는데, 보조 진술의 지위, 그리고 그것과 실험 대상이 된 이 론이 맺는 관계에 대한 어떤 불확실성이 늘 존재하기 때문이다.

평가 가능성과 검증 관련해서, 우리는 아이를 목욕통과 함 께 버리지 않도록 해야 한다. 그런 경우 그 아이는 **버려질 수 있 는**defeasibility 존재다. 합리적 논증은 논증과 증거라는 공개적 기 준에 의해 원칙상 늘―수정이나 거부에 열려 있다는 점에서― 버려질 수 있다. 나는 이것이 이해 가능성과 평가 가능성이라 는 기준의 당연한 귀결이라고 생각한다. 합리적 논증을 한다는 것은 타인들이 그것을 이해하고 평가할 수 있고, 그들의 평가가 부정적이거나, 혹은 그들의 해석이 우리 해석보다 우월할 가능 성을 열어 둔다고 말하는 것이다. 누군가가 참이라고 판단 내린 것이 틀리지 않을 가능성을 배제하는 것은 합리적 탐구라는 정 신에 반한다는 것이 분명해 보인다. 그리고 설사 버려질 수 없 는 합리적 논증이 일부 있다 할지라도, 그것들은 순 이론적인 선험적 원리들이라는 매우 좁은 집합을 구성할 것이다.

무효화 가능성은 객관성의 정도가 각기 다른 모든 명제의 속 성이다. 예컨대 고야의 〈개〉가 19세기에 가장 훌륭한 그림이었 다고 주장하는 어떤 사람을 생각해 보자. 그 사람은 이것이 견해의 문제이며, 객관적 주장이라고 고집할 의도도 없다고 합리적으로 주장할 수 있다. 그럼에도 만약 다른 사람들이 그 주장이 어떠한 측면에서도 그 작품에 대한 일정한 객관적 판단들에 기초하지 않았다고 받아들이는 경우에는 그 주장이 무효화되지 않도록 방어할 수 없다. 최소한, 우리는 또 다른 작품이 더 낫다고 납득하게 될 가능성에 열려 있어야 한다. 어떤 주장이건 우리 자신뿐 아니라 타인들도 평가할 수 있는 것과 연관될 때면, 언제라도 그 주장이 반증이나 수정에 열려 있도록 해야 한다. 설사 우리가 어떤 것이 참이라고 아무리 확신하더라도, 그 반증을 상상하는 게 얼마나 불가능한지 알고 있다 해도 말이다.

4) 이해관계에서 자유로움 Interest−neutrality

합리성이 갖는 영향력을 꺾겠다는 사명을 띤 정신 나간 슈퍼 악당을 상상해 보자. 그는 한 철학자를 납치하여 그녀가 비합리적인 무언가를 믿게 만들겠다고 굳게 결심한다. 그래서 그는 그녀더러 진심으로 1+1=3이라 말하라면서 거짓말 탐지기를 통과하지 못하면 지구를 파괴하겠다고 밝힌다. 우리의 철학자는 골똘히 생각하고는 실제로 자신이 1+1=3이라고 믿을 만한 평가 가능하고, 이해 가능하고, 무효화 가능한 이유들이 있다는 사실을 깨닫는다. 그렇게 믿는 것이 세상을 구할 유일한 길이기 때문이다. 그렇다면 여기서 우리는 잘못된 어떤 것을 믿어야 할

삶의 지표로서 이성

객관적 이유들을 갖는 걸까? 또한 내가 합리적 논증이란 신념을 위한 객관적 이유들을 제공하는 것이라고 정의한다는 사실을 감안할 때, 어떤 것이 잘못되었다고 믿는 것 또한 합리적 논증일 수 있음을 의미하지는 않을까?

이 문제는 서로 충돌하는 반응들을 불러일으킬 것 같다. 한편으로는, 그런 환경에서는 거짓을 믿는 것—만약 당신이 스스로 그렇게 할 수 있다면—이 합리적이라는 사실을 부인할 수 없을 것 같다. 다른 한편으로는, 합리적 논증들이 우리를 단지 편의적이기만 한 것으로가 아니라 진리로 인도해야 한다는 것 또한 마찬가지로 부인할 수 없을 것 같다.

그 긴장은 합리성이라는 개념에 들어 있는 모호성에 주목함으로써 해소된다. 합리성은 어떤 목적에 도움이 되도록 혹은 목적 그 자체로 사용될 수 있다. 전자를 현실적 합리성이라 부르기로 하자. 만약 우리의 납치된 철학자가 세상이 계속 존재하는 편에 찬성하는 욕망이나 이해관계, 가치관을 가졌다면, 그녀가 진심으로 1+1=3이라고 믿는 (최소한 믿으려고 애쓰는) 것은 중요한 어떤 측면에서 합리적이다. 하지만 우리는 신념을 위한 실천적인 합리적 근거가 1+1=2라고 믿는 데 필요한 통상적인 합리적 근거들과는 매우 다르다는 것을 손쉽게 알 수 있다. 그것은 1+1=3이라고 믿어야 할 합리적 논증을 제공하지는 않지만, 1+1=3이라고 **믿는 것이 왜 분별력 있는 일인지** 그 이유와 관련한 합리적 논증을 제공한다. 현실적 이유들은 우리의 욕망, 가치관, 이해관계에 호소하기 때문에 살아 있는 생물들의 특정한 이해관계, 가치관, 욕망과 전혀 무관한 이유들보다는 덜 객관적이다.

우리의 목표와 가치관을 감안할 때 우리가 믿어야 하는 것과 결부되는 **현실적 합리성**은, 그러므로 내가 **인식론적 합리성**이라고 부르는 것과 대비될 수 있다. 이것은 우리의 목표와 가치관을 한옆으로 제쳐 놓는다면 전적으로 우리가 믿어야 하는 것과만 결부된다. 인식론적 합리성은 신념을 위한, 평가 가능하고, 이해 가능하고, 무효화 가능한 이유들 외에 더 필요로 하는 것이 있으니 그 이유들이 이해관계에서 자유로움 또한 요구한다. 사람들이 욕망하는 것에 호소하는 어떠한 이유도 이해관계에서 자유로울 수 없다. 왜냐하면 만약 우리가 사람들의 욕망이 무언가를 하게 되는 이유라고 생각하는 한 그들은 어떤 희생을 치르고서라도 얻어 낼 것이기 때문이다.

합리적 논증이 이해관계에서 자유롭다는 점은 매우 중요하다. 합리적 논증의 요점은 엄연한 현실을 거부하지 않고 제멋대로 왜곡할 수 없다는 데 있기 때문이다. 이것은 외부 물질세계라는 실재와 관련된 그 어떤 형이상학적 책무도 함축하지 않는다. (실제로, 우리의 합리성 개념은 그러한 책무로부터 자유롭다. 우리가 어떠한 형이상학적 입장을 취하는 게 적절한지 판단하려 하는 것은 합리적 논증을 통한 것이기 때문이다.) 우리 의지에 따라 세계에 대한 그 어떤 객관적이고 합리적인 해설에 대한 반대를 수용하는 것은 그 궁극적 본성이 무엇이건 간에 그 세계의 본성에 대한 그 어떤 합리적 탐구에도 요구되는 전제조건일 뿐이다.

설사 현실적 합리성에 대한 요구가 궁극적으로 인식론적 합리성에 대한 요구와 충돌한다 할지라도, 현실적 합리성이 인식론적 합리성을 기초로 한다는 점에 주목하는 것은 중요하다. 다시 우리의 납치된 철학자를 생각해 보자. 현실적 관점에서 그녀가 1+1=3이라고 믿어야 한다고 결론짓기 위해서는, 그녀가 이 결론의 기반으로 사용하는 모든 데이터가 인식론적 합리성의 적절한 사용에 의해 뒷받침된다는 점이 중요하다. 다시 말해, 그 악당이 세계를 날려 버릴 것이며 그녀는 거짓말 탐지기 테스트를 통과해야 한다고 믿기 위해 그녀에게 요구되는 이유들은 어떠한 합리적 행위자라도 인정해야 하는 성격의 이유들이어야 한다. 옳은 판단을 내리기 위해, 그녀는 이해관계에서 벗어나서 증거를 평가하고 나서야, 자신이 가장 중요하다고 생각하는 이해관계에 복무하기 위해 해야 하는 일을 결정해야 한다. 이 경우, 그것은 참된 신념의 작은 귀퉁이를 지키는 것보다 지구의 생존을 더 중요한 것으로 간주한다는 의미가 된다.

이제 우리는 비합리적인 것을 믿는 것이 때로는 합리적일 수 있다는, 누가 봐도 분명한 역설이 전혀 역설이 아닌 이유를 분명히 알 수 있다. 더 적절하게 설명하면, 비합리적인 것을 믿는 것이 때로는 현실적으로 합리적일 수 있다는 것으로 인식론적 합리성은 이해관계로부터 자유롭지만, 현실적 합리성은 그렇지 않기 때문이다. 하지만 현실적 합리성이 전적으로 다른 시스템이 아니라는 사실은 아무리 강조해도 지나치지 않다. 현실적 합리성은 인식론적 합리성의 기초 위에서 작동해야 한다.

그 차이를 구분하였으므로, 나는 우리가 인식론적 합리성에 대해 이야기하고 있다는 가정에 따라 현실적 합리성을 한옆으로 제쳐 두고 합리성 논의를 이어 가고자 한다. 오늘날 합리성이 이해관계에서 자유로울 수 있을 가능성에 대해 수없이 많은 회의론이 있다. 아마도 가장 영향력 있는 인물이 미셸 푸코 Michel Foucault일 텐데, 그는 진리와 권력은 밀접하게 관련되어 있다고 주장했다. 이것이 의미하는 바를 충분히 이해하려면, 푸코 자신이 제시하는 기본 명제를 요약하려 할 때 했듯, '진리'를 인용 부호 안에 넣어야 한다. "'진리'는 그것을 생산하고 유지하는 권력의 시스템과 순환 관계 안에서 연결되고, 그것이 유발하고 또 그것을 확장하는 권력의 효과에 관련된다." 이렇게 이해하면, '진리'는 권력 관계로부터 분리될 수 없고, 따라서 중립적 의미란 있을 수 없다. "그것은 권력의 모든 시스템으로부터 진리를 해방시키는 문제가 아니라[이것은 키메라chimera(사자 머리와 염소 몸통에 뱀 꼬리를 단 그리스 신화 속 괴물로, 여기서는 불가능한

생각을 말함.—옮긴이)가 될 텐데, 왜냐하면 진리가 이미 권력이므로],
사회적 경제적 문화적 헤게모니 양식들로부터 현재로서는 그 내
부에서 작동하는 진리라는 권력을 분리하는 것이다."[8]

여기에는 푸코가 파악하고자 하는 중요한 통찰이 분명히 존
재한다. 이해관계를 초월한disinterested 지식을 제시한다고 주장
하는 사람들을 볼 때마다, 그것이 사실은 경험론으로 위장한
이데올로기, 사실의 가면을 쓴 가치가 아닌지 물어야 한다는 것
은 확실히 옳다. 예컨대 국가는 어떤 것이 과학적이라는 주장
을 자신의 이데올로기를 만족시키는 어떤 정책을 정당화하는
데 이용할 것이다. 하지만 지식을 자칭하는 뭔가를 볼 때마다
그것이 반드시 그 지식에 대한 소유권을 권력 행사의 수단으로
삼는 누군가를 발견하는 결과로 이어지지 않는다. 이해관계를
초월한 사실이라는 주장이 사실은 그렇지 않은 경우가 많다는
생각은 이해관계를 초월한 사실 같은 건 없다는 주장과는 동일
하지 않다. 사상가들이 이렇게 멀리 나가려다 보면, 결국 어김
없이 모순에 봉착한다. 예컨대, 이리가레는 남성적 지배를 표현
하면서 어쩌면 $E=mc^2$조차 "성차별 등식"일 수도 있다는 의견
을 주지의 사실로서 내놓았다. 왜일까? 이유는 "그것은 빛의
속도에 우리에게 지극히 필요한 다른 속도들보다 특전을 부여해
서"다.[9] 하지만 실상은, 동양과 서양, 남성과 여성, 과학자 모두
가 똑같이 그 등식을 수용할 타당한 이유들이 있다는 것이다.

물리학자 앨런 소칼Alan Sokal과 장 브리크몽Jean Bricmont이 익살맞고 알기 쉽게 말했듯, "누군가 '우리에게 지극히 필요한 나머지 속도들'에 대해 무엇을 생각하건 상관없이, 에너지E와 질량M 간의 $E = mc^2$이라는 연관 관계는 고도의 정확성으로 경험적으로 증명되고, 만약 빛의 속도c가 또 다른 속도로 대체된다면 그것은 분명히 타당하지 않게 될 것이다."[10]

이것에 대한 흔한 응수는 과학의 실천은 결코 가치중립적이지 않다고 말하는 것인데, 최소한 무엇에 관한 연구—화성으로 사람을 태워 보내는 일에 돈을 쓸지, 아니면 유방암을 치료하는 데 쓸지—에 집중할 것인지에 관한 판단들이 있을 것이기 때문이다. 하지만 과학에 가치중립적 실천과 같은 것이란 없다는 이 주장은 가치중립적 과학의 진리란 존재하지 않는다는 것과는 완전히 다른 주장이다. 한 과학자가 살충제가 인간의 건강에 미치는 해로운 영향을 조사하겠다는 이데올로기에 이끌릴 수는 있어도, 만약 그이가 훌륭한 과학자라면, 그리고 다른 이들에 의해 보강된다면, 그이가 밝혀내는 진리는 여전히 가치중립적이다.

팀 르윈스는 이와 관련해 매우 분명한 예시를 제시했다. 그는 카를 마르크스Karl Marx 와 프리드리히 엥겔스Friedrich Engels가 찰스 다윈Charles Darwin의 생각이 그를 둘러싼 "산업자본주의적 환경에 흠뻑 젖어" 있다고 주장한 것은 옳았다고 주장했다. 하

삶의 지표로서 이성

지만 그것이 다윈의 결론이 틀렸음을 입증한 것은 아니다. "문제는 다윈의 관점이 부르주아 이데올로기에 영향을 받았는지 안 받았는지가 아니라, 그 이데올로기가 자연계의 작동을 왜곡하거나 드러내도록 영향을 미쳤는지 그러지 않았는지이다."[11]

여기서 핵심적인 차이는 매우 단순하지만 너무 자주 간과된다. 다음 네 가지 진술은 똑같이 참이고 완전히 양립 가능하다.

- 수많은 가치판단적 신념은 이데올로기와 권력의 목적을 위한 이해관계를 초월한 진리로 제시된다.
- 이해관계를 초월한 지식은 종종 가치판단적 목적을 선전하는 데 사용된다.
- 과학의 실천은 가치판단적이다.
- 합리적 논증은 이해관계에서 자유로운 이유들을 제시할 것을 요구한다.

신념을 위해 필요한, 이해관계에서 자유로운 이유들이 존재한다는 사실을 부정하는 것은 결국 부조리 혹은 공허함으로 귀결된다. 예컨대 만약 그 부정이 지도상의 한 점이 다른 점과 얼마나 멀리 있는지에 관한 문제에 어떠한 사실도 존재하지 않는다는 의미라면 그것은 부조리하다. 만약 우리가 어떤 사실을 주장하는 매 순간, 우리가 진리에 대한 갈망이나 지도 위의 두

점 사이의 거리를 아는 것이 중요하다는 생각과 같은 어떤 가치관을 동시에 주장하기도 해야 한다면, 그것은 공허할 것이다. 물론 가치관과 이해관계는 우리가 어떻게 살고 어떻게 생각하는지에 영향을 미친다. 하지만 그것이 가치관과 이해관계가 모든 지식 권리의 내용에 스며들어 있다는 것을 의미하지는 않는다.

5) 설득력 있음Compulsion

하지만 신념을 위해 필요한, 평가 가능하고, 이해 가능하고, 무효화 가능하고, 이해관계에서 자유로운 이유들을 제시하는 설득력 없는 논증을 하는 일은 가능하고도 남는다. 논증이 객관적 영향력을 갖기 위해서는 일정 정도 **설득력이 있어야** 한다. 곰곰이 생각하고 모든 측면을 검사하고 나면, 그 논증을 이해하는 그 어떤 합리적 행위자도, 자신이 그것을 좋아하든 그렇지 않든 간에, 어느 순간 그 결론을 수용할 수밖에 없다는—최소한 강력히 떠밀리는—느낌을 받아야 한다. 더구나 이 설득력은 이미 마련된 그 논증의 특질들로만 이루어진 결과여야 한다. 다시 말해 평가 가능하고, 이해 가능하고, 이해관계에서 자유로운 것들 말이다. 만약 개인적 불신이나 희망 사항과 같은 다른 어떤 것들이 누군가에게 뭔가를 믿도록 강요당한다는 느낌을 받게 만든다면, 이것은 합리적 논증에서 찾아볼 수 있는 설득력의 형태는 아니다.

삶의 지표로서 이성

이 생각은 강력한 논증은 **객관적 무게**가 따른다는 견해에서 포착된다. 여기서 '객관적'이라는 용어를 사용하면서, 우리는 논증의 힘이 우리 자신의 외부 어딘가에서 온다는 관념을 기술하고 있다. 그리고 '무게'라는 은유는 다른 어떤 것이 우리에게 그것을 받아들이도록 부담을 지우고 있다는 관념을 담아낸다.

이것은 매우 분명하고, 타당한 객관적 논증의 어떠한 예시에서도 명백하다. 예컨대 당신이 1+1=2라는 것을 이해할 때, 당신은 그것이 참이라는 사실을 받아들일 수밖에 없다는 것을 깨닫는다. 당신이, 이를테면, 흡연이 폐암의 주된 원인이라는 증거를 수용할 때, 당신은 자신의 자유의지로 그렇게 하기로 선택하는 것이 아니라, 자신이 그 논증을 받아들여야 한다고 느낀다.

하지만 어떤 논증이 이러한 면에서 설득력을 갖게 하는 것이 무엇인지 설명하기는 매우 어렵다. 어떤 설명도 다소 순환적이기는 하겠지만, 내가 앞서 논한 바와 같이 이것이 잘못될 염려는 없다. 이 경우, 우리는 설득력이라는 생각이 합리적 논증의 나머지 특징들의 필연적 귀결임을 알 수 있다. 만약 어떤 논증이 모두에 의해 평가 가능하다는 것을, 그리고 그 평가가 그 논증에 대해 어떠한 중대한 문제도 제기하지 않는다는 것을 당신이 알 수 있다면, 그리고 당신이 그것을 받아들이기 위해 어떤 특정한 행위자의 이해관계를 공유하도록 요구받지 않는다는 것을 당신이 알 수 있다면, 그러한 논증은 일정 정도의 영향력만큼 설득력을 갖고 있어야 한다.

여기에는 이 모든 단계를 다 따르면서도 여전히 설득되지 않는 누군가에게는 합리적 행위자가 해 줄 말은 전혀 없다는 의미가 있다. 흡연 사례를 보자. "맞아요, 나는 그 증거를 볼 수 있어요. 그걸 확실히 이해합니다. 그것을 평가하는 법을 알고, 거기에 잘못된 점이 전혀 없는 것도 알아요. 나는 그 사례가 당신이 담배 산업의 파멸에 아무런 개인적 이해관계를 가질 필요가 없다는 것도 알아요. 하지만 나는 납득되지 않습니다"라고 말하는 누군가를 상상해 보라. 그런 경우, 당신은 그 사람이 그저 합리적인 사람이 아니라고 결론지으며 정당화하게 될 것이다. 그 사람이 그 논증의 힘을 느끼지 못하도록 가로막는 것이 무엇이건 간에, 그것이 이성은 아니다. 그런 사람에게 해 줄 말이 남아 있지 않다는 사실이, 당신을 낙담시키는 것으로 보일 수 있겠지만, 우리가 늘 누구라도 받아들일 수밖에 없는 논리적으로 타당한 사례를 만들 수 있다고 상정하는 것은 현실적이지 않다. 만약 어떤 사람이 합리적이지 않다면, 당위적으로 그래야 하는 어떠한 합리적 논증도 작동할 수 없게 된다. 이것은 미각 기관이 없는 누군가에게 맛을 보게 함으로써 어떤 것이 맛있다고 설득하려는 시도와 같다.

우리가 '합리적 영향력'이라 부를 수 있는 이것의 특별한 성

삶의 지표로서 이성

격을 이해하기 위해, 그것을 '심리적 영향력'과 구분 지어 볼 만하다. 한 가지 면에서, 합리적 영향력은 당연히 심리적이다. 그것이 우리 마음속에서 경험하는 어떤 것이기 때문이다. 하지만 심리적 영향력에는 약간은 다른 특별한 의미가 있다. 이것은 우리가 자신도 모르게 어떤 것을 믿고 싶고 그에 따라 행동하고 싶은 의향을 강력하게 갖고 있다는 의미이다. 이것은 우리가 볼 수도 있는 것들과 상반되기조차 하는데도 합리적인 영향력을 갖는다.

흡연 사례가 여기서 다시 한 번 도움이 된다. 내가 설명한 바 있는 그 사람은 흡연이 폐암을 유발한다는 논증의 합리적 영향력을 그저 느끼지 못할 뿐이다. 하지만 합리적 영향력이 심리적 영향력으로 옮겨 가지 않는 사람이 더 흔하다. 그런 사람은 흡연이 자신의 건강에 매우 나쁘고, 끊어야 한다는 사실을 충분히 이해하지만, 수없이 많은 이유가 있고, 설사 그이가 금연해야 하는 합리적 논증이 설득력 있음을 알고 있음에도 그것이 흡연과 관련해 뭔가를 하도록 그녀를 움직이지 못한다. 설득력은 순수하게 합리적으로 남아 있지만 그 용어의 특별한 의미로서의 어떠한 심리적 효과도 갖지 못한다.

도덕철학에서는 이러한 성격의 차이가 꽤 흔해 보인다. 나는 윤리적 채식주의를 옹호하는 합리적 논증에 이의를 달 수 없다는 것을 알지만, 여전히 육식을 포기할 마음이 생기지 않는다고 주장하는 수많은 사람을 알고 있다. 마찬가지로, 각자가 가진 부의 대부분을 포기해야 한다는 싱어가 제시하는 종류의 공리주의 논증들에 설득되면서도, 합리적 의견이 심리적 동기로 옮겨 가지 않는 사람이 많다.

이러한 사례들은 내가 여기에서 설명하는 합리적 설득력의 현상적 특성을 보여 주는 것 같다. 어떤 논증이 반론이 불가능하다거나 어떤 이유를 꺾을 반대 이유가 없다는 것은 매우 특별한 느낌이다. 다시 말해, 그것은 우리가 그 논증이나 이유를 행위의 기초로 삼아야 할 수도 있는 그 어떤 욕망이나 의향에서도 자유로운 느낌이다. 합리적이라는 것은 합리적 논증에는 단지 요청받는invited 게 아니라 어떤 의미에서는 그것에 의해 요구되는demanded 최종적인 판단들이 있다고 인식하는 능력을 필요로 한다.

3.
합리성의 경계선

합리성의 객관적 성격에 대한 이 해석이 어떻게 유효하게 작동하는지 검증과 동시에 실례로써 명확히 하는 하나의 방법으로, 기껏해야 비주류의 입장에 서 있고 최악의 경우 합리적인 것의 영역 밖에 존재하는 이해 방식으로서 두 가지 사례는 살펴볼 만한 가치가 있다. 바로 일화逸話적 증거 anecdotal evidence와 신비론mysticism이다.

어떤 것에 대한 증거가 '한낱 일화적일 뿐'이라고 말하는 것은 그것을 불충분하다고 기각하는 것이다. 그런 이유로, 자신의 신념이 입증되지 않은 증거에 근거를 두고 있다고 명시적으로 주장하는 사람은 거의 없다. 하지만 실제로는 대부분 사람이 정확히 그렇게 행동한다. 아마도 동종 요법homeopathy에서 가장 확실할 것이다. 동종 요법의 효험에 대한 많은 연구가 이루어져 왔고 압도적인 과학적 합의는 그것이 효과가 없다는 것이다. 하지만 이 주제에 관해 쓰거나 이야기할 때면 이내 생각이 나듯, 그 문제만 아니라면 합리적이고 지적인 사람들이 그 효과를 확신한다. 자신의 확신이 맹목의 결과라고 믿는 사람은 아무도 없다. 모두가 믿을 만한 이유들을 제시하고, 그렇게 함으로써 그들은 자신들의 주장을 합리적인 것의 영역 안에 둔다고 주장한다.

이러한 이유들은 세 가지로 나뉘는 경향이 있다. 첫째, 개인적 경험이라는 이유들이 있다. '얼마나 많은 사람이 동종 요법 의사들의 보살핌과 전문적 식견의 도움을 받았는지를 내가 목격했다'는 것이 전형적 증언이다. 둘째, 감동적인 역사적 성공에 관한 주장들이다. 동종 요법의 전승에서 발군은 1854년의 소호 콜레라 전염병으로, 당시 미들섹스 병원으로 간 사람들의 사망률은 53퍼센트인 데 비해 런던 동종 요법 병원에 입원한 피해자들은 16퍼센트의 사망률을 보였다. 결과적으로, 그들은 엄선된 연구 결과를 사례로 언급하게 된다.

우리는 왜 이러한 이유들이 동종 요법의 효험에 대한 합리적 사례를 제공하려는 시도들로 간주될 만한지 그 이유를 알 수 있다. 그것들은 이해 가능하고, 평가 가능하고, 결국 무효화가 가능해 보인다. 그 이유들을 제시하는 사람들은 그것들이 이해관계에서 자유롭고 설득력도 갖추었다고 본다. 하지만 우리는 그 이유들을 각하해야 하는데, 왜냐하면 우리가 이른바 합리성의 특징들을 더욱 주의 깊게 검토할 때 그것들은 충분한 정도가 아니기 때문이다.

평가 가능성이 여기서는 핵심이다. 평가 가능해 보인다는 주장들이 있지만, 그것들이 정말 제대로 평가될 때는 테스트를 통과하지 못한다. '얼마나 많은 사람이 동종 요법 의사들의 보살핌과 전문적 식견의 도움을 받았는지를 내가 목격했다'와 같은 주장은 그 자체로 평가 가능하지 않은 것이 명백한데, 그것은 일인칭 전언이기 때문이다. 만약 그것이 '당신이 보고자 하는 수고를 아끼지 않는다면 당신도 직접 볼 수 있다'와 같은 것들로 보완될 경우 평가 가능해진다. 하지만 한낱 일인칭 관찰들만으로는 우리가 의학적 치료의 효험에 대해 아무것도 알 수 없다는 것은 당연하다. 다른 치료법들을 사용하여 나온 결과와

삶의 지표로서 이성

대조하는 제대로 된 시험들이 필요하다. 따라서 '내가 직접 목격했다'는 주장은 결국 평가 가능하지 않거나, 아니면 제대로 된 연구를 향한 한낱 조언일 뿐인 것으로 드러난다.

역사적 사례들에 대한 호소는 동일한 방식으로 무효가 된다. 1854년의 두 병원과 관련된 통계는 옳을지 모르지만, 우리가 모든 상황을 알지 못하는 한 동종 요법 치료가 그 차이를 만들어 낸 원인이라고 믿을 만한 어떤 타당한 이유가 제시되는지 우리는 알 수 없다. 이 경우, 동종 요법 병원이 아마도 더 잘했을 텐데, 다른 곳들에서 이루어진 피 뽑기bloodletting 같은 개입들이 상황을 악화시켰을 뿐이었던 반면, 동종 요법은 아무런 해도 끼치지 않았기 때문이라는 이유를 벤 골드에이커Ben Goldacre 가 제시한 바 있다.[12] 그것이 옳을 수도 아닐 수도 있지만, 단지 다른 사망률을 제시하는 것만으로는 평가 가능한 데이터를 적절하게 제시한 것이 아니다.

따라서 우리에게는 연구 결과들이 있고, 이것들은 동종 요법이 속임약placebos과 전혀 다르지 않음을 압도적으로 보여 준다. 만약 당신이 동종 요법의 효험을 부정하는 증거를 살펴본다면, 그것은 합리적으로 설득력을 갖는다. 그와 반대로 주장하는 사람들은, 유리한 연구들을 선택하고 그렇지 않은 연구들을 거부하면서 이해관계에서 자유롭지 못한 태도로 증거에 접근하는 죄를 짓는 것처럼 보인다. 나머지 이유들이 결여된 것으로 드러날 때 패배를 인정하기 꺼리는 그들의 태도는, 설사 그것이 입증하지는 않을지라도, 자신들이 그 이유들을 진정으로 무효화 가능한 것으로 보지 않는다는 사실 또한 암시한다.

우리가 동종 요법의 효험에 유리하게 주장되는 이유들을 수용해서는 안 되는 이유에 대한 이 설명은 내가 제시해 온 합리성에 관한 설명이 우리가 합리적으로 수용해야 하는 것과 거부해야 하는 것을 구분하는 틀을 어떻게 제공하는지 보여 준다. 하지만 결정적으로, 그것은 또한 왜 비합리성에 대한 논증을 펴는 반대편 상대들을 비난하는 것이 종종 도움이 되지 않고 적절하지도 않은지도 보여 준다. 동종 요법계는 합리적 논증을 하려고 시도하지만 실패한다. 동종 요법계에서 기본적으로 비합리적인 방식으로 주장하지는 않지만, 이해관계에서 벗어나 평가받을 때는 설득력을 가진 논증들을 그 제시하지 못한다. 우리는 두 가지 방식으로 논증들을 구분한다. 논증들이 합리적이라거나 비합리적이라고 말하는 것은 그 양태mode를 묘사하는 것이다. 그리고 논증들이 타당하다거나 잘못되었다고 말하는 것은 논증들을 그 양질quality로 구분하는 것이다.

두 번째 유형의 논증은 우리가 광의로 신비한 경험이라 부를 만한 것에 기반을 둔 논증이다. 간단한 예시를 들자면, LSD를 사용해 자아가 허구라는 지식을 성취했다고 주장하는 사람들이 있다. 세계를 '실제 그대로' 보았다고 주장하는 이들도 있

삶의 지표로서 이성

다. 나는 그러한 주장들이 기본적으로 합리적이지 않다고 생각한다. 그들은 사전 약속이나 사리사욕에 의해 동기가 부여되었다고 생각할 아무런 이유가 없어 보인다는 점에서 이해관계에서 자유롭다. 누구라도 LSD를 복용할 수 있고 그것이 참인지 거짓인지 스스로 알 수 있기 때문에, 평가 가능해 보일 수도 있다. 하지만 그 주장들에 대해 적절한 평가가 가능하지 않은데, 제대로 이해할 수 없기 때문이다. 적절하게 설명될 수 없다는 것이 그러한 경험의 본질이다. 당신은 '거기에 머물러' 있어야 하는 것이다. 따라서 심지어 주장들을 설명하는 데 사용된 용어들조차 좀 더 직접적인 형태의 지식이나 통찰에 대한 불완전한 대용물로 간주된다. 이로써 그것들은 근본적으로 객관적이지 않게 된다. 예컨대, 다른 뇌 화학반응을 보이는 외계인이라면 동일한 상태에 도달할 수 없거나 따라서 그것을 평가하지 못할 것이다.

그런 경험을 한 사람들은 자신들이 진리를 보았다고 맹세하고 그러지 않았다면 합리적 논증에 따라 자신들이 그 경험을 하지 못한다고 생각할 수도 있을 가능성을 납득하지 못한다는 점에서, 그러한 주장들이 적절하게 무효화될 것 같지도 않다. 마지막으로, 그들이 최종 판단이라고 제시하는 이유들은 오로지 심리 작용의 측면에서만 설득력을 갖는다. 그 이유들은 합리적 이유들을 결론으로 전혀 제시하지 않기 때문에 합리적으로 설득력을 갖지 못한다.

이로써 신비한 경험들은 신념을 위한 이유를 전혀 제시하지 않는다는 결론이 도출되지는 않는다. 결론은 그들이 신념을 위한 **합리적** 이유를 제시하지 않는다는, 더욱 신중한 것이다. 우리가 인정해야 하는, 신념을 위해 합리적이지는 않아도 타당한 어떤 이유의 존재 여부에 관한 열린 질문이 남아 있다. 만약 존재한다면, 사례로 제시되어야 한다.

4.
합리적 보편성

나는 합리적 논증을 세우거나 분석하기 위해서는 모든 단계에서 판단이 요구된다고 주장해 왔다. 하지만 판단이 요구된다고 말하는 것은 모든 것이 누구에게나 열려 있다거나 개인 의향에 따른다고 애매하게 말하는 것이 아니다. 합리적 논증은 특정 수준의 객관성을 충족해야 한다. 그 수준은 판단에 무제한의 자유가 주어지지는 않지만 매우 특별한 역할을 보장하는데, 신비한 체험에 기반을 둔 사람들, 그리고 형식 면에서 합리적이지만 타당한 합리적 논증의 기준은 충족시키지는 못한 사람들, 동종 요법의 효험을 지지하는 사람들처럼 합리적이지 않은 논증들을 분간하는 법을 제공한다.

삶의 지표로서 이성

합리성에 대한 이 설명은 타당한 논증을 합리성의 패러다임으로 간주하는 것이 당연한 이유 또한 설명해 준다. 어떤 논증이 명확한 논리적 단계에 따라 제시될 때, 그것은 분명하게 이해될 수 있고 평가할 수 있게 되는데, 이는 그것이 무효화될 수 있다는 것 또한 담보한다. 그리고 만약 전제가 옳다면, 그 논증은 이해관계에서 자유로운 이유를 부여받아 그 결론의 힘을 인정받게 된다. 하지만 형식적인 연역적 논증이 합리성 테스트를 가장 확실히 통과한다고 해서 나머지 다른 논증들은 그럴 수 없다는 의미는 아니다. 연역법이 합리성을 규정하지는 않으며, 단지 합리성의 미덕을 실제보다 더 분명하게 보여 주는 좋은 예일 뿐이다.

합리성에 대한 이러한 관점은 이성이 무엇인지에 대한 우리의 개념에 중요한 영향을 준다. 그것은 절대적 상대주의total relativism를 반드시 수용하지 않고도, 객관적 사실과 논리의 힘만이 진리에 이르게 할 수 있다는 생각을 포기하는 것이 어떻게 가능한지를 보여 주는데, 객관적으로 합리적인 논증에 대해 강한 제한을 두는 요건은 우리가 세계에 대해 합리적으로 설명할 수 있는 범위를 심각하게 한정하기 때문이다. 적절한 판단은 단순한 의견보다는 훨씬 낫고, 논리 법칙에 따르는 것보다 썩 낮다고는 할 수 없다는 뜻이다.

이러한 합리성 개념은, 그렇지 않으면 곤혹스러울 수도 있는, 일반적으로는 합리적 담화, 특별하게는 철학의 특징을 우리가 설명할 수 있게 한다. 일상어로, 우리는 이것을 **합리적 담화의 보편성**이라 부를 수도 있다. 전형적인 보편성의 모든 영역에서, 우리는 합리적 탐구를 보게 된다. 하지만 학문들의 방법론과 가정들은 저마다 매우 다르다. 때로 이 차이들은 합리성의 본질에 대한 근본적 의견 차이를 나타내는 것으로 보일 수도 있다. 예컨대, 일부 공격적인 과학자들은 인문학에 경험적 과학 방법론을 기반으로 삼지 않고 수행되는 것이 하나라도 있다면 터무니없을 따름이라고 주장한다.

전반적으로 보아, 이러한 의견 차이는 적어도 어느 정도는 합리성에 대한 다른 개념이 아니라, 어떤 유형의 이유들이 합리성의 요건을 충족시키는지에 관한 각기 다른 판단의 산물인 것 같다. 따라서 예컨대, 수많은 자연과학자가 실증적인 과학적 데이터만이 설득력 있는 논증에 근거를 제공할 수 있을 만큼 충분히 명백하고, 평가 가능하고, 이해관계에서 자유롭다고 생각한다. 반면에, 과학적 수단으로는 풀 수 없는 중요한 질문들이 있고, 이러한 질문들에 대해 우리가 구할 수 있는 답을 확정해 줄 가장 강력한 이유들을 찾아야 한다고 말하는 사람들도 있을 것이다. 결국 신념을 위한 객관적 이유라고 간주되는 것은 어느 정도는 판단에 달려 있기 때문에, 그러한 의견 차이는 불가피하다.

이와 유사한 불일치가 철학과 같은 분과 학문에서도 발견된다. 철학이 자연과학과 연속선상에 있다고 간주하는 사람들과 그렇지 않은 사람들 사이의 불일치를 예로 들어 보자. 여기서 다시, 그 구분은 합리성이라는 어떤 공통된 개념을 가로지른다고 여겨질 수 있다. 간단히 말해, 전자는 후자보다 훨씬 더 자연과학을 인상 깊게 받아들이고, 그렇기에 신념을 위한 우리의 가장 객관적 이유들은 자연과학에 입각해 있다고 믿는다. 만약 그러하다면, 철학의 본질에 관한 진영 간 심원한 불일치는 거의 없을지도 모른다. 이것은 '분석' 학파와 '대륙' 학파 양 진영의 철학자들 모두가 본질적으로 철학을 하고 있지만, 그럼에도 왜 그들이 때로는 매우 다른 일을 하는 것처럼 보이는지에 대한 설명이 될지도 모른다. 따라서 그것은 작동 중인 합리성의 근본 개념이 서로 달라서가 아니라, 오히려 각자의 전통이 이성의 도구 모음 중 서로 다른 요소들에 강조점을 두기 때문이다.

합리적 담화의 보편성을 인정한다는 것은 철학에서 중요한 쟁점들에 대한 입장과 광의로 해석된 이성의 본성에 대한 입장을 분리시킨다는 의미이기도 하다. 그것이 바로 어떤 것이 참이라는 것이 궁극적으로 무엇을 의미하는지에 대해 내가 많은 설명을 하려 하지 않은 이유다. 특히, 객관성에 관해 이야기할 때, 나는 우리가 그것을 어떻게 보는지와 무관한 상황은 이야기하지 않았다. 그럴 경우, 일종의 형이상학적 실재론metaphysical realism의 입장에 내가 서게 될 것이기 때문이다. 마찬가지로 참인 진술들이 세계를 제대로 묘사하는 진술들이라고 설명하지도 않았다. 합리성에 대한 내 설명은 오로지 추론의 과정에만 관련된다. 정말 보편적이려면 이렇게 억제되어야 하고, 그렇지 않다면 그것이 심지어 완전히 다른 관점을 가진 사람들조차 추론하는 방식을 묘사한다고 표방할 수 없다.

내 설명으로 명백해지는 철학의 이상한 특징이 하나 더 있다. 그것은 철학이 논증의 사용에 가장 엄격한 분과 학문이면서 동시에 그 연구 결과라는 면에서는 가장 모호한 학문 중 하나이기도 한 이유이다. 철학에서 의견 일치는 어디에도 존재하지 않지만 철학자들의 논증은 인문학이나 과학 중 가장 합리적으로 엄격한 논증의 하나이다.

내 설명이 이 점을 이해하는 데 도움을 준다고 생각한다. 왜냐하면 신념을 위한 객관적 이유들에 대한 철학의 요구에서도, 그리고 연역 논리학이 철학의 가장 강력한 수단의 하나라는 점에서도, 합리성이 매우 엄격한 이유를 내 설명이 입증하기 때문이다. 하지만 자연과학의 데이터와는 달리, 철학의 미가공 데이터는 실증 실험에서 정량화할 수 있는 데이터가 아니다. 더 정확히 말하면, 그것은 인간의 총체적 경험이다. 철학은 또한 의견 일치를 가능하게 하는 안정되고 동의된 과학 방법론을 결여하고 있다. 그러니까 철학은 합리성에 전적으로 의존하며, 오직 그뿐이다. 철학은 논증의 엄격성에 대한 고도의 헌신을 수반하

삶의 지표로서 이성

면서도, 궁극적으로 합리적 논증이 선형적으로 하나의 답으로만 이어지지는 않는다는 용인 또한 수반한다. 왜냐하면 합리성에서 판단을 떼어 놓을 수는 없기 때문이다. 우리의 유일한 방편으로서 합리성에 대한 신뢰는 엄격한 사상가들이건 구제 불능자들이건 우리 모두로 하여금 궁극적으로 우리가 가진 최선의 판단을 사용하게 한다.

어째서 철학이 합리적 논증의 엄격성을 필요로 하는데 합리적 논증은 그 자체로 판단의 사용을 필요로 하는지 그 이유를 이해한다면, 철학이 지성에 관해 그토록 세게 우리를 밀어붙이면서도 총명한 사상가들에게 동일하게 의견 일치를 강요할 수 없는 이유를 이해할 수 있다. 이 장의 도입부에서 암시했듯이, 이성은 우리가 길을 찾도록 도와주는 얼마간의 지침이지만, 단 하나의 길만을 지시하지 않는다. 이성은 우리가 사용하는 중요한 도구이고, 어디로든 가져가려면 우리가 그것을 왜곡하지 않을 수 없는 반면, 이성 또한 자율 주행차처럼 우리를 그저 전진시키기만 하지는 않는다.[13]

5.
진리 전쟁 종료

언젠가 프로이트는 말했다. "이상하게 들릴

지 몰라도, 근본적인 차이보다는 소소한 차이들에 대한 참을 수 없음이 더 강렬한 표현을 찾아낸다."**14** 동일한 요점이, 어쩌면 그보다 나은 게 몬티 파이선Monty Python의 〈라이프 오브 브라이언Life of Brain〉에 나온다. 여기서 유대인민의전선People's Front of Judea은 유대인민전선Judean People's Front과 유대대중인민전선Judean Popular People's Front의 이야기가 나오자 격노한다.

문제는, 만약 당신이 사상과 이상을 포함해 무엇이든 아주 면밀하게 살펴볼 경우, 더 넓은 시각에서는 작아 보이는 차이들이 갑자기 정말로 매우 크게 보인다는 것이다. 그리고 그럴 수밖에 없다. 바로 이것이 지적인 노력의 대상들을 면밀히 조사하고 인문학과 과학에서 우리의 배움을 심화하고 확장시키는, 육안으로는 보이지 않는 차이들을 식별할 줄 아는 우리의 능력이다.

그러나 한 걸음 물러나 더 큰 그림을 검토하는 일을 아예 하지 않는다면, 우리는 대번에 알 수 있어야 하는 지적인 삶의 중요한 특징들에 눈감을 수 있다. 그리고 지적인 원시遠視가 최상급의 전문화된 학문 활동의 길을 가로막는 반면, 지적인 근시는 오늘날 지적인 삶에 더욱 치명적이고 광범위한 불행이라는 것이 내 주장이다.

이 근시 때문에 우리 대부분이 이성에 헌신한다는 공통된 느낌을 갖지 못한다. 이 불행은 사이먼 블랙번Simon Blackburn이 같

삶의 지표로서 이성

은 제목을 단 자신의 책에서 '진리 전쟁The Truth Wars'이라 부른 것의 강도를 높여 왔다. 이 전쟁의 역사는 수차례 기록으로 남았다. 처음에는 계몽, 이어서 권위, 거짓, 이성 옹호, 진리, 과학의 승리가 왔다. 그다음으로 20세기에는 많은 이들이 계몽 프로젝트에 믿음을 상실했다. 테어도어 W. 아도르노Theodor W. Adorno와 막스 호르크하이머Max Horkheimer처럼 아우슈비츠가 계몽의 필연적 귀결이었다고 말하는 데로까지 나아간 사람들도 있었다. "계몽은 전체주의적"이고, 그것이 불러일으킨 "문명화된 인류의 무조건적인 현실주의"가 "파시즘으로 막을 내렸다"고 그들은 주장했다.[15]

이성은 이 반격이 낳은 하나의 희생물이었지만, 진리가 훨씬 더 고통을 받은 게 틀림없다. 결과는 윌리엄스가 "부정하는 사람들deniers"이라 부른 것—이성이 목표로 삼는 '진리' 같은 것은 존재하지 않는다고 부정하는 사람들—과 진리는 실제로 바깥에 있다고 주장하는 "상식의 당party of common sense" 사이에서 현재 교착 상태이다. 윌리엄스는 "철학에 대한 각자의 스타일을 가진 부정하는 사람들과 상식의 당은 서로에게 영향을 주지 않고 스쳐 지난다"라고 썼다. 이 진단은 옳다. 상호 이해의 격차는 어떤 근본적 차이보다 더 크다. 여기서 우리에게 보이는 것은 크게 볼 때 소소한 것들에 대해 열의를 더해 가는 양측의 주장이다. 그리고 고대 유대의 해방이 그랬듯이, 여기서도 비극은 더

큰 대의, 양측 다 지지하는 대의가 내부 분열의 결과로 고통받
는다는 것이다. 일부가 역사에 대해 가질 수 있는 단서 조항, 그
용어의 사용과 함축된 의미가 무엇이건 간에, 더 큰 대의는 이
성에 대한 약속이다. 그들 사이의 뚜렷해 보이는 차이에도 불구
하고, "부정하는 사람들"과 "상식의 당" 양측 다 내가 옹호하
는 이성과 합리성의 얇은 개념 같은 중요한 것을 공유한다.

　나는 진리의 본성을 둘러싼 의견 차이가 비교적 대수롭지 않
은 것으로 보일 수도 있다고 생각한다. 윌리엄스가 그의 오랜
논쟁 상대인 리처드 로티Richard Rorty와 의견 차이가 난 지점을 예
시로 들어 보자. 그들 간의 공식적 의견 차이는 윌리엄스가 진
리라고 불리는 사물이 있다고 생각하는 반면, 로티는 그렇게
생각하지 않는 것이다. 하지만 실제의 불일치는 기본적으로 윌
리엄스는 진리라고 불리는 사물의 존재 여부가 중요하다고 생
각하고, 반면에 로티는 그렇지 않다는 것이다. 윌리엄스는 어떤
진리가 존재한다는 것을 부정하는 것이 모순되고 위험하다고
생각한다. 로티는 존재한다고 주장하는 것이 무의미하고 미숙
하다고 생각한다. 하지만 윌리엄스와 로티는 윌리엄스가 진리의
두 가지 미덕이라 부른 것, 즉 성실함과 정확함에 충실하다. 하
지만 윌리엄스가 생각하기에는, 만약 로티가 자신이 진리라는
관념에 충실하지는 않으면서도 그 미덕에 충실할 수 있다고 생
각한다면 로티는 틀린 것이다.

물론, 여기에는 중대한 불일치들이 있다. 그리고 만약 당신이 지적인 작업에 진지하다면, 그것들은 중요하다. 하지만 그 차이들이 제기되기 전에 의견 일치가 이루어진 경우가 매우 많다는 건 기억할 만한 가치가 있다. 성실함과 정확함이라는 미덕에 충실하다는 것은 결코 대수롭지 않은 문제가 아니다. 나는 진리에 대한 충실함이라는 측면에서 요구되는 것이 극도로 논쟁적이라 할지라도, 합리성에 대한 충실함과 관련하여 그것이 의미하는 바는 논란의 여지조차 없다고 생각한다.

유사하게, 설사 논쟁하는 양측 모두가 합리성에 대한 자신들의 두꺼운 개념에서는 어쩌면 의견 차이가 날 수 있을지라도, 얇은 개념에서는 의견 일치가 이루어질 것이다. 설사 당신이 '객관적'이라는 단어의 사용을 거부하더라도, 당신이 어떤 의미에서 내가 신념을 위한 객관적 이유들이라고 부르는 것을 제시하지 않는 한, 당신이 진지한 지적 논쟁을 벌일 수는 없다.

그러므로 진리와 같은 그런 것의 존재 여부에 대한 논쟁은 대체로 가짜 논쟁이다. 진리를 부정하는 사람들은 어느 누구보다 신속하게, 특히 정치계에서 거짓말쟁이들을 호출하고, 모욕을 당하거나 속은 것에 괴로워한다. 비평가들은 그들의 이런 모습을 조롱하면서 그것이 그들의 부정이 불성실하다는 것을 입증한다고 주장한다. 그것은 오류다. 그들의 부정은 불성실하지는 않되 **구체적**이다. 그리고 이러한 세부적인 내용이 어떤 때는 중요할 수 있다는 것이 대다수 보통의 경우에도 중요하다는 의미는 아니다. 우리는 '진리 전쟁'의 실체가 세부 사항을 두고 벌이는 분쟁임을 인식해야 한다.

의견 차이 속에서, 우리는 합리적 탐구자들로 구성된 공동체의 일원으로서 수많은 핵심 가치들을 공유하고 있다는 사실을 때때로 망각한다. 아마도 우리는 '이성'이나 '합리성' 같은 용어들에 담긴 함축적 의미가 허구적 객관성이나 권위를 암시한다고 생각하기 때문에 좋아하지 않는 것 같다. 하지만 우리가 이러한 우려를 뚜렷이 표현할 수 있는 것은 합리적 탐구의 영역 안에서뿐이다. 예컨대 우리에게 진리에 대한 관념을 버리라고 충고하는 사람들은 그렇게 해 줄 수 있는 이해 가능하고, 평가 가능하고, 무효화 가능한 이유들, 그들의 이해관계와 무관하게 사람들에게 말하는 것을 목표로 하고 일정한 힘을 가진 이유들을 제시함으로써 그렇게 한다.

지적인 삶에 대한 진지한 참여자라면 누구라도 생각해 보라. 가능한 한 이해하려고 노력하지 않는 자가 과연 있는가? 많은 것이 너무 이해하기 어렵기 때문에 우리는 그것들에 의혹을 품지만, 이것은 의도에서 기인한 성공이 아니라 실행의 실패인 경우가 대부분이다. 과연 어느 누가 자기 주장의 장점들을 평가할 수 없다고 주장하겠는가? 극소수다. 그리고 발표와 토론의 총체적인 존재 이유는 바로 타인들이 원칙적으로 그들이 읽거

삶의 지표로서 이성

나 들은 것을 평가하고 그들의 평가를 공유할 수 있는 능력을 갖고 있다는 것이다. 어느 누가 그들이 말해야 하는 것이 전적으로 사회의 특정 부분의 이해관계에만 관련되어 있다고 선언하겠는가? 분명히 아니다. 우리의 편향과 편파적 견해를 인정한다 할지라도, 우리는 가능한 한 최선을 다해 그것들을 극복하고자 분투한다. 어느 누가 자신이 믿는 것이 틀렸을 가능성은 전혀 없다고 주장하겠는가? 우리는 때로 그렇게 느끼지만, 그럼에도 우리가 비판에 스스로를 열어 두고 그러한 비판들을 진지하게 수용한다는 사실은, 합리적 탐구에는 자신의 신념이 무효화될 수 있다고 받아들이는 일이 수반된다는 인식에 우리가 충실하다는 것을 보여 준다. 그리고 마지막으로, 당신이 누군가 자신의 입장을 자신이 인정할 만한 타당한 이유들을 제시하는 것을 봤을 때, 어떤 의미에서는 당신의 동의가 비자발적이지 않은가? 유사하게, 당신은 당신에게 불충분하거나 근거가 희박해 보이는 논증들을 기각하지 않을 수는 없는가?

나는 내 설명이 극히 필수적인 진리라고 확신하는 만큼 수많은 이의가 있을 거라고 인식하고 있다. 합리성의 형식적 개념의 다섯 가지 특징 각각은 다양하게 이해될 수 있고, 심지어 거부될 수도 있다. 하지만 나는 이 우려가 내 설명에 내재하는 어떤 오류의 증상이라고 주장하지는 않을 것이다. 오히려, 지적이고 성찰적인 독자라면 누구라도 그러한 개념들을 강화할 방법에 관심을 가질 것이다. 하지만 나와 독자들이 합리적 토론이 어떤 모습일지에 대한 어느 정도 얇은 개념을 공유하지 않는 한, 우선 우리가 다 함께 그것들을 논의할 수는 없을 것 같다.

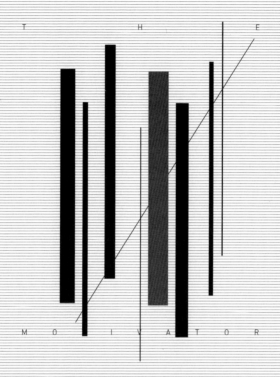

T   H   E

M O T I V A T O R

3부

선행의 동기로서 이성

The Motivator

우리가 행위하도록, 특히 제대로 행위하도록 이성이 동기부여를 할 수 있다는 것이 세 번째 합리성의 신화이다. 또다시 플라톤이 이 신화의 창시자로 간주될 수 있다. 『프로타고라스Protagoras』에서, 소크라테스는 자신에게 해가 되는 일임을 알면서도 하겠다고 선택하는 사람은 아무도 없다고 주장한다. "내가 보기에는, 자신이 생각하기에 좋은 것에 우선하여 나쁜 것을 기꺼이 하려는 것은 인간의 본성이 아니다"라고 말한다. "그리고 두 가지 악 중 하나를 선택할 수밖에 없을 때, 차악을 선택할 수 있는데도 최악을 선택하는 사람은 아무도 없을 것이다."1 이것이 상식처럼 들리지만, 상식은 우리가 최선이라 판단하는 것도 무수히 많으며, 그중에서도 가장 확실한 것으로는 도덕적으로 옳은 것이나 우리에게 개인적으로 이로운 것이라고 덧붙일 것이다. 더군다나 우리가 무엇이 최선인지 잘못 판단할 수 있고, 우리가 최선이라고 판단한 것들이 서로 충돌할 수도 있다.

하지만 플라톤에 따르면 이 모든 혼란을 깔끔히 정리할 수 있다. 플라톤은 선the Good을 포함해 모든 사물과 개념concept에는 영원히 변치 않는 '형상form'이 있다고 믿었다. 만약 우리가 선의 형상Form of the Good에 대한 지식을 갖고 있다면, 옳은 것과 개인에게 이로운 것이 완벽하게 일치한다는 것을 알게 된다. 우리에게 더 불리하다고 생각되는 일임을 알면서도 할 리는 결코 없다는 것을 감안하면, 우리는 옳은 일을 하도록 완벽하게 동기부여가 될 것이다.

존 레슬리 매키John Leslie Mackie가 이것을 분명하고도 간명하게 보여 주었다. "플라톤의 이론에서, 형상, 그리고 특히 선의 형상은 영원히 변치 않는, 지성을 넘어선extra-mental 실재이다. 그것들은 세계의 기본 구조에서 매우 중심적인 구성 요소이다. 하지만 그것들을 안다는 것 혹은 그것들을 '본다는 것'은 사람들에게 해야 할 일을 그저 시키는 데 그치지 않고, 반대되는 모든 마음을 제압하면서 그것을 반드시 하게 만들 것이다."[2]

이것은 만약 당신이 어떤 것이 옳다고 믿는다면 그 일을 해야 할 동기를 필연적으로 갖는다는 발상보다도 강력한, 하나의 확고한 이론이다. 도덕적 동기에 관한 '내재주의internalism'라는 이 이론에 플라톤이 덧붙이는 것은 당신은 순수이성의 사용만으로 무엇이 옳은지 알 수 있다는 것이다. 당신이 따를 만한 동기가 부여될 도덕법칙을 깨닫도록 사심 없는disinterested 합리적 탐

선행의 동기로서 이성

구가 당신을 인도해 줄 수 있다. 그러므로 도덕과 도덕적 행동은 사심 없는 이성의 산물이다.

3부에서 우리의 관심사는 도덕법칙을 주장하는 것이 본질적으로 동기부여를 하는지가 아니라, 우리가 오로지 사심 없는 이성만을 사용해 도덕법칙을 자극하는 데 이를 수 있는가 하는 것이다. 이성이 우리가 행위하도록, 그것도 제대로 행위하도록 동기부여를 할 수 있을까? 나는 그럴 수 없다고 주장할 것이다. 또한 동기부여 요인으로서 이성에 대한 플라톤의 신화가 판단과 지침으로서 이성에 대한 신화와 더불어 기각되어야 한다고도 주장할 것이다.

7장

당위적 실천

도덕철학에서 가장 오래된 논쟁 중 하나는 윤리와 합리성의 관계에 대한 것이다. 그 한편에는 칸트에 동의하여 도덕법칙에 따라 행동하기 위한 요건은 오로지 사심 없는 이성에 의해서만 확립될 수 있다고 믿는 사람들이 있다. 칸트 자신이 썼다시피, "여기서 의무의 근거는 인간의 본성에서 혹은 그가 놓인 세계의 환경 속에서가 아니라, 그야말로 순수이성의 개념 속에서 선험적으로 추구되어야 한다."[1] 나는 이러한 맥락에서 칸트주의가 칸트 특유의 견해의 세부 내용들에 대해 의견 일치가 이루어진 사람들보다 더 광범위한 집단을 포함한다고 예고하면서, 이러한 개괄적 견해에 동의하는 모든 사람을 칸트주의자Kantian로 묘사할 것이다.

반대 진영에는 흄을 따르면서 이성은 결코 도덕의 기반을 제공할 수 없으며, 기껏해야 이성은 도덕이든 아니면 다른 것이든 간에 이성적인 것과 거리가 먼 원천들로부터 우리 내면에 생겨나는 욕망과 충동에만 봉사할 뿐이라고 주장하는 사람들이 있

선행의 동기로서 이성

다. 흄이 썼다시피, 이 견해에서 "이성은 정념의 노예이고 그럴 수밖에 없다."[2] 이 관점과 이를 계승한 관점들은 흔히 감정주의sentimentalism로 알려져 있다. 감정주의는 솜털이 보송보송한 새끼 고양이 그림을 세밀히 검토하는 것과는 아무 상관이 없으며, '느낌'이나 '정서'처럼 감정의 한층 더 고풍스러운 의미와 관련된다. 감정주의를 도덕적 판단이 찬성이나 혐오감의 표현에 지나지 않는다고 말하는, 그 이론의 가장 거친 변형인 정의주의情意主義, emotivism와 동일시해서는 안 된다. 감정주의는 도덕성을 사심 없는 이성보다는 기본적으로 어떤 종류의 정서적 반응에 바탕을 둔 것으로 보는 모든 이론에 적용되는 좀 더 광의의 용어이다.

칸트주의자들과 감정주의자들 사이의 불일치는 학구적인 관심 이상으로 훨씬 크다. 오늘날 세계 곳곳에 도덕적 정당성moral legitimacy의 위기가 존재한다. 서구에서는, 위기가 기성 종교의 쇠락에 뒤이어 나타났다. 기독교가 사회 전반에 도덕적 기초를 제공했지만 그 권위가 약화되자 그것을 대신할 어떤 것도 생겨나지 않았다. 이는 많은 사람이 그것을 대신**할 수 있는** 것이 전혀 없다고 우려하는 결과를 낳았다. 만약 도덕이 신적 명령에 의해 높은 곳에서 내려온다는 발상을 버린다면, 우리에게는 수용할 수 있는 것과 그렇지 않은 것, 허용되는 것과 금지되는 것을 결정할 선호와 힘만 남을 것이다.

실제로, 도덕철학에서 신명론divine command theory은 아주 오랜 기간 별 인기를 끌지 못했다. 신명론은 수천 년 전 플라톤이 발견한 중요한 문제로 인해 손해를 입었다.[3] 문제의 요지는 이러하다. 만약 신의 선택이 옳은 것과 그른 것을 결정한다면, 신은 우리가 옳다고 생각하는 모든 것을 그르게, 혹은 그 반대로 만들 수 있을까? 이는 옳지 않다. 예컨대, 선한 신은 고통torture을 허용할 리 없기 때문이다. 따라서 단지 신이 하라고 해서가 아니라 그 일이 옳기 때문에 옳음을 행하라고 우리에게 명령하는 것이다. 그런데 이는 '선'의 개념과 본질이 신에 전혀 의존하지 않는다는 의미가 된다. 따라서 설사 신이 우주의 지배자라 할지라도, 뭔가를 선하거나 나쁜 것으로, 옳거나 그른 것으로 정하는 것에 관한 문제는 여전히 남아 있다. 칸트주의자들과 감정주의자들은 현재 최선의 대안들을 내놓고 논의 중이다.

따라서 만약 도덕에 대한 타당한 합리적 이유를 제시해야 한다면, 우리는 어느 쪽이 옳은지 판단하고 그에 대한 분명한 옹호론을 내놓을 수 있어야 한다. 이 점에서 나는, 거의 모든 다른 사안에서와 마찬가지로, 흄이 근본적으로 정확히 파악했다고 믿는다. 그가 입장을 내놓은 이래로 250년간 많은 사람이 끊임없이 반대했다. 하지만 나는 사심 없는 합리성의 한 요건으로서 도덕이 확립될 수 있다고 주장하는 사람들이 언제나 틀릴 수밖에 없음을 입증할 방법이 있다고 생각한다. 칸트주의 전통

선행의 동기로서 이성

에서 그러한 주장을 만들기 위해 존 설John Searle이 최근에 했던 시도를 살펴보면 그 논증이 어떻게 작동하는지 알 수 있다. 설의 논증이 어떻게 실패하는지 확인함으로써 그와 유사한 모든 논증이 같은 운명에 처할 수밖에 없다는 것을 알 수 있다.[4]

1.
반드시 합리적이어야 하는 윤리

설은 사심 없는 이성이 강한 이타주의의 필요성을 규명하기에 충분하다는 것을 입증하고자 한다. 그의 논증을 살펴보기에 앞서, 그가 논쟁의 용어들을 배열하는 방법과 관련한 몇 가지 양상을 보면 흥미로운 사실이 드러난다. 먼저, 그는 강한 이타주의를 약한 이타주의 변종들과 구분한다. 약한 이타주의란 어떤 사람이 "타인들의 이해관계에 저절로 마음이 쓰이는" 경우를 말한다.[5] 물론 이것은 흄, 프랜시스 허치슨Francis Hutcheson, 애덤 스미스Adam Smith 이들 모두가 측은지심에서 비롯한다고 믿는 그러한 이타주의다. 설에게는 이러한 이타주의가 "약한" 것인데, 왜냐하면 아무리 보편적이라 한들, 그것은 궁극적으로 기질이나 선호에 의거한 것에 불과하기 때문이다. 이타주의가 한낱 개인적 의향의 문제에 지나지 않는 한, 왜어떤 사람이 이타적이어야 하는지 합리적으로 강력한 어떤 이유도 댈 수 없는 것은 그 사람이 왜 그러한 맥주 취향을 선호하는지 합리적으로 강력한 이유를 댈 수 없는 것과 다를 바 없다.

이러한 공식이 어떻게 하여 내가 철학에서 **억양**intonation의 중요성이라 부르는 것의 예시를 제공하는지는 여기서 그다지 중요하지 않다. 때로 중요한 의견 차이는 사실이 아니라 사실을 대하는 태도에 달려 있다. 이러한 태도가 어떤 진술의 근본적 의미를 바꾸지는 못하지만, 그것에 대한 반향을 암시하는 특정한 강조어나 형용사의 사용에서 종종 드러나곤 한다. 이 경우, 칸트주의자들과 감정주의자들 양쪽의 의견이 모두 일치하는 명료한 사실은, 감정주의에 따르면 이타주의가 궁극적으로 기질이나 선호에 의거한다는 점이다. 그것은 받아들일 수밖에 없는 현실의 사실로도, 혹은 그것이 참을 수 없는 일종의 격분을 의미하는 불신의 어조로도 표현될 수 있다. 후자의 태도를 문자로 담아내면 이렇게 강조점과 구두점을 덧붙일 수 있다. '이타주의는 궁극적으로 기질이나 선호에 **불과한** 것에 의거한다!' 불신이 암시된 이 수사는 종종 '불과한'이나 '그저'나 '한낱'과 같은 문구로 그 효과를 거둔다. 예컨대, 평범한 '이타주의는 연민에 의거한다'보다는 '이타주의는 **한낱** 연민에 의거한다'가 되는 것이다. '불과한'을 빼면 '이타주의는 궁극적으로 기질이나 선호에 의거한다'가 남는데, 여기서도 여전히 이의를 말할 여지가 포착될 수 있지만 참을 수 없을 정도의 격분은 아님을 알 수

선행의 동기로서 이성

있다.

내가 특별히 이것을 강조하는 이유는 이것이, 논증들에 설득력을 갖추기 위한 방법으로 정석대로의 견실성 이외의 요소들에 의존한다는 것을 보여 주는, 중요하지만 종종 간과되는 사례이기 때문이다. 아마도 이것은 전문적인 철학보다는 공적 담론에서 더 흔할 것이다. 예컨대 특정 과학자들이 인간을 '한낱 생물학적 로봇'으로 개념화한다고 비난받는 이유를 생각해 보자. 만약 우리가 생물학적 로봇이라면 우리는 꽤 비범한 로봇이며 우리에 관한 그 어떤 것도 '하찮지' 않겠지만 말이다. 어떤 숫자 앞에 '단지only'를 집어넣는 것은 실제로는 그 숫자가 상당히 큰 수임에도 작아 보이게 만드는 교묘한 방법이다. 설이 설명했다시피, 당신이 개념을 설명하기 위해 얼마나 정확한 단어를 고르는가 또한 영향을 미칠 수 있다. 자신이 거부하는 이타주의 형태를 '약하다'고 칭함으로써, 부여받은 그 명칭에 의해 얕보이게 하면서 교묘하게 그것을 불리한 처지로 몰아넣고 있다.

그러나 수사를 한옆으로 밀어 놓는다 해도, 설이 약한 이타주의라고 부르는 것과 강한 이타주의 사이에는 의미 있는 차이가 여전히 존재한다. 설은 강한 이타주의자를 "**자신은 전혀 아무런 의향이 없는 경우에도** 행동에 나설 만한 타당한 이유로서 타인들의 이익을 인식하는"[6] 사람으로 정의한다(고딕체 강조는 저자). 이것이 바로 칸트주의자들이 사심 없는 이성에 의해 요구될 수 있다고 믿는 이타주의다.

우리가 한 걸음 더 나아가기 전에, 감정주의자들이 이런 의미에서 강한 이타주의자들일 수 있다는 사실을 지적해야 한다. 감정주의적 입장에서 도덕성은 어떤 상황이 주어져도 기꺼이 의향을 보이는 것이 아니다. 더 정확히 말하면, 도덕적 판단의 기반이 지성적이지 않고 정서적이라는 것이다. 간단한 예시 하나가 이것을 분명히 해 준다. 어느 감정주의자가 불필요한 고통을 야기하는 것은 잘못된 것이라고 믿을 수 있다. 이 판단의 궁극적 토대는 그렇게 하는 것이 비합리적이라는 것이 아니라, 고통이 나쁜 것이고 가능하다면 모면해야 한다는, 공감에 뿌리내린 있는 그대로의 인식이다. 이 원리를 적용하면 감정주의자는 공장식 축산으로 키운 동물의 육즙이 흐르는 스테이크에 맞닥뜨렸을 때와 같은 상황에서, 특정한 방식으로 행동하고 싶어질지라도 그렇게 행동하지 않을 수도 있는 이유를 안다. 설의 공식을 사용하자면, 그 흄주의자Humean는 이 경우 그가 삼가고 싶은 의향이 전혀 없고 실제로 그렇게 함으로써 군침을 흘리는 상태에 놓일 수밖에 없음에도 먹는 데 몰두하지 않을 타당한 이유로서 다른 동물들의 이해관계를 인정한다.

설의 오류는 그의 언어학적 수완만큼이나 의미심장하다. 그 오류가 드러내는 것은 그의 논증이 이유로 여겨지는 것에 대한

선행의 동기로서 이성

강한 추정에 따라 진행된다는 점이다. 흄주의적 '약한 이타주의자들'은 그들의 의향에 반하여 행동하는 것을 삼가야 할 이유가 전혀 없다고 가정하면서, 설은 특정한 사실적 지식과 결부된 공감적 도덕 감정은 행동할 이유를 제공하지 않는다고 가정한다. 그가 이렇게 생각하는 이유는 뭘까? 유일한 설명은 설에게는 사실과 논리를 제외한 그 무엇과도 관계없이 기능하는 사심 없는 이성에 의해서만 이유들이 만들어진다는 것이다. 분명히, 이것은 많은 문제를 제기한다. 이성은 암암리에 좁은 의미로 정의되어 왔다.

논증 그 자체의 구조에 접근하기도 전에, 이미 우리는 어떻게 칸트주의적 주장이 감정주의자들의 토대를 약화시키는 방식으로 논쟁 용어들을 정리해 나가는지 볼 수 있다. 나는 이런 식의 사전 장전pre-loading 논증이 드물지 않다고 생각한다. 정당의 대변인들이 잘 알고 있듯, 논증에서 이기는 가장 확실한 방법은 반드시 자신의 방식대로 처리되도록 하는 것이다.

하지만 이 모든 우려를 한옆으로 밀어 두고, 설이 어떻게 그 논증을 더 진전시켜 나가는지 보자. 설의 강한 이타주의 버전은 확실히 감정주의적이지 않은데, 그가 "행동에 나서게 해 줄, 반드시 합리적이면서 욕망과 무관한 이타적 이유들"이 존재한다고 결론짓기 때문이다.[7] 그 이유들을 무시한다면 일관성 없이 행동하게 되고 그 때문에 이성을 거역하게 되므로, 그 이유들은 반드시 합리적이어야 한다. 우리가 그 이유들이 존재하기를 바라건 바라지 않건 그것들은 존재하므로, 욕망과 무관하다. 그리고 그 이유들은 이미 주어져 있으므로, 그것들이 감정주의적이지 않아야 한다면, 그 기반 또한 기본적으로 욕망이 아닌 다른 것이어야 한다. 따라서 설에게는, 마음이 내키거나 그렇지 않거나 간에 타인들을 도와야 할 반드시 합리적이어야 하는 이유들을 갖는다고 인식하는 것을 강한 이타주의의 사례로 인정하는 것이다.

강한 이타주의를 옹호하는 설의 논증은 세 단계를 필요로 하고, 고통 속에 있는 존재의 사례와 함께 설명된다. 그 논증에서 중심이 되는 것─이면서 내가 여기서 질문을 던지지는 않을 어떤 것─은 설이 '보편성 요건generality requirement'이라 부르는 것이다.[8] 이것은 어떤 것이 사실임을 강력히 주장한다는 것은 유사한 상황에 놓인 모든 사람이 그렇다고 주장해야 한다는 보편화 가능성universalizability이라는 널리 통용되는 원칙의 한 버전이다. 따라서 내가 '파리는 프랑스의 수도이다'라고 말하는 경우, 나는 핵심적 사실들을 아는 사람이면 누구나 똑같이 주장할 수밖에 없다고 믿어야 한다. 유사하게, '나는 고통받고 있다'라고 말하는 경우, 우리는 '당신이 고통을 받게 되는 유사한 상황에서 그것을 인식할 보편성 요건을 충족한다. 그것은 설의 논증에서 간명하고도 문제시되지 않는 첫 단계이다.

선행의 동기로서 이성

두 번째 단계는 나의 고통이 필요를 창출한다는 것을 아는 것이다. 나는 고통을 받고 있고 따라서 나는 도움이 필요하다. 그러므로 보편성 요건을 수용한다는 것은 다른 사람이 고통받을 경우, 그의 고통 또한 필요를 창출한다고 인정한다는 의미다. 나는 나 자신을 특수한 경우라고 주장할 수 없다. 만약 나의 고통이 나에게 필요를 창출한다면, 타인의 고통은 그에게 필요를 창출한다.

세 번째이자 마지막 단계는 나에게 도움이 필요하다는 것이 타인들이 나를 도와야 할 이유라고 판단하는 것이다. 다시 한 번, 보편성 요건이 작동하고 내가 합리적이려면, 타인들이 나를 도울 이유를 나의 고통이 창출할 경우에, 타인들의 고통은 내가 그들을 도울 이유를 창출한다는 것을 인정해야 한다.

이것이 강한 이타주의를 확립하는 데 충분하다고 설은 믿는다. 내가 무엇을 욕망하는지 하지 않는지 여부와 무관하게, 내가 타인들을 도와야 할 이유가 있다고 인식해야 한다. 그 이유들은 그것들이 '나는 고통받고 있다'와 같은 말을 나 스스로 한다는 사실에서 합리적으로 도출되는 것에 대한 내 인식의 결과로서 존재할 뿐이라는 점에서 반드시 합리적이어야 한다. 그 때문에 설은, 행동에 나설 만한, 반드시 합리적이면서 욕망과 무관한 이타적 이유들이 우리에게 있고, 강한 이타주의가 실재함이 밝혀졌다고 결론짓는다.

2.
누구의 이유인가?

설의 논증은 결함을 안고 있다. 이는 그의 논증을 실패하게 할 뿐 아니라, 도덕에 사심 없이 합리적이고 욕망과 무관한 근간을 확립하려 하는 다른 모든 유사한 논증도 반드시 실패할 수밖에 없게 하는 결함이다. 문제는 내가 수용하는 보편성 요건에 있지 않다. 두 번째 전제, 즉 나의 고통이 필요를 창출한다고 내가 판단한다는 것, 그리고 나에게 도움이 필요하다는 것에 대해서도 쟁점을 제기할 생각이 전혀 없다. 엄격히 말하자면, 이것은 논리적으로 도출되지 않는다. 나의 고통을 덜려면 나는 도움이 필요한데, 내가 고통을 느낀다는 사실로부터 논리의 문제로 귀결되지는 않아 보인다는 것은 명백하다. 예컨대, 고통이란 견뎌야 하고 또 완화되어야 할 어떤 것이라고 간주하는, 단지 상상에 머무르지 않는 현실의 종교적 세계관도 있기 때문이다.

곧 이와 관련된 이야기를 좀 더 하겠지만, 우선은 인간에게 객관적 욕구가 있다고 상정하는 것이 가능한지보다 더 문제가 되는 결함이 있다. 이것은 중요성은 더 크지만 이론의 여지는 덜하다. 이 오류는 세 번째이자 마지막 단계에서 나온다. 우리가 확인해 왔다시피, 설은 "나는 내게 도움이 필요하다는 사실이 당신이 나를 도와야 할 이유라고 믿는다"고 말한다. 이 신념은 보편성 요건에 의해 탄생했고, 고로 모순을 각오하고 만약 내가 내게 도움이 필요하다는 사실이 당신이 나를 도와야 할 이유라고 믿는다면 나 역시 당신에게 도움이 필요하다는 사실이 내가 당신을 도와야 할 이유라는 것을 인정해야 한다.

하지만 설은 중요한 차이를 얼버무리고 넘어간다. 우리가 해야 할 일은 **그 이유가 영향을 끼치는 누군가**의 상태다. 이것을 어떻게 해석하느냐에 따라, 두 가지 해석이 가능할 수 있다.

나는 내게 도움이 필요하다는 사실이 당신이 나를 도와야 할 나에게 필요한 이유라고 믿는다.

나는 내게 도움이 필요하다는 사실이 당신이 나를 도와야 할 당신에게 필요한 이유라고 믿는다.

당신이 나를 도와야 할 **나에게 필요한** 이유가 반드시 당신이 나를 도와야 할 **당신에게 필요한** 이유인 것은 아니다. 그 차이가 왜 실질적이고도 중요한지는 간단한 사례로 입증된다. 내가 어떤 일자리에 지원하고 당신은 누구를 그 자리에 앉힐지 결정하는 사람인데, 만약 내가 그 자리를 얻는다면 나는 크게 도움을 받게 된다. 이 사실—그 일자리가 나에게 굉장히 도움이 될 거라는—은 당신이 그 일자리를 나에게 줄 이유를 나에게 제공한다. 달리 말하면, 나의 필요는 당신이 나를 도울, **나에게 필요한** 이유이다. 하지만 그것은 당신이 나를 도울, **당신에게 필요한** 이유는 아니다. 당신에게 영향을 끼치는 이유는 그 일을 잘 해내기에 가장 적합한 사람에게 그 일자리를 주는 등의 필요와 관련된 이유이다.

이것은 중요한 사실이므로, 나는 실패를 각오하고 두 번째 사례로 자세히 설명하겠다. 나는 그리기 대회에 참여했고 만약 내가 이긴다면 나는 경쟁자들보다 훨씬 더 고맙게 생각할 것임을 알고 있다. 그것은 심사 위원이 승자로 나를 선택하는 것에 대해 **나에게 필요한** 이유를 부여한다. 하지만 그것은 심사 위원이 나를 택할 이유는 아니다. 그에게 영향을 끼치는 유일한 이유는 예술적 가치와 관련된 것이다.

설의 논증이 작동하기 위해서는, 당신이 나를 도울 이유가 나에게만큼이나 당신에게도 타당해야 한다. 내게 도움이 필요하다는 나의 필요가 당신이 나를 도와야 할 **당신에게 필요한** 이유일 때만 오로지, 보편성 요건을 충족시키면서 당신에게 도움이 필요하다는 당신의 필요가 내가 당신을 도와야 할 **나에게 필요한** 이유임을 내가 인정해야 한다. 만약 그렇지 않다면, 보편성 요건이 필요로 하는 것이란 오로지, 당신에게 도움이 필요하다는 사실이 내가 당신을 도와야 할 **당신에게 필요한** 이유라고 믿는 것뿐이다. 그것은 이타적 행동을 위해 요구되는, 반드시

선행의 동기로서 이성

합리적이고 욕망과 무관한 이유들이 존재한다고 설정하기에는 충분치 않다.

그런데 설의 논증은 내게 도움이 필요하다는 사실이 당신이 나를 도와야 할 **나에게 필요한** 이유라고 설정하기에 족할 뿐이다. 내가 고통을 받고 있고 도움이 필요하다는 것을 인식할 때, 나는 이것이 당신이 나를 도와야 할 **나에게 필요한** 이유를 제공한다는 것을 그야말로 합리적으로 인정한다. 그러므로 내게 도움이 필요하다는 사실이 당신이 나를 도와야 할 **나에게 필요한** 이유임을 인정한다고 해서, 내가 합리적으로 다른 사람들을 도와야 할 필요성을 느끼는 것은 아니다.

'나에게 필요한 당신의 이유들reasons for me for you'과 같은 문구에 포함된 복잡성을 따라잡을 필요가 없는, 설의 결함을 입증해 줄 두 번째 방법이 있다. 이것은 한 사람에게 영향을 끼치는 이유들이 다른 사람에게는 영향을 끼치지 않을 수 있다는 기본 발상에 대한 다른 해석이다. 이 논증에서는, 도움이 필요하다는 사실은 그 필요the need가 타인들이 나를 도와야 할 이유라고 확정하기에 충분하다고 인정하기로 하자. 여기서 문제는 그러한 필요가 언제라도 무수히 많이 존재한다는 점이다. 우리 이웃만 해도, 그들의 슬픔에 대처하고, 시장을 보고, 중독을 이겨 내고, 외로움에서 벗어나고, 의학적 치료에 필요한 돈을 구하기 위해 도움이 필요한 사람들이 있다. 범위를 확장하면 깨꿋한 물, 충분한 음식, 기본 의료, 교육이 필요한 수십억 명이 있다. 설의 관점에서, 나는 이것들이 내가 그들을 도와야 할 이유들이라는 사실을 받아들여야 한다. 하지만 그 이유들이 나에게 그들을 도와야 할 도덕적 책무를 부과하는 데 충분하다는 것을 의미하지는 않는다. 만약 그렇다면, 우리는 단 한순간도 다른 사람들이 가진 모든 필요를 충족시킬 수 있게 도와야 한다는 도덕적 의무감을 가질 수밖에 없으리라는 부조리에 직면할 것이다.

그러므로 유일하게 가능한 독법에 의거해 타인들이 "나를 도와야 할 이유"는 반드시 어떤 도덕적 책무를 수반하지는 않는 어떤 것이어야 한다. 이것은 납득이 간다. 우리가 타인들을 도와야 할 이유는 거의 무한하지만 우리가 그 모든 것에 대해 행동할 의무감을 가질 수 없다는 것은 쉽게 알 수 있다. 따라서 설사 설의 논증이 기본적으로 타당하다 할지라도, 그것이 어느 누구나 무슨 수를 써서라도 나를 도와야 할 도덕적 의무감을 갖는다는 것을 의미할 수는 없다. 다른 말로 하면, 이타적 행위를 위해 요구되는, 반드시 합리적이어야 하고 욕망과 무관한 이유들이 있다는 사실이 무슨 일이 있어도 그러한 이유들로 인해 내가 행동해야 하는 책무를 부과하지는 않는다. 설이 '강한 이타주의'라고 부르는 것은 나에게 어떤 강도의 어떠한 의무감도 부과하지 않는 것으로 드러난다.

어느 측면에서 보더라도, 누군가를 도와야 할 이유가 있다는 사실은 그 이유로 누군가가 행동해야 한다고 확정하기에는 충분치 않다. 한 걸음 더 들어가면, 우리는 왜 그 이유가 어느 누구에게라도 **영향을 끼칠** 수밖에 없는지 말해야 한다. 각기 다른 이유가 각기 다른 사람에게 영향을 끼칠 수 있으며, 모든 이유가 모든 사람에게 똑같이 영향을 끼칠 수 없다는 사실을 인식하는 것은 설의 논증이 작동하지 않는다는 것을 입증하기에 충분하다. '타인들의 이익이 누군가 의향이 전혀 없는 경우에도 행동에 나설 타당한 이유가 된다'는 인식은 결코 우리가 그 이유로 인해 행동에 나서도록 강제하지 못한다. 우리에게는 타인들을 도와야 할 타당한 이유들이 있지만, 영화를 보러 가거나 집에 머물거나 와인병을 따야 할 타당한 이유들도 있다. 이유가 우리를 도덕적으로 행동하지 않을 수 없게 만들지 않는 한, 칸트주의 기획은 실패한다.

이러한 것들이 그저 설 특유의 논증에 나타나는 결함일 뿐이라면, 한낱 학문적 관심사에 지나지 않을 것이다. 하지만 그 결함들은 칸트주의 기획에서 좀 더 근본적인 어떤 것을 드러낸다. 보편적 전략은 오로지 사심 없는 합리성이 필요로 하는 것을 고려할 때만 행동에 나설 이유들이 도출된다는 것을 입증하려는 노력이다. 이 기획이 작동하려면, 타인을 도와야 하고 타인의 이해관계에 관심을 가져야 하는, 모두에게 유효한 이유가 반드시 있어야만 한다.

문제는 당신이 나를 도와야 할 **나에게 필요한** 이유가 있다는데서 당신이 나를 도와야 할 **당신에게 필요한** 이유가 논리적으로결코 도출될 수 없다는 것이고, 내가 당신을 도와야 할 **당신에게 필요한** 이유가 있다는 데서 내가 당신을 도와야 할 **나에게 필요한** 이유가 도출되지도 않는다는 것이다. 이러한 논리적 간극은 메워질 수 없다.

3.
사실에서 가치로

역사적 논쟁에 익숙한 사람들은 내 논증이'존재/당위is/ought' 간극에 관한 어떤 해석에 의지하고 있음을알아차릴 것이다. 이것은 흄의 위대한 통찰 중 하나인데, 여기에 그의 원문장을 그대로 인용할 가치가 있다.

내가 지금껏 맞닥뜨린 도덕성의 모든 체계와 관련해, 나는늘 저자가 일정 기간 일반적 방식으로 추론을 계속하여 신의존재를 확립하기도 하고, 인간사와 관련된 관찰을 한다는 점을 언급했다. **이다**is와 **아니다**is not라는, 명제들의 흔한 결합대신, **해야 한다**ought 혹은 **해서는 안 된다**ought not로 연결되지 않는 명제는 없다는 사실과 마주하게 된다는 것을 갑자기 깨닫고는 깜짝 놀랐다. 이 변화는 알아차릴 수 없을 정도로 미미하다. 하지만 최종 결론이다. 이 **해야 한다** 혹은 **해서는 안 된다**는 새로운 관계나 확언을 표현하기 때문에, 관찰되고 설명되어야 할 필요가 있다. 그리고 동시에, 어떻게 이 새로운 관계가 그것과는 전적으로 다른 것들로부터의 연역일 수 있는지, 전혀 상상도 할 수 없어 보이는 것에 대한 이유가 주어져야 한다.[9]

근본 문제는 논리적인 문제다. 만약 어떤 논증의 전제들이 사실에 대한 진술들만 포함하고 있다면, 결론 역시 사실에 대한 진술들만을 포함해야 하고, '당위들oughts'처럼 가치를 담은 주장들 속에 숨어들어서는 안 된다. 일상의 담화에서, 우리는 어김없이 이렇게 말한다. 사람들이 굶어 죽고 있다고, 우리가 음식을 보내지 않는다면 그들은 죽을 것이라고. 그러므로 우리는 음식을 보내야 한다고 말한다. 이 결론은 논리적이지 않다. 실제로 이는 대개 전제들이 부재하다기보다는 진술되지 않기 때문이다. 이 경우, 우리는 '손쉽게 할 수 있다면 사람들이 죽지 않도록 예방해야 한다'와 같은 종류의 도덕적 전제를 당연시하며 인정한다. 하지만 이성 하나에만 기반을 둔 도덕적 책무를 확립하기 원하는 사람이라면 누구에게든 이것은 치명적인

데, 그것은 우리가 그러한 '당위들'을 세계에 대한 있는 그대로의 사실들이라고 강하게 주장할 수 없기 때문이다.

알려진 그대로, '존재/당위is/ought' 간극은 최근 수십 년간 엄청난 포화를 받았다. 이의 제기의 기본 취지는 우리가 두 진술의 차이를 아주 깔끔하게 분간할 수 없다는 것이었다. 가장 뚜렷하게, 필리파 풋은 그것은 살아 있는 것들이 필요와 욕망을 갖는 자연 세계에 대한 일종의 사실이고, 따라서 그것은 특정한 것들은 그들에게 가치를 갖는다는 사실의 문제라고 주장했다. 명제를 보자. "아이들은 무력하게 태어나고 언어와 기타 등등을 배워야 한다." 그것은 "아이들이 돌봄을 받아야 한다는 것을 이미 의미하는 것"이라고 그녀는 설명한다. 결정적으로, 이러한 이유들은 "객관적이고 선호와는 전혀 관계가 없다. 아이들을 사랑하는 사람도 있고 싫어하는 사람도 있다. 그것은 아무런 차이를 만들어 내지 못한다."¹⁰ 한편에서 이것은 사실에 대한 순수한 진술이다. 하지만 그 명제는 그 안에 가치를 담은 진술, 즉 아이는 돌봄을 받지 않는 것보다 돌봄을 받는 것이 더 낫다는 진술을 은연중에 내포하는 것으로도 보일 것이다. 우리는 그러한 진술들이 가치의 요소들을 포함하는 사실들이라는 의미에서 '규범적 사실들normative facts'이라고 부를 수 있다.

이것은 강조할 만한 가치가 있는 결정적 요점이다. 만약 합리적인 것이 신념에 객관적 이유들을 제공하는 것이라면, 적절한 환경에서 이유들이 인간의 욕망, 동기, 감정에 관한 사실들, 가치를 수반하는 사실들을 포함하지 못할 아무런 이유가 없다. 이것은 내가 객관적 이유들이 이해관계에서 자유로워야 한다고 제시한 요건을 위배하지는 않는다. 예컨대, 먹는 일이 어떤 동물의 관심사라는 사실은 자신의 이해관계와 상관없이 누구나 인식해야 하는 사실이라는 의미에서 이해관계에서 자유롭다. 우리가 이해관계의 객관성을 받아들이기 위해 이해관계에서 자유로운 이유들을 갖는다고 말하는 것은 역설적으로 들리겠지만, 이성의 이해관계 중립성을 우리의 이해관계가 상황에 대한 우리의 판단을 흐리지 않게 해 줄 요건에만 관계된다는 사실을 알게 될 때, 역설적으로 보이는 것은 순식간에 해소된다. 그것은 현실적인 이해관계에 대한 인식을 전혀 가로막지 않는다. 이러한 이해관계들이 생물학적일 뿐 아니라 정서적이기도 하다는 것을 감안할 때, 이는 감정이 때로는 합리적 논증의 이유들 가운데 하나임을 의미한다.

실제로, 세상을 뜬 친구이자 동료인 워런 퀸Warren Quinn이 제시한 아이디어를 빌려, 풋은 무엇이 타당한지에 대한 일정한 인식 없이는 실천적으로 합리적 사고 활동을 결코 수행할 수 없다고 주장한다. 이 점은, 타산적 사익이 행동에 나설 이유로서 문제가 되지 않는다고 당연시할 때 종종 간과된다. 모든 설명의 실천적 합리성은 무언가를 행동의 이유로 간주하는 데서 생겨나야 하며, 어린아이의 요구보다 타산적 사익이 행동에 나설 합리적 이유가 될 필연적인 이유는 전혀 없다는 것이 풋의 논증이다. 풋의 말대로, "실천적 합리성은 적절한 것들을 이유로 삼는다."

나는 풋의 논증을 인정할 수 있고, 흄도 그랬을 거라고 생각한다. 이것은 많은 이들에게 이상하게 여겨질 텐데, 풋이 흄을 강력히 비판한 인물이기 때문이다. 하지만 실천적 이성에는 무엇이 타당한지에 대한 일정한 인식이 필요하다는 것을 그녀가 인정했다는 점에서, 실천적 추론은 우리가 타당하다고 간주하는 어떤 것을 욕망하게 해야 한다는 흄의 생각에서 멀리 있지 않다. 그들 사이의 차이는 흄주의자들이 욕망과 연민을 이유로서 인정하지 않는다고 믿을 경우에만 커 보일 뿐이다. 하지만 이유에 대한 나의 보편적 설명을 받아들이는 감정주의자들은 고통이 도움에 대한 필요를 창출한다는 사실을 인정할 수 있을 텐데, 왜냐하면 우리가 사심 없는 사실들의 영역으로만 이유를 한정하도록 강제받지 않기 때문이다. 또한 우리가 적절한 합리적 논증을 연역 원칙에 따라 각 단계가 다음 단계를 필연적으로 도출하는 논증에만 한정하도록 강제받지도 않기 때문이다. 감정주의자들에게 고통의 존재는 우리가 도와야 한다고 믿을 만한 객관적 이유일 수 있지만, 우리가 수용하도록 엄격하게 강요받아야 할 이유는 아니다. 왜냐하면 우리는 그러한 논증들의

선행의 동기로서 이성

전제에서 결론까지 우리를 이끄는 판단의 역할을 인정하기 때문이다.

그러므로 흄의 논증은 **사심 없는** 이성**만이** 우리를 도덕적 명령으로 데려간다는 것을 입증하는 데 목표를 두는 칸트주의자들에게 분명하게 집중하는 것으로 보인다. 흄은 칸트주의자들에게 지나치게 엄격한 그들의 기준을 지킬 것을 계속 요구하는데, 그것은 가치에 대한 가정을 포함하는 그들의 논증이 결코 '감염'되어서는 안 된다는 것을 의미한다. 하지만 만약 이성에 대한 우리의 개념이 좀 더 보편적이라면, 그리고 우리가 필요를 이유로 간주한다면, 우리는 행동의 이유로서 필요를 포함해야 한다. 설에 대한 나의 논의는, 이것이 사심 없는 이성만으로 도덕을 확립할 수 있다는 주장과 동일하지 않다는 것을 입증한다. 만약 우리가 깔끔한 존재/당위 구분을 기각한다면, 우리에게는 타인들을 도울 이유가 있고 우리가 도덕적으로나 기타 등등으로 처신한다면 더 나을 거라고 생각하는 데에는 합리적 근거가 있다고 쉽게 주장할 수 있다. 하지만 이 중 도덕적 책무를 사심 없는 합리적 기반 위에 확립하는 데 충분한 것은 아무것도 없다.

이 점은 매우 중요하다. 이성은 정의상 사심 없는 것으로 상정되는 경우가 많다. 물론 사심 없는 이성은 그 위치를 수학과 과학에 두지만, 때로는 실제로 정당하게 이해관계를 가질 수도 있다. 이성은 객관적이어야 하고, 사심이 없어야 한다. 이는 이성이 필요와 욕망의 객관적 실재, 선하고 악한 상태들을 인식할 수 있다는 것을 의미한다.

그리하여 우리가 이성을 데카르트와 같은 이성주의자들과 칸트가 옹호한 사심 없는 이성의 형태에만 적용된다고 보는 한, 흄의 근본 문제는 종래와 같이 강건하게 유효한 상태로 남는다. 왜 내가 더 나은 것보다 더 나쁜 것을 선호하지 않아야 하는지, 내가 왜 객관적으로 더 훌륭한 것보다 선한 것을 선호하도록 동기부여가 되지 않아야 하는지, 사심 없는 합리적 이유는 존재하지 않는다. 냉담함은 이기적이기는 하지만 어느 누구에게도 논리 법칙을 위배하라고 요구하지 않는다. 또한 지나치게 자기희생적인 이타주의는 지나친 이기심보다 더도 덜도 논리적이지 않다. 고딕체 단어를 추가하여, 흄이 적어 넣었어야만 했다시피, "나 자신이 인정하는 덜한 선보다 나의 더 훌륭한 것을 선호하고, 후자보다 전자를 향해 좀 더 열정적 애정을 갖는 것은 **사심 없는** 이성에 반하지는 않는다."

4.
이타주의를 위한 이유들

이성에 너무 많은 것을 요구하려는 사람들과

너무 적게 요구하는 사람들 사이에서, 다시 한 번 우리는 신중한 아리스토텔레스의 중용에 이끌린다. 나는 도덕성이 사심 없는 합리성의 요건이 아니라고 논증해 왔는데, 이 논증은 그 대안이, 합리성이 도덕에 기여하는 바가 전혀 없다는 견해와는 왜 다른지도 입증했다. 그와는 반대로, 이성은 도덕에 필수 불가결하다. 칸트주의 기획을 거부한다는 것은 도덕에 대한 **궁극적** 정당화가 **사심 없는** 이성만 작동한다고 해서 규명된다는 생각을 버린다는 의미다. 그런데 고딕체로 된 단어들을 버리면 돌연 훨씬 더 그럴듯한 주장이 떠오른다. 즉 이성의 작동으로 도덕에 대한 정당화의 **일부**는 찾을 수 있지만, 도덕의 결정적 정당화는 아니라는 것이다.

예컨대, 실제로는 도덕이 도덕적 연민 또는 어느 정도 그와 유사한 타인을 향한 호감 정도에 기초하고, 사심 없는 이성에 의해 확립될 수 없다는 주장도 가능하다. 그러나 도덕에서 이성의 역할을 부정하는 것과는 다르다. 적어도 이성은 우리의 도덕 법칙이 기저의 정서를 바탕으로 하는 충동과 일관되게 결합하는지 그렇지 않는지를 우리가 판단할 수 있게 해 주어야 한다. 예컨대, 도덕적 공감이 모두가 동등하게 존중받아야 한다는 원칙을 궁극적으로 정당화하는 유일한 이유라고 하는 것도 당연한 일이다. 하지만 우리가 사람의 성별이나 민족 간 차이에 대한 잘못된 신념을 갖고 있을 경우에는 실제로 그 원칙이 완전한 평등으로 이어지지 않을 수도 있다. 이 때문에, 1868년 수정 헌법 제14조가 미국 헌법에 추가되었고, 어떤 주도 "그 관할권 내 모든 시민에 대해 법률의 평등한 보호를 부인"할 수 없다고 명했으나, 인종차별은 20세기 들어서도 지속되었고 여성은 1920년에야 투표권을 얻었다. 이성은 이러한 불평등을 종식하는 데 필수적이었다. 사람들이 유색인을 백인과 다르게, 여성을 남성과 다르게 대하는 합리적 이성은 존재하지 않는다는 사실을 깨달았을 때에만 도덕적 진보가 이루어졌기 때문이다. 이성은 사람들로 하여금 그들의 가장 심원한 가치와 그들이 행동하는 모습 사이의 불일치를 인식하게 만든다.

훨씬 더 선명한 또 하나의 사례를 들어 도덕적으로 올바른 일은 공리주의자가 되어 최대 다수의 최대 행복을 증진하는 거라고 주장할 수도 있다. 또한 사심 없는 이성의 사용만으로 최대 다수의 최대 행복을 도덕의 근본 원칙으로 확립할 수 없고, 최대 다수의 최대 행복을 궁극의 선으로 제시하는 것이 우리가 할 수 있는 최선이라고 인정하며 아무도 더 설득력 있는 대안을 제시할 수는 없다고 생각할 수도 있다. 그러나 그 원칙을 받아들인 공리주의자로서는, 최대 다수의 최대 행복을 실제로 가장 잘 성취하는 것이 무엇인지 판단하기 위해 우리에게 이성이 필요하다고 생각할 만한 타당한 이유가 있을 것 같다.

이것은 감정주의에 대해 반합리성arationality 혹은 비합리성이라는 비난에 맞선 일반적인 옹호론이다. 블랙번이 썼다시피, "이성은 우리가 처한 상황의 핵심적 특질들에 대한 우리의 표현을 가능하게 하고, 그 상황에 대해 한 걸음 더 나아간 연역과 추론을 수행할 능력을 부여한다." 또한 "이성의 직무는 우리에게 세계를 있는 그대로 보여 주는 것이다. 그러나 그때, 그 상황에 우리가 어떻게 반응하는지, 그리고 거기에 우리가 정서적으로 반응하는 모습이 포함되는 것은 또 다른 문제이다."[11]

그런데 이것은 감정주의를 위해 비합리성의 중요성을 강조하기를 원하는 사람들에게 너무 많은 양보를 하는 것 같다. 나는 그 비난이 함축하는 이성의 구성물에 대한 가정에 좀 더 도전해야 한다고 생각한다. 이를 위해 우리는 '규범적 사실들'과 사실/가치 구분에 대한 풋의 모호함을 논의했던 앞 절에서 잘 설명된 추론 방식을 좀 더 진전시켜야 한다. 내가 제안했다시피, 이것은 우리가 인간 욕구라는 객관적 실재를 인식할 수 있으며, 이 욕구를 행동에 나서는 이유로 볼 수 있다는 뜻이다. 이러한 이유들이 이해 가능하고, 평가 가능하고, 무효화 가능하고, 이해관계에서 자유롭고, 설득력이 있을 경우, 그것들은 객관적이며 따라서 합리적 논쟁에서 통용되는 정당한 통화legitimate currency가 된다. 게다가 우리를 도덕에 입각하게 해 줄 궁극적 이유를 제공할 수도 있다.

실제로 그러하다는 것을 입증하기 위해, 도덕법칙이 되게 해 줄 이유로 제시될 수 있도록 감정주의의 기본 원칙을 정식화하는 것이 좋겠다. 내가 할 수 있는 최선의 시도는 다음과 같다.

> 만약 어떤 생명체―목표를 추구할 수 있고, 그것이 의미 있다고 깨달을 수 있거나(있고) 고통과 기쁨을 느낄 수 있는 삶을 영위하는 존재―가 이해관계를 갖고 있다면, 우리는 그 이해관계를 고려하여 타당한 이유 없이 그들을 좌절시키지 않고, 그 이해관계가 필시 그렇게 할 만한 우리의 권한 안에 있을 때는 지원을 꺼리지 않을 이유들을 갖는다.

이것은 우리가 그러한 생명체의 이해관계를 고려할 때 우리가 해야 하는 일이 정확히 무엇인지 구체적으로 명시하지 않는 매우 개괄적인 원칙이다. 따라서 예컨대, 세 사람이 이 원칙에 동의하여 그 결과 우리에게 어떤 가축의 이해관계를 고려해야 할 의무가 있다고 인정할 수 있다. 하지만 누구는 우리가 그 가축을 먹지 않아야 한다고, 다른 사람은 우리가 그것을 잘 사육해야 한다고 결론지을 수 있는 반면, 나머지 한 사람은 우리가 그 가축에게 큰 고통을 주지 않는 한 아무런 잘못도 저지르지는 않는 거라고 말할 수도 있다. 과연 누가 그러한 원칙에 동의할 수 없는지 상상이 안 된다는 바로 그 사실이 일반론 차원에서 그 원칙이 도덕법칙이 되게 해 줄 타당하고 설득력 있는 이

선행의 동기로서 이성

유를 제공한다고 암시한다.

그러한 진술을 이해하는 감정주의의 일반적 방식은 설사 그것이 실제로 사리에 맞다 할지라도, 흄주의적 언어를 사용하자면, 그것을 거부하는 것이 이성에 반하는 것은 아니라고 말하는 것이다. 반대자는 어리석지 않되 몰인정하다. 하지만 성급해서는 안 된다. 물론 우리는 사심 없는 이성만으로 그러한 원칙을 수용하는 사람은 아무도 없으리라는 것을 알 수 있다. 그런데 이성을 객관적인 이성으로 규정할 타당한 근거가 전혀 없다는 것을 이미 확인했다. 만약 합리적이라는 것이 신념을 위한 객관적 이유들을 제시하는 것이라면, 이 감정주의적 입장이 합리적으로 정당화될 수는 없을까?

문제는 어떤 생명체에 이해관계가 있다는 것이 그 이해관계를 고려할 객관적 이유인지, 이해 가능하고, 평가 가능하고, 무효화 가능하고, 이해관계로부터 자유롭고, 설득력 있는 이유인지이다. 다른 사람들과 동물들이 이해관계를 갖는다는 것은 분명히 객관적 사실이다. 여기서 우리는 행복에는 분명 주관적 요소가 있다는 사실로 인해 혼란스러워해서는 안 된다. 주관적 상태에 관한 객관적 진리가 존재한다는 사고에는 아무런 문제가 없다. 가장 분명한 것은, 주관적 상태가 존재한다는 객관적 사실이다. 우리가 이것을 인식하는 것은, 몇몇 주관적 상태는 그것을 경험하는 사람들이 그렇지 않은 사람들보다 더 나으며,

이로써 고통받는 상태보다 나은 상태로 존재하는 데에 관심을 가진다는 것을 객관적 사실로 인정하는 데로 나아가는 작은 발걸음이다. 그러므로 행위자들이 이해관계를 갖는다는 것은 객관적 진리라는 사실을 분명히 해야 한다.

이것은 분명하게 이해할 수 있는 것이다. 설사 우리가 돼지나 달팽이가 이해관계를 갖는다는 것이 무슨 의미인지 이해하기 위해 고심할 수는 있어도, 동료 인간들에 대해서는 별다른 어려움이 없다. 수많은 다른 동물에 관해, 우리는 적어도 그들의 이해관계를 일정 정도는 인식할 수 있고, 불필요한 고통과 괴로움을 피해야 한다는 것은 명명백백하다.

다음으로, 타인들의 이해관계는 어느 정도 평가할 수 있어야 한다. 적절한 건강 상태를 누리는 것, 엄청나게 부유한 것, 어린아이들을 괴롭히는 것에 자신의 이해관계가 걸려 있다고 누군가 주장한다고 생각해 보자. 첫 번째는 거리낄 게 없고 정당한 이해관계라고 판단할 수 있다. 두 번째는 의문의 여지가 있고 확실히 핵심 사항은 아니며, 세 번째는 용납될 수 없고 인간 삶을 효과적으로 영위하는 데 필요하지 않다. 간단히 말해, 이해관계가 있다는 주장은 우리가 액면 그대로 받아들여야 하는 것이 아니다. 우리는 그런 주장을 평가할 수 있고, 또 평가해야 한다.

셋째, 사람들이 무엇에 이해관계를 갖는다는 인식은 무효화

선행의 동기로서 이성

될 수 있다. 예컨대 보통, 사람은 계속 살아 나가는 데에 이해관계를 갖는 것을 당연시하지만, 삶의 질이 형편없고 개선될 희망이 없을 때, 우리 대부분은 이 이해관계를 더는 중요시하지 않으며 심지어 존재하지 않는다고 인정한다. 또 다른 사례를 보자면, 역사적으로 사람들은 우리가 신적 구원에 이해관계를 갖는다고 믿어 왔는데 이제는 많이 사람이 그 생각을 거부한다.

이러한 이해관계들이 상대적 의미로 이해관계에서 자유롭다는 생각이 모순어법으로 보일지는 몰라도, 내가 설명했다시피, 엄밀한 의미에서 이것은 옳다. 무엇이 어떤 행위자의 이해관계인지 합리적 판단을 하기 위해, 우리 자신의 이해관계를 한옆으로 밀쳐놓을 필요가 있다. 다시 말해, 다른 사람의 이해관계의 온당함에 대한 판단은 우리 자신의 이해관계에 영향을 받아서는 안 되며, 그런 의미에서 그것은 이해관계에서 자유롭다.

우리가 내디뎌야 하는 마지막 발걸음은 이러한 객관적 이유들이 결국 어떤 행위자의 이해관계를 고려해야 할 설득력 있는 이유가 됨을 입증하는 것이다. 우리가 여기서 기대하는 설득력은 심리적인 것이 아니라 내가 합리적이라고 부른 것이다. 다시 말해, 심리적인 것은 이유들의 영향력을 느끼는 것이지, 그 이유들에 따라 반드시 행동에 나설 수밖에 없다고 느끼는 것은 아니다. 이 경우, 타인들이 이해관계를 갖는다고 인식하는 것은 우리가 그것을 고려해야 하는 설득력 있는 이유일 것 같다. 그 이해관계가 우리로 하여금 행동에 나서게 할 만큼의 심리적 영향력 여부와 무관하게 말이다. 이전 예시로 되돌아가자면, 누군가는 공장식 축산 동물의 고기를 섭취하지 않아야 한다는 주장에서 도덕적 영향력을 느끼면서도 그로 인해 행동에 나서야 한다고 느끼지 않을 수도 있다.

많은 이들이 여기에 만족스러워하지 않는다. 왜냐하면 이것이 합리적으로 엮이지 않은 일종의 강요이기 때문이다. 이는 크리스틴 코스가드Christine Korsgaard가 "규범적 질문"이라 부르는 것의 핵심이다. "우리가 어떤 것이 옳다고 믿고 싶어질 때"라고 그녀는 말한다. "그리고 어느 정도 그것을 하고 싶은 마음이 들 때조차, 여전히 '그러나 이것이 정말 옳을까?' 그리고 '정말로 내가 이것을 해야 할까?'라고 물을 수 있다."[12] 그런데 우리는 왜 타당한 도덕적 이유들만은 상상 가능한 모든 합리적 논쟁을 넘어서 있기를 기대하거나 요구할까? 이것은 그야말로 너무 높은 요구이다. 윌리엄스는 "그들이 문을 부수고, 교수의 안경을 박살 내고, 그를 데려갈 때, 자신이 정당하다는 그 교수의 변명은 무엇일까?"라고 수사적 질문을 던지며 그런 일을 벌인 사람들을 조롱했다.[13] 만약 그 교수가 자신을 습격한 자들을 논증으로 제지할 수 있다고 생각한다면, 그는 바보다. 도덕적 이유들은 강제력이 매우 클 수 있지만, 이 강제력이 절대적이어야 하는 것은 아니다. 결국, 2+2=4를 인정하라는 강제 또한 절대적

선행의 동기로서 이성

이지 않다. 데카르트가 주장했다시피, 우리는 때론 꿈속에서 어리석은 짓을 분명히 옳다고 여기고, 그렇기에 우리가 기초 수학조차 틀릴지 모른다는 사소한 의심을 품을 수도 있다는 것을 스스로 잘 알고 있다.

하지만 도덕적 이유들이 갖는 강력한 본성은 실제로 매우 강해서 2+2=4를 인정하라는 강제와 훨씬 더 유사하다. 우리는 2+2=4라는 논증의 영향력을 전혀 느끼지 않는 어떤 사람들을 분명히 상상할 수 있다. 수학 논쟁에서는, 이 무지가 그들이 논리적 단계를 따라가는 것조차 가능하지 않은 희귀한 인지 장애를 암시할 수 있다. 도덕 논쟁에서 그에 상응하는 것은 정신 이상과 같은 인지 장애일 수 있는데, 그것은 사람들로 하여금 타인의 이해관계에 무관심하게 만든다. 두 경우 모두, 더 이상의 논쟁은 무익하다. 우리는 반대자들이 보지 못하는 근본적인 뭔가가 있다고 주장해야만 할 것이다. 수학을 할 수 있는 능력은 누구나 갖고 있는 능력이 아닌 인지 능력 보유 여부에 달렸다는 것을 우리가 인정하는 것과 마찬가지로, 충분히 도덕적일 수 있는 능력이 일부에게는 결여된 인지 능력을 필요로 한다는 사실을 인정해야 한다.

때로는 어떤 논증의 영향력의 진가를 인지하지 못해 이해력이 교정될 기회를 놓치기도 한다. 예컨대, 나는 2+2=4가 참이 아닐 수도 있다고 진심으로 주장하는 학생들을 본 적이 있는

데, 그들은 그 부호들이 동일한 의미를 지니지 않는 다른 세계를 상상하거나, 우리가 왜 그것이 반드시 참은 아니어도 되는지를 알지 못하는 어떤 이유가 있을 수 있다는 순전히 가설에 근거한 가능성을 고려하고 있었다. 첫 번째 유형의 반대는 핵심을 놓치고 있는 반면 (우리가 사실상 정의된 대로 이 부호들에 대해 사고하고 있으므로), 두 번째는 어떠한 합리적 주장에도 붙따라야 하는 무효화 가능성 조항일 뿐이다. 그 학생들은 급진적 회의주의에 결정적 답변이란 없다는 사실을 인정해야 한다. 우리가 가질 수 있는 최고의 확실성은 우리가 참이라고 간주하는 것들이 어떻게 온당하게 그 반대로도 생각될 수 있는지 분명히 표현할 수 없다는 것이다.

행위자의 이해관계를 고려해야 한다는 논증에서 어떠한 합리적 영향력도 인식하지 못하는 사람들의 사례에서, 나는 이것이 합리적으로 설득력을 갖는 이유들은 사심 없는 것들일 수밖에 없다는, 버리기 힘든 가설을 반영하는 것은 아닌가 생각한다. 많은 사람이 이 가설을 옹호하고 싶어 한다. 왜냐하면 그러지 않을 경우 욕망과 감정이 이성의 영역에 받아들여질 것이고 그렇게 되면 합리적인 것과 불합리한 것을 분간할 아무런 기준도 없이 남겨질 자신들이 두렵기 때문이다. 모든 것은 지나간다. 하지만 불행의 구렁텅이로 빠지는 길에 대한 망령을 되살리는 것은 적절하지 않다. 미끄러져 내려갈 수밖에 없는 이유를

선행의 동기로서 이성

제시해야 하기 때문인데, 그런 사례는 없다.

반면에, 그 반대 사례는 가능하다. 우리의 도덕적 공감에서 비롯하는, 타인들이 이해관계를 갖는다는 인식은 도덕에 진정으로 합리적인 기반을 제공한다. 왜냐하면 그것이 도덕적으로 행동해야 할 일련의 객관적 이유들을 제시하기 때문이다. 토머스 마이클 스캔런Thomas Michael Scanlon이 썼다시피, "어떤 특정한 방식으로 행동에 나서게 하고 그것을 하고 싶은 마음이 생기게 하는 타당한 이유로서 무언가를 간주하는 것은 논리의 문제가 아니"라 "합리성의 문제이다."¹⁴ 이것은 대부분 사람이 인식하지 못하는데, 우리가 합리성에 대한 잘못된 관점, 이성을 너무 협소하게 이해하는 관점으로 작업해 왔기 때문이다. 실제로 우리에게는 잘못된 선택이 제시되었다. 칸트는 "의무감의 근거는 …… 인간의 본성이나 인간이 놓인 세계의 환경에서가 아니라 그야말로 순수이성의 개념 속에서 선험적으로 추구되어야 한다"고 믿는 선택을 제시한 반면, 흄은 우리로 하여금 "이성은 정념passion의 노예이고 오로지 노예여야 한다"고 믿게 했다. 여기서 결함은 '선험적인 순수이성'—내가 사심 없는 이성이라 부르는 것의 부분집합—이 진짜 이성의 유일한 형태라고 가정하는 것이다. 예컨대, 흄은 결과에서 원인으로 거슬러 올라가는a posteriori 귀납적 방식으로 아름답게 추론하면서 이것이 참이 아님을 입증했다. 하지만 그가 이성에 대해 이야기할 때,

그는 종종 그것이 어김없이 그리고 오로지 선험적인 순수이성인 것처럼 말하곤 했다. 이것은 어설프다. 블랙번이 말하듯, 흄의 도덕 이론에 대한 좀 더 정확한 설명은 이성을 선험적인 것에 한정하지 않는다. "우리가 타인들에게 의문을 제기하거나 그들을 비판하기 위해 일정한 우려를 표현할 때", 블랙번은 이어 말한다. "우리가 그 과정을 추론의 하나로 묘사하지 못하게 막는 것은 아무것도 없다."[15] 사태를 바로잡자면, "이성은 정념의 노예이고 오로지 노예여야 한다"가 아니라, 냉철한 사고 작용 cogitations뿐 아니라 정념 또한 이유들을 제시한다.

5.
일관성에 대한 요구

가장 단호하게 합리성과 거리를 둔 것이 아닌 한 거의 모든 도덕이 이성의 요구the claims of reason를 적용받는 점이 최소한 한 가지는 있다. 우리 대부분이 도덕적 판단이 일관되어야 할 필요성을 인정한다. 만약 내가 고기를 먹는 것이 잘못된 일이라고 주장하고서는 순록 버거를 열심히 먹는다면 나는 위선자가 된다. 말과 행동이 일관되지 않는 사람을 우리는 위선자라 부른다.

왜 일관성이 윤리와 결부되지 않을 때에도 늘 특별한 유형의

선행의 동기로서 이성

규범적 힘을 갖는지에 대해 9장에서 좀 더 이야기할 것이다. 도덕의 영역에서, 우리는 일관성의 요구가 '당위'의 속성에서 자연스럽게 비롯된 것이라고 볼 수 있다. 누군가가 무엇을 해야 한다고 말하는 것은, 특정한 방식으로 행동하거나, 혹은 특정한 방식으로 행동하지 않도록 억제하는, 설사 아무리 약하더라도 우리에게 어떤 유형의 요구를 하는 이유들이 존재한다고 말하는 것이다. 외부의 요구에 대한 의식 없이, 당위는 결코 존재할 수 없다. 이것은 미묘한 철학적 의미point가 아니라, 분명한 언어학적 의미다. '당신은 그것을 해야만 해. 그러나 당신이 하지 않아도 아무 상관이 없어'라고 말하는 것은 이치에 맞지 않는다.

때로 우리는 실제로 이렇게 말하기도 하지만, 그럴 때 우리가 말하는 바 그대로를 의도하지는 않는다. 그러한 상황 중 하나가, 책임이 매우 약하고 실행하기가 상대적으로 힘들 때인데, 그 결과 우리는 설사 행하지 않더라도 괴롭게 느끼지는 않는다. 예컨대, 등산을 마칠 때 산에서 쓰레기를 가져와야 한다고 생각할 수 있지만, 부상당한 동료를 옮기는 것을 도와야 하기 때문에 도리에 맞게 그리하지 못한다. 엄격히 말해서, 그러한 경우에 우리는 정상적으로는 반드시 해야 하는 일이 있지만 특별한 상황에서는 우리의 책임이 가벼워진다고 믿는다.

다른 경우는, 우리가 진심으로 지지할 수 없는 관례에서 의무감이 발생한다고 여길 때이다. 예컨대 우리가 '당신은 감사 카드를 보내야 해'라고 말해도 당신이 의무가 있다고 진심으로 생각하는 것은 아니며, 여기서 우리는 그것이 사회적 기대에 불과하다는 사실을 그야말로 인정한다.

하지만 우리가 '당위'를 진심으로 말할 때는, 그와 동시에 유사한 상황에서 타인들이 똑같이 해야 한다고 말할 수밖에 없다. 이는 주관주의자를 비롯해 여타 도덕 회의주의자를 제외한 거의 모든 도덕 이론가들이 수용해 온 보편적 가능성의 기본 원칙이다. 심지어 도덕적 특수주의자도 그것을 완전히 거부할 필요는 없다. 특수주의는 보편적 도덕법칙이란 존재하지 않으며, 그러므로 도덕적으로 행동하는 것은 그러한 원칙들을 따르는 문제가 아니라는 주장이다. 각각의 상황이 너무 독특하기 때문에 원칙은 쓸모없다. 하지만 이 관점에서조차, 만약 동일한 지식을 갖추고 동일한 딜레마에 직면한, 정확히 동일한 상황에 놓인 두 사람을 상상해야 한다면—그리고 하나의 행동 과정이 첫 번째 사람에게 옳을 거라고 생각해야 한다면—대부분의 특수주의자들도 그 과정이 두 번째 사람에게도 역시 옳을 거라고 받아들일 것이다. 특수주의자들에게 핵심은, 두 상황이 같다면 우리가 정당하게 일관성을 갖지 않아도 된다는 것이 아니라, 현실 세계에서는 두 상황이 모든 면에서 정확히 같지 않다는 것이다.

선행의 동기로서 이성

이렇듯 우리는 일관성이 윤리에 중요한 이유, 일관되는지 아닌지를 판단하는 데서 이성이 중요한 역할을 한다는 것을 알 수 있다. 하지만 설사 일관성이 하나의 가치라 할지라도, 가장 중요한 가치는 아니다. 그 이유를 알려면, 다음 사고실험을 참작하기 바란다.

나는 런던 전체와 그곳에 있는 모든 사람을 파멸시킬 버튼을 눌러야 한다는, 합리적으로 설득력 있는 논증을 제시하는 매우 재치 있는 사람을 만났다. 더구나 나는 한시라도 빨리 버튼을 눌러야 한다. 그는 내게는 반론의 여지가 없어 보이는 전제들에서, 타당해 보이는 단계들을 거쳐, 내가 혐오스럽게 여기는 결론으로 나아간다. 그 논증에서 잘못된 것을 알아내려고 기를 쓰지만, 나는 할 수가 없다. 이는 버튼 누르기를 거부할 경우, 내가 일관되지 않게 행동하고 있다는 것을 의미한다. 나는 그 논증의 온당함을 부정할 수 없지만 그에 반해 행동하고 있다. 그러한 상황에서, 나는 버튼을 눌러야 할까 아니면 누르지 말아야 할까?

나는 답은 아니오라고 생각한다. 나는 좀 더 광의의 일관성에 호소함으로써 이 답을 주장할 수 있다. 논증들이 내적으로 일관되지 않는다는 것을 의미하는 합리성의 전체론이 있다고 내가 첫 장에서 주장했다시피, 논증들은 좀 더 광의의 신념망에서도 일관되어야 한다. 그렇기에 나는 그 논증을 기각할 내 이유들을 논증할 수 있는데, 설사 내가 결함을 찾아내지 못한다 해도, 그 논증은 내가 정당하다고 받아들일 더 강하고 더 타당하게 확립된 이유들이 포함된 좀 더 광의의 신념망에서는 일관되지 않는다는 것이다.

하지만 나의 사고실험은 이것을 계산에 넣을 수 없다. 나는 이러한 비일관성들의 실체가 무엇인지 입증하려 하지만 내가 알 수 있는 것은 오로지 내 앞에 있는 그 사악한 천재가 그러한 결정을 할 수 있다는 것뿐이다. 나는 이제 버튼을 눌러야 할까?

여전히 나는 그렇지 않다고 생각한다. 만약 그러한 시나리오가 가능하다면, 둘 중 하나는 참이어야 한다. 첫 번째는 내가 아직 식별하지 못한 그 논증에 어떤 결함이 있다는 것이다. 하지만 이 판단은 확실한 추론과 논증에 바탕을 둔 것이 아니라는 점을 주의하라. 나는 나의 추론하는 정신이 옳다고 알려 주는 것을 억누르기 위해 내가 느끼기에 옳을 리 없는 직관적 감각을 허용한다. 따라서 설사 내가 궁극적으로 행동해야 할 옳은 길은 합리적으로 일관된다고 밝혀질 거라는 나의 신념을 스스로 훼손하고 있다 할지라도, 나는 그 판단의 근거를 합리적으로 일관된 논증에 두지 않는다.

이것은 기이한 상황이다. 실제로, 나는 일관성의 원칙을 옹호하면서도 그것을 따르고 있지는 않다. 왜 그런 것일까? 일관되고 정확하게 추론할 수 있는지 우리 능력에 의혹을 품을 만

선행의 동기로서 이성

한 매우 타당한 근거들을 갖고 있기 때문이다. 우리가 불완전한 추론가들이라는 것을 알기에, 우리는 이성이 우리에게 요구하는 것처럼 보이는 것을 늘 무의식적으로 추종해서는 안 된다. 이것은 신God의 의지를 따른다는 신학의 문제와 유사하다. 신앙을 가진 자는 신이 명하는 대로 해야 한다고 믿으면서도 신의 의지라고 자신들에게 제시되는 어떤 것들은 기꺼이 하려 하지 않는다. 인간이기에, 그것을 잘못 해석할 수 있다는 것을 알기 때문이다. 이것은 아브라함과 이삭의 이야기에 대한 쇠렌 오뷔에 키르케고르Søren Aabye Kierkegaard의 개작인 『두려움과 떨림 Fear and Trembling』의 핵심 내용이다. 하느님이 아브라함에게 그의 외아들을 희생시키라고 명령하는 것이 우리에게 분명해 보이지만, 만약 당신이 아브라함이라면, 하느님이 정말로 그것을 요구하는지 확신할 수 없다고 깨닫게 될 것이다. 어쩌면 당신은 하느님으로 위장한 악마에게 속고 있을지도 모르고, 혹은 우디 앨런Woody Allen이 말했다시피, 당신이 참으로 선한 사람인지 아니면 그야말로 "아무리 터무니없을지라도 낭랑하게 울리는 잘 조절된 음성에서 나오기만 하면 무슨 명령이든 따를" 용의가 있는 사람에 불과한지 보려고 하느님이 당신을 시험하고 있을 수도 있다.[16]

합리성은 대체로 신념과, 그리고 매우 타당한 이유와 뚜렷한 차이를 보인다. 그런데 그것은 우리가 믿는 것이 그저 빈약한 추론의 결과에 불과한 게 아니라 이성이 실제로 요구하는 것이 분명하다는 신념의 형태를 취한다. 합리적**인 것**과 합리적인 것 **처럼 보이는 것**에는 차이가 있고, 사람들이 후자를 전자라고 여기는 경우는 너무 흔하다. 이 차이는 이성의 힘에 대한 회의주의를, 그 힘을 이용할 수 있는 우리 능력에 관한 회의주의를 전혀 필요로 하지 않는다. 원칙적으로 일관성에 대한 요구가 절대적이라고 받아들이면서도, 모든 것을 감안할 때, 우리가 정확히 일관된 것에 대한 믿을 만한 심판자들은 아니므로, 우리는 어쩔 수 없이 늘 일관된 것처럼 보이게 행동하지도 않고 명백히 일관된 신념을 옹호하지도 않는다.

하지만 우리가 한 도시 전체를 파괴할 수 있는, 겉보기에는 일관된 상황을 받아들이지 않을 수도 있는 두 번째 이유가 있으니, 일관성이 결코 도덕의 불가침의 원칙이 아니라는 것이 밝혀진다. 물론 이 사고실험은 존재하지 않는 논증에 의거하고, 따라서 우리는 그럴 수 없다고 정당하게 의심할 것이다. 그럼에도 우리의 핵심이 어디에 있는지 인식하는 것이 중요하다고 생각한다. 나로서는, 만약 최소한 아주 확실하게 더 큰 이점도 없는 대량 살육을 예방하라는 요구와 일관성에 대한 요구가 충돌한다면, 포기해야 할 것은 일관성이라고 말하는 데 망설일 이유가 없다.

하지만 아무리 가설 상황이라 해도, 이런 식으로 판단하는

　　　　　　　　　　　선행의 동기로서 이성

것은 내가 1장에서 묘사한 기반, 즉 우리의 모든 타인을 단단히 묶어 주는 핵심 신념을 찾는 데 중요하다. 예컨대 창조론이 과학과 조화를 이룬다고 주장하는 기독교인들이, 만약 선택할 수밖에 없다면, 성경과 과학 중에 결정할지 안 할지 인식하는 것은 중요하다. 그 인식은 그 어떤 주장도 과학을 따르리라는 진실에 대한 시험이다. 유사하게, 나는 대량 살육을 피하는 것과 일관성의 경쟁에서 우리의 도덕이 합리적으로 일관성을 갖기를 바라지만, 도덕의 리트머스 시험은 일관성이 아니라 도덕 감정, 필요 이상의 해를 가하지 않으려는 욕망이다. 우리는 일관성을 추구하면서도 남부끄럽잖음을 더 원한다. 하나를 선택할 필요가 없기를 바라지만, 만약 그래야 한다면 우리가 버리게 될 것은 일관성이라고 믿는다.

이렇게 하는 것이 이성을 저버리는 것만은 아닌 이유는, 원칙적으로 이성이 절대적 일관성에 묶일 필요가 없기 때문이다. 이 경우, 우리는 객관적 이성의 두 가지 경합하는 집합을 갖게 될 것이다. 도시 전체를 파괴하지 않기 위해 일관성을 잃은 집합과 도시 파괴를 우리에게 요구하는 일관된 집합 말이다. 지금껏 우리는 (적어도 거의) 어김없이 일관된 이성의 집합이 좀 더 설득력 있다고 알고 있었기 때문에, 이 시나리오는 상상하기 힘들다. 하지만 만약 그런 상황이 발생할 수밖에 없다면, 일관된 신념이 언제나 가장 합리적인 설득은 아니라는 결론을 내릴 필요가 있다. 우리가 이 결론에 도달해야 한다고 생각하지는 않지만, 그럼에도 그것의 논리적 가능성conceivability을 인식하는 것이 중요하다는 사실을 다시 강조해야겠다.

본질적으로, 이것은 윤리의 합리성과 관련하여 가장 중요하면서도 간과되는 요점이다. 칸트주의자들과 감정주의자들 사이의 전통적 논쟁은, 합리적이려면 도덕은 사심 없는 이성의 선험적 원칙에 기반을 두어야 한다는 가정에 입각해 있다. 이것은 틀렸다. 만약 우리가 적절하게 보편적인 방식으로 합리성의 의미를 이해한다면, 우리는 그것이 신념을 위한 이유들을 제공하는 문제이고, 그 이유들의 원천이 논리적 혹은 과학적 사실들의 선험적 원칙에 국한되지 않음을 알 수 있다. 일단 우리가 그것을 받아들이고 나면, 설사 순수이성을 바탕으로 윤리를 확립하는 칸트주의 기획이 불운한 운명에 처한다 할지라도, 이성은 여전히 도덕성의 중심에 놓여 있음을 알 수 있다.

8장

과학주의

합리적인 것을 옹호하는 사람들은, 특히 공교롭게도 그들이 과학자들일 때는, 종종 스스로 자신에게 최악의 적이 된다. 그들은 이성이 성취할 수 있는 것을 과도하게 주장할 뿐더러, 이성이 영향을 미치는 것에 대한 지나치게 협소한 이해에 기초해서 종종 그렇게 하는데, 그것은 기본적으로 증거 중심의 경험주의 그 이상도 이하도 아니다. 그 결과는 대단히 부당한 지적 토지 수탈인데, 그 안에서는 모든 의미 있는 담론이 과학이라고 주장되고 그 외 다른 것은 쓸모없는 것으로 완전히 소탕된다. 이것이 과학주의이다. 과학주의는 유일하게 정당한 형태의 이해란 과학적인 것이고 과학적 탐구 방법론으로 받아들여지지 않는 것은 무엇이건 근거 없고 의미 없다는 신념이다.

이런 지적 제국주의의 잘 알려진 최근 사례 하나가 샘 해리스Sam Harris의 책 『도덕의 전망The Moral Landscape』으로, 그 책의 부제가 말하듯, 그는 "과학이 인간의 가치를 판단할 수 있다"고 주장한다. 해리스는 도덕성이 칸트가 믿었듯 선험적으로 엄격하게 합리적 기반에서 주어지는 것이 아니라, 과학적 지식에 기반을 두고 귀납적으로 주어진다고 주장한다. 『도덕의 전망』의 최고 가치는 윤리에 대한 과학적 접근법의 가장 분명한 표현의 하나라는 점인데, 거슬리는 표현이 종종 덜하다.

나의 반대 의견을 해리스에게 전하기 위해 캘리포니아의 그의 집 근처에서 만날 기회를 가졌다. 그의 대답을 듣고 나서도, 나는 여전히 그의 기획이 실패라고 확신한다. 왜 그러한가를 이해하는 것은 과학의 한계를 좀 더 보편적으로 이해하는 데 중요하다.

1.
도덕의 과학적 근거

해리스는 내게 자기 책의 핵심 주장을 요약해 주었다. "우리는 도덕에 인간의 안녕well-being과 관련된 무언가가 있다는 것을 알고 있고, 인간의 안녕은 두뇌의 생리 작용에서 출발하고, 그러므로 두뇌에 실제로 적용되는 어떤 정신물리학적 법칙에건 얽매일 수밖에 없다는 것을 우리가 잘 알고 있기에, 그것이 잠재적으로 과학의 틀 안에 있다는 것 또한 잘 안다." 이것은 매우 도움이 되는 요약인데, 왜냐하면 그것이 해리스의 논증의 모든 핵심을 정확하게 포착하고, 문제가 되는 지

선행의 동기로서 이성

점도 가리키고 있기 때문이다.

그 주장에서 시작해 보자. "우리는 도덕에 인간의 안녕과 관련된 무언가가 있다는 것을 알고 있다." 이것은 논란의 여지가 전혀 없는 것은 아니지만, 도덕이 직접적이건 간접적이건 지각 있는 생명체의 안녕과 관련된다고 대부분의 윤리학자들이 말하리라는 점은 타당해 보인다. 오로지 암석으로만 이루어진 우주에는 옳은 것도 그른 것도 없을 것이다. 그렇다 해도 여기서 핵심 문구는 "관련된 무언가"이다. 그 "무언가"가 무엇인지에 대해서는 의견 차이가 많다. 안녕의 극대화에 관한 것인가 아니면 단지 다른 방법으로 그것을 고려하는 것인가? 안녕은 우리가 좋아하는 것을 추구할 수 있는 능력, 행복에 관한 것인가, 아니면 다른 무엇인가? 이러한 문제에 관한 보편적 동의 같은 것은 없으며, 과학은 확실히 그 논쟁을 해결할 수 없다. 예컨대 과학은 우리가 행복을 추구해야 할지, 탁월함excellence을 추구해야 할지 알려 줄 수 없으며, 솔직히 말하면, 어떻게 과학이 그렇게 할 수 있다는 것인지 상상도 안 된다.

두 번째 핵심 주장은, "인간의 안녕은 두뇌의 생리 작용에서 출발하고, 그러므로 두뇌에 실제로 적용되는 어떤 정신물리학적 법칙에건 얽매일 수밖에 없다는 것을 우리가 잘 알고 있기에, 그것이 잠재적으로 과학의 틀 안에 있다는 것 또한 잘 안다"이다. 여기서 마지막 문구가 중요하다. 물론 과학은 인간의 안녕에 수반된 많은 것에 대해 알려 주는 것이 많다. 예컨대 과학은 우리에게 고통과 스트레스, 기쁨, 그 외에도 수많은 것에 대해 알려 줄 수 있다. 그것은 우리가 인간과 동물의 복지를 개선할 방법을 찾는 과정에 과학이 이바지할 수 있다는 의미이다. '부모는 아이들을 어떻게 키워야 할까?'처럼, 엄밀히 도덕적이고 가치 판단이 따르는 물음에 관한 해리스의 예시를 보자. 이 물음에 답하는 일은 "아동 발달, 건강한 정서적 삶, 건강한 인지, 그리고 아이들이 능력 있는 성인이 되기 위해 갖추게 될 것들"에 대한 지식을 요구하고, "거기에 알려지기를 기다리는 과학적 진실이 있다." 하지만 다시, 이것은 과학적 지식이 윤리학을 **결정할** 수 있다는 것이 아니라, 윤리학에 **영향을 미칠** 수 있다는 것을 의미할 뿐이다. 유사하게, 우리는 왜 비통함이 매우 기분 나쁘게 느껴지는지 신경과학적 관점에서 배울 수 있지만, 사랑에 마음을 열어 놓음으로써 그 대가를 치르는 위험을 감수할 만한지를 신경과학이 알려 주지는 않는다.

해리스는 계속해서 말한다. "과학적 관점에서 볼 때 특정한 존재 방식들이 정말 나쁘다는 것을 알게 되어, 정신 건강, 사회적 건강, 각 사회들의 건강이라는 관점에서 말하게 된 지금, 우리는 인간의 번영에 대해 충분히 알고 있다." 여기서 다시 진실은 해리스가 그러리라고 간주하는 것보다 훨씬 더 제한적이라는 것이다. 비록 논란의 여지가 없지는 않으나, 대부분의 합리

선행의 동기로서 이성

적인 사람들은 충족되어야 할 더 큰 요구가 없는데도 고통스러워하고 스트레스를 받고 몹시 우울해하는 것은 그야말로 좋지 않다고 보는 데 의견이 일치하는 것 같다. 이 세 가지는 잘 살아갈 수 있는 유기체의 역량을 저해하기 때문에 "과학적 관점"에서 볼 때 좋지 않다. 동물의 경우를 봐도 알 수 있다. 엄청난 충격을 받았거나 구타를 경험한 개는 스트레스와 불안 증세를 보이고 그 결과 스스로를 돌보는 능력이 떨어진다. 이것은 생물학적 관점, 따라서 과학적 관점에서 '좋지 않다.'

그러나 옳은지 그른지 과학이 모든 것을 판단할 수 있다는 과학적 관점으로부터 어떤 것들은 객관적으로 볼 때 좋지 않다는 사실이 간단히 도출되지는 않는다. 예컨대, 푸시핀(16세기부터 19세기까지 유행했던 어린이용 게임. 판을 두드려 자신의 핀이 상대방의 핀을 뛰어 넘으면 이기는 게임이다.-옮긴이) 같은 단순한 게임이 주는 즐거움이 쇼팽을 연주하면서 얻는 즐거움만큼의 큰 가치를 갖는지에 관해 밀과 제러미 벤담Jeremy Bentham 사이에 오간 오랜 논쟁을 보자. 과학은 이 논쟁을 해결할 수 없다. 신경학적 관점에서 각각이 주는 즐거움의 정도와 유형을 식별하기 어렵다(사실이 그러한지 의심스럽지만)고 밝혀졌다 해도, 가치에 대한 최종 결정권자가 뇌의 상태라고 판단한 경우에야 그 논쟁이 겨우 해결된다. 그리고 그것은 과학적 판단이 아니라 도덕적 판단일 것이다. 설사 원칙상일지라도, 어떻게 하여 뇌 상태를 살펴

봄으로써 우리가 가치의 우선순위를 정하는 방법을 알게 되는지 그 이유를 설명해 줄 능력을 가진 사람은 지금껏 없었다.

이 결함에 관해 해리스가 설명하는 방식은, 그것은 중요하지 않다고 주장하는 것이다.

> 우리가 실질적 대답과 원칙적 대답의 차이를 구분해야 하기 때문이다. 과학적으로 제대로 제시된 문제들이 문자 그대로 무수히 존재하고, 그에 대해 옳거나 그른 답변들이 존재하며, 우리는 그것을 결코 알지 못할 거라는 사실을 잘 알고 있다. 만약 내가 당신에게 지금 이 순간 얼마나 많은 새가 지구 위를 날고 있는지 묻는다면, 그에 대해 구체적인 숫자로 나타낸 답이 있다는 것을 알고 있고, 그것을 모른다는 것을 알고 있으며, 앞으로도 결코 알지 못할 것이라는 것을 알고 있고, 15라는 숫자는 아니라는 것을 알고 있다. 하나하나가 다루기 힘든, 인간의 안녕에 관한 수많은 질문이 의심할 여지없이 존재하지만, 만약 우리가 수학을 할 수 있고 데이터를 구할 수 있다면 우리는 정답을 찾게 될 것이다. 하지만 그렇게 하는 것은 쓸모가 없다. 안녕에 대한 과학적 이해는 두뇌가 얼마나 정교한지, 그리고 우리의 주관에 영향을 미치는 것들의 숫자를 고려할 때, 그보다 더 복잡할 수는 없다.

선행의 동기로서 이성

이것은 각기 다른 구성 요소들 사이의 양적인 차이는 물론 질적인 차이까지도 고려한, 원론적이긴 하나 얻기는 힘든 안녕 측정법이 있다는 신념을 표현한 것으로, 좋은 인상을 주려는 불필요한 언동 같다. 거기엔 어떤 유형의 안녕을 증대하기 위해 불가피한 거래도 당연히 포함된다. 이것이 원칙상으로는 계산 가능할지라도 실제로는 너무 복잡하다고 말하는 것은 대담한 주장으로 보인다. 설사 사실이라 해도 소용없다. 과학이 '인간의 가치를 판단'할 수 있다는 주장은, 이 판단에 실제로는 측정 불가능한 '원론적인' 측정법이 필요한 경우, 공허할 뿐이다.

안녕이 중심이 된 도덕을 과학으로 환원하려는 시도에 담긴 근본적 문제는 우리가 '안녕'이라 여기는 것이 간단한 생물학적 범주가 아니라는 점이다. 역사적으로 사람들은 특정한 목표들을 달성하고자 고통, 불행, 자기희생을 선택해 왔다. 많은 사람이 수치스러운 삶보다는 죽음이 더 낫다고 할 것이다. 이것은 순수하게 생물학적인 관점에서는 아무런 의미가 없지만, 인간적 관점에서는 완벽하게 의미가 통한다.

뇌 주사 사진brain scan이 우리에게 어떤 형태의 삶이 도덕적으로 나은지 보여 줄 수 있다는 생각은 어리석다. 왜냐하면 뇌 주사 사진은 가치중립적이기 때문이다. 뇌 주사 사진들이 특정한 어떤 경험은 더 강렬하다거나 더 오래 영향을 미친다거나와 같은 몇 가지를 알려 줄 수는 있지만, 그 경험이 유기체의 육체적 건강을 활성화하는지 안 하는지에 관한 협의의 차원이 아닌, 그 경험이 좋은지 그렇지 않은지는 말해 주지 못한다.

해리스가 말하는 유형의 과학적 도덕이 내게는 한심할 정도로 부적절해 보인다. 그렇지만 무엇이 그 같은 입장을 갖도록 동기부여를 하는지는 알 수 있다. 많은 사람에게 윤리는 좌절감을 느끼게 할 만큼 주관적으로 보인다. 사람들은 윤리에 객관적 근거가 명백하게 부재하다는 사실에 불만을 갖는다. 그런 이유로 해리스는 말한다. "무언가가 틀렸다는 것이 진정으로 참이라고 말하는 것은 어떤 의미인가? 만약 거기서 당신이 다그친다면, 당신은 결국 과학의 범위 안에 드는 어떤 진리─우리 세계에 관한 무언가가 있다 혹은 진리 주장의 가능성을 허용하는 인간 행복의 전망이 있다─로 요약 설명해야 하고, 그러지 않으면 당신은 선호를 갖는 상태로 남을 뿐인데, 이는 우리가 그것을 싫어하거나 대부분의 사람이 그것을 싫어한다는 바로 그 이유 때문에 틀렸다고 하는 것이다."

하지만 그의 말은 이성과 윤리의 본질을 근본적으로 오해하는 잘못된 이분법이다. 내가 계속 주장하다시피, 우리는 객관적이고 반론의 여지가 없는 사실과 한낱 의견에 불과한 것 사이에서 선택해야 하는 것이 아니다. 세계관, 가치, 신념은 **대략** 합리적일 수도, **대략** 객관적일 수도 있다. 우리가 앞 장에서 보았다시피, 이 점은 윤리에서도 참이다. 도덕의 원칙이 과학의 원칙과 동일한 지위를 갖지 않는다는 사실은 그것이 배보다는 딸기에 대한 선호가 아닌 것처럼 합리적인 정밀 조사의 승인을 요하는 것도 아니다.

해리스는 과학을 도덕의 기반으로 선택했는데, 그 이유로 대안이 너무 얄팍하다는 점을 들었다. 그러나 과학과 대비했을 때 그에게는 모든 게 너무 얄팍하다. 밀처럼, 해리스도 윤리를 증진하는 법은 윤리를 더 과학처럼 만드는 것이라고 생각한다. 밀은 1872년에 이렇게 썼다. "퇴보하는 도덕과학의 상태는 정당하게 확장되고 일반화된 자연과학의 방법론을 적용함으로써만 개선될 수 있다."[1] 내가 해리스에게 도덕철학이 연금술의 길을 가게 되어 과학이 대체할 거라고 생각하는지 물었을 때 들은 대답은 바로 이것이다.

> 긍정이기도 부정이기도 하다. 나는 철학을 기본적으로 과학의 자궁이라고 본다. 어떤 질문이 실험으로 다루거나 정량화하기 쉽지 않고, 우리가 무언가를 탁상공론식으로만 이론화할 때면, 늘 그것은 정확히 철학의 영역에 있다. 하지만 당신이 실험을 하고 데이터를 얻는 순간, 이제 당신은 과학이라는 게임을 하고 있다. 하지만 철학과 과학의 경계는 결코 분명하지 않다. 어떤 과학에서도 어김없이 철학적 가정들이 암묵적으로 상정되고, 모든 사람이 동일한 데이터에 접근하기

때문에 과학상의 의견 차이는 순전히 철학적 확신의 문제인 경우가 많은데, 따라서 나는 철학과 과학 사이에 뚜렷한 구분은 없다고 생각한다. 따라서 도덕철학과 도덕과학 사이에도 뚜렷한 구분은 없을 거라고 생각한다. 하지만 당신이 데이터와 신경생리학에 대해 실제로 말하는 순간, 당신이 철학보다는 오히려 신경과학의 언어 게임을 하고 있는 것처럼 보일 것이다.

철학에 대한 양보는 환영하지만, 충분하지 않다. 이성과 합리성은 데이터가 지배하는 과학의 유일한 전유물이 아니다. 이성과 합리성이 과학의 유일한 전유물이 아니라는 것은 좋은 일이다. 도덕적 판단을 위한 알고리즘은 없기 때문이다.

2.
도덕과 대조되는 과학

해리스가 꼭 도덕에 관한 주류 과학의 사고방식을 대표한다고 볼 수는 없다. 하지만 좀 더 일반적인 대안적 관점도 마찬가지로 지나치게 단순하고 극단적이라고 알려져 있다. 이 관점에 따르면, 과학이 윤리가 **틀렸음을 밝혀낸다**는 것이다. 과학은 인간의 가치를 판단하지 않고, 그것이 일종의 허구

선행의 동기로서 이성

임을 드러낸다.

아마도 근래에 가장 공격적이면서 변명조차 하지 않는 이 관점의 옹호자는 철학자 알렉스 로젠버그Alex Rosenberg이다. 그는 인간이 자문하는 수많은 '집요한' 질문을 그에 대한 과학적 답변들과 함께 열거한다. 그중 세 가지는 다음과 같다.

> **옳은 것과 그른 것, 선한 것과 나쁜 것의 차이는 무엇인가?**
> 그들 사이에 도덕적 차이는 없다.
> **왜 나는 도덕적이어야 하는가?**
> 그러는 것이 비도덕적인 것보다 당신을 기분 좋게 해 주기 때문이다.
> **낙태, 안락사, 자살, 납세, 해외 원조 혹은 그 외 당신이 싫어하는 다른 무엇이 금지되거나 허용되거나 때로는 의무적인가?**
> 무엇이든 허용된다.[2]

로젠버그는 "답을 주는 과학을 당신이 신뢰하기만 한다면" 그 대답들이 "매우 분명"하고 "완전히 불가피하다"고 말한다. 나는 로젠버그 같은 사람들이 그처럼 용감한 주장을 내놓을 때 정말 진심으로 하는 말인지 믿기가 어렵다. 예컨대, 앞에 인용한 세 번째 질문에, 그가 아동 성 학대, 강간, 무고한 사람들에 대한 고문 기타 등등을 추가하지 않은 점이 흥미롭다. 그 같은 목록 다음에 "무엇이든 허용된다"고 말하는 것을 진지하게 받아들이기는 극히 어렵다.

아마도 그것은 로젠버그가 도덕적 질문들에 대한 자신의 과학적 답변들이 너무 분명해서 그로서는 자신의 도덕적 허무주의를 위한 어떠한 논증도 제시할 수 없기 때문일 것이다. 그것은 그가 재생시킨 경멸적 용어인 그의 과학주의에서 나온다. 도덕과 관련된 측면에서 과학주의의 핵심 특징은 "과학의 방법론the methods of science이란 어떠한 것에 대한 지식도 획득하게 해주는 유일하게 믿을 만한 방법이라는 확신"이다.[3] 만약 그러하다면, 도덕적 판단은 과학적이지 않아서 어떠한 지식도 담고 있지 않게 된다.

이러한 오도된 사고방식의 뿌리는 이성과 지식의 본질에 대한 가정, 이 책을 통틀어 도전하고 있는 전제들에서 찾아볼 수 있다. 이 전제들은 경험적으로든 순수이성으로든 견고하게 자리 잡은 사실들과 한낱 의견이나 편견에 불과한 나머지 모든 것들 사이에 지나치게 단순화된 이분법을 만들어 낸다. 만약 이것이 옳다면, 도덕은 합리적 영역의 바깥에 있게 된다. 하지만 내가 이전 장에서 주장했다시피, 그것은 사실과 다르다. 도덕은 과학이 아니지만, 그렇다고 해서 이성이 도덕에 영향력을 줄 수 없다는 의미는 아니다.

도덕을 부정하거나 도덕에 과학적 근거가 있다고 주장하는 과학자들은 동일한 오류의 두 가지 변형을 만들어 내고 있다. 그 오류는 과학의 방법론이 이성의 실행에 대한 독점권을 갖고 있다고 믿는다는 점이다. 이로부터 도덕은 과학의 날개 아래서 보호받거나 그러지 않으면 비합리적인 것으로 추방되어야 한다는 논리가 도출된다. 이러한 잘못된 선택을 피하기 위해, 우리는 그것이 주로 의거하는 전제들, 그중에서도 과학자들이 이성에 대해 배타적 소유권을 갖고 있다는 가장 중요한 신조를 거부해야 한다.

3.
과학과 도덕

하지만 도덕을 과학에서 떼어 내고 과학이 도덕에 아예 손도 대지 못하게 하는 것은 터무니없는 오류에 지나지 않는다. 과학은 우리가 여러모로 도덕에 대해 이해하는 데 이바지할 수 있다.

가장 분명한 것은, 많은 도덕적 쟁점이 사실 문제에 달려 있으며, 과학이 그것을 해명해 줄 수 있다는 것이다. 이것은 낙태의 경우에 가장 뚜렷이 나타난다. 낙태에 대한 도덕적 우려는 태아가 인간이고 무고한 인간을 죽이는 것은 잘못된 일이라는 데에 기초한다. 생물학은 그 논쟁의 핵심 조건을 명백히 하는 방식으로 그것이 무엇을 의미하는지를 통해 우리가 사유하게 해 준다. 생물학은 가장 근원적 차원에서, 인간의 발달은 점진적 과정이며, 따라서 세계에 한 인간 개인의 출현에 선을 긋는 마법의 순간이 존재한다는 신념은 지지받을 수 없다고 알려 준다. 예컨대, 수정 직후 형성되는 세포 무리가 '사람'이라는 단어에 대한 표준적 해석이 될 수는 없다. 인간의 생식과 배아에 관한 메리 워노크Mary Warnock의 1984년 보고서는 14일이 될 때까지는 "궁극적으로 신경계로 발달하게 될 전구체"조차 형성되지 않는다고 결론지었다. 이 단계에서는 태아가 쌍둥이나 삼둥이일지 혹은 그 이상일지도 결정되지 않는다. 최소 5개월이 될 때까지 태아의 주된 신경계는 기본적인 생체 기능도 통제하지 못하고, 의식도 없다.[4]

이러한 사실들 중 어떤 것으로도 낙태의 도덕성 쟁점을 해결하지 못한다. 하지만 그것들은 그 쟁점과 분명히 크게 관련되어 있다. 인간 복지에 대한 논쟁에서 무엇이 복지를 구성하는지에 관한 사실들이 고려되어야 하고, 과학이 수많은 사실을 제공할 수 있다는 데에는 논란의 여지가 없다. 이것이 해리스가 확인하는 진리이지만, 그는 그것이 갖는 의미의 한계를 인식하는 데는 실패한다. 해리스는 **도덕에 중요한 특정 사실들**이 과학의 범주에 들어간다는 진리로부터 **도덕**이 전적으로 과학의 영역 안에 놓여 있다는 잘못된 생각으로 건너뛴다.

선행의 동기로서 이성

우리가 윤리를 이해하는 데 과학이 도움을 주는 다른 방식은 도덕이 애초에 어떻게 가능한지 설명하는 것이다. 이는 다양한 방식으로 이루어질 수 있다. 하나는 두뇌가 작동하는 모습을 살펴보는 것이다. 이것은 '뇌신경 철학자' 처치랜드가 도덕성에 필요한 "신경 플랫폼"을 묘사한 그녀의 책『두뇌위원회Braintrust』에서 다룬 것이다. 처치랜드에게 도덕적 문제들은 기본적으로 "만족 억제 문제"이다.[5]

"사람들이 다루어야 하는 사회 문제들, 자원의 희소성 문제나 그런 종류의 많은 일에 관해 그들은 그런 것들이 진행될 수 있도록 힘을 합쳐 상의하고 원만한 해결책을 찾아내야 한다"고 그녀는 말을 이어 간다. "그리고 때로는 그 해결책들이 단기적으로는 썩 잘 작동하는데 그런 다음에는 장기적으로 작동할 수 있도록 그것들을 일부 변경해야만 한다. 그리고 나는 그것을 문제 해결, 다른 말로 추론이라고 생각한다."[6]

결정적으로, "나는 신경과학이 그런 것들에 대해 해 줄 말이 전혀 없다고 생각한다"고 처치랜드는 말한다. 신경과학이 말해 줄 뭔가를 갖고 있다는 것은 그러한 문제 해결이 가능하게 하는 신경 기반이다.

> [이] 신경 플랫폼[은] 때로 우리가 타인들과 함께하고 싶고, 우리가 배제될 때나 외면당할 때 고통을 느끼고, 타인들과의

관계를 즐기고, 우리가 협력할 때 만족감을 향유한다는 이유로 인해 타인들과 함께하고 싶어지고, 우리 자신의 이익을 희생하게 되는 준비된 회로. 그 모든 것이 플랫폼이다. 그리고 그 플랫폼으로부터 매우 다른 사회적 실천들이 곧 모습을 드러내고 그것들은 많은 것들에 영향을 받는다.

신경 플랫폼에 대한 처치랜드의 접근법은 도덕을 조명하기 위해 신경과학을 활용하려는 노력들을 종종 망쳐 놓곤 하는 엉뚱한 환원주의를 방지해 준다. 너무 자주 발생하는 일이란, 사람들이 속임수와 같은 관행을 검토하고, 두뇌를 검토하여 그 기저를 이루는 신경 프로세스가 있다는 것을 알게 되고, 그 회로가 보편적이라는 것을 파악하기 때문에, 이러한 행위가 진화되어 내장된 법칙의 불가피한 결과라고 결론짓는다는 것이다. 처치랜드는 이것이 틀렸다고 지적하는데, 왜냐하면 전 세계 모든 사람이 기본적인 두뇌 회로를 동일하게 갖고 있지만 도덕규범은 엄청나게 다르기 때문이다. 예컨대, 이누이트 사회에서는 특히 사기가 심각한 범죄이고, 때로는 죽음이라는 처벌이 따른다. 처치랜드는 그 이유가 "속임수가 집단 전체를 실제로 위험에 빠뜨리는데, 왜냐하면 그들은 늘 생존의 칼날 위에 서 있기 때문이다. 굶주림이 늘 목전에 와 있다. 따라서 누군가 뭔가에 대해 그들을 속이고 그 결과로 집단 전체가 어떤 활동에 착수

선행의 동기로서 이성

할 때, 그들은 소중한 자원과 에너지를 낭비한다." 신경과학이 아니라 이것이 왜 속임수가 폴리네시아인보다 이누이트에게 더 해로운지 설명해 준다. "폴리네시아인들은 아마도 이누이트가 가진 것처럼 속임수에 대한 민감성과 같은 동일한 회로를 가졌겠지만, 그들에게는 속임수가 일종의 비행非行이다."

도덕이 어떻게 생겨났는지, 그리고 어느 정도는 그것이 오늘날 여전히 작동하는 이유를 이해하는 데 과학이 도움을 줄 수 있는 두 번째 방식은 도덕의 진화적 기원을 살펴보는 것이다. 이에 관한 조사를 진지하게 계속해 온 사람들은 협력 행위는 물론 특정한 상황에서 타인에 기대어 살거나 사기를 치는 행위의 발생 또한 진화적으로 설명할 수 있다는 데 의견 일치를 이루었다. 진화심리학도 연민과 공감 같은 기본적인 도덕 감정이 생겨난 이유와 왜 그것들이 우리의 재생산에 이점으로 작용하는지 말해 준다.[7]

이러한 연구 결과들—대개는 학설들인데, 합리적 의심을 넘어 규명된 경우는 극소수이기 때문이다—은 윤리와 관련해 쓸모가 있는데, 무엇이 진화한 인간 본성의 기질과 일치하거나 충돌하는지 우리가 인식하는 데 도움을 주기 때문이다. 언젠가 싱어가 썼다시피, "다윈주의자들이 우리에게 어떤 법칙들이 작동하고 어떤 법칙들이 큰 저항에 직면하게 될지 경고해 줄 것이라고 생각한다. 그리고 나는 우리가 그 경고를 명심해야 한다고 생각한다."[8] 만약 우리가 이론이 아니라 현실 세계에 작용하는 윤리에 관심을 갖는다면, 이것은 필수적이다.

그러나 우리가 하고 싶도록 진화되어 온 것만을 할 수 있다고 말하는 비교적 조잡한 유형의 진화윤리학과 현실 세계에 작용하는 윤리를 분간하는 일은 매우 중요하다. 현실은 이보다 더 복잡하다. 싱어가 썼다시피, "그 가치들이 우리에게 얼마나 중요한지와 우리 본성 안의 진화적 경향의 힘 사이의 균형trade off 은 늘 존재한다." 만약 우리가 실제로 어떤 것이 도덕적으로 매우 중요하다고 판단한다면, 우리는 설사 그것이 깊이 뿌리내린 본능에 대한 도전이라는 것을 의미한다 할지라도 그것을 증진시키려는 노력을 정당화할 것이다.

과학이 윤리에 영향을 미치는 거의 모든 영역에서 그렇듯, 그 둘 사이의 관계는 오해하기 쉽다. 그러한 실수 중 하나가 사람들이 진화를 검토할 때 발생한다. 진화를 치열한 전투로 간주해 그것을 먹느냐 먹히느냐의 경쟁적 자본주의를 정당화하는 데 활용하는 것이다. 이것은 개별 동물들 차원에서 나타나는 많은 협력을 실질적으로 설명하는 진화에 대한 오도일 뿐 아니라, '존재'와 '당위'의 차이를 분간하지 못하는 것이기도 하다. 우리가 지난 장에서 살펴봤다시피, 이른바 사실/가치 구분은 절대적 구분이 아니지만, 사물들이 어떠한지가 사물들이 어떠해야 하는지로 곧바로 이어지는 것은 아니라는 사실만은 분

선행의 동기로서 이성

명하게 남아 있다.

당신이 이 원칙을 무시할 때 무엇이 잘못되는지와 관련하여, 생물학자 랜디 손힐Randy Thornhill과 인류학자 크레이그 T. 파머 Craig T. Palmer의 사례보다 더 분명한 예는 없다. 그들은 강간이 강간범의 유전자가 전달될 수 있는 기회를 증대하기 위해 진화한 적응 전략이라는 설명을 제시했다. 그들이 연구 결과를 발표했을 때, 그들은 강간을 정당화했다고 오해를 받아 수많은 사람에게 맹렬한 비난을 받았다. 하지만 저자들은 그들이 강간을 **정당화하고** 있는 것이 아니라 왜 강간이 진화의 관점에서 합리적 전략인지 **설명하고 있다**는 사실을 분명히 했다. 그들의 관점에서 강간은 도덕적으로 혐오감을 자아내는 것이었다. 그들은 그 책의 첫 문장에서 "강간이 인간의 삶에서 근절되는 것을 보고 싶은 과학자들로" 자신들을 소개했다.[9]

진화론 사상가들이 종종 저지르는 두 번째 실수는 윤리가 호혜적 이타주의 혹은 계몽된 사익 추구에 '불과하다'는 것을 입증함으로써 진화심리학이 윤리가 틀렸음을 보여 준다고 결론짓는 것이다. 여기서 우리가 도덕이라 부르는 것은 우리 자신의 이익(또는 유전자, 집단 혹은 선택 단위가 무엇이든 간에 그것의 이익)을 더 증대하도록 도움을 주는 일련의 진화된 행위들에 불과하다. 수학자이자 경제학자인 켄 빈모어Ken Binmore는 도덕이 그 밖에 다른 무언가가 될 수 있다는 것을 단도직입적으로 부정한다.

도덕법칙은 사회법칙을 변화시키고 "우리가 어떻게 살아야 하는지 묻는 것은 어떤 동물들이 존재해야 하는지 묻는 것만큼이나 타당하다." 따라서 "만약 누군가가 그러한 법칙을 연구하고 싶다면, 어떻게 그 법칙이 최고선을 증대하거나 가장 올바른 것 the Right을 지키는지 묻는 것은 도움이 되지 않는다. 그 대신 그 법칙들이 어떻게 진화했고 왜 살아남았는지 질문해야 한다. 다시 말해, 우리는 도덕을 하나의 과학으로 다룰 필요가 있다."[10]

하지만 그렇게 말할 수 없다. 빈모어는 발생론적 오류를 범하고 있다. 어떤 것의 기원에 대한 설명을 그것의 정당화와 혼동하고 있는 것이다. 진화심리학이 무엇이 윤리를 발생시켰는지 잘 설명할 수도 있지만 이것이 현재의 윤리가 갖게 된 모습 전부를 완전히 설명하는 것과 동일하지는 않다. 한낱 적응으로 출발했던 것이 그보다 더한 어떤 것이 되었다. 의도하지 않은 결과의 법칙이 여기서 벌어진다('의도하지 않은'은 두 가지 의미인데, 진화에서 애초의 의도란 아예 존재하지 않기 때문이다). 우리의 이기적인 이익에 도움이 되었기 때문에 진화한 것이 우리로 하여금 그것들 너머를 볼 수 있도록, 타인들과 공감하도록, 그리고 때로는 우리 자신의 이익을 뒤에 두는 것을 가능하게 했다.

그러므로 우리는 진화심리학을 과학과 윤리가 만나는 어디에서나 발견하게 되는 동일한 기본 패턴으로 간주한다. 우리는 과학이 윤리가 틀렸음을 보여 준다고 주장하는 사람들뿐 아니

선행의 동기로서 이성

라 과학을 위한 윤리를 주장하는 사람들도 발견하게 된다. 하지만 다행히도 윤리가 과학에서 배울 것이 엄청나게 많지만 전부는 아니라는 사실을 깨달은 좀 더 분별 있는 사람들도 볼 수 있을 것이다. 과학에 정통한 윤리학은 환영받아야 하지만, 순전히 과학적인 윤리학은 가능하지 않다.

9장

이성의 영향력

지금까지 내 논증에서 반복적으로 제기한 핵심 주제는 두 가지였다. 첫째, 이성은 판단을 요구한다. 이성은 스스로 촉발되어 작동하면서 참인 결론을 창출할 수 있는 순수한 알고리즘이 아니라는 것이다. 둘째, 이성은 그 자체로건 과학을 위해서건 우리가 윤리에 요구하는 모든 것을 제공할 수도, 그것이 틀렸음을 입증할 수도 없다. 둘 다 어떤 의미에서는 기를 꺾는 주장이다. 이성을 존경받는 위치에서 끌어내림으로써, 일부 열성적 옹호자들이 믿는 것보다 이성이 덜 전능해 보이게 하는 주장이기 때문이다.

그럼에도, 이 주장이 이성을 경시하게 만들지는 않는다. 일부가 생각해 온 것보다는 덜 강력하지만, 이성이 비합리적인 신념과 편견들을 위한 한낱 겉치장도 아니고, 힘의 효력을 가리는 연막도 아님은 분명하다. 이성은 영향력force이다. 이 장에서 나는 이 영향력의 가장 중요한 측면, 규범적 본성에 대해 좀 더 이야기하고 싶다. 규범적인 것은 우리가 해야 하고, 생각해야 하

선행의 동기로서 이성

고 믿어야 하는 것에 관한 것이다. 이성의 규범적 본성은 대체로 명백한 것으로 받아들여진다. 우리가 누군가가 '합리적이지 않다'고 불만을 품을 때, 그들이 그런 식으로 행동해서는 안 된다고 말하는 것이나 다름없다. 만약 누군가가 '합리적이 되어라'는 요구에 '왜?'라고 대응한다면, 우리는 종종 더는 할 말이 없다는 것을 알게 된다. 만약 사람들이 왜 자신이 합리적이어야 하는지 알지 못한다면, 가망이 없는 것이다.

하지만 어쩌면 이 '왜'에 대해 더 나은 대답이 있을지도 모른다. 이성의 규범적 영향력을 당연시하는 것은 잘못된 것이다. 만약 그것이 어디서 오는지 주의 깊게 살핀다면, 이성이 무엇이고 왜 그것을 존중해야 하는지 훨씬 더 잘 이해할 수 있다.[1]

1.
이성 그 자체의 당위

합리적 논증의 특질을 정의하는 데로 되돌아가 보자. 어떤 이유(논증일 수도, 아닐 수도 있는)는 그것이 신념을 위한 객관적 근거들을 제공할 때 합리적이다. 합리성에 대한 그러한 판단은 그러한 이유가 우리에게 어떤 요구를 하고 있다는 것을 함의한다. 즉, 이유란 우리가 그것을 이해하는 한에서, 그것이 믿을 만한 이유로 보인다는 것을 스스로 믿게 해야 하는 것이다. '이것이 X를 믿을 만한 설득력 있고, 평가할 수 있고, 이해할 수 있고, 무효화할 수 있고, 이해관계로부터 자유로운 이유'라고 말하는 것은 당신이 그 이유가 제시하는 것을 근거로 X를 믿어야 한다고 말하는 것이다. 이것이 꼭 도덕적 '당위'일 필요는 없다. 그것은 차라리 합리성이 가진 그 자체의 '당위', '증거를 고려해 볼 때, 흡연이 건강에 좋지 않다는 것을 알 수 있어야 한다'와 같은 그러한 진술들에서 우리가 인식하는 '당위'이다.

이 예시가 적절한 까닭은, 우리가 합리적인 것과 윤리적 당위 사이의 선명한 차이를 볼 수 있도록 해 주기 때문이다. 이성은 흡연이 건강에 해롭다는 것을 우리가 인정해야 한다고 요구하지만, 우리가 담배를 끊어야 한다고 요구하지는 않는다. '흡연이 내게 나쁘다는 걸 알지만 나는 흡연이 좋고, 그래서 담배를 피운다'고 말하는 어떤 사람은 이성의 규범성을 거역하는 것이 아니다. 만약 그이가 건강에 가장 이로운 것을 하고 싶다고 말한다면, 그이는 흡연이 건강에 해롭다는 것을 알지만 그래도 담배를 피우는 것이다. 그 경우, 문제의 그 사람은 자신이 비합리적인 상태에 있다고 거의 예외 없이 받아들일 것이다. 사실들, 그리고 그이의 바람을 감안할 때, 그이는 자신이 달리 행동해야 한다는 사실을 부정하지 않을 것이다. 그이는 자신이 그렇게 할 수 없거나 내키지 않는 이러저러한 이유를 대며 자신의

선행의 동기로서 이성

비합리성을 있는 그대로 인정할 것이다.

이성이 가진 그 자체의 당위는 이성의 본성 자체로부터 그야말로 넘쳐 난다. 합리성이 신념을 위한 객관적 이유들을 제공하는 일에 종사한다는 사실에서 출발해 보자. 객관성이라는 개념은 문제가 되는 그 이유가 개인의 특별한 관점에 의존하기보다는 오히려 보편적 타당성을 갖는다는 생각을 자체에 담고 있다. 만약 우리가 어떤 객관적 이유가 모두에게 똑같이 타당하다고 받아들인다면, 우리는 그것이 우리에게 타당해야 한다고 받아들이는 것이다. 이것은 정확히 주관적 이유와 구별되는 것으로, 우리는 우리에게 권리를 주장하기에는 너무 특별한 관점에 의거한다는 이유로 주관적 이유를 기꺼이 거부할 수 있다.

이성의 규범성은 합리적 논증과 이유들이 설득력을 갖는다는 말 속에 나타난다. 훌륭한 논증이란 우리가 받아들여야 한다고 느끼는 논증이다. 하지만 논증에 기반을 둔 근거들은 원칙적으로 타인들이 평가할 수 있고 이해할 수 있다. 따라서 만약 그 논증을 **당신**이 받아들여야 한다고 느낀다면, 당신은 타인들 또한 그럴 거라고 느껴야 한다. 그 근거들은 이해관계로부터 자유로워야 하므로, 타인들이 당신과는 다른 바람이나 선호를 갖는 것은 중요하지 않다. 이것은 합리적 논증의 타당성과는 무관하다.

따라서 합리적 논증은 설득력이 있고— 우리가 받아들여야 한다고 느끼게 만들고—원칙적으로 다른 합리적 행위자들에게도 똑같이 설득력 있는 이유들로 인해 설득력을 갖는다. 그러므로 어떤 논증이 합리적이고 객관적이라고 인정하는 것은 자타가 논증이란 바로 이런 것이라고 인정하는 것이다.

이성에 규범적 요소가 있다는 건 새로운 이야기가 아니다. 실제로 어떤 면에서는, 역사적으로 이성이 어떤 종류의 객관적 타당성을 갖는다고 믿는 모든 이들에게 확실하게 받아들여져 왔다. 하지만 이성의 규범성이라는 이 기본 개념에는 약간의 오해를 부를 수 있는 한 가지 중요한 면모가 있다. 합리성이 규범적 구성 요소를 갖는다고 말할 때, 그것은 대체로 이런 의미로 해석된다.

만약 X가 합리적이라면, 그것을 믿어야 한다.

여기서 규범적인 것은 사실에 의거한 것들에서 나온다.[2] X가 합리적인지 아닌지는 사실과 관련된 문제다. 그것을 확립하고 나면, 실제로 X는 합리적이고, 그 결과 우리가 그것을 믿어야 한다고 주장한다. 하지만 그것을 이야기하는 이 방법에는 상당한 오해의 소지가 있는 뭔가가 있다. 우리가 이미 알다시피, 사실/가치 구분이 때로는 생각만큼 명쾌하지는 않을지라도, 흄의 기본적인 논리적 요점은 탄탄하다. 완전히 비규범적인 전제들로부터 규범적 결론을 얻을 수는 없다는 것이다.

동일한 일반 원칙에 따르면, 규범성이 그 안에 내장되어 있지 않는 한 이성이 규범적 결론을 산출한다는 것은 이상한 일이 된다. 합리성의 규범성이 이성의 본성에서 나오려면, 규범성의 원천은 이성의 본성 자체 안에 들어 있어야 한다. 합리성, 객관성, 규범성은 분리될 수 없다. 하나의 신념을 다른 신념보다 선호하는 객관적 이유들을 받아들이는 것은 그것을 믿어야 한다고 인정하는 것이다. 논증이 타당하고, 객관적이고, 합리적이라고 판단하는 것은 동시에 그것을 인정해야 한다고 말하는 것이다.

이성의 규범성은 내가 합리성의 규범적 원칙Normative Principle of Rationality이라 부르는 것을 의미한다.

우리는 가장 합리적이라고 믿어지는 것을 믿어야 한다.

이것을 부정한다면 외고집으로 보일 것이다. 선택권이 하나 이상 주어질 때, 누가 과연 **가장 덜** 합리적이라고 믿어지는 것을 믿어야 한다고 생각하겠는가? 이성이 무엇인지 잘못 알고 있으면서, 따라서 그것을 거부함으로써만 우리가 직관이나 감정과 조화를 이루는 모든 것을 보존할 수 있을 거라고 말하고 싶은 유혹을 느끼는 사람들을 나는 단지 추정만 할 수 있을 뿐이다.

여기서 강조해야 할 것은, 이성에는 판단이라는 본질적 요소가 있기 때문에 이 규범성이 특정 개인과 상관없는 어떤 권위에서 나오는 것이 아니라는 점이다. 어떤 것이 객관적이라고 판단할 때, 우리는 그것이 우리에게 어떤 요구를 한다고 판단한다. 하지만 우리는 단순히 그것이 객관적이라고 **인식하거나 인정하고 있는** 것이 아니라, 그것이 그러하다고 우리가 **판단을 내리고 있다**는 사실에서 벗어날 수 없다. 이것은 이성의 피할 수 없는 위태로움이다. 오직 우리만이 직접 내릴 수 있는 판단에 줄곧 의거하는 한, 이성은 보편적 타당성을 요구받는다. 여기에 모순이란 없다. 일종의 근본적 불안만이 있을 뿐이다.

설사 동일하지 않더라도, 이 불안이 내게는 실존주의에서 묘사하는 피할 수 없는 책임감에 매우 가까워 보인다. 실존주의자들에게, 우리는 늘 우리가 하는 일과 믿는 것들에 책임이 있다는 사실에서 벗어날 수 없다. 우리 자신을 합리화해 줄 외부의 권위를 찾으려고 제아무리 분투한다 해도, 결국 그 권위를 받아들일지 말지 선택해야 한다. 그런 의미에서, 이성에 대한 모든 요구는 개인적이다. 하지만 동시에, 이성적인 것 혹은 합리적인 것에 대해서라면, 우리의 선택이 전적으로 개인적일 수는 없다. 우리의 판단이 은연중에 자신뿐 아니라 타인들에게도 적용되기 때문이다.

장폴 사르트르Jean Paul Sartre는 "실존주의는 휴머니즘이다

선행의 동기로서 이성

Existentialism is a Humanism"라는 유명한 강연에서 이와 매우 유사한 표현을 했다.

> 실존주의의 첫 번째 의미는, 모든 사람이 있는 그대로의 자신의 것이 되고, 자기 존재에 대한 전적인 책임을 자신의 어깨 위에 올려놓는 것입니다. 그리고 사람이 자신을 책임진다고 할 때, 오로지 자신의 개별성에만 책임을 느낀다는 걸 의미하지 않습니다. 모든 사람에게 책임을 느낀다는 것을 의미합니다. …… 이것이냐 저것이냐 사이에서 선택하는 것은 동시에 선택된 것의 가치를 긍정하는 것입니다. 우리가 더 나쁜 것을 선택할 리는 없기 때문이지요. 우리가 선택하는 것은 늘 더 나은 것입니다. 그리고 모두에게 더 나은 것이 아닌 한, 우리에게 더 나은 것은 있을 수 없습니다.[3]

사르트르의 공식에서, 강조점은 선택에 있다. 그러나 우리가 판단하는 대신 사고하는 경우에 동일한 기본 진리가 유지되는 것으로 보인다. 실제로, 내가 주창하는 이성에 대한 설명을 좀 더 진지한 실존주의로 묘사할 수 있을지도 모른다. 우리가 원하는 것이라면 무엇이건 마음껏 선택한다는 무절제한 주장을 거부하는 반면, 그럼에도 무엇이 합리적인지에 대한 우리의 판단이 어떤 의미에서는 선택이라는 것을 인정한다. 왜냐하면 이성이나 세계의 본성에는 우리에게 선택을 엄격히 강요하는 것이 전혀 없기 때문이다. 우리가 판단하는 것이 객관적이라는 것을 어쩔 수 없이 인정한다고 **느끼지만**, 우리는 늘 판단을 하며, 판단은 결코 공정하다고 할 수 없다.

2.
도덕적 당위의 합리성

나는 도덕이 오롯이 이성에만 근거할 수 없다고 주장해 왔다. 동시에 이성이 도덕에서 중요한 역할을 한다고도 했다. 왜 이성이 모든 윤리의 기반이 아니면서 동시에 그와 무관하지도 않은, 이러한 중간 상태에 놓여 있는지 그 이유를 설명해 주는 것이 이성의 규범성이라고 나는 생각한다.

윤리적 주장이 사실을 담은 주장과 어디에서 분명하게 관련되는지 간단한 예시를 통해 살펴보자. 인종주의가 도덕적으로 정당화될 수 없는, 가장 거부할 수 없는 이유 중 하나는, 다 따져 봐도 어떤 인종 집단(그 자체로 모호한 범주)도 다른 집단보다 우월하다는 아무런 증거도 없다는 경험적 사실 때문이다. 특정한 유전학적 역사를 지닌 어떤 사람들은 다른 사람들보다 유리한 점이 있을 수 있다. 예컨대, 동아프리카 지구대 근처 산악 지대 출신 육상 선수들의 엄청난 승리는 적어도 부분적으로는 높

선행의 동기로서 이성

은 고도에서 지낸 수천 년간의 삶이 표준보다 더 높은 적혈구 수치를 부여받은 것과 관련될 수 있다. 하지만 그러한 특정한 이점조차 희귀하고 미미해서 특정 종족 집단이 종합적으로 우월하거나 열등하다는 주장을 결코 정당화하지는 못한다.

그러므로 그 사실들은 어떤 인종 집단도 다른 인종 집단보다 우월하지 않다고 당신이 믿어야 한다는 것을 의미한다. 하지만 그것이 인종주의에 대한 도덕적 쟁점을 결정적으로 해결하지는 않는다. 누군가 사실에 근거한 이 주장을 수용할 수는 있어도 여전히 종족성이나 피부 색깔을 근거로 차별할 자격이 있다고 느끼는 이유들(내게는 전혀 설득력이 없는)이 얼마든지 있을 수 있다. 예컨대 누군가는, 거의 모든 사람이 그들이 다르다고 여기는 사람들에게 어떤 종류의 암묵적 편견을 가지며, 이것을 차별이 당연하다는 것을 의미하는 증거로 예시할 수 있다. 우리에게는 타고난 본능을 따를 권리가 있다는 생각과 이것을 결합시키면, 이제 모든 인종이 동등하다고 인정해야 한다는 것을 부정하지는 않는, 미수에 그친 인종주의 정당화에 이르게 된다.

이는 우리가 앞서 논의한 것에 대한 하나의 사례다. 즉, 무엇이 옳고 그른지 무조건적으로 결정할 수 없는 이성의 무능력이다. 그럼에도 나는 사실에 근거한 많은 주장의 규범적 힘이 우리의 도덕적 사고에 영향을 미치고 또 그래야 한다고 제안할 것이다. 모든 인종이 동등하다고 믿어야 한다는 사실은, 설사 그것이 그 결론을 엄격하게 요구하지는 않는다 하더라도, 우리가 그들을 동등하게 대해야 한다는 판단에 힘을 실어 준다. 최소한, 그것은 논증(증명은 여기서 쓰기에 너무 센 단어이므로) 책임을 이동시킨다. 만약 한 종족 집단에 우월한 권리가 있다고 믿어야 할 경험적 근거가 전혀 없다면 차별을 정당화할 이유가 없으므로, 초깃값은 평등권이라는 것이다.

우리가 믿어야 하는 것과 해야 하는 행동이 왜 관련되는지 말해 주는 이유 하나는 희한하게도 완전히 이론적이다. 견과가 유익하다는 신념을 예로 들어 보자. '유익하다'는 개념 자체는 실천적인 것이다. 그것은 당신이 무엇을 먹으면 좋은지, 그것이 건강한 식습관에 기여하는지를 뜻한다. 따라서 실천적 측면이 그 단어의 의미와 관련되어 있다.

그런 단어들이 **실천과 관련된다**praxic고 하자. 제대로 이해될 경우, 그런 단어들은 이미 그 안에 어떤 실천적 함의를 담고 있는 개념들이다. 우리가 피상적으로 그저 사실에 입각한 신념이라고 말하는 것 중 상당수가 실천과 관련되어 있다. 왜냐하면 우리는 참인지 거짓인지 여부로 실천적 차이가 생기는 실생활lived-life의 맥락 안에 그것들을 유지시키기 때문이다. 참이라고 인정하는 그 자체로 우리가 어떻게 처신할지 결정할 때 그것들이 영향을 미칠 거라고 인정하게 된다. 우리가 춥다면 차가 뜨겁다는 것이 그걸 마실 이유가 된다. 돈이 부족할 경우 자동차

선행의 동기로서 이성

가격이 저렴하다는 것이 구매를 고려할 이유가 된다.

전통적으로, 철학자들은 어떤 신념의 사실을 담은 내용과 그 신념이 담고 있을 수도 있는 실천적 의미의 차이를 예리하게 구분한 것 같다. 따라서 '차가 뜨겁다'와 '자동차 가격이 저렴하다'는 실천적 맥락에서 쓰일 수도 있는 것들에 관한 그야말로 진술들에 불과하지만, 내가 정의한 대로, 그것들이 선천적으로 실천과 관련되지는 않는다. 하지만 이런 깔끔한 구분은 지지받지는 못할 것 같다. 사용된 개념 자체가 실천이 중요한 맥락에서만 말이 된다. 인간 음용자라는 맥락에서만 차가 뜨겁고, 전형적인 소비자라는 맥락에서만 자동차가 저렴하다. 어느 쪽으로도 단지 사실만을 담고 있는 진리는 없다. 그것들이 실천적 의미를 갖고 있다고 이해하지 않는 한, 우리는 어느 쪽으로든 언급하려 하지도 않는다.

마찬가지로, '다른different'과 '더 나은superior' 같은 용어들도 쓰이는 맥락에 따라 실천과 관련된 속성을 갖는다. 예컨대, 창의적 활동에서 '다른'은 (다른 모든 조건이 동일하다면) 주목할 가치가 있는 뭔가가 있다는 것을 뜻한다. 설사 그 작품이 실패하더라도, 무언가 다른 게 있다고 지목함으로써 거기에 주목할 만한 뭔가가 있다는 뜻이 된다. (이는 아마도 예술 작품에 대해 어떤 좋은 말을 해 주려다 기분 좋길 바라는 사람들이 종종 그것은 '다르다'고 자진하여 의견을 말하기도 하는 이유일 것이다.) '더 나은'은 늘 실천과 관련되는데, 상황이란 게 절대적 의미에서는 특별히 더 낫거나 나쁠 것도 전혀 없지만 특정한 목표와 관련될 경우에는 어김없이 그렇기 때문이다. 어떤 사람이 다른 사람보다 더 나은 음악가라고 말하는 경우, 다른 사람이 아닌 그이의 연주를 선택할 이유가 되지만 법정에서 그이에게 더 강력한 권리를 부여할 이유가 되지는 않는다.

실천과 관련된 요소를 가진 용어가 많다는 이런 발상은 내가 7장에서 소개한 '규범적 사실들'의 개념을 채워 준다. 사실들이 규범적이 되는 경우는 무엇이 옳거나 그른지에 관한, 우리가 해야 할 일에 대한 어떤 생각이 그 안에 담길 때이다. 이 규범성은 종종—아마도 어김없이—칸트의 전문 용어를 빌리자면, 실천적 요소가 단지 가설에 그치지 않는 어떤 명령어와 관련될 때 생겨난다. 자동차를 예로 들면, 그것이 저렴하다고 말한다면 구매해야 할 이유가 될 수도 있지만, 이는 당신이 차를 사고 싶고 한정된 자금을 갖고 있을 경우에만 해당된다. 하지만 다른 국적을 가진 모든 사람이 동등하다고 말한다면, 다른 모든 조건이 동일한 경우, 당신의 목적이나 상황과 상관없이 그들을 동등하게 대할 이유가 된다.

나는 많은 신념과 개념이 실천의 속성을 가지고 있다는 생각을 권유하겠지만, 설사 누군가가 단순한 사실과 그것의 실천적 적용 사이에서 차이를 명확히 구분하고 싶다 하더라도 나의 요

선행의 동기로서 이성

점은 유효하다. 이는 사실과 그것의 실천적 의미가 얼마나 밀접히 연관되는지 관찰하는 것만으로도 가능하다. 설사 어떤 사실이 그야말로 사실에 불과하다 해도, 그것이 세상 속으로 들어가는 순간 그 실천적 함의가 즉각적으로 분명해진다. 그리고 곧이어 규범적인 것이 도입된다. 거듭 말하건대, 우리가 해야 하는 일들이 단순한 사실들로부터 자동으로 넘쳐 나지는 않는다. 더 정확히 말해, 단순한 사실들이 우리가 해야 한다고 판단하는 것들에 중요한 영향을 미치는 경우가 많다. '사실'이 '당위'를 의미하지는 않지만, 이미 수많은 '사실'에는 '당위'가 숨어 있다.

3.
철학자들의 정념

판단이나 신념을 규범성이 가득 채우고 있다는 점은, 그렇지 않으면 철학자의 삶에서 영문 모를 특징으로 보일 수도 있는 것, 즉 왜 철학자들이 자신의 논증과 생각들에 그토록 열의를 보이는지를 어느 정도는 설명해 준다. 철학은 건조한 학문으로 악명이 높지만 우리는 경험상 사람들이 자신의 논증과 사상에 열렬히 관심을 기울인다는 것을 잘 알고 있다. 러셀에게 부지깽이를 내던진 비트겐슈타인이 예외일 수도 있겠지만, 정념은 종종 논증의 타당성이 위태로울 때 일어나기도 한다.[4] 세미나실의 절제된 전통과 학술지 논문의 형식 언어가 이를 감추지만, 철학자들 주변에서 시간을 보낸 사람이라면 누구라도 그들이 빛은 물론이고 열도 조금은 발생시킨다는 것을 알고 있다. 이따금은 공개적으로 열이 분출되기도 한다. 최근에 악명 높은 한 논쟁에서, 콜린 매긴Colin MaGinn은 혼더리치의 책 중 하나를 "조잡한 데다 터무니없고 형편없다"고 묘사했다. 이 거친 언어가 인신공격이라는 것을 매긴이 부정하자, 이에 혼더리치가 응답했다. "매긴이 그렇게 말하는 것은 그가 달에 사는 철학자라는 것이다. 그의 서평이 반감 때문이 아니라고 믿을 사람은 지구상에는 없다."[5]

이 같은 공개적 감정 분출은 흔치 않지만, 최소한 탁자를 내리치고 싶은 욕구는 학문적 고상함이 암시하는 것보다 훨씬 더 흔하다. 여기에는 수많은 이유가 있을 수 있겠지만 하나는 자신이 합리적 논증을 한다고 생각할 때 우리는 불가피하게 타인들이 그것을 받아들여야 한다고 간주하는 것이 아닐까 생각해 본다. 모든 신념은 폐기될 수 있고 모든 철학자는 오류를 면할 수 없다는 것을 받아들이면, 이것이 완화될 수는 있겠지만 철학적으로는 아마도 변하기 어려울 것이다. 우리가 틀릴 수 있다고 원칙적으로는 믿는다 해도, 어떻게 틀리는지 도무지 알 수 없을 때 그것이 우리의 확신을 누그러뜨릴 가능성은 거의 없다.

선행의 동기로서 이성

그것은 우리가 논증의 타당성에 심각한 의혹을 품게 되어 우리에게 동의하도록 타인들이 강요받아서는 안 된다는 사실을 진심으로 인정할 때, 오로지 그 경우뿐이다.

지적인 정직함은 철학자들에게 이 만연한 규범성을 좀 더 솔직하게 인정하라고 요구하는 것 같다. 다른 무엇보다도 이것은 왜 철학이 중요한지를 설명해 준다. 지금 우리는 무엇이 참인지 거짓인지 논란을 벌이고 있는 것이 아니라 우리가 생각해야 하는 것들에 대해 논쟁하고 있다. 설득이 합리적 논증과 동일하지는 않지만, 모든 합리적 논증은 설득의 실행이고 또 그래야만 한다. 사상이 중요한 유일한 이유는 우리가 옳은 사상을 믿어야 하기 때문이다. 그러므로 철학에서 이성은 어떤 면에서 결코 이해관계를 초월할 수 없다.

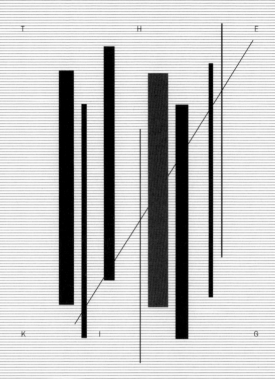

4부

정치적 이상으로서 이성

The King

"친애하는 글라우콘Glaucon이시여, 공동체들이 철학자를 왕으로 세우지 않는 한 …… 정치적 고난에는 끝이 있을 수 없습니다. 심지어 인간적 고난 일반도 마찬가지입니다." 플라톤의 『국가Republic』에서 소크라테스가 한 대담한 주장은 그의 대화 상대들의 불신에 맞닥뜨린다. "어림없는 소리 하지 마라!" 글라우콘이 소크라테스에게 경고하며 말한다. "사람들 무리—그리고 평민도 아닌 자들이 …… 가장 가까이에 있는 무기를 집어 들고, 영웅적 위업을 달성하려고 온 힘을 다해 당신을 향해 노골적으로 덤벼든다."1

인류 역사에 철학자들이 통치한 '철인정치sophocracy'가 존재한 적은 없다. 그럼에도 플라톤의 철인 왕philosopher ruler에서 생겨난 사상은 큰 영향을 끼쳐 왔다. 즉, 지혜의 원천이라 추정되는 다른 모든 것을 제외하고, 우리가 이성적 원칙들 위에 사회를 건설할 수 있을 만큼 이성은 충분히 강력하고 우리는 이성을 충분히 잘 사용한다는 것이다.

그것은 매력적인 사상이다. 어쨌든, 과연 **비이성적** 원칙들 위에 사회를 건설하는 데 찬성할 사람이 누가 있겠는가? 하지만 우리는 매우 신중해야 한다. 이성이 무엇을 요구하는지 잘 안다는 사상은 신이 무엇을 요구하는지 잘 안다는 사상에 생각보다 더 가까이 있다는 것을 우리는 경험을 통해 배웠어야 했다. 두 경우 모두, 인간이 어떻게 살아야 하는지에 대한 확실하고 객관적인 진리에 다가갈 수 있는 스스로의 능력에 너무 큰 자신감을 갖는 경향을 보였다. 그 결과, 계몽된 해방enlightened liberation이라는 가면을 쓴 압제가 너무 빈번히 등장했다.

이성에 대한 요청은 강력한 것이다. "모든 것이 실제 그대로의 모습으로 드러날 때, 모든 것에 대한 지식을 모든 인간이 적절하게 사용할 수 있을 때, 무지는 종말을 맞는다"와 같은 감상에 갈채를 보내기는 쉽다. 하지만 이것이 지난날 리비아의 군사 독재자 무아마르 알 카다피Muammar Al Qaddafi가 한 말이라는 것을 알게 된다면, 우리는 잠시 주저하게 된다. 더 이성적인 국가를 주창하기 전에, 그것이 실질적으로 무엇을 의미하는지 정말로 신중하게 생각해야 한다.

정치적 이상으로서 이성

10장

유토피아 디스토피아

볼테르의 『캉디드Candide』를 정독해야만 "상상 가능한 세상 중 최고인 이 세상에서 모든 것은 최선의 모습으로 나타난다tout est pour le mieux dans le meilleur des mondes possibles"라는 말이 여태 나온 말들 가운데서 최고의 희비극적 허언 중 하나임을 납득할 수 있는 것은 아니다. 그것은 비단 자연이 변덕스럽고 때로는 잔인하기도 하다는 이야기가 아니다. 우리가 인간사를 최고의 정의와 최상의 능력으로 풀어 왔다고 주장하기는 어려운 일이다. 우리가 사람들을 달에 보내는 동안 프린스Prince가 자식들을 제대로 먹이지 못하는 사람들을 노래했을 때, 그는 세계 곳곳의 가정에서, 카페에서, 시장에서 그리고 술집에서 수도 없이 표현되어야 했던 어떤 감정에 공명했다.[1] 우리가 사회를 운영하는 방식은 명백히 비합리적이고, 따라서 만약 우리가 좀 더 나은 합리성을 적용하기만 한다면, 어지간한 세상에서는 모든 게 최소한 나아질 수 있다는 논리가 도출되는 것은 확실하다.

실제로 그래야만 한다. 하지만 역사적 사실의 문제로서, 좀 더 이성적 기반 위에 사회를 세우려는 수많은 시도는 처참한 실패를 기록해 왔다. 그 이유를 이해함으로써 우리는 이성이 과연 무엇이고, 더 나은 세상을 건설하기 위해 이성이 어떻게 사용될 수 있는지 더 잘 이해할 수 있다.

1.
소크라테스의 오류

좀 더 합리적 계통lines을 따라 정치를 재고해 보려는 최초의 노력 가운데 하나는 최악의 것 중 하나이면서 가장 유익한 것들 가운데 하나이기도 했다. 플라톤의 『국가』는 지금껏 상상할 수 있었던 가장 실행 불가능하고 매력 없는 유토피아 가운데 하나다. 플라톤은 분리된 수호자Guardian 계급이 어린 시절부터 양육되고 "여성과 아이가 수호자들 가운데서 공동으로 소유되는" 사회를 주창했다. 통치자들은 "백성을 위해 엄청난 허구와 속임수를 사용해야" 하고 "우리의 최고의 남자들을 우리의 최고의 여자들과 짝짓게" 하고 "최고의 자식들만을 양육할 것이다."[2]

다행히, 아무도 그러한 디스토피아를 만들어 내려는 시도로까지 나아가지는 않았다. 플라톤조차 누군가 시도해야 한다고 믿지는 않은 것 같다. 그 대화의 궁극적 목표는 개개의 경우의 정의의 본성을 국가의 경우의 정의에서 유추해 조명하려는 것이고, 따라서 그것이 실행 가능한 청사진으로는 결코 상상되지 않은 것은 매우 확실하다. 설사 플라톤이 전적으로 진심이었다 해도, 『국가』는 아테네의 쇠퇴와 소크라테스의 처형을 판결한 민주제도에 대한 플라톤의 환멸이라는 맥락에서 읽어야 한다.

『국가』를 어떻게 읽더라도, 그 안에서 우리는 정치적 사고를 방해해 온 한 가지 오류의 뿌리를 볼 수 있다. 이것은 플라톤이 철학자들이 왕이 되는 그의 국가에서 말하기 직전에 있었던 소크라테스와 글라우콘 사이의 짧은 언쟁에서 드러난다. 소크라테스는 글라우콘에게 그의 설명 뒤에 숨은 원칙들에 동의하는지 묻는 것으로 시작한다. "실천이 이론에 들어맞기는 합니까?"라고 그는 묻는다. "사람들이 뭐라 생각하건, 실천이 진리보다는 이론에 더 근접해야 하는 것이 세상 이치 아닌가요?"[3]

이는 대단히 흥미를 불러일으키는 질문이다. 그것은 가공의 토크쇼 진행자 앨런 파트리지Alan Partridge를 떠올리게 하는데, 그는 자신이—머릿속에서—누차 시도한 실패할 염려가 없는 도박 시스템을 갖고 있다고 주장한다.[4] 물론 현대의 청중은 즉시 웃어 버린다. 어떠한 실천적 제안도 그것이 작동하는지 안 하는지를 분간하는 리트머스 시험을 인정하면서, 우리는 이론으로나 머릿속에서만 작동하는 생각들을 회의하게 되었다. 오늘날,

만약 누군가가 "그것은 이론상으로는 모든 게 아주 좋다"고 말한다면, 그 함의는 거의 어김없이 그것이 현실에서는 작동하지 않는다는 것이다. 소크라테스가 던진 질문은 정확히 그와 반대되는 방식으로 사고하는 법을 제시한다. 이론은 무엇이 참인지 알아내고, 만약 실천이 불완전하다면, 그것은 이론이 아니라 실천의 결함이다.

플라톤의 이러한 태도는 종종 암묵적인 가정을 명시적으로 표현한다. 우리는 사회가 어떻게 운영되어야 하는지에 관한 우리의 이론이 진리라는 데 자신감을 갖고, 가능한 한 그 이론에 가까이 다가가기 위해 사회 변화의 문제로서 현실 정치에 접근한다는 가정이다. 이것은 잠시 후, 소크라테스가 그들이 풀어야 하는 문제는 "우리 국가들처럼 운용되지 못하도록 가로막는, 기존 국가들의 구조 속에 존재하는 잘못이 무엇인지 보여주는 것"이라고 말할 때 분명해진다.

실제로, 이론이 얼마나 실천적인지에 관해 우리가 너무 많이 우려할 필요는 없지만 그것이 참이기 때문에 사회 조직에 대한 지침으로서 요구될 수 있다는 그 사실이야말로 플라톤에게는 이론의 우월성이다. "우리 설명의 모든 세부 사항이 실천으로 현실화될 수 있다는 것을 입증하라고 강요하지 마시오"라고 소크라테스는 말한다. "하지만 어떤 사회가 이론에 가장 근접하게 다가갈 수 있는 조건을 우리가 충족시킬 수 있다면, 그것의

정치적 이상으로서 이성

현실화가 가능해야 한다는 당신의 요구를 우리가 충족시키는 것을 허락하시오."

이것은 역사를 통틀어 반복될 수밖에 없는 운명의 치명적 오류다. 아마르티아 센Amartya Sen은 『정의의 이상The Idea of Justice』에서 이것을 공격했다. 센은 이것을 정의에 대한 "초월적transcendental" 접근이라 부르며 비판한다. 이것은 완벽한 정의가 어떤 모습인지에 대한 단 하나의 확실한 이상형을 분명히 한 다음 그것에 가능한 한 근접하는 사회를 계획하려 함으로써 작동한다. 센은 이에 대해 두 가지 이의를 제기한다.

먼저, 선이 다수이듯, 정의 또한 복수일 수 있고 아마도 그러할 것이다. 정당하다고 말할 수 있는 것이 몇 가지 있을 때, 그것들을 하나의 이상형으로 환원하려 한다면 왜곡이나 상실을 야기한다. 센은 세 아이와 하나의 플루트에 관한 이야기로 이것을 설명한다. 아이들은 모두 그 악기에 대한 일정한 권리를 갖고 있다. 한 아이는 자기가 플루트를 연주할 수 있는 유일한 사람이라고 말하고, 또 다른 아이는 자기가 다른 악기는 전혀 갖지 않은 유일한 사람이라고, 세 번째 아이는 자기가 플루트를 만들었다고 말한다. 센은 "일정한 자의성 없이는, 그 어떤 대안적 논증이라 해도 예외 없이 우세해야 하는 바로 그 논증인지 못 알아볼 수도 있다"고 주장했다. 따라서 공정하다는 것이 보통은 필요나 수고, 혹은 각자에게 자원을 최대로 활용할 수 있는 능력에 따라 부여되는 문제일 수 있다. 센은 "정의에는 경합하는 복수의 이유들이 지속적으로 유지될 수 있어야 한다는 것"을 우리가 진지하게 받아들여야 한다고 주장한다. 즉, "그 모든 이유는 다 공정하게 다루어질 자격이 있고, 그럼에도 서로 다른― 또 경쟁하는―것들이다."[5]

둘째, 초월적 접근법은 더 공정한 세상을 만드는 최선의 방법일 수 없다. 우리는 최악의 부정injusice들을 확인하고 그것들을 줄여 나갈 방법을 알려 줄 그 어떤 완벽한 모범도 필요로 하지 않는다. 여성이 남성과 동등한 권리를 갖지 못한 곳에서, 그들이 그 권리를 가질 수 있도록, 그리고 이에 대해 철학적으로 이론이 분분한 그 어떤 정의의 개념에도 호소할 필요가 없도록, 우리는 싸워야만 한다. "우리는 각기 다른 수많은 근거로 부정에 대한 확고한 의식을 가질 수 있다"고 센은 말한다. "그러나 부정을 판단하는 데 가장 유력한 이유가 될 하나의 특정 근거에 의견 일치가 이루어지는 것은 아니다."[6]

나는 센이 옳다고 생각한다. 그런데 플라톤의 접근법에는 검토되어야 할 또 한 가지 문제가 있다. 플라톤은 이론과 실천의 이분법을 세우고 이성을 이론 편에 놓았다. 플라톤의 이성주의적 사고방식에서, 관념ideas은 순수한 지적 영역에서는 늘 완벽함에 더 근접하고, 뒤범벅으로 보이는 세상에 적용될 때는 투명한 명료성과 완벽함을 상실한다. 플라톤은 관념을 극단적으

정치적 이상으로서 이성

로 이상화하는데, 나는 후대 정치사상가들의 생각 배후에 플라톤의 기본적 편견이 숨어 있다고 생각한다. 그들에게서 볼 수 있는 흔한 오류는, 무엇이 선하고 공정한지 알 수 있는 우리의 지적 능력에 자신감을 가져도 되며, 그렇다면 가능한 한 그것에 가까이 갈 수 있도록 현실을 주조하는 것은 노력의 문제일 뿐이라고 생각하는 것이다. 원칙이 먼저 오고 실천은 그저 지엽적인 것에 불과하다.

어쩌면 이것은 '실용주의적pragmatic'이라는 것이 원칙의 반대편에 서는 것으로 늘 밀려나면서, 정치에서 더러운 단어로 간주되는 하나의 이유일지 모른다. 여기서 실용주의는 현실 세계에 적용하기 위해 당신의 이상을 손상시키는 것을 뜻한다. 이것은 심각한 오류다. 정치는 세상을 더 나은 곳으로 바꾸는 일이어야 하고 그것은 본질적으로 실용적이다. 실행될 수 없는 원칙은 나쁜 원칙일 뿐이다. 정치적 사유는 소크라테스가 글라우콘과 벌인 논쟁에서보다 훨씬 더 엄격하게 경험에 의거해야 한다. 실천 속에서 이론을 잘못 적용할 수 있다는 것이 아니라, 이론이 잘못되었음을 실천이 입증할 수 있다. 소크라테스의 어법으로는 만약 그의 공화국에서 일이 잘 진행되지 않으면, 그것은 실행에 어떤 오류가 있음을 의미할 뿐인 것 같다. 그가 실행의 실패가 이론의 문제점을 드러내는 것일 수도 있다는 생각에 열려 있었을 기미는 보이지 않는다.

정치적 추론은 선험적일 수 없다. 경험이 더욱 관여해야 하고 제 역할을 계속해야 한다. 무엇이 최선일지와 관련한 그 어떤 추론에 착수하더라도 늘 우리는 그것의 타당성 여부를 점검하기 위해 경험으로 되돌아가야 한다. 경험상의 확인은 그 추론이 문서로 도출되는지만을 고려하는, 그 어떤 논리적 확인보다 훨씬 더 중요하다. 예컨대 경제적 평등은 선한 것이고, 우리는 부의 재분배로 더 나은 평등을 달성할 수 있다고 손쉽게 추론할 수 있다. 하지만 이 추론의 타당성 여부를 알기 위해 우리는 그러한 재분배가 실제로 어떻게 작동하는지에 관해 알아야 할 것이 많다. 예컨대 재분배가 의도하지 않은 결과에, 즉 평등이라는 선을 압박할 정도로 형편없는 결과에 영향을 미친다고 밝혀질 수도 있다. 원칙적으로 재분배를 지지한다고 해서 우리가 재분배를 달성하는 무수한 방법 중 어느 것이 실질적인지 알게 되는 건 아니라는 사실을 최소한 인식할 필요가 있다. 그 모든 수고는 전제에서 결론에 이르는 추론의 이론적 타당성이 아니라, 경험과 관련을 맺고 이루어진다.

이런 방식으로 우리는 정치적 이성이 원칙에서 출발 top-down 하지 않는다고 할 수는 없더라도 세부적인 데서 출발 bottom-up 한다는 것은 알 수 있다. 합리성은 신념을 위한 객관적 이유들에 주목할 것을 요구하며, 그 가운데 가장 중요한 이유 다수가 우리가 관찰하는 것들에 의해 규정된다. 실제로, 우리가 관찰하는 것들이 가장 중요하다. 예컨대 만약 우리가 정당하다 혹은 부당하다고 인식하는 것들과 전혀 상관없이 오로지 순수하게 그 개념을 검토하려 한다면, 정의를 이해할 가망성은 없다. 신성로마제국의 황제 페르디난트 1세가 언명한 부조리가 그런 식이다. "정의를 구현하라, 비록 세계가 멸망할지라도."

　이렇게 이해하고 나면, 경험은 추론의 **내용물**content을 제공하는 데 그치지 않고 그 형식을 정한다. 경험은 논증에 착수할 전제들을 제공하는 데 그치지 않고 선한 사회가 어떤 모습이어야 하는지와 관련하여 우리가 합리적으로 믿어야 하는 것에 대해 많은 것을 알려 준다. 인간 생활에서 가족 관계의 중요성을 예로 들어 보자. 정치철학에 관한 풍자에서만이 우리는 가족 관계의 중요성을 선행 조건으로 인정하고 다른 것들과 결합시켜 귀납적 논증을 만들어 낼 뿐이다. 더 정확히 말하면, 우리는 그저 거의 모든 인간을 묶는 가족 관계의 중요성이 그것을 소중하게 여기고 존중할 하나의 이유라고 간주할 뿐이다. 플라톤은 실제로 작동하는 것에 충분히 주목하지 않았고, 이성이 자신에게 알려 준 것만이 최적이라는 데 너무 매료되었기 때문에 이것을 보지 못했다. 실천이성은 사상가의 머릿속 한계 안에 너무 오래 머무르게 되면 잘 작동하지 않는다.

2.
보수주의의 진리

실제 현실에 정당한 주의를 기울여야 할 필요성은 로저 스크러턴Roger Scruton이 웅변적으로 분명히 표현한 버크주의Burkean 보수주의 철학에서 기본 진리로 나타난다. 스크러턴에게, 사회는 살아 있는 유기체와 같고, 개인은 자유주의에 의해 묘사되는 것처럼 자율적 자기 결정권을 가진 별개의 '원자'가 아니라, 전체가 그 자체로 융성할 때만 번성하는 전체의 부분이다. 우리의 삶 이전과 이후로도 확장되는 사회적 역사의 일부로서 이해될 때, 인간의 삶은 겨우 의미가 통하고, 가치는 겨우 세상에 통용되며, 계획은 겨우 의미를 갖는다는 것이다.

보수주의자들에게 이것의 정치적 결론은 그 사회에서 번성하기 위해 우리는 사회제도, 관습, 관례를 보존해야 한다는 것이다. 그러므로 보수주의는 목표는 "우리가 임시 수탁자로서 사회 질서와 균형 상태를 미래 세대로 전달—하고 가능하다면 강화—하는 것이다."[7] 우리가 하지 말아야 할 일은 백지상태로 출발해서, 현재 사회가 어떤 모습인지와 상관없이 이상적 사회가 어떤 모습일지 판단하고 이 유토피아적 상을 충족시키기 위해 사회 질서를 다시 세우려 시도하는 것이다. 그러면 몰락하게 된다.

이와 같은 맥락에 있는 것이 19세기 영국의 성직자 찰스 캘럽 콜턴Charles Caleb Colton의 관찰로, "세우는 것보다 무너뜨리는 것

이, 보존하는 것보다 파괴하는 것이 훨씬 더 쉽다"는 것이다.[8]
사회는 점진적 진화라는 긴 과정의 산물이다. 객관적 관점으로
볼 때, 그 산물의 어느 특정 부분이 반드시 필요한 이유를 알기
는 쉽지 않을 것 같다. 하지만 시대착오적으로 보일 수 있는 것
—예컨대 영국에서, 상원, 군주제, 성문헌법의 부재—이 수 세
기에 걸친 점진적 적응의 산물이다. 우리가 이 제도들을 파괴하
고 이론가들이 설계한 어떤 것으로 대체할 때, 우리는 선조들
의, 역사의 지혜를 묵살하고 훨씬 뿌리가 얕은 어떤 것으로 대
체하는 위험을 감수한다. 더구나 우리는 발전하는 데 세월이 걸
린 것들을 파괴하고, 확인되지 않고 검증되지 않은 어떤 것으로
대체하고 있다. 보수주의자들이 보기에 이것은 우매함이고 오
만함이다.

그렇기에 보수주의의 기본 진리는 사회가 부서지기 쉬운 '생
태계'이고, 사회를 어떻게 개조할지에 늘 신중해야 한다는 것이
다. 변화가 더 폭력적일수록, 피해를 입힐 위험은 더 막대하다.
있는 그대로의 사회의 성질과 조화를 이룰수록, 개조가 성공할
가능성은 더 크다. 그러므로 우리는 개조에 착수하기 전에는
그것이 정말로 불가피한지, 있는 그대로의 사회와 어울리는지
혹은 차이가 나는지 물어야 한다.

여기서 분명히 설명하는 기본 진리를 받아들이기 위해 보수
주의자가 될 필요는 없다. 이러한 논증들에서 특정 정치 방침

을 정당화하는 것은 전혀 없다. 어쨌든, 가장 집념이 강한 보수주의자들은 그들의 철학은 사회가 결코 변하지 않고 결코 개조되지 않을 것을 요구한다고 말할 것이다. 예컨대 훌륭한 보수주의자치고 우리가 노예제를 유지했어야 한다거나 여성의 투표권을 계속해서 부정해야 한다고 주장하는 사람은 없다. 따라서 어떠한 관습과 제도도 역사의 산물이고, 시민들에게 정체성을 부여하는 것의 일부가 역사라는 사실은 개조에 반대하는 논증이 아니다. 보수주의는 우리에게 개조가 필요한 때나 위험한 때가 언제인지 알려 주는 법칙을 내놓지 않는다. 단지 극도로 조심하면서 진행하라고 경고할 뿐이다.

나는 자유주의자들과 좌파들 또한 이 보수주의자의 통찰을 받아들일 필요가 있다고 생각한다. 그것은 사회 질서를 합리적으로 세우는 것이 무엇을 의미하는지에 대한 우리의 관념을 확장할 것을 요구한다. 이성은 현재 상황이 어떠한지, 일이 어떻게 풀리고 어떻게 진전되는지, 우리가 매우 신중하게 주의를 기울일 것을 요구한다. 더 나은 사회를 설계하는 과정은 우리 사회를 자세히 살펴보는 데서 출발해야 한다. 사회를 교체하기 위해 무無에서 건설할 수는 없기 때문이다. 이것이 우리 이성을 유감없이 가장 완벽하게 사용하는 것이다. 현재 세계에서 일어날지도 모를 일을 마땅히 고려한다는 것은 합리성을 희석시키는 것이 아니라 옳은 결론에 이르는 데 필요한 더 많고 더 나은 이유들에 이성이 의존하게 해 주는, 정확히 그런 논거로 합리성을 강화하는 것이다.

이 접근법은 플라톤의 계승자 아리스토텔레스가 처음으로 보여 주었다. 정치에 대한 아리스토텔레스의 접근법에는 플라톤이 결여한 두 가지 특징이 있다. 우선, 그는 현존하는 정치제도들을 검토하는 데서 출발해, 정치제도들의 상대적 강점과 약점을 살펴보았다. 그는 과두제, 민주주의, 그리고 군주제의 상대적 장점에 관해 오로지 추상적 용어로만 사유하는 오류를 범하지 않았다. 둘째, 그는 정치철학이 결코 선명할 수는 없으며 어느 정도의 불분명함과 부정확함은 불가피하다고 현실적으로 예상했다. "만약 설명의 명료함이 그 내용subject matter과 긴밀히 연관된다면 우리의 설명은 충분할 것이다. 모든 논의에서 동일한 정도로 정확성이 추구될 수는 없기 때문이다"라고 쓰고, 이런 이유로 정치에서 "우리는 진리를 대략 개괄적으로 보여 주는 것에 …… 만족해야 한다. 같은 방식에 따라 결론을 도출하기 위해 우리는 일반화의 기반에서 일반화를 하고 있기 때문이다."[9]

아리스토텔레스가 플라톤보다 이성에 덜 의존한 것은 아니다. 정치에 관한 합리적 논쟁에 영향을 미치는 그런 이성이 그 본성상 결정적이 아니라는 것을 인정한 점에서, 그는 실제로 더 철저하게 합리적인 태도를 보였다. 가급적 합리적이라 함은 합리성에서 가능한 것 이상을 도출하려 한다는 의미가 아니다.

정치보다 이 점이 더 들어맞는 영역도 없다.

3.
아나키즘과 공산주의

논란의 여지는 있지만 과거사를 청산하고 합리적 정치제도를 도입하려는 노력의 가장 처참한 결과는 20세기의 공산주의 실험이다. 그 실패는 부분적으로는 더 나은 세상을 설계하기 위해 이성의 힘을 지나치게 신뢰한 결과이다.

이는 플라톤의 국가에서와는 달리, 선험적 추론에 너무 큰 신념을 부여한 문제가 아니다. 다양한 유형의 공산주의자는 자신들의 기획을 물질세계에 대한 이해에 뿌리를 둔다고 보았다. 예컨대 마오쩌둥은 이렇게 가르쳤다. "실천을 통해 진리를 발견하라, 그리고 다시 실천을 통해 진리를 확인하고 발전시키라. 지각과 관련된 지식에서 출발하고 그것을 합리적 지식으로 적극 발전시키라. 그런 다음 합리적 지식에서 출발해서 주관적이기도 하고 객관적이기도 한 세계를 변화시키기 위해 혁명적 실천을 적극적으로 이끌어라. 실천, 지식, 다시 실천, 다시 지식. 이 형태는 그 자체로 무한 반복된다."[10]

공산주의자들은 늘 현실 세계에 마땅한 주의를 기울이려고 노력해 왔지만, 그들은 자신들이 관찰에서 고안해 낸 이론이 확실하고 정확한 과학의 지위를 갖는다는 너무 큰 확신을 갖는 경향을 보였다. 예컨대 『공산당 선언The Communist Manifesto』에서 카를 마르크스와 프리드리히 엥겔스는 주장한다. "공산주의자의 이론적 결론은 결코 이러저러한 보편적 개혁가 지망생에 의해 발명되거나 발견된 사상이나 원칙에 기반을 두지 않는다. 그들은 우리 눈앞에서 펼쳐지는 현존하는 계급투쟁에서, 역사적 운동에서 비롯되는 실질적 관계들을 그저 일반적 용어로 표현할 뿐이다."[11]

여기서 결여된 것은 아리스토텔레스의 현실주의, 그리고 이로부터 기인한 정치학의 부정확성에 대한 겸손이다. 사람들이 여기서 빗나갈 때, 나는 그 이유가 그들이 종종 자신들이 알아챈 것에 너무 감동하여, 알아채지 못한 것을 충분히 인식하지 못하기 때문이 아닐까 생각한다. 나는 이것을 마르크스의 잉여가치에 대한 발상을 들어 가장 분명하게 설명할 수 있다. 니콜라이 레닌Nikolai Lenin은 그의 1914년 에세이 『카를 마르크스Karl Marx』에서 그 기본 사상을 요약했다. 자본가가 돈을 벌기 위해서는 자신이 물건들을 사거나 만드는 데 지불한 비용보다 더 많은 물건을 팔아야 한다. 그가 이 일을 행하는 주된 방법 중 하나는 노동력에 대해 그 진짜 가치보다 덜 지불하는 것이다. 따라서 예컨대, 만약 어떤 노동자가 열두 시간을 일한다면 "여섯 시간('필요'노동시간) 동안 노동자 자신을 유지하는 비용을 망

라하기에 충분한 생산물을 만들어 낸다. 다음 여섯 시간('잉여' 노동시간) 동안에 그는 '잉여'생산물 혹은 잉여가치를 만들어 내고, 그 시간에 대해 자본가는 비용을 지불하지 않는다."[12] 다시 말해, 고용인이 돈을 벌기 위해, 피고용인은 자신의 임금을 지불받기에 충분한 만큼의 일을 해야 할 뿐 아니라, 고용인에게 돌아가는 보상을 유지하는 데 필요한 일도 좀 더 한다. 그러므로 임금노동은 일종의 착취이다.

잉여가치 이론은 공산주의와 관련해 가장 강력하고 설득력 있는 경제적, 도덕적 정당화의 하나로 입증되어 왔다. 그 영향력은 그 사상의 본질적 핵심이 합리적으로 반박 불가능하다는 사실에 있다. 설사 자본가가 비용을 지불하기에 충분한 이윤을 창출하지 않는 개별 피고용인들을 두는 것이 가능하다 할지라도, 수익성이 있는 전체 산업에 걸쳐 노동자들이 그들 자신의 임금보다 더 많은 부를 생산하는 것은 사실일 수밖에 없다. 자본가는 노동자에게서 이득을 얻기 때문에 그들을 고용할 뿐이다.

그러므로 잉여가치는 현실이다. 문제는 그것의 발견에서 무엇이 도출되는가이다. 마르크스에게, 노동자들이 그들로 하여금 그들이 생산하는 부의 100퍼센트 몫보다 적게 받게 하는 시스템에 동조하는 것은 비합리적이고 부당하다는 것이 자명해 보였다. 하지만 이 결론이 그것에 이르게 된 전제만큼 반론의 여지가 없는 것은 아니다. 만약 그것이 그토록 명백하게 부당하다

정치적 이상으로서 이성

면 사람들은 대체 왜 그것에 동조했는지에 대한 더욱 엄격한 질문이 실질적으로 제기되었을 때, 공산주의자들은 잉여노동이라는 생각의 합리적이고 도덕적인 분명함에 끌리는 경향을 보여 왔다.

일단 당신이 열린 마음으로 이 질문을 한다면, 그 대답은 분명해진다. 자본가들이 사업에 투자하고 만약 폭락이나 그 외 예상치 못한 문제가 있다면 생겨날 수 있는 어떠한 손실도 감수한다는 위험을 무릅쓰기 때문에 그들이 이윤을 얻는다는 것이 한 가지 대답이다. 더 큰 보상은 더 큰 위험과 연결되어 있다. (최소한 그래야 한다. 정부가 은행과 같은 대기업들을 위험으로부터 보호할 때는 더 이상 해당되지 않는다.) 공산주의적 분석이 저지르는 연관 오류 하나는 현 상태에 대한 조건법적 서술the counterfactual이 본질적으로 동일한데도 자신들의 몫을 자본가들이 가져가게 놔두기 않고 지켜 내는 노동자들을 상정한다는 것이다. 그것이야말로 우리가 기존 사업체를 인수하여 그것을 노동자들에게 양도할 경우에 변화될 정말 중요한 점이다. 하지만 현실 세계에서, 당신은 우선 사업을 어떻게 일으킬지, 그리고 무엇이 사업을 발전시켜 성장하게 할지를 생각해야 한다. 기업, 기업가 정신, 혁신, 경쟁 등과 관련된 모든 것—바로 이러한 것들을 지금껏 모든 공산주의경제가 궁극적으로 약화시켜 왔다. 따라서 만약 경제가 실제로 어떻게 작동하는지에 대한 관찰에서 출발하여 더욱 신중하게 추론한다면, 왜 자본가들이 존재하는지 타당한 이유들이 있다는 사실을 알 수 있다.

이제 문제는, 잉여가치가 없는 경제에서 사는 것이 노동자들에게 실제로 더 나은지가 된다. 이에 대한 선험적 답은 없다. 답을 하려면 현실 세계가 실제로 어떻게 작동하는지 살펴보아야 한다. 뒤늦게나마 깨달은 덕분에, 우리는 그 답은 절대 확실히 '아니오'라고 결론지을 수 있다. 설사 현실 공산주의 국가들이 불완전하고 압제적인 가짜 자손이 아니라 마르크스의 이상의 완전한 구현이었다 할지라도, 그것들은 통제된 시장경제의 경제적 역동성을 거의 확실히 결여했을 것이다. 다른 모든 조건이 동일하다면, 노동자로서는 100파운드의 부를 산출하고 그것을 전부 갖는 것보다는 200파운드를 산출하고 150파운드를 갖는 것이 훨씬 낫다.

물론, 여기서 우리가 무엇이 최적의 시스템인지 결론짓기 전에 논쟁해야 할 것이 더 많이 있다. 우리가 경제적 경쟁의 이득을 잉여가치 제로의 공평성과 결합시키고 그 안에서 모든 행위자가 협력자들co-operatives인 시장경제를 이룰 수는 없을까? 사업체 소유주들이 노동자들로부터 뽑아낼 수 있어야 하는 잉여가치에 얼마나 많은 제한을 가해야 할까? 여기서 공산주의의 오류를 알게 되었으니 이제 우리가 그 대신 정확히 무엇을 해야 하는지 잘 알고 있다고 말하려는 것이 내 목표는 아니다. 실

정치적 이상으로서 이성

제로는 정확히 정반대이다. 만약 합리적으로 논박할 여지가 없는 결론에 너무 큰 의미를 부여하는 것이 그 오류라면, 합리적으로 논박할 여지가 없는 그 오류를 거부함으로써 도출되는 결론을 우리가 손쉽게 들여다볼 수 있다고 생각할 경우 동일한 실수를 저지르게 될 것이다. 요점은, 정치는 믿을 수 없을 만큼 복잡하고 우리는 어떤 문제에 대해 이론적으로 확실한 진단 혹은 문제를 해결하는 처방처럼 보이는 것들의 유혹에 늘 저항해야 한다는 점이다.

현 상황에 관한 자신들의 대안이 지닌 합리성에 대한 과신이 공산주의자들의 전유물이 아님은 물론이다. 공산주의자들에 대한 미하일 알렉산드로비치 바쿠닌Mikhail Aleksandrovich Bakunin의 아나키즘적 반응을 보라. 바쿠닌은 철학자들이 왕이 되어야 한다는 플라톤의 이상을 철저히 거부했다. "그가 통치하게 해보라"라고 그는 그 학자에 대해 말했다. "그러면 그는 가장 참을 수 없는 폭군이 될 것이다. 왜냐하면 학자의 긍지는 불쾌하고 모욕적이어서 어느 누구보다도 억압적이기 때문이다. 현학자들의 노예가 되다니―인류에게 무슨 고역이란 말인가!"[13] 그는 "추상적 이론이 사회적 실천에 선행하고, 생각이 삶에 선행한다"는 "완전히 잘못된" 전제에서 움직이는 "교조적인 혁명가들"을 비롯한 "모든 유형의 이상주의자들"의 "완벽한 논리(그들 자신의 용어)"를 비난했다.

바쿠닌은 확실히 내가 여기서 주장해 온 것들에 근접한 어떤 것을 옹호하고 있다. "추상적인 생각"이 "생활에 의해 만들어질 뿐 결코 생활을 만들어 내지 않는" 반면, "자연생활과 사회생활이 늘 (그 기능 가운데 단지 하나일 뿐인) 생각에 선행하지, 결코 생각의 결과일 수 없다." 하지만 전도된 플라톤주의는 그것이 대체하는 견해만큼이나 지나치게 단순하다. 경험과 생각 사이에서 이루어지는 어떠한 상호작용도 보지 못한 채, 바쿠닌은 마치 진리가 어떤 중재되지 않는 방식으로 사실에서 넘쳐 나오는 것처럼 쓰고 있다. "자연생활과 사회생활"을 당신의 지침으로 삼으면 당신은 결코 틀릴 수 없다. 하지만 세계는 당연히 해석을 필요로 하고, 이것이 오류와 왜곡의 가능성으로 가득 찬 기획이라는 것을 인식하지 못한다면 당신은 이성주의자들의 오만과 동일하면서도 정반대되는 오만의 위험을 무릅써야 한다.

이런 이유로, 내가 인용한 바 있는 바쿠닌의 『국가 통제와 아나키Statism and Anarchy』에서, 그는 이렇게 말한다. "현재 사용되는, 구체적으로 합리적인 과학 방법론은 실제 사실에서 이성을 망라하고, 그것을 표현하고, 그리하여 그것을 설명하는 생각으로 나아가야 한다. 현실 세계에서, 그것은 사회생활에서 그것의 가장 합리적으로 가능한 유기체로 나아가는 운동이다." 바쿠닌은 플라톤 못지않게 이성을 경외하며, 바쿠닌에게만은 이성이 사회 세계에서 정신으로 진행되는데 그 반대는 아니다. 플라톤에서 이러한 결정적 변화를 만들어 낸 그는 그럼에도 그야 말로 이성을 따름으로써 우리가 사회에 질서를 부여하기 위해 가장 합리적인 방식이 무엇인지 분명하게 알 수 있다는 것에 아무런 의혹을 품지 않는 것 같다.

설사 공산주의보다는 좀 더 인간적인 시스템이라 하더라도 아나키즘 역시 공격에 견딜 수 있는 시스템이 더더욱 아님은 물론이다. 세계에 흔적을 남기기에 충분할 만큼 오래 자리 잡았던, 혹은 그 각각이 수년이 아니라 수개월 지속된 적이 있는 아나키즘 도시나 코뮌의 숫자는 다섯 손가락 안에 꼽을 수 있다.

공산주의자와 아나키스트 양자는 모두 세계가 어떻게 작동해야 하는지 이해하는 자신들의 능력을 엄청나게 과대평가했다. 전자의 경우에는 자신들의 이론을 정확한 과학의 수준으로 승격시킴으로써, 그리고 후자는 가장 합리적인 질서는 이른바 문명사회라는 겉치레 뒤에서 이미 어느 정도 분명해졌다고 믿음으로써. 우리가 양자로부터 도출해야 할 핵심적 교훈은 동일하다. 좀 더 합리적인 사회를 만들려는 시도는 우리가 변화를 만들어 내는 데 필요한 타당하고 객관적 근거가 있는 이유들을 필요로 한다. 그리고 그 이유들은 극도로 중요한 한 가지 이유라는 맥락에서 신중하게 평가되어야 한다. 인간 사회는 복잡하고, 만약 누구든 사회를 어떻게 조직해야 하는지에 대해 급진적인 새 모델을 제안하는 사람이 있다면, 우리는 그 모델이 극도로 그리고 위험스럽게 단순화되지는 않았는지 의심할 타당한 근거들을 갖고 있다. 근본적 개조는 가능해야 하지만, 그것은 대체로 조금씩 이루어져야 한다. 더욱 대대적이면 무엇이건 정당화할 수 있을 만큼 지금 우리가 망치고 있는 것들을 충분히 이해한다는 상상은 순전히 자만이다.

이것이 안타깝게도 보수적으로 보일 수도 있겠지만, 그 밖에 또 다른 무언가를 믿는 것은 정당화될 수 있는 정도를 넘어 훨씬 더 많은 영향력을 이성—아니라면 최소한 우리 자신의 이성—에 허락하는 것이다. 진정으로 합리적이려면, 우리의 합리성의 한계를 인정해야 한다. 이성에 대한 근거 없는 신념보다 더 비합리적인 것은 없다.

4.
호모 에코노미쿠스

빈곤한 정치적 추론이 좌파에만 국한되지 않음은 물론이다. 인간 행위의 합리성에 대한 신념은 20세기 대부분과 21세기를 통틀어 주류를 이룬 자유 시장경제에서 절정—혹은 아마도 바닥—에 이르렀다. 이를 노벨상 수상자 경제학자인 대니얼 맥패든Daniel McFadden이 2006년 전미경제학회에서 행한 학회장 연설에서 깔끔하게 묘사했다. "경제학 이론이나 이데올로기는 소비자가 명확한 선호를 갖고 자신의 이익을 증진하기 위해 끊임없이 적절하게 행동한다는 원칙에 입각해 세워진다"고 그는 청중에게 말했다. "경제학자 대부분이 소비자에 관한 이 개념을 수용하고" 아울러 분권화되고 경쟁적인 시장의 효율성을 주장하는 경제 이론도 받아들인다.[14]

인류에 대한 이러한 이미지는 호모 에코노미쿠스Homo economicus라 불리는데, 맥패든은 이들을 "취향이 자주적이고, 위험을 예리하게 지각하며, 끈질기게 행복을 극대화한다"고 묘사한다. 하지만 우려스럽게도 경제학자들이 뒤늦게 깨달은 것은, 맥패든이 '희귀종'이라 부르는 이러한 인간 유형은 표준형과는 거리가 멀다는 것이다. 오히려 호모 에코노미쿠스는 선호에서 불확실하거나 애매모호하고, 불명료한 눈을 가졌으며, 위험 평가를 잘 못하고, 행복의 극대화에 일관성이 없는 경우가 많다.

호모 에코노미쿠스에 대한 일반적인 비판은 인간은 결코 그 모델로 추정하는 것처럼 합리적이지 않다는 것이다. 공정하게 말하자면, 그 모델을 사용한 사람들이 호모 에코노미쿠스를 인간 본성에 관한 완성된 이론으로 여긴 적이 있는지도 잘 모르겠다. 모든 사람이 완벽한 합리적 자아를 극대화하여 행위하지는 않는다는 사실을 경제학자들은 늘 잘 알고 있었다. 그러나 그들은 이것이 사람들이 행동하는 경향이며, 따라서 인구 집단들을 집계한 경제적 모델들이 호모 에코노미쿠스가 인간 행위자의 적절한 모델을 제공한다는 가정에 입각해 움직일 수 있다고 상정했다. 그들이 이렇게 할 수 있었던 한 가지 이유는 사람들이 일반적으로 합리적으로 행동할 것이라고 가정할— 혹은 생각될—수 있다는 점이었다. 이러한 이유로, 호모 에코노미쿠스에는 규범적 구성 요소가 있다. 즉, 자신들의 행동이 합리적이라고 해석되어야 할 때, 사람들은 처신을 잘하게 된다는 것이다.

나는 이것이 틀렸다고 생각한다. 인간은 호모 에코노미쿠스 모델에서 추정하는 바와는 달리 합리적이지 않을 뿐 아니라, 오히려 합리적인 것이 뜻하는 바에 대해 호모 에코노미쿠스로 잘못된 모델을 상정한다. 무엇보다도 우선, 합리적 행위자가 "명확한 선호"를 갖고 있으며 "취향이 자주적"이라는 말을 생각해 보자. 우리 욕망이 그토록 일정하고 분명하다면 삶은 확실히 더 수월하겠지만, 그렇다고 그것이 우리를 더욱 합리적으로 만들어 줄까? 나로서는 그 이유를 잘 모르겠다. 욕망과 선호가 이유 없이 표변하는 것은 비합리적이지만, 그것들이 상황 속에서 단기 변동에 따라 변화를 보이고 장기 변동에 따라 점진적으로 발전하는 것은 전혀 비합리적이지 않다. 삶이란 역동적 과정이고 동일한 선택이 때에 따라 매우 다른 의미를 갖는다. 소소한 예를 들자면, 어느 날엔 풀드포크pulled pork 샌드위치를,

정치적 이상으로서 이성

다음 날엔 홈무스 랩을 고르는 것은 비합리적이지 않다. 우리가 어떤 것들에 싫증을 느끼는 한편, 오래가는 인기 품목이 아닌 다른 품목들의 완전한 참신함이 우리에게 일시적으로 더 선호할 이유가 되기도 한다. 좀 더 진지한 문제에서는, 우리가 삶을 함께하고 싶은 사람들이 시간이 흐르면서 변할 수도 있다. 한때 서로 사랑한 사람들이 헤어져야겠다고 진지하게 결정할 때, 그것은 슬프지만 비합리적이지는 않다.

안정적이고 고정된 선호를 갖는 존재로서의 인간 모델은, 매일 같은 음식을 먹는 사람들처럼 우리 대부분이 오히려 인간적이지 않다고 여기는 사람들이 가장 전형적으로 보여 주는데, 왜냐하면 그것이 그들에게 최소의 노력과 생각으로 연료를 보급받기 때문이다. 하지만 예컨대, 미리 준비된 가루에 물을 섞어 만드는 완전식품 소일렌트Soylent로 살아가는 게 합리적이라면, 그것은 합리성에 대한 어떤 정의에 따른 것일까? 이것은 당신이 음식에 대한 미감에 전혀 관심이 없거나 먹는 일의 유일한 목적이 신체의 엔진에 연료를 공급하는 것이라고 믿는 경우에만 합리적일 것이다. 어느 범주에도 들지 않는 우리로서는, 비합리적이지 않다면, 음식과 먹는 일의 즐거움에 어느 정도 비중을 두는 것이 그저 잘 사는 방법이라고 생각한다.

인간은 종종 상반되는 감정을 갖기도 하며, 이것이 어떤 비합리적인 혼란 때문은 아닐 수도 있다. 예컨대, 아이 없는 상태를 유지하고 그리하여 성실하게 적성을 추구하는 삶에서 기대되는 것이 있고, 가정을 꾸리는 삶에서 기대되는 것이 있다. 두 가지 장점을 다 최대화하는 경우는, 설사 가능하다 하더라도 흔치 않다. 절충은 불가피하다. 어느 쪽을 택할지 혹은 어떤 절충을 할지 판단하기 어렵다고 느끼는 누군가가 반드시 논리적으로 생각하지 못하는 것은 아니다. 경합하는 욕망 두 가지를 다 채우려 하는 것은 비합리적이지만, 경합하는 욕망들을 갖는 것은 비합리적이지 않다. 그러므로 분명하고 고정되고 명확한 선호를 갖는 것은 어느 모로 보나 합리적이라는 것의 정의가 될 수 없다. 누군가의 욕망에 나타나는 일관성이 욕망에 대한 자신의 숙고가 합리적으로 일관된다는 것과 동일한 것은 아니다.

호모 에코노미쿠스의 두 번째 특징은 "위험을 예리하게 지각"한다는 것이다. 인간이 위험에 보이는 반응에서 매우 비합리적인 경우가 많다는 것은 확실히 참인 듯하다. 가장 악명 높은 사례가 뉴욕에서 9·11의 후과로 나타난, 비행기에서 육상 교통으로의 전환이다. 비행보다 운전이 훨씬 더 위험하기 때문에, 이로써 죽음이 줄어든 게 아니라 오히려 늘었다. 9·11이 일어난 이듬해에, 그러한 전환의 결과로 추정치인 1595건을 초과한 도로 사망이 있었다.[15]

그럼에도 위험에 대한 정말로 합리적인 대응이 무엇일지는 전혀 분명하지 않다. 국가 운영 복권을 구매하는 문제를 보자.

정치적 이상으로서 이성

경제학자들은 이것을 매우 비합리적이라고 치부하는 경향을 보인다. 복권에 건 돈의 50퍼센트 정도만이 상금으로 돌아가는데, 이는 결국 평균적으로 참가자들이 내기에 건 돈의 절반을 잃는다는 예상이 가능하다는 의미가 되기 때문이다. 이는 복권을 생각하는 합리적인 방식이 경제적 투자라고 가정한 것이다. 하지만 그것이야말로 수많은, 아마도 복권 참여자 대부분이 생각하는 방식이 아니다. 그들은 그것을 건 돈의 상당액이 기부로 돌아가는 보너스도 있는, 약간의 재미로 여긴다. 좋은 목적에 쓰이고, 자신에게 약간의 환상을 갖게 하고, 큰돈을 딸 수 있는 아주 작은 기회가 따르는 뭔가에 여분의 현금을 조금 지출하는 것이 비합리적일까? 이 질문에 확실한 답은 없지만, 명백하게 부정적일 리는 없다.

동일한 문제가 위험에 대한 다른 자각들에서도 발생한다. 경제학자들은 합리적인 것을 좋거나 나쁜 성과가 나타날 개연성, 그리고 행동하거나 혹은 다른 뭔가를 함으로써 생기는 손실 사이에서 순수하게 통계적 관계라는 관점으로 모든 잠재적 선택을 다루는 것이라고 상정한다. 이는 손실과 이득이 뚜렷이 수량화될 수 있다고 상정하는 것이지만, 현실의 삶에서 손실과 이득은 종종 수량화가 불가능해지기도 하는 선호와 욕망의 복잡한 네트워크의 일부를 이룬다.

주택 구입 여부와 같은 중요한 구매 결정을 예로 들어 보자.

경제학자들은 자산 가치가 성장할 잠재력이 극대화된 시기와 장소에서 구매를 시도하면서, 장기적으로 이익을 극대화한 선택을 할 방법을 찾을 것이다. 하지만 우리는 우리 집에서 살고 있고, 그 집을 좋아해야 한다. 게다가, 우리의 선택에 따른 장기적 수익을 너무 많이 생각하는 것이 우리가 가치를 두는 삶을 살아가는 데 낫지 않을 수도 있다고 깨달을지도 모른다. 우리는 주택 가격과 가치에 집착하는 사람들 중 한 명이 되고 싶지 않다. 따라서 우리의 장기적인 재정 이익 안에 무엇이 있는지를 너무 많이 생각하지 않기로 합리적으로 결정할 수도 있다.

정통파 경제학자들은 이것이 그 모델에 들어맞는다고 말하면서 인정할 수 있다. 왜냐하면 그 모델은 우리가 모든 것에 금전적 가치를 부여한다고 가정하고, 거기에는 돈을 생각하지 않아도 된다는 것이 포함되기 때문이다. 그러므로 우리가 어떤 선택을 함으로써 잃게 될 돈보다 더 많은 이익을 갖기를 선호하는 경우 무엇을 선택하더라도 정통파 경제학의 관점에서 합리적이다. 금욕주의자와 탁발승의 극단적인 경우를 보면, 그들에게는 돈이 얼마이건 간에 그들의 단순하고 물질적으로 홀가분한 생활 방식의 상실을 보상하기에 충분하지 않을 것이다. 누구에게나 모든 것은 그 가치price가 있다. 나는 내가 선호하는 어딘가에서 사는 것으로 십 년간 어떤 소유지에서 5만 파운드의 이익을 포기하는 데에는 합리적일 수 있지만, 아마도 50만 파운드가

정치적 이상으로서 이성

줄어드는 데에는 아닐 수도 있다. 그러므로 내 선택이 합리적인지 아닌지는 내가 지불한 경제적 대가가 그럴 만한 가치가 있는지 없는지로 설명된다.

하지만 이 분석은 핵심을 놓치고 있다. 만약 우리가 후회할지도 모르는, 장기적으로 금전적 이익에 크게 반하는 결정을 내린다면 그럴 수 있겠지만, 그것은 늘 우리가 가치를 부여하는 비금전적 상품에 금전상의 가치를 부여할 수 있기 때문이어서가 아니다. 경제학자들은 이것이 명시적으로 정확히 모든 사람이 하는 행동이라고 주장하겠지만 그 주장은 고집에 불과하다. 이 고집의 그럴듯함은 당신이 거의 늘 누군가에게 그들이 정말로 가치를 부여하는 어떤 것 대신에 얼마나 많은 돈을 받아들일지에 관한 가설적 질문에 답을 요구할 수 있다는 사실에 의거한다. 그것이 모든 것—일부 사람, 그리고 아마도 소중히 여기는 소수의 상품은 제외한—에는 가치가 있다는 증명으로 받아들여진다. 하지만 현실 세계에서 우리는 결과가 확정된 빤한 선택에는 거의 직면하지 않는다. 모든 것에 위험이 따르고, 우리가 치르고 싶지 않은 위험들이 있다. 우리가 장기적으로 보면 더 부유해질 수 있다고 생각해서 원치 않는 집에서 살아가는 위험을 겪고 싶지 않을 수 있다. 또 돈을 잃을 위험이 적다 할지라도, 더 큰 연금을 위해 우리가 가진 작은 연금을 위험에 처하게 하고 싶지 않을 수 있다. 이것이 비합리적일까? 아니다. 왜냐하면 이 결정들이 위험-이득 분석으로 전적으로 압축되지 않을 뿐더러, 우선 그러한 분석을 하는 데 시간을 쓰는 것을 피하려는 우리의 욕망에 달려 있기도 하기 때문이다.

호모 에코노미쿠스의 세 번째 구성 요소는 그들이 "끈질기게 행복을 극대화하"고 "자신의 이익을 증진하기 위해 끊임없이 적절하게 행동한다"는 것이다. 그런데 자기 이익을 추구하는 것이 왜 가장 합리적일까? 만약 합리적이라는 것이 객관적 관점을 채택하는 뜻이라면, 더 나은 합리성은 자아에 대한 걱정에 더 연관되는 게 아니라 덜 연관되는 것일 듯하다. 예컨대 싱어가 주창한 공리주의는 합리적 관점에서 볼 때 모두의 복지가 동등하다는 전제에서 출발한다. 만약 도덕적으로 옳은 일이 인간의 복지를 증대하는 것이라면, 설사 그것이 우리가 최대한으로 풍요롭게 살 수는 없음을 의미할지라도, 그렇게 하기 위해서 무엇이건 감수해야 한다. 실제로 이것이 의미하는 바에 대해 싱어가 든 가장 놀라움을 자아내는 사례는 젤 크라빈스키 Zell Kravinsky로, 낯선 이에게 간을 기증했을 때 그는 이미 4500만 달러의 재산 대부분을 자선단체에 기부한 상태였다. 그의 계산은 단순했다. 그가 간 기증을 밀고 나간다면 그가 죽을 위험은 4천분의 1이었는데, 그래서 그는 간을 기증하지 않는다면 자기 생명을 남의 생명보다 4천 배나 소중하게 여기는 셈이라고 생각했다. 이 결론을 두고 논쟁을 벌일 타당한 이유가 있을 수 있지

정치적 이상으로서 이성

만, 그것은 단순히 당신 자신을 돌보는 것보다 객관적으로 더 합리적인 관점을 채택하는 것과 분명히 관련된다.[16]

전반적으로, 호모 에코노미쿠스에 기초해서 합리적 경제학을 세우려는 시도는 기본적 오류들로 가득하다. 문제는 합리적이고자 하는 욕망 자체에 있지 않고, '합리적이라는 것'이 단순하고 자명하다는 가정에 있다. 인간이 욕망과 가치의 복잡성과 복수성을 부정할 경우, 더 합리적이 되지 않고 그야말로 더 단순해질 뿐이다. 만약 그것이 당신 자신을 부—극대화 기계로 취급하는 방식으로 사는 것을 의미한다면, 위험의 알고리즘으로 당신의 삶을 다스리는 것은 전혀 합리적이지도 않다. 그리고 당신 자신의 행복을 우선시하는 것은 합리적이지 않고, 그저 이기적일 뿐이다.

5.
치명적인 단순화

만약 호모 에코노미쿠스 모델이 그토록 확실히 틀렸다면, 왜 그것은 애초에 인기를 얻었을까? 유사하게, 왜 공산주의와 아나키즘의 유토피아 신기루는 현실로 오해받았을까? 거기에는 분명하게 몇 가지 이유가 있는데, 그중 일부는 이미 언급했다. 현실을 지나치게 단순화한 모델을 채택하면 현

실 세계가 다루기 쉬워 보이는 것이 특별히 주목할 한 가지 점
이고, 그것은 매우 유혹적이다.

호모 에코노미쿠스의 경우에, 경제학자들이 '엄격한' 계산을
바탕으로 자신들의 학문을 확립할 권위를 제공한 단순화한 모
델을 개발하게 해 주었다는 점에 그 매력이 있다. 간단히 말해,
호모 에코노미쿠스라는 가정은 경제학을 다루기 더욱 쉽게 해
주었다. 이것은 그 학문에 고질적인 약점으로 나타날 것이었다.
예컨대, 전염병학자 마이클 마멋Michael Marmot은 선배 경제학자에
게서 그의 동료들이 "건강이 부에 기여하는지, 그 반대가 아닌
이유는 그러한 방정식으로 모형을 만들기가 더 쉽기 때문이라
고 배웠다"고 들은 이야기를 전한다.[17] 그것이 참일 수도 있지
만, 만약 그러한 데이터가 포착해야 하는 것들을 포착하지 못
한다면 뒤엉킨 사실들보다 확고한 데이터를 더 선호하는 것이
분명히 합리적이지는 않다.

공산주의도 동일한 마법에 걸렸다. "능력에 따라 일하고, 필
요에 따라 분배한다"는 단순한 원칙에 기반을 둔 중앙 정책이
사회문제를 모두 해결할 수 있다는 생각은 군데군데 단편적인
변화를 수반하고 성공을 보장하는 것이라곤 전혀 없는 암울한
대안보다 훨씬 더 호소력이 있다. 마찬가지로, 아나키즘은 정부
의 사슬에서 자유로워진 사람들의 지나치게 단순화된 품위가
그들이 함께 협력하여 공정하게 살아가게 해 주기에 충분하리

정치적 이상으로서 이성

라는 지나치게 단순화된 전제에 기반을 둔다.

여기에 아이러니가 있다. 한편으로, 이러한 오류들은 인간 이성이 실제 모습보다 더 영향력이 있다는 오만함을 가리킨다. 다른 한편으로, 이 모든 오류는 이성의 영향력이 얼마나 제한적인지 암묵적으로 인정한다. 왜냐하면 그 오류들은 세계에 대한 우리의 구상을 이성이 다루기 쉽도록 지나치게 단순화하는 것을 필요로 하기 때문이다. 마치 인간 이성이 강력하다는 환상을 지키려는 것처럼, 우리는 그 오류들을 극복하기 용이하게 해 줄 이성의 도전을 채비해야 한다.

단번에 중요한 것들을 다 설명하고 해야 할 일을 처방해 줄 정치적 해법이나 경제적 모델을 우리가 고안할 수 있기에는 세계가 너무 복잡하고 이성이 매우 취약하다는 사실을 인정하기는 훨씬 더 어렵다. 하지만 이것이야말로 정확히 우리가 해야 할 일이다. 이성은, 특히 정치와 경제에서 그 한계를 알아야 한다. 이것을 지키기 못할 때 늘 재앙으로 이어지기 때문이다.

11장
정치적 세속주의

이성의 힘과 그것을 사용하는 인간의 힘에 대한 과장된 인식이 철인 왕이나 다른 지적인 엘리트들이 대중을 인도해야 한다는 잘못된 생각 뒤에 숨어 있다. 그럼에도 현실을 직시하는 이성 개념이 정치 과정의 중심에 있어야 한다. 광장에서 이성을 포기하는 것은 단지 어리석은 일뿐만 아니라 파멸적이다.

이성의 필요성과 정치에서 이성의 역할을 둘 다 분명하게 설명할 필요가 그 어느 때보다 긴급하다. 민주주의와 자유가 최근 들어 중장기에 걸쳐 부상하고 있어 고무적일 수도 있다. 그런 가치를 평가하는 가장 중요한 조직 중 하나인 〈프리덤하우스〉는 1975년에 세계 독립국 가운데 25퍼센트를 차지하는 단지 40개국만이 자유로운 나라라고 평가했다. 하지만 우리는 이러한 진전이 오래가지 못하고 뒤집힐 수 있다고 생각할 만한 타당한 이유를 갖고 있다.

내 주장은 민주주의 옹호론이 이성 옹호론과 분리될 수 없다

정치적 이상으로서 이성

는 것이다. 유일하게 온당하고 지지받을 수 있는 정치제도는 심의하는 이성을 중심에 두는 것이다. 정치적 차이를 타개하는 데 이성은 유일하게 지지받을 수 있는 도구이기 때문이다. 문제는 그것이 많은 사람이 한옆으로 밀쳐 두고 싶어 하는 도구라는 점이다. 유럽 곳곳에, 종교를 시민 생활의 중심으로 다시 가져오려는 요구가 수반된, 세속적 민주주의 과정에 대한 점점 커가는 환멸과 포퓰리즘으로의 방향 전환이 존재한다. 우리는 이 두 가지 움직임이 왜 위험한지, 그리고 그것들이 멈춰질 수 있을지 이해할 필요가 있다.

1.
정치적 다원주의

서방 지도자들이 세계 무대에서 그들의 가치관을 선언할 때면, 마치 민주주의와 자유가 자명하게 선한 것인 양 이야기하는 경향이 있다. 만일 그 두 가지 모두에 왜 그토록 가치를 부여해야 하는지 묻는다면, 그 답 중 일부는 그 진가를 제대로 인정받지 못하고 있는데, 바로 다원주의이다.[1]

가장 일반적 의미에서 다원주의란, 단일하고 완전하고 통일된 단 하나의 옳은 관점은 없다는 신념이다. 이치에 맞게 바라보는 방식이 하나 이상 존재하며, 그 어떤 관점도 선하거나 옳은 모든 것을 최대한으로 담아낼 수는 없다. 이는 잘못된 관점이란 없다거나 하나의 관점을 다른 것보다 선호할 타당한 이유들이 결코 있을 수 없다고 말하는 게 아니다. 그러나 다원주의는 우리가 어떤 관점이 더 나은지 객관적으로 판단할 수 없는 경우들이 있고, 어느 한 관점을 채택하는 데는 이익뿐 아니라 손실도 있다는 예상이 가능함을 의미한다.

다원주의가 보편적일 필요는 없다. 우리는 어떤 영역에서는 다원주의자일 수 있지만 또 어떤 영역에서는 아닐 수 있다. 예컨대 우리는 도덕적 다원주의자이면서, 두 가지 과학 이론이 모순될 때 오직 하나만이 옳다고 믿는 과학적 '일원론자'일 수도 있다.

정치적 다원주의political pluralism는 좋은 삶에 대한 모든 정당한 열망을 완벽하게 만족시킬 수 있도록 사회 질서를 세우는 단 하나의 방법이란 존재하지 않는다는 사실을 받아들인다. 각기 다른 시민들은 각기 다른 욕구를 가지며, 욕구 중 일부는 저마다의 역사, 문화, 환경과 관련된 것일 수도 있다. 하지만 한 문화 내에서라 해서, 모든 정당한 욕망이 다 충족될 수 있는 것은 아니다. 어떤 이들은 그들 안에 깊이 자리 잡은 종교적 신념이 손상되지 않기를 원하는가 하면, 또 어떤 이들은 비웃을 권리를 요구한다. 사업체들은 비용이 낮게 유지되기를 바라지만, 장애인들은 그들을 고려한 운송 수단이나 건물에 잘 적응할 수 있

정치적 이상으로서 이성

기를 바란다. 많은 소비자가 값싼 고기를 원하는 반면, 동물 복지가 더욱 향상되기를 원하는 이들도 있다. 다원주의 정치의 역할은 각기 다른 양립 불가능한 입장들로부터 되도록 많은 양립 가능한 것이 용이할 수 있도록, 경합하는 주장과 요구 사이에서 균형을 유지하고 협의하는 것이다.

정치적 다원주의는 민주주의와 동일하지 않다. 그리고 공정하고 꽤 괜찮은 다원주의 사회를 창출하기에 민주주의는 결코 충분치 않다. 민주주의에서는, 다수가 다원주의를 버림으로써 자신의 이익만을 증진하고 소수의 이익을 무시할 수 있다. 정치이론가들은 오래도록 그러한 '단순한 다수결 주의'와 민주주의를 철저하게 구분해 왔지만, 이 구분은 선결 문제의 해결 없이 오로지 민주주의의 본질 자체에 호소하는 것만으로는 이루어질 수 없다. 다수결 주의로 빠져드는 것을 피하기 위해, 민주주의는 다원주의에 대한 어느 정도의 용인과 결합될 필요가 있고, 그럴 때 민주주의는 단지 어느 한 길을 따라야 할지를 집단적으로 결정하는 방식이 아니라 각기 다른 이해관계와 좋은 삶에 대한 전망들 사이에서 협의하는 수단이 된다.

그러므로 어떤 면에서 다원주의는 민주주의보다 더 높은 가치이다. 하지만 실천적으로는 민주주의에 의존한다. 역사를 통해 우리는 선출되지 않은 소수 엘리트에게 사회를 어떻게 통치할지에 대한 판단을 맡기는 것이 어리석은 일이 될 것임을 배웠다. 설사 그 엘리트가 다원주의를 전적으로 지지하기 시작할지라도 말이다. 다원주의 없는 민주주의는 다수의 전제정치일 뿐이다. 민주주의 없는 다원주의는 온화한 독재이고, 그것은 늘 더 유해한 것으로의 타락을 각오해야 한다.

정치적 다원주의는 자유로운 사고방식을 가진 수많은 사람에게 매력적이지만, 그것이 타당하다는 것을 무엇이 보여 줄까? 확실한 답은 윤리적 다원주의ethical pluralism이다. 그것은 인간에게 좋은 삶에 대한 진정한 개념은 하나 이상이라는 관점이다. 정치의 주요 기능 가운데 하나가 사람들이 좋은 삶을 살 수 있게 하는 것이므로, 윤리적 다원주의는 정치적 다원주의를 수반한다.

우리는 윤리적 다원주의가 뒷받침하는 정치적 다원주의를 윤리·정치ethico-political 다원주의라 부를 수 있다. 하지만 만약 정치적 다원주의가 유일하게 정당화되는 형태가 윤리·정치 다원주의라면 곤란할 것이다. 많은 사람이 윤리적 다원주의자가 아니라는 간단한 이유 때문이다. 실제로, 윤리·정치 다원주의가 자유주의적 입장이기는 하나, 모든 자유주의자가 윤리적 다원주의자는 아니다. 예컨대 좋은 삶에 관한 옳은 비전에 따라 살아가는 타인들의 능력에 영향을 미치지 않는 한, 사람은 옳지 않은 비전을 추구할 자유를 기본적으로 가짐을 근거로 누군가는 관용이라는 자유주의적 방침을 채택할 수 있다. 이와 같

정치적 이상으로서 이성

은 것이 종교적 전통에 깊이 뿌리내린 여러 나라에서 자유주의를 뒷받침해 왔다. 예컨대 이슬람의 황금시대가 보여 주는 상대적 개방성에는, 양심이나 문화 때문에 이슬람을 따르지 않겠다는 사람들에 대한 관용 정신을 바탕으로 이슬람이 단 하나의 진리의 길을 대표하지는 않는다는 신념이 전제되어 있지는 않았다. 그러므로 윤리적 다원주의 없는 자유주의 정치 다원주의는 현실 가능성으로 존재하지만, 그것은 차이의 용인이라는 점에서 윤리·정치 다원주의와 동일하지 않다.

하지만 이는 여전히 자유주의자도 아니고 윤리적 다원주의자도 아닌 수많은 사람을 남겨 두게 되는데, 그들 중 많은 이들이 생각을 바꾸리라고 기대할 수는 없다. 이는 그러한 차이가 존재함을 인정하고 공존을 협의하는 것을 옳다고 여기지 않는, 경합하는 가치관을 가진 수많은 사람이 존재한다는 뜻이다. 그러므로 다원주의 노선에 따라 어떤 사회를 운영하기 위해서는 먼저 자유주의자들과 윤리적 다원주의자들로 이루어진 사회를 만들어 내야 하겠지만, 이것은 실현 가능성이 없다.

다행히, 윤리적 다원주의나 자유주의를 요구하지 않는 정치적 다원주의론은 가능하다. 다원주의적 도시국가에 대한 정당화는 규범적이기는 해도 윤리적 차원이 아니라 인식론 차원에서이다. 다시 말해, 그 경우는 이성에 대한 요구로부터 무엇이 도출되는가에 달려 있다.

9장에서 주장했다시피, 합리성은 우리가 믿거나 인정해야 하는 것들이 있음을 필연적으로 수반한다는 점에서, 기본적으로 규범적이다. 이에 대한 가장 보편적 진술이 내가 '합리성의 규범적 원칙'이라 부른 것이다.

우리는 가장 합리적이라고 믿어지는 것을 믿어야 한다.

합리성의 원칙은 철학적으로뿐 아니라 정치적으로도 중요하다. 믿어야 할 이유가 있어야 한다는 생각을 거부하는 것은, 좋아하는 것을 이유 없이도 믿을 수 있다고 말하는 것이다. 그것은 우리 자신의 신념을 정당화하거나 타인들의 신념을 비판할 어떠한 필요성도 제거해 버린다. 대화는 불가능하고 갈등은 의지의 문제가 된다.

설사 합리성의 규범적 원칙이 합리적으로 논란의 여지는 없다 해도, 실제로는 거기에 중대한 문제가 있다. 즉, 그것이 다음 진술과 동일하지 않다는 것이다.

우리는 **우리가 보기에**it seems to us 가장 합리적이라고 믿어지는 것을 믿어야 한다.

가장 합리적인is 것과 가장 합리적이라고 **우리에게 보일**seem to

정치적 이상으로서 이성

us to be 수도 있는 것 사이에는 확실히 차이가 있다. 하지만 이것이 우리를 힘들게 할 것 같다. 합리적인 것을 내게 합리적으로 보이는 것과 동일시하는 것은 순전히 오만이고, 어떤 개인이라도 사물이 보이는 모습을 초월하여 그 실제 모습을 볼 수 있다고 믿는 것은 자만일 것이기 때문이다. 그렇다면 우리는 가장 합리적인 것과 단지 그렇게 보일 뿐인 것의 차이를 어떻게 분간할 수 있을까? 여기서 필요한 것은 우리가 어떤 것을 합리적이라는 증거가 충분하다고 볼 만큼 합리적이라고 받아들일 수 없을 때를 판단하는 방법이다. 다행스럽게도, 그러한 방법이 합리성 자체의 본성으로 제시된다.

내가 주장했다시피, 합리성은 객관적 이유들을 필요로 하고, 그 이유들은 이해관계에서 자유로워야 한다. 다시 말해, 가장 합리적이라고 믿어지는 것은 추론자가 누구이고 그이의 이해관계가 무엇인지에 의존해서는 안 된다. (물론, 이는 어떤 상황에서 어떤 사람이 **하기에** 합리적인 것이, 유사한 상황에서 다른 사람이 하기에도 역시 합리적이어야 한다는 것을 뜻하지는 않는다. 하기에 합리적인 것이 종종 특정 상황situation-specific임은 당연하다.) 이 말이 함축하는 바는, 다른 모든 조건이 동일하다면, 서로 다른 추론자들이 무엇이 합리적인지에 대해 동일한 신념으로 수렴하는 경향을 보여야 한다는 것이다.

물론, 특히 종교와 과학에 관한 논의에서 우리가 보았다시피, 심지어 추론을 매우 잘하는 합리적 행위자들조차 동일한 신념으로 수렴되지는 못한다. 현재 물리학에서 보이는 경우처럼 추론들이 긴밀히 결합되면서도 중요한 세부 사항들에서는 일치하지 않는다거나, 종교에서 나타나는 상황처럼 상당히 다른 결론에 이르기도 한다. 그렇다면 우리는 어떻게 합리적 논증이 신념의 수렴을 이끌어 내야 한다는 사실과 그것이 종종 그러지 못하다는 사실을 일치시킬 수 있을까?

만약 우리가 이성의 한계와 추론자로서 겸양의 필요성을 제대로 인식한다면, 어렵지 않게 이 과제를 달성할 수 있다. 만약 합리성이 수렴을 수반하지만 수렴이 일어나지 않는다면, 그것은 우리가 그 문제에 대한 최종 판단을 삼가도록 할 만큼 충분한 합리적 정당화가 부재하다는 일단의prima facie 증거를 제시한다. 우리가 어떤 판단을 내리는 것이 정당하다고 인정되고, 또 실천적 목적에서는 그렇게 해야 할지도 모르지만, 우리는 그것에 대해 적절하게 잠정적이어야 하고 그것이 모두에게 진리로 판정될 만큼 충분히 확실하다고 간주해서는 안 된다.

그렇다고 해서, 한낱 의견 차이에 불과한 것만으로 자신에게 합리적으로 보이는 것이 정말로 합리적이라는 신념을 포기하기에 충분하다는 말은 아니다. 예컨대 확실한 오류 이론, 즉 아무래도 합리적일 듯한 사람들이 동의하지 않는 이유에 관한 어떤 설명을 우리는 갖고 있을 수도 있다. 그들은 어쩌면 예컨대, 우

정치적 이상으로서 이성

리가 가진 결정적 증거를 결여하고 있거나 우리의 논증을 점검할 기회를 갖지 못했을지도 모른다. 아니면 그들이 반증이나 반론에 맞서 그들을 버티게 해 주는 어떤 신념에 깊이 집착해 있을 수도 있다. 하지만 우리는 넉넉한 관용의 원칙을 채택하는 데는 신중해야 한다. 마치 우리 자신은 그러한 것들로부터 면역성이 있는 것처럼, 우리가 동의하지 않는 사람들을 그들의 판단이 편견으로 왜곡되었다고 무시해 버리기는 너무 쉽다.

어떤 경우건, 합리적 심판자들이 이견을 보이는 시각에 대해 내리는 결론은 판단을 유보하지 않는 것이다. 그것은 자신의 신념이 무효화될 가능성을 수용하여 그 신념에 대한 고립을 약화하는 것이다. 따라서 우리가 어떤 것을 믿기에 충분히 설득력 있는 주장이 있다는 것을 인정하면서도, 그것이 의견을 달리하는 사람은 누구라도 비합리적이라고 고집할 만큼 충분한 설득력을 갖는 주장은 아니라는 것도 받아들일 수 있다. 이 구분은 일반적이고 간단해야 한다. 그것을 공식화하지도 않은 채로, 사람들은 판에 박힌 듯 자신들이 '동의하거나 그렇지 않다'고 한다. 왜냐하면 모두가 만족하도록 쟁점을 합의할 방법이란 없다는 사실을 잘 알기 때문이다.

이것은 내가 '인식론상의 다원주의 원칙'이라 부르게 될 것으로 요약될 수 있다.

압도적으로 강력한 오류 이론의 부재 속에서 합리성의 공평무사함이란 무엇일까? 그것은 경합하는 합리적 심판자들이 의견을 달리할 경우, 우리에게는 하나의 결론이라는 진리를 고집할 근거가 불충분하고 따라서 설사 우리가 결론들 중 단 하나만이 유일한 진리라고 믿는다 할지라도, 다른 합리적인 결론들을 수용하기 위해 우리가 할 수 있는 것을 한다는 사실을 필연적으로 수반한다.

물론, 이렇게 개괄적인 설명에는, 특정한 핵심 개념들, 특히 경합하는 합리적 심판자들의 생각이 제대로 명시되지 않은 채 남겨진다. 그럼에도, 여기서 내 논증의 목적상 가장 중요한 것을 확인하기에는 충분하다.

인식론상의 다원주의 원칙은 정치적 다원주의에 기반을 둔다. 좋은 삶에 대한 특정 개념이 잘못 이해되었다거나 사회질서를 세우는 특정 원칙이 잘못되었다고 개별자로서 우리가 아무리 확신하더라도, 개인들에게 그리고 사회에 무엇이 선인지에 대해 경합하는 합리적 행위자들의 견해가 다르다는, 때로는 상당히 다르다는 사실을 인정할 수밖에 없다. 만약, 우리가 합리성의 규범적 원칙이라는 정치적 추론—즉, 사회는 그 사회가 수행하기에 가장 합리적인 것을 해야 한다는—을 인정한다면, 우리는 (아래에서 내가 강조한) 그 원칙의 특별한 정치적 적용을 확인해 주는 한 구절을 추가하여 완성된 인식론상의 다원주의 원칙이라는 정치적 추론에 도달한다.

> 압도적으로 강력한 오류 이론의 부재 속에서 합리성의 공평무사함이란 무엇일까? 그것은 경합하는 합리적 심판자들이 **사회가 어떻게 운영되어야 하는지에 대한** 의견을 달리할 경우, 우리에게는 하나의 결론이라는 진리를 고집할 근거가 불충분하고 따라서 설사 우리가 결론들 중 단 하나만이 유일한 진리라고 믿는다 할지라도, 다른 합리적인 결론들을 수용하기 위해 우리가 할 수 있는 것을 한다는 사실을 필연적으로 수반한다.

이 원칙은 무한하게 융통성을 보이는 것이 아니며, 되는 대로 내버려 두는 자유방임주의적 상대주의를 함의하지도 않는다. 무엇보다 모든 정치적 주장이 경합하는 합리적 심판자들의 충분한 양이나 질로 뒷받침되지는 않는다. 둘째, 우리는 가끔은, 설사 반대자가 대규모라 할지라도, 우리가 반대자를 일축하기에 충분할 만큼 강력하게 판단하는 오류 이론을 가질 수도 있다. 예컨대 어떤 입장이 권위에 대한 호소에 의해 열광적으로 옹호되는 어떤 이데올로기를 근거로 주장되는 것을 알 수 있을 때, 우리는 그 입장의 합리성에 대한 그 주장들을 무시해도 될 타당한 이유를 갖는다.

그러한 경우에, 그것이 반드시 불관용을 의미하지는 않는다. 우리가 확인해 왔다시피, 우리가 관용하는 것의 오류와 관련해 의심하지 않고 관용할 이유들이 존재한다. 이는 관용이 당연하게 요구되는 것이 아니라는 뜻이다. 이것은 중요한데, 왜냐하면 자유주의가 위협하는 바로 그 관용의 보호 아래, 자유주의의 한복판에서 치명적인 이데올로기들이 번성하도록 방치하지 않는 강력한 자유주의를 정당화해 주는 근거를 관용이 제시하기 때문이다.

이 경로에서, 우리가 그 정당화를 따라 정치적 다원주의에 이르렀다는 것이 이제 분명해져야 한다.

> 좋은 삶을 위한 모든 열망을 완전히 만족시킬 수 있도록 사회질서를 세우는 하나의 길이 있을 수는 없는데, 왜냐하면 사회가 어떻게 운영되어야 하는지에 대해 경합하는 합리적 심판자들이 의견을 달리하고, 합리성의 공평무사함에는 그러한 경우에 우리에게는, 설사 우리가 결론들 중 단 하나만이 유일한 진리라고 믿는다 할지라도, 하나의 결론이라는 진리를 고집할 근거가 불충분하다는 것을 인정하고 다른 결론들을 수용해야 한다는 사실이 필연적으로 수반되기 때문이다. 그러므로 정치의 역할은 각기 다른 양립 불가능한 입장들에서

정치적 이상으로서 이성

되도록 많은 양립 가능한 것들이 용이하도록 경합하는 주장들과 요구들 사이에서 균형을 잡고 협의하는 것이다.

우리는 이런 정치적 다원주의를 실질적인de facto 다원주의라고 부를 수 있다. 이 다원주의는 어떤 특별한 윤리적 원칙에 대한 약속을 요구하지 않음으로써 강력해진다. 그 규범적 영향력은 오로지 합리성의 규범적 본성 자체에서 나온다. 우리가 윤리에 관한 경우에서 보았다시피, 그것은 모든 것을 허용할 필요도, 그 어떤 것도 금지하지 않아야 할 필요도 없다.

물론, 모두가 동의하거나 그래야 하는 규범적 원칙은 존재하지 않는다. '나는 이성에 얽매이지 않을 것이다'라고 누군가 주장하는 것은 언제라도 가능하다. 하지만 솔직한 확신을 갖고 하기는 보기보다 더 힘들다. 합리성의 근본적 본성은 그것이 이성 중심reason-driven이고, 정말로 이성을 거부하는 사람은 그 거부에 대한 쓸모없는 이유를 댈 수밖에 없으며, 자신들의 반합리성anti-rationality에 단호한 이들은 소수에 불과하다는 것이다.

2.
다원주의에 대한 위협

정치적 다원주의에 대한 위협을 고려할 때, 비종교적 독재이건 혹은 신정국가이건, 권위주의 정권을 생각하기가 쉽다. 하지만 다원주의는 다수결 주의 민주주의에 의해 위협받을 수도 있다. 그것이 바로 확립된 민주적 다원주의 국가들에 대한 가장 심각한 위협 가운데 하나가 포퓰리즘인 이유인데, 포퓰리즘은 오늘날 서구에서 이성 주도의 폴리스a reason-led polis에 대한 가장 위험한 위협의 하나이다.

이것은 역사적으로 특정한 풀뿌리 정치 운동에 뿌리를 두고 있는, 미국에서 정의되는 포퓰리즘이 아니다. 세계 어디에서나 이해되는 포퓰리즘이다. 사회과학에서 포퓰리즘은 덕이 높은 사람들과 악덕한 사람들을 '우리'와 '그들'로 깔끔하게 구분하는, 그런 유해한 지나친 단순화가 필연적으로 따른다고 여겨진다. 이런 이유로, 최근 출간된 포퓰리즘에 관한 한 학술서의 편집자들은 포퓰리즘을 "덕망 있고 동질적인 사람들이 자주적인 사람들에게서 권리, 가치, 부, 정체성, 목소리를 빼앗는다(혹은 빼앗으려 시도한다)고 더불어 묘사되는 일단의 엘리트와 함께 위험한 '타자들'"에 대항하는 것이라고 정의한다. 여기서 포퓰리즘이 불가피하게 지나치게 단순화하는 오류를 낳는다고 추정하는 이유는 "덕망 있고 동질적인"이라는 문구 때문이다.[2]

정치적 이상으로서 이성

포퓰리즘적 담론은 정치적 다원주의를 뒷받침하는 모든 지반을 훼손한다. 무엇보다 먼저 '합리성에 대한 규범적 원칙'을 보자. 포퓰리스트들은 '가장 합리적이라고 믿어지는 것을 우리는 믿어야 한다'는 데 동의하겠지만, 이것과 **'우리가 보기에** 가장 합리적이라고 믿어지는 것을 믿어야 한다' 사이의 차이를 그들은 인정하지 않는다. 그 이유는 포퓰리즘이 거리에서 만나는 보통 사람에게는 분명한 진리로 보이는 것이 진리 그 자체가 아닐 수 있다는 생각을 거부하기 때문이다. 참으로 보이는 것이 **참이고**is, 그야말로 판단을 흐리게 하는 데 불과한 가식적인 엘리트들이 딴청을 부릴 뿐이라는 것이다.

유사하게, 포퓰리즘은 합리성이 신념의 수렴을 낳아야 한다는 생각을 왜곡한다. 왜곡이 무엇이 합리적인지에 대해 일부가 의견을 달리한다는 사실과 연결되면, 그들은 그것을 확실성이 불가능하다는 증거가 아니라, 반대자들이 합리적이지 않다는 증거로 받아들인다. 가장 합리적인 것이 정말 자명하다고 믿어질 때는, 타인들이 다른 관점을 취한다고 해서 자기 회의self-doubt를 할 아무런 이유가 없다. 이로부터 도출되는 결론은, 인식론상의 다원주의 원칙 대신 외견상 경합하는 합리적 심판자들이 의견을 달리할 경우 보통 사람들의 평결을 인정해야 한다는 원칙이 된다.

그러므로 포퓰리즘의 논리는 정치적 다원주의에 치명적이다.

왜냐하면 정치적 의미를 갖는 주요 쟁점들에 관한 의미 있는 의견 차이의 가능성을 간단히 부정해 버리기 때문이다. 포퓰리즘은 다원주의와 정반대 편에 있다. 그것은 다원성 대신 단일한 일단의 가치를 고취하고, 복잡한 타협 행위 대신 지나치게 단순화된 해법을 제시하며, 다양한 공동체와 개인들로 이루어진 하나의 사회가 아니라 획일적인 전체로서의 대중the people을 대표하기 때문이다. 포퓰리즘은 이성의 자리에 신념을, 증거 대신에 상식이라는 외견상의 자명함을 둔다.

종종 민족주의적 성격을 띠는 것을 감안하면, 포퓰리즘이 유일하게 인정하는 차이는 주로 문화적으로 상대적인 차이다. 각기 다른 문화에 사는 사람들은 의견을 달리할 수도 있겠지만 한 문화에 사는 사람들은 기본적으로 모두 동일한 가치를 공유한다는 것이다. 문화상대주의는 대체로 관용과 다양성의 동인으로 여겨진다. 그러나 이 경우에는 분리의 동인으로 간주할 수 있다. 각기 다른 가치 체계 사이에서 어떠한 절대적 판단 기준도 부재한 가운데, 해법은 그야말로 그것들을 따로 분리시키는 것이 된다.

싱크 탱크think tank에서부터 정치 평론가에 이르기까지 유럽에서 포퓰리즘의 부상에 대한 경고는 꾸준히 이어져 왔다.[3] 어떤 위협이란 그것이 아무리 크다 해도 변동 양상을 보인다. 1980년대 이래 스위스 말고는 득표율 15퍼센트 이상을 유지한 포퓰리

정치적 이상으로서 이성

즘 정당이 전혀 없으며, 정부에 참여해 어떤 실질적 힘을 행사한 경우도 거의 없다는 사실에서 많은 이들이 위안을 받는다. 노르웨이의 〈진보당Progress〉과 그리스의 〈시리자Syriza〉처럼 결국 권력을 공유하게 된 정당들은 차츰 유연해지고 온건해졌다.

하지만 포퓰리즘의 가장 심각한 위협이 포퓰리즘 정당에서 직접 비롯하는 것은 아니다. 그 위협은 주류 정치가 차츰 더 포퓰리즘 형태로 수행되고 있다는 점에서 비롯한다. 포퓰리즘 정당의 부상은 주류 정당들에서 그들의 수사 rhetoric를 채용하도록 고무함으로써 이 문제를 악화시켜 왔다. 하지만 문제의 뿌리는 이보다 더 깊이 박혀 있다.

그 뿌리는 현실 정치—경합하는 이해관계들 간의 까다로운 타협을 포함하는—에서 내가 정치적 소비자 주의라 부르는 것으로의 전환이다. 소비자 주의는 정치인이나 전문가의 매개 없이 사람들에게 그들이 원하는 것을 주는 것이다. 정당들은 적당히 이것에 적응해 왔다. 정당들의 탄생 배경인 당원들의 공고한 의지를 반영하기보다는, 오늘날의 직업 정치인들은 정확히 말하자면 기업 관리자와 같은 부류이다. 진정한 소비자 주의 형태에서, 관리자의 책무는 대중the public에게 그들이 원하는 것을 주거나 정당이 줄 수 있는 것을 대중이 원하게 만드는 일이다. 선거의 셈법은, 당원들의 의견보다 여론에 귀를 기울이는 일이 더 중요하다는 것을 명백하게 보여 준다. 이로부터, 정당들이 중도파에 호소해야 한다는 사실, 그들의 정책이 여론조사에 따라 결정되어야 한다는 결론이 도출된다.

이는 대의제도의 실질적 의미를 모두 침식한다. 정치인들이 대표하는 것은 유권자도 아니고 자신이 속한 정당도 아니다. 사람들이 원하는 것을 주기 위해 어떤 정치인이 아무리 열심히 분투한들, 그이는 '우리'에게 봉사하는 것이 자신들의 책무인 '그들'에 속할 뿐이고, 불가피하게 그이는 완전히 성공할 수 없다. 아이러니는 다수의 의지에 정확히 영합하려 함으로써 주류 정당들은 포퓰리즘의 환경을 창출하여 정치 엘리트들과 대중 사이에서 전위dislocation를 야기해 왔다는 점이다.

이는 우리가 순수한 민주주의에 닥친 위태로운 시기를 살아가고 있음을 의미한다. 정치의 포퓰리즘적 양식—본질적으로 반정치anti-politics인—은 일상 정치의 일부가 되었다. 그리하여 이성에 의거한 대화, 타협, 조정의 필요성에 대한 어떠한 인식도 대중의 분명하고 통일된 의지를 반영하는 것이 정부의 역할이라는 지나치게 단순화된 발상으로 모두 대체되면서, 민주적인 다원주의 국가의 기반 자체가 암암리에 훼손된다.

이와 관련된 중대한 문제점이 하나 있다. 당신이 어떤 신화 —아리스토스 독시아디스Aristos Doxiadis와 마노스 마트사가니스 Manos Matsaganis가 말했다시피, 모든 "악들은 자신들의 이해관계로 통일된 '대중'의 외부에서 비롯된다"는 신화, 그리고 "이러

정치적 이상으로서 이성

한 동질적인 전체 내부에서 해결되어야 할 중요한 불일치나 쟁점이란 전혀 없다"는 신화—를 기반으로 선출될 경우, 당신이 통치할 수 있는 방법이란 그 어디에도 있을 리 없다는 것이다.[6] 기껏해야 당신에게는 단기적으로는 재앙과 혼란을 제거할 전통적 정당으로의 복귀가 있을 뿐이다. 최악의 경우 당신은, 현재 진행 중인, 통치가 불가능해지는 상황을 창출할 텐데, 왜냐하면 선출될 자격을 갖춘 유일한 정당들은 책임을 질 수 없기 때문이다. 논란의 여지는 있지만, 이것은 전후 시대의 어떠한 지속성을 갖는 시간만큼 현실 정치의 정당성과 효율성에 대한 광범위한 신념을 실질적으로 만들어 내지 못한 나라인 이탈리아에서 이미 보고 있는 상태이다. 정치인들에 대한 냉소주의는 고질적이다. 그토록 많은 사람이 실비오 베를루스코니Silvio Berlusconi를 당선시키고 또다시 당선시킬 준비가 되어 있는 유일한 이유는 원칙에 입각한 정치가 가능하다는 신념이 그들에게 없기 때문이다. 만약 모든 범죄자가 다 사기꾼이라고 생각한다면, 우리는 가장 유능한 사기꾼에게 투표한다.

그러므로 정치에 대한 환멸은 치명적이고, 포퓰리즘은 그러한 환멸을 증대시킬 뿐이다. 왜냐하면 포퓰리즘이 결실을 가져올 수 없는 이유를 설명하기 위해 필요한, 더 섬세한 담론을 광장에서 제거해 버리는 반면, 실행될 수 없는 단순한 해법에 대한 약속으로 나아가기 때문이다.

3.
전통적 세속주의

다원주의는 또 다른 위협에도 직면한다. 정치
문화 역시 세속적이지 않을 경우, 진정으로 다원주의적이기는
매우 힘들다.[5] 특정 종교에 특권을 부여하는 폴리스라면 예외
없이 타인들의 주장을 각기 다른 가치 있는 세계관으로 수용하
기 위해 온전히 분투하게 될 것이다. 세속주의 역시 다원주의
처럼 뚜렷한 비판의 대상이 되어 더 확실하게 위기에 처해 있
다. 그러므로 세속주의를 옹호하고, 특히 그것을 좀 더 공격적
인 반反종교적 정치 구조와 구분하는 것이 중요하다.

세속주의는 불신앙주의라는 신조가 아니라, 종교적 신념이
라는 문제와 관련한 국가의 중립성에 대한 것이다. 세속주의
는 종교적 신념의 자유를 허용하지만 한 가지 신념이나 무신앙
non-belief에 특권을 부여하지 않는다. 그러므로 세속 국가가 반드
시 신이 없는 국가일 필요는 없다. 예컨대, 프랑스의 라이시테
laïcité(프랑스와 프랑스어권 일부 국가에 퍼져 있는 정교 분리 사상의
일종-옮긴이)는 너무 엄격해서 정부에서 국민의 종교적 소속
에 관한 자료를 수집하는 것이 허용되지 않는다. 그래도 매우
대략적으로 추정해서 불신자의 비율을 인구의 4분의 1 정도로
보는데 좀 더 진지한 수치는 열 명 중 한 명으로, 영국과 비슷
하다.

정치적 이상으로서 이성

세속 국가에서 종교는, 개인 차원에서는 여전히 널리 퍼져 있을 때조차 정치 차원에서는 눈에 띄지 않게 된다. 세속 정부와 정치인은 그들의 정책을 방어하기 위해 경전이나 종교적 권위에 호소하지 않는다. 그 대신 모든 주민이 자신의 신앙이나 무신앙과 무관하게 공유할 수 있는 원칙과 고려 사항들을 이야기한다.

세속주의는 확실히 무신론자들에게 매력적이다. 세속 국가는 신정국가보다 분명 바람직하지만, 무신론을 주민들에게 강요하는 국가보다도 더 낫다. 근대 서구의 무신론 전통은 사람들이 신앙의 문제를 스스로 결정할 능력과 권리를 존중한다. 따라서 종교 문제와 관련해 국가의 적절한 역할은 금지가 아니라 물러서는 것이다.

세속주의는 무신론자들에게 어울리는 것을 주된 이유로 하여 시작된 것이 아니다. 오히려 세속주의는 신앙을 가진 사람들한테 어울린다. 왜냐하면 경합하는 종교적 견해의 가치와 관련하여 국가가 중립성을 갖게 해 주고 신앙의 수많은 다양성을 꽃피울 수 있게 하기 때문이다. 본래, 세속 국가들은 주로 특정 교파 소속이었고, 심지어 그 이상의 종교를 필요로 하지도 않았다. 바로 이것이 단호하게 종교적인 미국이 종교와 국가에 대해 엄격하게 세속적인 분리가 이루어진 나라라는 명백한 역설을 설명해 준다. 종교가 미국인들에게 중요하지 않다는 가정에 입각해서가 아니라, 특별히 기독교가 그들에게 철저히 근원적이라는, 정확히 정반대의 발상에 입각해 원칙이 확립된 것이다. 예컨대, 미국 독립선언문에는 유신론이 스며 있다. 독립선언문 첫 문장에서 "자연법과 자연의 신의 법이 부여한" 힘에 관해 이야기하고, 두 번째 문장은 "조물주가 권리를 부여한" 인간의 권리를 나열한다. 교회와 국가의 분리가 확립된 이유는 각기 다른 수많은 기독교 종파들이 있었고 국가가 그중 하나에 특권을 주는 것을 수용할 수는 없었기 때문이다. 그것이 바로 권리장전 3조에서 "의회는 종교 설립을 존중하거나 자유로운 종교 활동을 금지하는 어떠한 법도 제정해서는 안 된다"고 법령으로 정한 이유이다. 이러한 표현은 저마다 종교 활동을 할 자유가 무엇보다 중요하다는 것을 의미한다. 그러므로 국가는 종교 활동을 약화시키기 위해서가 아니라 신앙을 보호하기 위해 중립을 지킨다.

그러므로 세속주의의 융성이 무신론자들에게 좋을 수는 있지만, 승리가 될 수는 없다. 세속적 중립성은 신앙을 가진 사람들에게 해당되듯 무신론자들에게도 해당된다. 성경이나 쿠란의 가르침을 전제로 한 정치적 정책 주장이 용인될 수 없는 것처럼, 신의 비존재에 근거한 공공 정책을 찬성하는 주장도 용인되지 않는다. 그럼에도 세속주의가 신앙을 가진 사람들보다는 무신론자들에게 잘 맞는 면이 있다. 세속 국가에서는, 공적 담론에서 무신론 본래의 어휘가 아닌 종교적 어휘를 볼 수 없다.

예컨대, 인권에 대한 세속적 논의는 종교인과 비종교인 양자가 다 수용할 수 있는 용어로 이루어진다. 그러나 이 담화가 누락시켜야 하는 확실히 무신론적인 신념이나 개념은 거의 없는 데 반해, 담화가 포괄하지 못하는 훨씬 더 종교적인 개념들은 남아 있다. 따라서 세속적 담화는 무신론적 담화와 동일하다고 할 수는 없어도, 종교의 표현 양식보다 무신론 본래의 표현 양식에 더 가깝다.

이 사실은 최근 십여 년간, 세속 사회들이 종교적 신념의 문제를 순전히 개인적 관심의 영역으로 떨어뜨림으로써 사회에서 종교의 중요성을 부정해 왔다는 불만이 점점 더 늘어난 이유를 어느 정도 설명해 준다. 종교적 용어로 정치적 논쟁을 벌이는 것이 용인될 수 없기 때문에, 종교적 관점의 표현은 점점 더 줄고 거의 들리지 않게 되었다. 그 결과, 전통적으로 세속적인 서구의 공공 생활public life에서 종교에 더 많은 여지를 마련하고 종교를 완전히 사적인 영역으로 방치하지 말라는 요구의 증대를 목도하고 있다.

어떻게 하면 될까? 한 가지 유력한 입장을 아마도 비쿠 파레크Bhikhu Parekh가 가장 완전하고 엄밀하게 표현한 것 같다. 그는 종교를 광장으로 다시 불러낼 것을 주창한다.[6] 광장에서 종교를 배제하게 되면, 사람들의 삶에서 종교적 신념과 그 중요성을 충분히 존중할 수 없다. 더구나 그것은 널리 공유되지 않은 특정한 무신론적 자유주의 세계관에 특권을 부여한다. 세속주의는 신앙과 관련하여 그렇게 인정되는 만큼 실제로 중립적이지는 않다. 오히려 진실로 종교적인 사람들에게서 그들의 신앙을 공개적으로 주장할 권리를 박탈하고, 그 결과 세속주의는 다른 신앙 체계들보다 반종교적인 자유주의에 특권을 부여하게 된다. 그것은 이념적 중립성이 아니라 억지로 강요되는 또 하나의 이데올로기이다.

전통적 세속주의는 폐기되어야 한다는 주장이 그래서 나온다. 그 대신에 종교는 되돌아올 수 있는 공공 영역이 되어야 한다. 그 발상은 사람들이 자신들의 견해를 형성하는 기본 신념의 차이를 부인할 필요를 느끼지 않은 채, 신념의 충돌을 초래하는 게 아니라 불일치를 공개적으로 풀어 나가게 해 준다. 종교적이거나 비종교적인 각기 다른 신념이 유지되는 조화로운 사회의 비결은 모든 사람이 자신들을 갈라놓는 상황에 침묵을 지키는 것이 아니라 공개적으로 그리고 상호 존중과 이해의 정신으로 차이들을 논의하는 것이다.

이것은 여러모로 호소력을 갖는 것 같다. 분명 일종의 다원주의인데, 내가 주장했다시피 다원주의는 자유주의 사회의 튼튼한 기반이다. 하지만 종교를 광장의 중심에 놓는 그런 다원주의가 유일한 선택지는 아니다. 신앙을 가진 사람들이 요구하는 존중과 인정을 지지하고 우리 사이의 차이를 협의하는 임무와

정치적 이상으로서 이성

더 맞는 일종의 세속적 다원주의가 있다. 이것은 종종 신에 대한 공포증을 드러내 보이기도 하는 현재 상태의 세속주의와는 상당히 다르다. 세속적 중립성을 유지하려는 열망이 때로는 종교적 상징, 언어, 관습을 광장에서 추방하려는 지나친 열정으로 이어지기도 한다. 그 결과, 사람들은 자신들의 신앙이 마땅한 존중을 받지 못한다고 느낀다. 이것은 세속주의 그 자체의 원리를 거스르는데, 세속주의 본연의 목표는 각자에게 자신의 신앙을 허용하는 것이지 그것을 없애는 것이 아니기 때문이다. 그러므로 세속주의는 근본적으로 잘못된 것이 아니라 길을 잘못 든 것이다.

지금까지가 진단이라면, 치료법은 무엇일까? 나는 파레크가 주창한 그런 다원주의는 아니라고 주장한다. 세속주의가 실패하는 지점들에 대한 그의 설명이 수많은 표적을 명중시키기는 하지만 말이다. 파레크는 어떤 선을 넘고 싶어 하지만, 나는 우리가 그 선을 넘지 않아야 한다고 생각한다. 종교적 신념에 대한 표현을 더 허용할 필요가 있지만 정치와 정부라는 시민 공간은 종교적 중립을 지켜야 한다.

그 이유를 알려면, 세속주의의 가장 큰 장점을 떠올릴 필요가 있다. 스튜어트 햄프셔Stuart Hampshire는 『정의는 충돌하는가?Justice is Conflict?』라는 제목의 마지막 저서에 중대한 진리를 담아냈다.[7] 정치가 존재하는 이유는 사회 안에서 사람들과 집단들의 이해관계, 필요, 욕망들이 충돌하기 때문이다. 이렇게 정치는 본질적으로 갈등 해결의 문제이고, 정의로운 사회는 이 것을 공정하게, 희망적으로, 평화롭게 해내는 사회이다.

이것이 정치에 대해 다소 대립적인 관점 같아 보일지 모르지 만, 다원주의에 내재한 분열을 일으키는 측면을 인식한다는 점 에서 현실적이다. 우리는 정치적 광장이 갈등에 관한 전부라고 생각하지 않는다. 서구 민주주의 안에서, 우리는 이러한 갈등 들을 다루는 잘 조직된 평화로운 방법들을 찾아냈기 때문이다. 시위와 파업, 때때로 일어나는 시민 불복종 운동에서는 늘 소 규모의 충돌 사례를 볼 수 있지만, 명백한 혹은 폭력적 충돌이 공공연하게 발생하는 일은 드물다.

이러한 갈등들을 공정하고 평화롭게 다루는 것은 엄청난 성 취이고, 우리의 세속적 전통은 최고의 칭찬을 받을 만한 자격 이 있다. 세속주의는 파벌주의에 맞서게 해 줄, 우리가 가진 가 장 강력한 방어벽이다. 세속주의에서 핵심은 공유된 진취적 정 신enterprise으로서 정치적 이성이라는 개념이다. 세속주의는 공 공 영역에서 우리가 공유하는 언어를 사용할 뿐이지 실질적 세 계관은 배제할 것을 요구하는데, 그 결과 우리를 공통된 입장 으로 몰아간다. 현재 진행되는 종교 관련 논쟁에서 중요한 것 은, 우리의 개인적 신념들을 뒤에 남겨 두라고 요구하지 않는다 는 점이다. 모두가 자신들의 개인적 신앙을 세속적 논의의 장으

　　　　　　　　　　　　정치적 이상으로서 이성

로 가져오라는 것이다. 우리가 특수주의적 용어가 아니라 보편주의적 용어로 개인적 신앙을 표현하는 방법을 찾는 것이 그 비결이다. 독실한 가톨릭 신자는 그 주제에 대한 자신의 종교적 신념에 의해 강하게 영향을 받을 것이 분명하고, 의회와 같은 공적 토론장에서 이야기할 때, 이러한 신념은 통과될 것이다. 하지만 필수적으로, 그이는 모두가 이해하고 인식할 수 있는 용어로 신념을 표현하는 방법을 찾아야 한다. 만약 그이가 "로마가톨릭교회의 가르침에 어긋나기 때문에 우리는 낙태를 허용해서는 안 된다"고 말한다면, 그이는 자신의 신앙을 뛰어넘는, 지렛대가 되는 논증을 하지 못한 것이다. 만약 그이가 로마가톨릭교의 교리이지만 그것만이 단 하나의 영역이 아닌 자신의 근거를 지지하는 용어로 인간 생명의 존엄성에 찬성하는 주장을 한다면, **설사 근본에서는 그이의 기본 신념이 종교에 근거한다 할지라도**, 그이는 세속적 논쟁에 기여하는 것이다.

세속주의는 사람들이 자신의 종교적 신념에 의해 동기부여를 받고 그에 따라 살아갈 권리를 부정하지 않는다. 이러한 신앙을 세속적 폴리스에 가져오는 것을 금지하지도 않는다. 유일하게 금지하는 것은 논쟁 자체가 분파주의적 용어로 이루어지는 것이다. 정치철학자 존 롤스John Rawls가 말했다시피, "종교적이건 비종교적이건 합리적으로 이해될 수 있는 신조는 언제라도 공공의 정치 토론에 도입될 수 있다. 다만, 적절한 시점에 포괄적인 강령이 지지한다고 하면 무엇이건 지지하기에 충분하다고 하는—포괄적인 강령이 부여해 준 이유들이 아닌—적절한 정치적 이유들이 제시된다는 조건에서이다."[8] 이 공식은 "적절한 시점에"라는 문구만 없애면 옳다.

이제 파레크의 대안을 고찰해 보자. 이 견해에서, 전통적 세속주의는 우리가 어쩔 수 없이 우리의 종교적 신념을 위장하거나 그 신념이 존재하지 않는 척하게 만드는데, 어떤 식으로든 그것은 신앙의 가치를 떨어뜨린다. 우리가 허용해야 하는 것은 사람들이 자신의 진짜 목소리로 이야기하는 것이다. 만약 낙태에 반대하는 누군가의 근본 토대가 실제로 가톨릭 교리라면, 그이가 그렇게 말하도록 허용하자. 모두가 자유롭게 말할 수 있는 한 우리는 계속해서 갈등을 해결할 수 있다.

이것은 언뜻 호소력을 갖는 방식처럼 보인다. 그러나 위험은 분명하다. 즉 어느 정도 부자연스럽게 중립적인 세속적 담론 대신에, 우리는 공유된 용어가 아니라 분파주의적 용어로 논증이 이루어지는 담론을 갖게 된다. 달리 말하면, 논증들을 가능한 한 객관적으로 제시하라는 요구를 없애고 각자의 구체적이고 포괄적인 세계관을 좀 더 주관적인 용어로 표현하도록 고무한다. 그럼에도 우리가 그러한 담론에서 의견 일치에 이르기에 충분히 성숙하고 열린 마음을 갖게 되리라는 생각은 너무 낙관적인 것 같다. 더 정확히 말하면, 우리는 결국 어느 때보다 더

정치적 이상으로서 이성

분리되기 쉬울 것이다. 하나로 모으는 것보다는 분리하는 것에 초점을 맞추게 되면서, 의견 일치 가능성은 훨씬 더 불확실해질 것이다. 정치인들은 이제 더 이상 시민으로서가 아니라 기독교인, 유대인, 이슬람교도, 무신론자, 불교도 기타 등등으로서 이야기할 것이다. 또한 사람들은 분파주의적 노선에 투표하는 경향을 더 많이 보일 것 같다. 만약 사람들이 특정한 이데올로기 관점에서 이야기한다면, 우리도 자신의 관점을 표현하기를 원할 테니 말이다.

이것은 시민 생활에 재앙이 된다. 신념의 다양성을 온전히 존중하고 동질적이고 모호한 세속주의를 강요하지 않으려는 의지는 고결한 의지이다. 그러나 그렇게 하는 방법은 세속주의를 폐지하고 각기 다른 신념 체계의 불협화음이 터져 나오게 방치하는 것이 아니다. 성공으로 가는 길은 기존의 세속주의를 훨씬 더 품위 있게 개조하여 거기서 신에 대한 공포감을 제거하는 것이다. 세속 사회가 사람들에게 종교가 중요하지 않은 듯한 태도를 취할 필요는 없다. 하물며 누구든 자신의 종교적 견해를 공공연하게 표현하는 것을 금지해서도 안 된다.

이러한 접근법이 각기 다른 신념을 충분히 존중하는 이유를 보여 주는 한 가지 예시로서, 종교 학교에 관한 논쟁을 고찰해 보자. 나는 종교 학교에 반대하는 사례를 만드는 인본주의 철학자 집단이 작성한 소논문의 공저자였다.[9] 우리는 우리가 주장한 이유에 명백하게 영향을 미친 무종교적 관점을 숨기지 않았다. 하지만 모두가 받아들일 수 있는 용어로 사례를 만들기 위해 시도했다. 가장 분명하게, 종교 학교를 세우지 않아야 할 이유로 종교에 대해 허위라고 주장되는 것들을 결코 사용하지 않았다. 오히려 우리는 종교를 배제하기보다는 포함시키는 용어로 아이들과 사회의 결합의 자율성 같은 요소들에 근거하여 주장했다. 그 뒤에 숨겨진 원칙은 전형적으로 세속적이었다. 종교적인 사람들도 동의할 수 있는 사례를 만들 필요가 있었기 때문이다. 실제로 몇 년 후, 종교 학교의 확산에 반대하는 캠페인 단체인 〈어코드콜리션Accord Coalition〉이 구성되었고, 그 구성원에는 종교 집단, 인본주의자, 노조, 인권운동가 들이 포함되었다.

동일하게 종교 학교 **지지론**이 만들어져야 하고, 실제로 주로 그렇게 만들어진다. 종교 학교가 있어야 하는 신학적 이유들이 있을 수도 있지만, 그것들은 정치적 논쟁과 무관하다. 오히려 우리는 부모의 자유, 각기 다른 신앙을 가진 사람들에 대한 공정한 대우 기타 등등의 쟁점들로 논쟁해야 한다. 이 중 어느 것도 종교에 대한 모든 언급의 가차 없는 추방을 포함하지 않는데, 왜냐하면 진정한 세속주의는 결코 그러한 것을 필요로 하지 않는다.

정치적 이상으로서 이성

4.
새로운 세속적 다원주의

이 모든 것은 실제로 무엇을 의미하는가? 세속적 측면에서 보자면, 세속적 중립성이 요구되는 좀 더 엄격하고 작은 시민적 중심civic core을, 그리고 그 부분 바깥에서는 종교적 표현에 대한 규제의 완화를 의미한다.

먼저, 좀 더 엄격한 중심이다. 어떠한 종교 집단도 민주주의 국가에서는 특권적 지위를 가져서는 안 된다. 영국에서 이것은 영국 국교회를 폐지하고, 원로 주교가 의회의 상원에 앉을 당연직 자격도 함께 폐지하는 것을 의미한다. 이것은 확실한 첫 번째 단계이다. 우리는 다른 신앙을 가진 사람들을 설득하길 바랄 수 없고, 한 종파가 특권을 부여받은 지위를 가질 때 국가의 눈에 모두가 평등할 리 없다. 유사하게 모든 민주적 기관들 또한 신앙과 관련하여 완전히 중립적이어야 한다.

하지만 이와는 별개로, 우리는 종교를 가진 사람들이 자신을 표현하도록 허용하는 것에 좀 더 관대할 필요가 있다. 예컨대, 시빌 웨딩civil weddings에 부부의 요청에 따라 성가나 종교적 발언을 포함하지 않아야 할 이유는 없다. 누군가가 직장에서 자신의 종교적 신념의 상징을 절대 착용해서는 안 되는 이유도 없다. 무신론자들이 자신들의 검열 없는 선전을 유포하고 신앙인들의 생각과 그날의 기도가 그들을 짜증 나게 하는 만큼이나 신앙인들의 짜증을 유발할 만한 동일한 기회를 갖는 명확하게 신의 존재를 부정하는 프로그램들이 편성되는 한, 공영방송에 신의 존재를 긍정하는 프로그램들이 편성되어서는 안 될 이유란 없다. 원로 정치인들이 그들이 주장하는 정책을 정당화하는 근거로서 그들의 종교적 신념을 적용하지 않도록 매우 유의할 필요가 있음에도, 그들이 자신들이 가진 신앙의 중요성을 인정하지 않아야 할 이유도 없다.

일부 세속주의자들은 시민사회가 종교적 표현을 더 많이 허용하도록 규제를 완화해야 한다는 사실을 수용하기 시작했다. 예컨대, 프랑스 철학자 알랭 바디우Alain Badiou는 열린 이상과 폐쇄적인 이상 사이에서 선택해야 하는 유럽과 이민지와 소수자가 기꺼이 용인될 수 있는 새로운 공간을 창출할 필요성에 대해 이야기했다.[10] 이는 '공인된' 세속적 입장이 가장 지지받을 수 있는 유일한 입장은 아니라는 인식과 직결된다. 예컨대, 바디우는 히잡을 금지하는 법이 라이시테 혹은 정말로 여성을 보호하기 위해 필요하다는 주장들을 맹비난하면서, 그러한 법을 도입하려는 프랑스의 시도를 통렬하게 비판하는 글을 써 왔다.[11]

위르겐 하버마스Jürgen Habermas는 종교에 대한 부정적인 태도를 줄일 필요를 인정한 또 한 명의 세속적 자유주의자이다. 그는 "자유주의 국가는 정치적 광장에서 종교적 목소리를 해방시켜야 할 그 자체의 이해관계를 갖고 있는데, 왜냐하면 그 반대

정치적 이상으로서 이성

의 경우 세속 사회가 의미와 정체성의 창조에 필요한 핵심적 자원들로부터 스스로를 차단하게 될지 그러지 않을지를 알 수 없기 때문"이라고 말했다.[12] 하버마스는 또한 종교를 가진 사람들의 의견 제시가 세속주의의 전통적인 중립적 공적 담론 양식의 전부는 아닐지라도 일부를 유지하는 "일반적으로 이해하기 쉬운" 언어로 이루어져야 할 필요성을 강조한다. 그러면서도 동시에 그는 종교를 갖지 않은 사람들에게도 해석의 책임을 부여한다. 하지만 그는 또한 종교를 갖지 않은 사람들에게도 이러한 번역에 대한 일정한 책임을 물었다.

물론 '종교적 목소리를 해방시키는' 데는 난관들이 있다. 자유로운 종교적 표현에 대한 권리는 종교가 당신에게 요구한다고 믿는 어떤 일이라도 할 수 있는 권리를 수반하지는 않는다. 예컨대, 동물 복지 기준을 충족시키지 못하는 할랄 도축은 받아들여질 수 없다. 신앙을 가질 권리가 당신의 아이들을 분파주의적 기관에서 교육시킬 권리를 반드시 수반하지는 않는다. 종교 복장을 착용할 권리가 보안 때문에 얼굴 전체를 보여 줄 필요가 있는 장소에서 부르카를 착용할 권리를 수반하지는 않는다. 하지만 이러한 어려운 경우들이 일반적이지는 않다. 대부분의 시간에, 사람들은 세속적 원칙들을 위태롭게 하지 않은 채 종교 생활을 충분히 엄수하며 살아갈 수 있다.

만약 종교가 다시 영향을 미치도록 세속주의의 허용이 이루어져야 하는 영역들에서 종교가 스스로를 재천명할 수 있다면, 종교를 적절하게 세속적인 정치 영역으로 내보낼 추동력이 사라지기를 기대해 볼 수 있을 것 같다. 그리고 그것은 정말 좋은 일일 것이다. 신앙과 관련한 세속적 중립성이란 우리 사이에 있으며, 사회는 이미 종교적 신념에 의해서보다 훨씬 더 분열되어 있다. 그것이 바로 세속주의가 종교를 가진 사람과 갖지 않은 사람 모두를 위한 것이 되는 이유다. 만약 당신이 신앙을 선택할 인류의 능력 자체에 가치를 부여하는 자비심 많은 신을 믿는다면, 결론은 분명하다. 신 또한 세속주의자일 것이다.

　설사 정치적 다원주의론을 확실히 입증할 수 있다 하더라도, 그 문제의 다원주의적 측면과 관련하여, 민주주의는 아무리 (상대적으로) 복잡하다 해도 철학적 논증에 호소함으로써 유권자들의 동의를 확보하지는 않는다. 더구나 포퓰리즘은 합리적 논증에 근간을 두지는 않아도 상식에 호소하기 때문에 논증이 포퓰리즘을 몰아낼 수 있다고 추정하는 것은 현실적이지 않아 보인다. 한 술 더 떠서, 포퓰리즘이 장악하고 나면 다원주의를 입증하기는 점점 더 어려워진다. 그렇게 하는 것이 포퓰리즘이 격분하는 바로 그 엘리트주의의 과도한 복잡성을 제시하는 것처럼 보일 것이기 때문이다.

　다원주의 정치를 옹호하기 위해서는 철학적 논증을 한옆으로 밀어 두고 효력을 발휘할 것에 대해 좀 더 정치적 용어로 생각해야 한다.

우선, 실질적인 다원주의를 옹호하는 복잡한 논증들과 알아 듣기 쉽고 간단한 정치적 메시지들 사이에 수사적 가교가 있을 수도 있다. 복잡한 것을 알아듣기 쉽게 하는 일은 어렵기는 해도 불가능하지는 않다. 사람들에게 사회가 의존하는 균형과 합의를 계속 일깨워 줄 필요가 있다. 이는 문제시되는 타협으로가 아니라 축하해야 할 성취로서 제시되어야 한다. 예컨대, 사람들은 납세를 통한 개인적 부의 강제적 포기를 좋아하지는 않지만 도로, 학교, 병원은 좋아한다. 따라서 하나는 다른 하나를 요구한다는 사실을 볼 수 있을 만큼 그들이 충분히 성숙해야 한다.

설사 많은 쟁점이 다원주의와 직접 관련된 것은 아닐지라도, 정치의 전반적 기조가 복잡성과 타협을 인정하는 논조라는 사실은 중요하다. 공짜로 분명하게 제시되는 해법이 더 많을수록, 결국 분명해지게 될 비용에 대해 혹은 상황이 결코 그만큼 단순하지는 않은 것으로 밝혀질 복잡성에 대해 사람들의 아량은 더 줄어들게 된다.

정치에 대한 일상적 담론을 계속해서 다시 설정한다는 것은 '대중the people'을 비롯해 여타 '근면한 가족들'과 같이 무의미하고 허구적인 동질적 집단들을 지나치게 단순화한 수사를 거부하는 것이다. 따라서 수사는 이렇게 달라져야 한다. 우리는 모두 다르고, 우리는 저마다 다른 욕구를 갖고 있다. 정부의 책무는 이러한 욕구를 가능한 한 많이 충족시키는 것이다. 모두가 똑같이 중요하고, 똑같이 특별하다.

마지막 전략은 지나치게 단순화한 가짜 해법을 곧바로 제압하고 그것들이 가능하지 않은 이유와 비용이 얼마나 될지 똑똑히 설명하기 위해 기꺼이 나서는 마음이어야 한다. 정치인들은 주민들에게 실제로 잘못된 것이라면 잘못되었다고 이야기하기 위해 나서는 것을 두려워해서는 안 된다. 타당한 이유가 있는 일을 완수했을 때 대중의 의지에 거역하는 것은 궁극적으로 보상받게 될 지도자에게서 나타나는 용기의 징표이다. 근래 수십 년간—적어도 선거 기간에—가장 성공한 영국 정치인이 마거릿 대처Margaret Thatcher인 이유를 생각해 보자. 수많은 사람에게 심한 혐오를 받으면서도, 그녀가 드러낸 단호한 결심은 종종 마지못해 주는 존경을 그녀에게 안겨 주었다.

그렇다면 포퓰리즘에 대항하고 다원주의를 지키기 위해 정말로 필요한 것은 모두의 이해관계와 관심을 포괄하는 차이, 논쟁, 다양성의 경기장으로서, 그야말로 정치의 회복이다. 다른 말로 하면 정치는 이성에 의거한 토론에 중점을 두어야 한다. 이는 정치제도에 신뢰를 다시 세울 것을 요구한다.

이러한 잠정적 해법들은 어떤 면에서는 신중하고 또 어떤 면에서는 유토피아적이다. 말하는 방식의 변화에 다름 아닌 것처

정치적 이상으로서 이성

럼 보인다는 점에서 그 해법들은 소박하다. 하지만 어떤 의미에서 정치는 우리가 어떻게 말하는가의 문제, 즉 우리가 사소한 갈등에서 타협에 이르기 위해 대화를 구성하는 방식과 다르지 않다.

하지만 그 해법들은 사람들이 가장 듣고 싶어 하는 말들을 하지 말 것을 정치인들에게 요구한다는 점에서 유토피아적이다. 그것은 입에 쓴 약이지만, 이미 존재하는 다원주의 국가들이 법의 지배와 모두의 권리 존중을 위해 허용하는 핵심 가치들을 상실하지 않은 채로 각기 다른 가치들을 수용하는 능력을 찬양함으로써 쓰지 않게 만들 수 있다.

설사 우리의 정치 문화가 좀 더 이성에 의거하도록 바꿀 가능성에 비관적이라도, 우리는 노력하는 것 말고는 선택의 여지가 거의 없다. 정치에서, 이성의 얇은 얼음 아래 흐르는 물은 특히 거칠고 얼음만큼이나 차갑다. 그 속에서 헤엄치는 포식자들은 현실 정치의 복잡성에 눈을 감는 소수의 순진한 이상주의자들을 무섭게 먹어 치우도록 운명 지어진, 기회주의적 포퓰리스트들과 분열을 일으키는 국수주의자들이다. 이성은 그러한 위험들에 맞선 빈약한 방어처럼 보일 수도 있지만, 그것이 우리가 가진 유일한 것이다.

이성의 신화를 넘어

스스로 이성을 옹호한다면서 그 한계를 지적하는 데 너무 열중한다는 사실을 알고는 놀라는 사람들이 있을 수도 있다. 나 같은 친구를 만나면, 혹시 이성이 적敵을 필요로 하는 것은 아닌지 의아할지도 모른다. 하지만 이성은 그처럼 엄한 사랑을 필요로 하지 않는다. 이성을 무조건적인 지지가 필요한 아이처럼 다룰 수는 없다. 오히려 늘 더 열심히 훈련하여 발전하도록 강요받아야 하는 정예 선수처럼 다뤄야 한다. 그러지 않으면 아무것도 성취할 수 없기 때문이다. 우리가 직면하는 가장 어려운 쟁점들은 이성의 능력을 그 한계점까지 최대한으로 발휘하다가, 종종 이성의 가장자리edge를 향해 나아갈 것을 요구한다. 훈련의 비유를 확장하자면, 논증들의 형식 논리적 유효성을 분석하거나 모순을 찾아내는 것과 같이, 이성이 거의 아무런 노력을 들이지 않고도 잘하는 것을 칭찬만 하는 것은 오류가 될 것이다. 입증될 수 없는 모호함이나 전제들을 이성이 다루어야 할 때, 그리고 판단력의 신중한 사용을 이성이 필요로 할 때처럼, 이성이 선천적으로 더 취약한 지점에 주의를 기울이는 것도 필요하다.

1.
회의주의의 용도

그러므로 내가 옹호해 온 이성에 대한 생각은 회의주의적 인식이다. 이 책에 담긴, 역사 속에서 주요하게 얻은 영감의 궤적을 추적해 온 독자들에게는, 전혀 놀라움으로 다가오지 않을 것이다. 그 영감을 준 인물은 18세기의 천재 흄이다. 흄은 이성의 힘에 대해 여느 철학자보다 더 회의적이다. 하지만 그의 회의주의는 극도로 목적의식이 분명하고 신중했으며, 그를 이성의 정체를 폭로한 사람으로 특징 짓도록 오해를 불렀다. 린치가 주장했다시피, "가장 폭넓은 의미에서, 이성은 우리의 신념이나 약속들이 타당한 이유를 설명할 수 있는 능력이다." 하지만 사람들은 "논리적 추론"과 "관찰"을 포함해 "특정한 방법론을 사용하고 특정한 자원들에 호소하고 특정한 실천에 참여함으로써" 더 좁은 의미로 "이성"을 사용하는 경우가 많다. 린치는 "이성에 대한 회의주의적 우려들은 이처럼 더 협소한 의미에 관한 것"이라고 말했다. 경솔한 회의주자들은 대개 이것을 이성에 대한 회의주의라고 착각한다.[1] 흄과 같은 신중한 회의주의자들careful skeptics은 이것이 이성이 중요한 역할을 할 수 있는 많은 여지를 남긴다고 본다.

흄의 신중한 회의주의는 "확실하고 자명한 원칙들로 출발해서, 소심하지만 흔들리지 않는 걸음으로 나아가고, 우리의 결론들을 자주 검토하고, 그에 따른 모든 결과를 정밀하게 고찰하라"고 우리에게 간청한다. "설사 이러한 수단들에 의해 우리 시스템에서 완만하고 동시에 얼마 안 되는 진보밖에 이루지 못할지라도, 그 수단들은 우리가 진리에 도달하기를 희망하고, 우리가 내린 결정들 속에 적절한 안정성과 확실성을 유지라도 할 수 있는 유일한 행동 양식the only methods이다."

우리의 이성을 사용한다는 것이 무엇인지를 이보다 더 분명하게 요약할 수는 없다. 하지만 흄에게는 이 과정의 각 단계가 늘 완벽하지 못하다는 사실을 우리는 기억해야 한다. 우리는 '적절한 공평무사'를 목표로 삼지만 결코 완벽하게 공정할 수도, 편견에서 자유로울 수도 없다. "확실하고 자명한 원칙들로 출발"하려고 노력할 수는 있지만, 그중 완전히 투명하거나 의심의 여지가 없는 것은 없다. "흔들리지 않는 걸음"으로 나아가는 전진을 기대하지만 결코 완벽하게 확고할 수는 없다. 그렇기 때문에 더욱더, "우리의 결론들을 자주 검토하고, 그에 따른 모든 결과들을 정밀하게 고찰"해야 한다.

흄은 회의주의가 극단적으로 강요될 수 없다고 말한다. 우리는 우리의 사고방식이 순수이성이나 과학적 관찰로 증명할 수 없는 기본 원칙들에 의존한다는 사실을 인정해야 한다. 그러면서 우리는 이성의 한계를 받아들이기도 하고, 아니면 막다른 골목cul-de-sac으로 인도하는 회의주의를 따르기도 한다. 흄은 신념을 갖고 후자의 경로를 따를 수 있는 사람은 없다고 주장한다. 극단적 회의주의자ultra-skeptic는 "그의 철학이 마음에 변함없는 영향을 미친다고 생각하지 못한다. 혹여 그렇다면, 그 영향은 사회에 유익할 것이다. …… 모든 담론, 모든 행동은 즉각 중단될 것이고, 사람들은 본성의 요구를 충족시키지 못한 채 그들의 비참한 상태를 끝장낼 때까지 계속 총체적 무기력 상태로 남겨진다." 그러한 극단적 회의주의는 지적으로 위험하지는 않는데, 그것이 아무도 계속할 수 없는 일종의 게임이 되기 때문이다.

그러므로 흄은 **완화된** 회의주의mitigated skepticism라는 좀 더 신중한 형태를 주창했는데, 그것은 "인류의 다수"가 "대립되는 논증에 대한 생각은 아예 없이" 오직 한 측면만을 보면서 "자신들의 견해에 단정적이고 독단적"이 되는 경향을 바로잡는 기능을 한다. 완화된 회의주의는 "어느 정도의 의심, 경고, 신중함은 있을 수밖에 없는데, 이것들은 온갖 종류의 정밀함과 결단 속에서, 올바른 추론자와 영원히 동행해야 한다"고 가르친다. 흄의 완화된 회의주의는 신중하지만 필수적인 합리성의 한 형태에 관한 내 설명의 모델이다.

2.
무엇이 중요한가?

　　이성에 대한 회의주의적 옹호가 이성을 빈약하고 쇠약한 상태로 방치한다고 믿는 사람들이 있을지도 모르겠다. 하지만 나는 그 담화의 어떤 얇음thinness이라도 반드시 필요하고 바람직하다고 생각한다. 합리성의 영향력이나 범위에 대해 서로 차이가 나는 특정한 신념을 가진 다양한 사상가에게서 진정한 계몽의 정신을 찾아볼 수 있다. 그들이 공유하는 것은 합리성이라는 매우 얇은 개념과 관계있는 약속이다. 즉 모든 것이 모두에게 열려 있고 권위에 대한 어떠한 호소도 다른 사람들을 이기게 해 주지 못하는 공통된 지적 공간에서 의견 차이는 토론이 되고 논의될 수 있다는 생각에 대한 약속이다. 린치는 이성에 통용되는 이 화폐를 "진실로 계몽의 영감을 받은 단 하나의 인식"이라 부른다.[2] 문제는 비록 수많은 이들이 이 얇은 합리성에 충실한 구현체인 대학에서 생계를 꾸려 가는데도, 다수의 서구 지성들의 말을 좇아 그것이 존재하지 않는다고 생각한다는 점이다.

　　우리는 또한 이 영역 바깥에 사람들이 있다는 사실 또한 망각하는 것 같다. 불쾌한 함의를 담은 또 다른 단어를 사용하여, 온갖 유형의 근본주의자들은 합리적 탐구 영역에서 손을 뗐다. 그들이 옳다고 주장하는 것은 무효화할 수 있는 게 아니라 의심하지 않는 것이다. 그것은 인간이 아닌, 신에 의해서만 평가 가능하다. 다른 견해를 가진 타인들의 관심사를 이해하려는 노력은 없으며, 그들이 옹호하는 강제는 의견 그 자체에서가 아니라 폭력의 강제력에서 나온다.

그러나 이러한 왜곡된 가치들에 대한 독점권이 종교 근본주의자들에게만 주어진 것은 아니다. 예컨대, 미국 정부가 이라크 전쟁의 서막을 열면서 취한 태도는 내가 옹호해 온 합리성의 가치에 대한 충격적인 멸시를 보여 주는 것 같다. 나는 정부가 행동에 나설 때는 그 타당한 이유를 이해할 수 있게 만드는 일에 관심을 가져야 한다고 확신한다. 사담 후세인에 대한 미국 정부의 핵심 주장들은 진실이라고 평가할 수가 없고 증거가 없는데도 그대로 믿어야만 했다. 신념의 무효화 가능성을 인정하라는 우리 요구를 무시하는 것처럼 보이는 확실한 목표가 있었다. 반대의 견해를 가진 타인들의 이해관계와 전망에 충분한 관심을 기울이지도 않았다. 그리고 마지막으로, 제시된 이유들이 설득력을 갖지 못했다는 점이 전혀 중요시되지 않았다. 무력으로 강요된 것이다.

하지만 그 전쟁을 강력히 비판한 사람들에 속했던 다수 학자와 지성인은 합리적인 영역을 약화시키고 그것이 묵살될 수 있게 만든 데 대해 일정한 책임을 인정해야 한다. 조지 W. 부시 George W. Bush 대통령의 상임 고문이 기자들에게 국민들이 "식별

가능한 현실에 대한 사려 깊은 연구에서 해결책이 나오는 것은 아니라고 믿고 있고", "우리가 현실에 기반을 둔 공동체라 부르는 것"에 내줄 시간이 자기네 국민에게는 없다고 말한 것을 잘 생각해 보라. 오히려 "우리는 이제 하나의 제국이고, 행동할 때 우리는 자신의 현실을 만들어 낸다. 그리고 당신이 그 현실을 연구하는 동안—당신이 원한다면, 사려 깊게—우리는 다른 새로운 현실들을 만들어 내면서 다시 행동할 것이고, 그 현실들을 당신 또한 연구할 수 있으니, 그것이 바로 상황이 해결되는 방식이다."[3] 학구적 세계에서 광장으로 새어 나가는, 꾸준하게 현실을 약화하는 상대주의적인 반합리성 담론이 투입되지 않고서야, 그러한 진술은 상상할 수조차 없었을 것이다.

차이에 대한 우리의 강박관념은 의견 차이가 충분히 검토될 수 있는 합리성의 공통된 영역이 존재하지 않게 된 결과를 만들었다. 우리에게는 각기 다른 이익 집단들을 정당화하는 담론과 합리적 설명이 다양하게 있다. 그것들은 단지 폭넓고 느슨하게 포스트모던으로 분류된 그러한 생각의 흐름에 대한 비판에 불과한 것이 아니다. 포스트모더니즘의 적들은 자신들을 이성의 유일한 승자로 세웠다. 그들의 반대자들로 하여금 합리성과 이성이라는 칭호를 기꺼이 포기하고 싶은 마음을 더 쉽게 갖게 만든 것이다. 그렇게 함으로써, 그들 역시 어떠한 보편적 대화도 가능한 지적 영역이 분파적 입장에 따라 지나치게 해체되고 분열되어 있다는 인식에 이바지했다. 지적 공동체의 대부분을 반합리적anti-rational이라고 일축함으로써, 안티포스트모더니스트들 또한 가장 폭넓은 토론장에서 자신의 주장을 펼치려 하는 것이 무의미하다는 인식에 기여했다.

우리는 합리성에 대해 공유된 가치가 여전히 존재한다는 것을 더욱 기꺼이 받아들여야 하지만, 그러지 않을 경우 각기 다른 관점을 갖게 될 그토록 많은 사람에게 그 가치를 공유할 수 있게 하는 것이 정확히 바로 그 개념의 얇음이다. 이렇게 우리는 차이를 논의하고 불일치를 해결할 적절한 장소로서 지적 담론의 영역을 다시 정당화해야 한다. 지금은 이미 서방의 지성들이 보다 대국적 시야를 갖고서, 만약 그들이 공통점을 강조하지 않을 경우 합리적 탐구라는 진취적 정신 전부가 오늘날 우리가 처한 문제들에 해법을 구하는 사람들에게 점점 더 시대에 뒤떨어져 보일 뿐이라는 사실을 깨달았어야 할 시점이다. 자신들이 확실한 증거에 입각하여 추론한다고 생각하는 사람들은 사유 활동이 합리성의 강박적인 억제에서 벗어나 표류할 수 있다고 믿는 사람들만큼이나 착각하고 있다. 양자 모두 동일한 얇은 얼음 위에서 스케이트를 타고 있으며, 이 점을 제대로 이해하지 못할수록, 그들이 얼음을 깨뜨릴 공산은 더 커진다.

3.
이성 사용 가이드

이 책은 '……하는 법' 안내서가 아니지만, 이 책이 옹호하는 이성에 대한 설명은 실천적 의미를 함축하고 있다. 이성을 더 잘 이해함으로써 우리는 더 잘 추론할 수 있어야 한다. 이는 추론하는 방법에 관한 대부분의 책이 제공한 것과는 상당히 다른 종류의 도움말이다. 예컨대 다른 책들에서 보이는 경향은 형식 논리의 요점 혹은 오류들을 목록으로 기재하는 것에 초점을 둔다. 이성의 더 나은 사용법을 암시할 수 있는 방식으로 이 책의 주요 주장을 압축해서 보여 주기로 결정한 결과물이 사용자 가이드이다. 이것은 정보와 조언 혹은 기법을 제공하기보다는 이성을 대하는 올바른 태도를 조성하는 것을 더 중시한다.

이 가이드는 두꺼운 것들the thicks과 얇은 것들the thins의 혼합이다. 나는 이성 공동체 전체가 여기에 포함된 거의 전부를 받아들여야 한다고 생각한다. 좀 더 논쟁적인 것도 일부 있을 수 있다. 전체라는 정신은 포괄된 하나이다. 나는 우리가 공유하는 이성이 우리를 완전히 분리할 만큼 너무 '두껍지'도 않고, 쓸데없을 만큼 너무 '얇지'도 않은 방식을 반영하기를 희망한다. 강력한 여느 공동체와도 다름없이, 이성 공동체 또한 강하면서도 동시에 폭넓은 승인을 받기도 하는 가치들로 유지되어야 한다. 다행스럽게도, 나는 이 가치들이 존재한다고 생각하며, 이것들을 당신에게 추천한다.

1. 정직하고 성실한 추론가들은 **합리적 담론의 보편성**을 인정해야 한다. 무엇이 합리성인지, 그리고 그것이 무엇을 요구하는지에 대해 다양한 의견 차이가 있는 것은 사실이지만, 합리성에 대해 얼마간의 얇은 개념을 공유하지 않는 한 우리는 이 차이들을 합리적으로 토론하는 것조차 불가능할 것이다. 이와 같이 폭넓은 '이성 공동체' 내부의 차이들은 이성주의의 도구함에 들어 있는 각기 다른 요소들에 강조점을 두는 데 대체로 기인한다.

2. 논증에 대한 비판은 비이성적이라는 것이 아니라 오류이거나 약하다는 것이어야 한다. 다른 논증을 비이성적이라고 일축하는 것은 이성 공동체로부터 일종의 제명을 시도하는 것인데, 오히려 우리가 해야 하는 일은 되도록 많은 것을 그 안에 유지시키는 것이다.

3. 세밀한 추론도 제 위치가 있지만, 중요한 쟁점에 관한 한 영향력을 갖는 것은 큰 논증이다. 증거와 논증에 따라 신념을 할당하는 것이 합리적이므로, 소규모의 관찰이나 불명료한 논리 형식보다는 보편적 관찰과 진상이 명확한 논리의 핵심에 의거하는 논증을 더 중요시하는 것은 매우 적

절하다.

4. 이성은 완전히 객관적이고 특정 개인과 상관없는 심판자가 아니라, 추론가들이 좋은 판단을 만들어 내는 데 도움을 받기 위해 사용하는 것이다. 오로지 추론가들만이 내릴 수 있는 결정인데도, 이성이 우리 대신 결정할 수 있다고 생각하는 것은 잘못된 신념이다.

5. 이성은 개인적 판단을 사용할 것을 요구한다. 우리는 사실 그리고(혹은) 논리에 대한 호소만으로 결론에 이르거나 이론을 만들어 낼 수 없다. 그러므로 이성은 타율적이지 않고 자율적이어야 한다. 이성은 우리가 그것을 사용하는 방식을 책임지면서 우리가 직접, 완전히 직접 사용하는 것이어야 한다.

6. 이성은 전체론적으로 작동한다. 우리가 하는 일을 우리가 믿는 이유는, 중복되고 상호 보완하는 수없이 많은 이유와 논증 때문이고, 어느 쪽이든 하나가 그 쟁점을 해결하는 일은 좀처럼 없다. 이는 논증 하나하나가 모두 동일하게 이끄는 것이 아님을 인식하면서 **논증들**이 이끄는 대로 어디로든 따라가는 것에 비해 '어디든 **그** 논증이 이끄는 대로 따라가는' 것이 비이성적이라는 것을 의미한다.

7. 설사 우리의 신념들이 우리가 일관성을 유지하기 위해 분투하는 '망' 안에서 서로가 서로를 지탱해 준다 할지라도,

어떤 '결정적 마디들'은 정당한 신념들로 이루어진 네트워크를 온전히 유지하는 데 다른 마디들보다 더 중요하다. 비트겐슈타인이 말했다시피, 우리는 "이러한 기초 벽을 집 전체가 지탱하고 있다"고 말해도 될 것 같다."

8. 이러한 결정적 마디들 가운데는 우리가 무엇이라도 믿기 위해 인정해야 하는 일부 '기본적' 신념들이 있다.

9. 일부 기본적 신념들은 교정 불가능하거나 자명한 것으로 간주되어야 하고, 그러지 않으면 신념에 대한 정당화는 결코 끝나지 않을 것이다. 하지만 교정 불가능하거나 자명**한** 것과 단지 교정 불가능하거나 자명해 **보일** 뿐인 것을 분간할 수 있는 엄격한 테스트는 존재하지 않는다. 그 결과, 이성에 똑같이 전념하는 각기 다른 사람들이 각기 다른 신념을 기본적이라 간주하고, 중요한 문제들에서 상당히 다른 결론들에 도달할 수도 있다.

10. 그저 아무 신념이나 기본적 신념이라고 주장하는 것이 정당화되지는 않는다. 지당하게 기본적 신념들은 정말로 필요하거나 믿을 만해야 한다.

11. 합리적 논증은 **신념을 위한 객관적 이유들을 제시하는** 논증이다.

12. 어떤 이유도 완벽하게 객관적이지는 않다. 더 정확히 말하면, 우리의 오성은 우리의 관점, 추론, 개념 틀, 의식의

독특한 특징들에 덜 의지할수록 더 객관적이게 된다.

13. 객관적 이유들은 **이해 가능해야** 한다. 다른 모든 조건이 동일할 때, 어떤 묘사나 설명도 원칙상 더 이해 가능할수록, 더 객관적이다.

14. 객관적 이유들은 **평가가 가능**해야 한다. 주장되는 것이 참인지 거짓인지 타인들이 판단할 수 없다면, 그것은 주관적인 것들의 영역에 남는다.

15. 객관적 이유들은 **무효화가 가능**해야 한다. 합리적 논증은 원칙적으로 늘 논증과 증거라는 공식 기준에 의해 얼마든지 수정 혹은 기각될 수 있다.

16. 객관적 이유들은 생명체들의 특별한 이해관계, 가치, 욕망과 무관하게, **이해관계로부터 자유로워야** 한다.

17. **실천적 합리성**이란 우리의 목표와 가치를 고려한 상태에서 우리가 믿어야 하는 것에 관한 것이며, 이해관계로부터 자유롭지 않다. 그럼에도 실천적 합리성은 가치중립적인 이유에 의해 정당화될 수 있는 판단들에 근거해야 한다.

18. 객관적 이유들에는 **설득력이 있어야** 한다. 이 '이성적 힘'은 '심리적 힘'과는 다르다. 이성적 힘은 어떤 결론에 따라 행동에 나서거나 그것을 받아들여야 할 동기를 느껴서가 아니라, 오로지 그 결론이 받아들여져야 한다는 인식에 관한 것이다.

19. 정직하고 성실한 추론가라면, 설사 자신이 객관성을 얻으려고 노력한다 해도, 우리가 추론하는 방식은 부분적으로는 우리 개성에 의해 결정된다는 사실을 인정해야 한다. 이는 과학에서조차 명확하게 사고하는 모든 사람이 오로지 논증과 증거만으로 동일한 결론에 이른다고 확신하기가 때로는 충분치 않다는 것을 뜻한다.

20. 정직하고 성실한 추론가라면, 설사 자신이 객관성을 얻기 위해 애쓴다 해도, 자신을 객관적 심판자로 여기게 되면 실제로 사고 과정에서 주관적 편향의 역할을 증대시키는 경향이 있음을 심리학은 말해 준다. 우리는 객관성을 얻는 데 성공했다고 주장하지 않으면서 객관성을 갈망해야 한다.

21. 정직하고 성실한 추론가라면, 자신이 이해하는 것들에 너무 감동하지 않도록 해야 하고, 오히려 이해하지 못하는 것들에 유념해야 한다.

22. 현실을 지나치게 단순화한 모델들을 채택하면 현실 세계를 다루기 더욱 수월해 보이게 해 주지만, 정직하고 성실한 추론가는 이성의 힘에 대한 환상을 지키기 위해 이성이 직면하는 도전들을 지나치게 단순화하지 않는다.

23. 페미니즘과 소수자 집단과 주변화된 관점에 주목하는 것은 복수의 주관성을 위해 객관성을 포기하는 것이 아니

라, 우리가 공유한 현실에 대해 더욱 분명하고 포괄적이고 완전한 관점을 가짐으로써 객관성을 성취할 가능성이 더 커지는 것이다.

24. 이성이 융성하기 위해서는 적절한 환경에서 실행되어야 한다. 머릿속에서 진행되는 것은, 머리를 둘러싼 환경이 훌륭한 추론에 영향을 주지 않는다면 최적일 수 없다.

25. 정직하고 성실한 추론가라면, 과학주의를 거부해야 한다. 과학주의는 가장 정통성 있는 이해 형태는 과학적인 것이고 과학적 탐구 방법론으로 처리할 수 없는 것은 모두 근거 없고 무의미하다는 신념이다. 이 주장은 그 자체로 과학적이지 않기 때문에 자멸적이다. 과학은 이성의 가장 위대한 성취 가운데 하나이지만, 그렇다고 해서 우리가 생각하는 법을 알고 싶을 때 과학자들이 생각하는 방식을 모방해야 한다는 논리가 도출되지는 않는다.

26. 수많은 과학적 방법론이 있지만 단 하나의 유일한 과학적 방법론이 없는 것은 수많은 추론 방법이 있지만 이성에 요구되는 유일한 알고리즘이 없는 것과 마찬가지이다.

27. 논리는 이성의 가장 강력한 도구 가운데 하나이지만, 합리성의 정수 그 자체는 아니다. 논리학에서 공식화된 논증의 연역 방식은 삶과 세계의 많은 것에 관해 우리가 추론하는 방식도 아니고 추론해야 하는 방식도 아니다.

28. 이성이 과학과 논리를 초월하기 때문에, 이성은 '이성적 인' 혹은 '믿을 만한'과 같은 절망스럽게도 모호한 용어로만 평결을 내릴 수 있는 판단 유형들에 의거해야 하는 경우가 많다.

29. 이성에는 체계적이고 의식적인 측면이 있지만 동시에 무의식적이고 말로 표현할 수 없는 측면도 있다. 과학자들을 비롯해 훌륭한 추론가들은 판단, 직관, 통찰의 순간에 의지한다. 의식적이고 체계적인 이성은 무의식적이고 기계적인 메커니즘의 사용을 허용할 수 있다. 보통 의식적 추론이 전혀 개입되지 않는다는 이유로 전혀 이성적이지 않은 것으로 여겨지는 것에 대한 이성적 정당화가 있을 수 있기 때문이다.

30. 우리의 이성을 잘 사용하기 위해서는 논증보다 신중하게 주의를 기울이는 것이 더 유용한 경우가 많다.

31. 훌륭한 추론은 우리가 담론에서 **억양**의 역할에 주의를 기울일 것을 요구한다. 중요한 불일치들이 사실들이 아니라 사실들을 대하는 태도에 달려 있는 경우가 매우 흔하고, 종종 '한낱' '단지' '그저'와 같은 경시하는 단어들뿐 아니라 실망, 묵살, 공포 혹은 불신의 어조로도 표현된다.

32. 우리는 대략 믿어 의심치 않는 설명들을 할 수 있지만,

'진리The Truth'— 어떤 것에 대한 단 하나의 옳고 완벽한 설명— 는 불가능하다. 어떠한 설명이라도 하려면, 우리는 당시에 가장 적절하다고 판단하는 것을 선택해야 하는데, 여기에는 우리의 있는 그대로의 추론하는 힘뿐 아니라 우리의 가치와 태도도 반영될 수밖에 없다. 그 그림의 어떤 부분들을 골라내 '칭찬'할지 결정하기 위해서는 판단이 요구된다.

33. 필요와 욕망, 좋거나 나쁜 상태는 객관적 실재가 있다. 이러한 것들은 가치의 요소들을 담고 있는 사실들, 즉 '규범적 사실들'의 원천이다.

34. 규범적 사실들은 종종 실천과 관련된다. 그것들 안에 어떤 종류의 실천적 함의가 담겨 있다는 것이다.

35. 규범적 사실과 실천적 사실은 객관적이기 때문에, 이것들은 이성의 적절한 주제를 구성한다. 그런 이유로 이성은 가치중립적인 사실과 논리 이외의 다른 모든 것과는 상관없이 기능하는 사심 없는 이성이 아니다.

36. 우리는 도덕의 근거를 제공하는 사심 없는 이성을 기대할 수 없다.

37. 이성은 또한 윤리에서도 중요한 역할을 하는데, 우리의 도덕법칙이 그 근저에 놓인 감정이입에 입각한 충동과 시종일관 일치하는지 안 하는지를 우리가 결정할 수 있게 한다.

38. 도덕적 이유와 논증은, 비록 모두가 그것들에 강제되지는 않는다 하더라도, 완전히 사실에 입각한 이유와 논증만큼이나 합리적으로 설득력을 가질 수 있다. 수학을 할 수 있는 능력은 누구나 갖고 있는 능력이 아닌 인지 능력 보유 여부에 달렸다는 것을 우리가 인정하는 것과 마찬가지로, 우리는 도덕적으로 추론할 수 있는 능력이 조금도 결여된 일종의 감정이입에 입각한 인지 능력을 요구한다는 것을 인정해야 한다.

39. 일관성은 도덕의 불가침의 원칙이 아니다. 만약 일관성에 대한 요구가 정말로 끔찍한 어떤 것을 하라는 요구를 낳는다면, 일관성은 폐지되어야 한다.

40. 도덕은 과학이 아니지만, 도덕에 관한 수많은 쟁점이 사실 문제에 전적으로 달려 있기 때문에, 과학은 도덕 담론을 분명히 해 줄 수 있다.

41. 과학은 우리가 윤리의 기원과 그것이 근거하는 중립적 발판을 이해하게 할 수 있지만, 이들 중 무엇도 윤리의 정당한 이유들과 혼동되어서는 안 된다. 과학은 그것을 제공할 수 없기 때문이다.

42. 이성에는 합리성의 규범적 원칙, 즉 우리는 가장 합리적이라고 믿어지는 것을 믿어야 한다는 원칙에 포착된 그 자체의 '당위'가 있다. 이것은 이성의 본성 자체에서 넘쳐

나와야 하며 그에 근거한 부가적 판단이 아니다.

43. 이성은 정치에서 실질적인 정치적 다원주의를 정당화한다. 좋은 삶을 위한 모두의 열망을 완전히 만족시킬 수 있도록 사회 질서를 세우는 단 한 가지 길은 있을 수 없다. 경합하는 합리적 심판자들이 사회가 운용되는 방식에 대해 의견 일치를 이루지 않기 때문이다. 그러므로 정치의 역할은 각기 다른 양립 불가능한 입장으로부터 되도록 많은 양립 가능한 재화들이 획득될 수 있도록, 경합하는 주장들과 요구들 사이에서 균형을 유지하고 협의하는 것이다.

44. 정치에서, 이성 공동체는 우리를 갈라놓는 실질적인 세계관을 배제하면서, 우리가 공유하는 언어로, 세속적 용어로 토론하고 논쟁해야 한다.

45. 정치적 추론은 선험적일 수 없다. 우리는 추상적 이상에서 출발하고, 그런 다음 이 이론에 되도록 가까이 다가가기 위한, 그야말로 사회를 변화시키는 문제로서 실천적인 정치에 접근해서는 안 된다.

46. 정치나 종교 어느 것도 엄밀한 귀납적 과학이 아니다. 아리스토텔레스가 조언하듯, 정치에서 "우리는 진리를 대략, 개괄적으로 보여 주는 주제들에 대해, 그리고 그러한 전제들로 이야기하면서, 그리고 더 나을 바 없는 결론에

이르기 위해 대체로 일치하고 동일한 전제를 가진 것들에 대해 이야기하면서 만족해야 한다."

47. 우리의 현재 사회와 그 역사의 우연성들을 마땅히 고려한다는 것은 전통의 노예가 되거나 합리성을 약화하는 것이 아니라, 그것이 바른 정책을 낳을 수 있는 더 나은 이유들을 논하도록 허용하는, 정확하게 그러한 데이터로 합리성을 강화하는 것이다.

48. 합리적 행위는 이기적인 행위와 동일하지 않다.

49. 회의주의자들의 의심이 완전히 제거될 수는 없다. 그것을 해결하는 핵심은, 그런 의심들이 왜 생겨나는지 이해하고 그로부터 철학의 한계들을 배운 다음 그러한 한계들 안에서 노력하는 것이다.

50. 정직하고 성실한 추론가들은 단지 **변증론**의 한 형태로서의 이성에서 벗어나기 위해 애써야 한다. 변증론은 우리가 이미 믿고 싶다고 결정한 것을 합리적으로 정당화하는 것이다.

51. 정직하고 성실한 추론가들은 이성적**인** 것과 이성적**으로 보이는** 것의 차이를 유념해야 한다. 이 차이는 이성의 힘에 대한, 그 힘을 이용할 수 있는 우리 능력에 대한 회의주의를 전혀 필요로 하지 않는다.

52. 적절한 회의주의는 철학자들을 비롯한 사람들이 자신이

하는 일이 본질적으로도 다소 추측에 의존하고 늘 헛소리가 되어 버릴 위험에 직면해 있다는 것을 인정하게 만들어야 한다. 이성은 우리가 그 위에서 스케이트를 타는 것 말고는 아무런 선택의 여지가 없는 얇은 얼음이다.

감사의 말

이 책은 여러 다양한 저널의 글과 학회 논문, 그리고 책에 실린 글들 속에서 천착했던 생각을 묶어 발전시킨 것이다. 내 사고를 발전시킬 기회를 준 모든 이에게 감사하면서, 아래 명단에서 혹시 빠뜨렸을지 모르는 모든 이에게 사과한다.

러셀 블랙퍼드, 하비 카렐, 캐서린 피에스키, 데이비스 가메즈, 앨러스테어 해네이, 폴커 카울, 채드 마이스터, J. P. 모어랜드, 레이철 오브라이언, 앤서니 오히어, 우도 쉬클랭크, J. B. 스텀프, A. 스웨이스.

이 프로젝트의 초판본에 바친 리처드 뉴하우저의 열정은 프로젝트의 최종 완성에 결정적으로 기여했는데, 우리가 함께 작업할 수 없었던 점이 못내 아쉽다. 예일대학교 출판사의 멜리사 본드, 레이철 론스데일, 헤더 맥캘럼에게 큰 빚을 졌다. 리지 크레머의 믿음직하고 한결같은 지원에도 감사한다. 그 모든 것의 바탕에는 늘 그렇듯 안토니아가 있다.

머리말: 이성이라는 신화들

1. Ballard (2014: 89).

2. Letter 120.3. Augustine (2004: 131).

3. Plato (1994: 150-1).

4. Aristotle (2000: 21-22).

5. 2014년 9월 24일 백악관에서 있었던 버락 오바마 대통령의 유엔 총회 연설 중 www.whitehouse.gov/the-press-office/2014/09/24/remarks-presidentobama-address-united-nations-general-assembly.

6. Mill (1962: 160).

7. Plato (1994: 90).

8. Plato (2000: 17).

9. Baggini and Stangroom (2007: 113).

10. Williams (2015: 330).

11. Lynch (2012: 9).

1부 심판자로서 이성

1장 종교 논쟁

1. 이 장의 첫 번째 단락은 저자의 글에 기대고 있다(2009b).

2. "Homer the Heretic", Episode 4, Season 4, The Simpsons. First broadcast 8 October 1992.

3. Baggini and Stangroom (2003: 78).

4. Plantinga (1981).

5. Plantinga (1981: 42).

6. Plantinga (1981: 49).

7. Plantinga (2011:16 & 309).

8. Descartes (1986: 12), §17.

9. Knapton (2014).

10. Chowdhury et al. (2014).

11. Rescher (2001:173).

12. See Haack (2009).

13. Wittgenstein (1969: 33), §248.

14. Russell (1967: 71).

15. Descartes (1986).

16. Locke (1976: 274), Book 4, Chapter 2, §6.

17. Wittgenstein (1969: 21e), §142.

18. Lynch (2012: 17).

19. Baggini and Stangroom (2003: 227-8).

20. 이것과 다음에 따르는 내용은 저자의 글에 기대고 있다(2012b).

2장 과학적 발견

1. Kumar (2014: 358).

2. Schlosshauer et al. (2013).

3. Kumar (2014: 211) 아인슈타인-보어 논쟁에 관한 쿠마르의 책을 강력히

추천한다. 이 책은 이 장에 인용된 많은 과학자들의 인용문 자료이다.

4. Kumar (2014: 336).

5. Mill (1843: 22) Book3, chapter 14, §6.

6. Bostrom (2003).

7. Kumar (2014: 287).

8. Debate on 4 Feb. 2014, video at https://youtu.be/
   z6kgvhG3AkI. Transcript archived at www.youngearth.org/
   index.php/archives/rmcf-articles/item/21-transcript-of-
   ken-ham-vs-bill-nye-debate

9. Wolpert (1992: 101).

10. Baggini (2008).

11. Wolpert (1992: 108).

12. Lewens (2015: 40-1).

13. Medawar (1996: 33-9).

14. Kumar (2014: 61).

15. Kumar (2014: 56).

16. Wolpert (1992: 92).

17. Poincare (1913: 388).

18. Wolpert (1992: 62-3).

19. Medawar (1996: 35-6).

20. Wolpert (1992: 95).

21. Wolpert (1992: 95).

22. Wolpert (1992: 99).

23. Wolpert (1992: 97).

24. Wolpert (1992: 100).

25. Kumar (2014: 18.

26. Kumar (2014: 226-7).

27. Kumar (2014: 302).

28. Aspect (2007).

29. Kumar (2014: 163).

30. Kumar (2014: 229).

31. Kumar (2014: 209).

32. Kumar (2014: 220).

33. Kumar (2014: 142).

34. Kumar (2014: 155).

35. Kumar (2014: 224).

36. Kumar (2014: 125).

37. Poincare (1913: 367).

38. Kumar (2014: 134).

39. Kumar (2014: 123).

40. Attributed to Einstein in Wigner (1979: 230).

41. Jogalekar (2014).

42. Dirac (1963: 47).

43. Dirac (1938-9).

44. Ellis and Silk (2014).

45. Ball (2014).

46. Cartwright (1999: 24, 31).

47. Wolpert (1992: 92).

48. Baggini (2008).

49. Kumar (2014: 17).

50. Kumar (2014: 20).

51. Kumar (2014 262).

52. Kumar (2014: 320).

3장 논리 철학

1. 이 장의 첫 번째 단락은 저자의 글에 기대고 있다(2004a).

2. Singer (1972).

3. Chalmers (2015: 359).

4. Baggini and Stangroom (2003: 167-8).

5. Baggini and Stangroom (2002: 134-5).

6. Baggini and Stangroom (2002: 16).

7. Baggini and Stangroom (2003: 230).

8. Zhuangzi, Chapter 26, in Ivanhoe and Van Norden (2005: 20).

9. Baggini (2012a).

10. Hume (1988: 71) §4.1.

11. Descartes (1986: 17) §25.

12. Hume (1962: 301-2) Book 1, Part 4, §6.

13. Nozick (1974: 42-5).

14. Wittgenstein (1969: 2e) §3.

15. http://philpapers.org/surveys/results.pl.

2부 삶의 지표로서 이성

4장 철학자의 삶

1. 이 장의 첫 번째 단락은 저자의 글에 기대고 있다(2002b).

2. Mill (1989: pp. 111-4).

3. Rousseau (1996: 17).

4. Quine (1985: 76-7).

5. Quine (1985: 9).

6. Feyerabend (1995: 20).

7. van Inwagen (2004: 334).

8. Chalmers (2015: 352).

9. Bourget and Chalmers (2014).

10. Chalmers (2015: 348).

11. Wittgenstein (1980: 24).

12. Honderich (2001: 141).

13. Honderich (2015: 3).

14. Baggini (2015a: 195).

15. Baggini and Stangroom (2002: 207).

16. Honderich (2001: 87).

17. Russell (2000: 149).

18. Honderich (2001: 403)..

19. Honderich (2001: 405).

20. Honderich (2001: 390).

21. See Goldman (1999).

22. 내가 이것을 생각해 냈다고 주장할 수는 없지만 이 구별의 원천을 기억하지
   는 못한다-저자.

23. Quine (1985: 1).

24. Ayer (1977) and Ayer (1984).

5장 심리학의 도전

1. Auden (1940).

2. Foot (1978: 19–32).

3. Kahneman (2011: 20–1).

4. All in The Mind, BBC Radio Four, presented by Claudia
   Hammond,16 November 2011

5. Macdonald (2014).

6. Start the Week, BBC Radio Four, 17 March 2014

7. Bartels and Pizarro (2011).

8. Pascal (1995: p. 127) §423 (277).

9. Macdonald (2014).

10. Baggini (2009a).

11. Baron–Cohen (2004: 8).

12. Irigaray (2004: p.38).

13. Beebee and Saul (2011).

14. Baggini (2011).

15. https://beingawomaninphilosophy.wordpress.
    com/2010/12/11/show−me−agrad−student−i−can−fck/

16. https://beingawomaninphilosophy.wordpress.
    com/2015/08/04/that−mightimpede−your−promotion/

17. Kahneman (2011: 29).

6장 진리와 객관성

1. 이 장은 저자의 글에 기대고 있다(2004a).

2. See Nagel (1986).

3. Williams (2015: 331).

4. Lynch (2012: 95).

5. Hume (1988: 71–2) §IV.

6. Ayer (1946: 41).

7. Putnam (1991: 126-7).

8. Foucault (1984).: 74-5).

9. Irigaray (1987: 110).

10. Sokal and Bricmont (1998: 100).

11. Lewens (2015: 154-8).

12. See www.badscience.net/2007/11/a-kind-of-magic/

13. 다음에 따르는 내용은 저자의 글에 기대고 있다(2004b).

14. Freud (1955: 116).

15. Horkheimer and Adorno (2002: 18, 159).

3부 선행의 동기로서 이성

1. Plato (1996: 62) §358D

2. Mackie (1977: 23).

7장 당위적 실천

1. Kant (1998: 45) § 4:389.

2. Hume (1972: 156) Book 2, Part 3, §3.

3. See Plato (2000).

4. 이 장은 저자의 글에 기대고 있다(2002a).

5. Searle (2001: 158, 161).

6. Searle (2001: 158).

7. Searle (2001: 158).

8. Searle (2001: 159-61).

9. Hume (1972: 203) Book 2, Part 1, §1.

10. Baggini and Stangroom (2007: 104).

11. Blackburn (1998: 240).

12. Korsgaard (1996: 47).

13. Williams (1985: 23).

14. Scanlon (2015: 169).

15. Blackburn (1998: 240).

16. Allen (2002: 26).

8장 과학주의

1. From Book 6 of A System of Logic, published as Mill (1988: 19).

2. Rosenberg (2011: 3).

3. Rosenberg (2011: 6).

4. Warnock (1984).

5. Churchland (2011: 12–26).

6. Baggini (2012a).

7. Ridley (1996: 127–47).

8. Baggini and Stangroom (2003: 18).

9. Thornhill and Palmer (2002: xi).

10. Binmore (2005: 1).

9장 이성의 영향력

1. 이 장은 저자의 글에 기대고 있다(2004a).

2. See for example the contributions to Dancey, 2000.

3. Sartre (2001: 29).

4. See Edmonds and Eidenow (2001).

5. Jeffries (2007).

4부 정치적 이상으로서 이성

1. Plato (1994: p. 193). §473d-74a.

2. Al Gathafi (2005: 77).

10장 유토피아 디스토피아

1. Prince (1987).

2. Plato (1955: 177, 240, 246) §412b, 459de §461e.

3. Plato (1955: 262) §473a-c.

4. Knowing Me, Knowing You with Alan Partridge, Episode 5,
   BBC Radio Four, tx 29 December 1992

5. Sen (2009: 12-13).

6. Sen (2009: 2).

7. Scruton (2006: 34).

8. Colton (1849: 477).

9. Aristotle (2000: 4) §1094b.

10. Tse-Tung (1968: 20).

11. Marx and Engels (2015: 11) §2 "Proletarians and
    Communists".

12. Lenin (1975: 23).

13. Bakunin (1999: 74).

14. McFadden (2006).

15. Gardner (2008: 4).

16. Singer (2015: 14).

17. Marmot (2015: 110).

11장 정치적 세속주의

1. 이 장은 저자의 글에 기대고 있다(2015b).

2. See Baggini (2013a).

3. 카운터포인트 리서치는 유럽 전역에서 일련의 보고서를 작성했으며(그중 하나는 저자가 썼다), 정책 네트워크는 수년간 "포퓰리즘적 신호"를 읽었다.

4. Doxiadis and Matsaganis (2012: 12).

5. 이 장은 저자의 글에 기대고 있다(2006).

6. Parekh (2000a) and Parekh (2000b).

7. Hampshire (1999).

8. Rawls (1997: 783).

9. Humanist Philosophers Group (2001).

10. See interview with Badiou at https://www.rebelion.org/hemeroteca/cultura/040426ln.htm, 26 April 2004.

11. Badiou (2004).

12. Habermas (2005).

맺음말: 이성의 신화를 넘어

1. Lynch (2012: 3).

2. Lynch (2012: 138).

3. Suskind (2004).

참고 문헌

Al Gathafi, M. (2005). *The Green Book*. Reading: Ithaca Press.

Allen, Woody (2002). The Scrolls. In: *The Complete Prose*. London: Picador. pp. 31–8.

Alston, William P. (1992). Foundationalism. In: Dancy, Jonathan and Sosa, Ernest (eds.). *A Companion to Epistemology*. Oxford: Blackwell. pp. 144–7.

Aristotle (2000). *Nicomachean Ethics*. Trans. Crisp, Roger. Cambridge: Cambridge University Press.

Aspect. Alain (2007). To be or not to be local. *Nature*, Vol. 446, 866–7.

Auden, W. H. (1940). In Memory of Sigmund Freud. In: *Another Time*. London: Random House.

Augustine (2004) [410]. *Letters 100–55 (The Works of Saint Augustine, a Translation for the 21st Century: Part 2 –Letters)*, ed Boniface Ramsey. New York: New York City Press.

Ayer, A. J. (1946). *Language, Truth and Logic*. Harmondsworth: Pelican Books.

Ayer, A. J. (1977). *Part of My Life*. London: Collins.

Ayer, A. J. (1984). *More of My Life*. London: Collins.

Badiou, Alain (Sunday 22 February 2004). Behind the Scarfed Law, There is Fear. *Le Monde*. Translated for IslamOnLine by Norman Madarasz. (www.islamonline.net/English/in_depth/hijab/2004–03/article_04.shtml), 22 February

Baggini, Julian (2002a). Morality as a Rational Requirement. *Philosophy*.

Vol. 77, no. 301, 447–53.

Baggini, Julian (2002b). Philosophical Autobiography. *Inquiry*. Vol. 45, no 2, 1–8.

Baggini, Julian (2004a). Philosophy as Judgement. In: Carel, H. and Gamez, D. (eds), *What Philosophy Is*. London: Continuum. pp. 141–55.

Baggini, Julian (2004b). Reason To End The Truth Wars: Rationality Reconsidered. Paper presented at Humanism East and West Conference. Oslo, 4–5 June.

Baggini, Julian (2006). The Rise, Fall and Rise Again of Secularism. *Public Policy Research*. Vol. 12, issue 4, 202–10.

Baggini, Julian (2008). Interview with Lewis Wolpert. *The Philosophers' Magazine*, 42, 120–6.

Baggini, Julian (2009a). Interview with Luce Irigaray. *The Philosophers' Magazine*, 44, 18–6.

Baggini, Julian (2009b). Atheist, Obviously. In: Blackford, Russell and Shuklenk, Udo (eds), *50 Voices of Disbelief*. Oxford: Wiley–Blackwell. pp. 139–44.

Baggini, Julian (2011). The Long Road to Equality. *The Philosophers' Magazine*, 53, 14–19.

Baggini, Julian (2012a). Interview with Patricia Churchland. *The Philosophers' Magazine*, 57, 60–70.

Baggini, Julian (2012b). How Science Lost its Soul, and Religion Handed it Back. In: Stump, J.B. and Pedgett, Alan G. (eds), *The Blackwell Companion to Science and Christianity*. Oxford: Blackwell. pp. 510–19.

Baggini, Julian (2013a). *A Very British Populism*. London: Counterpoint.

Baggini, Julian (2013b). Science is at Odds with Christianity. In Moreland, J.P., Meister, Chad and Sweis, A. (eds), *Debating Christian Theism*. Oxford: Oxford University Press. pp. 313–22.

Baggini, Julian (2015a). *Freedom Regained*. London: Granta.

Baggini, Julian (2015b). The Populist Threat to Pluralism. *Philosophy & Social Criticism*. Vol. 41, no. 4–5, 403–12.

Baggini, J. and Stangroom, J. (2002). *New British Philosophy: The Interviews*. London: Routledge.

Baggini, J. and Stangroom, J. (2003). *What Philosophers Think*. *London*: Continuum.

Baggini, Julian and Stangroom, Jeremy (2007). *What More Philosophers Think*. London: Continuum.

Bakunin, Michael (1999) [1873]. Statism and Anarchy. In: Rosen, Michael and Wolf, Jonathan (eds), *Political Thought*. Oxford: Oxford University Press. pp. 73–6.

Ball, Philip (2014). The Mechanical Interface of the Tardis. Aeon. 19 May 2014, http://aeon.co/magazine/philosophy/beauty–is–truth–theres–a–false–equation/

Ballard, J. G. (2014). *The Atrocity Exhibition*. London: Fourth Estate

Baron–Cohen, Simon (2004). *The Essential Difference*. London: Penguin.

Bartels, Daniel M. and Pizarro, David A. (2011). The Mismeasure of Morals: Antisocial Personality Traits Predict Utilitarian Responses to Moral Dilemmas. *Cognition* Vol. 121, no. 1, 154–61.

Beebee, Helen and Saul, Jennifer (2011). Women in Philosophy in the UK. SWIP– UK and the British Philosophical Association Committee for Women in Philosophy. www.swipuk.org/notices/2011– 09– 08/Women%20in%20 Philosophy%20in%20 the%20UK%20(BPA– SWIPUK%20Report).pdf

Binmore, Ken (2005). *Natural Justice*. Oxford: Oxford University Press.

Blackburn, Simon (1998). *Ruling Passions*. Oxford: Oxford University Press.

Blackburn, Simon (2015). The Majesty of Reason. In: Honderich, Ted (ed.), *Philosophers of Our Time*. Oxford: Oxford University Press. pp. 173–91.

Bostrom, Nick (2003). Are You Living In a Computer Simulation? *Philosophical Quarterly*, Vol. 53, no. 211, 243–55.

Bourget, David and Chalmers, David J. (2014). What Do Philosophers Believe? *Philosophical Studies*, Vol. 170, issue 3, 465–500.

Cartwright, Nancy (1999). *The Dappled World*. Cambridge: Cambridge University Press.

Chalmers, David J. (2015). Why Isn't There More Progress in Philosophy?. In: Honderich, Ted (ed.), *Philosophers of Our Time*. Oxford: Oxford University Press. pp. 347-70.

Chowdhury R., Warnakula, S., Kunutsor, S., Crowe, F., Ward, H.A., Johnson, L., et al. (2014). Association of Dietary, Circulating, and Supplement Fatty Acids with Coronary Risk: A Systematic Review and Meta- analysis. *Annals of Internal Medicine*,160: 398-06. doi:10.7326/M13-1788.

Colton, Charles Caleb (1849). *Lacon: Or, Many Things in Few Words: Address -4 to Those Who Think*. New York: William Gowans.

Dancey, J. (ed.) (2000). *Normativity*. Oxford: Blackwell.

Descartes, Rene (1986) [1641]. *Meditations on First Philosophy*. Trans.: Cottingham, John. Cambridge: Cambridge University Press.

Dirac, Paul Adrien Maurice (1938-). The Relation between Mathematics and Physics. *Proceedings of the Royal Society* (Edinburgh), Vol. 59, Part II, 122-9.

Dirac, Paul (1963). The Evolution of the Physicist's Picture of Nature, *Scientific American*. Vol. 208, no. 5, pp. 45-53.

Doxiadis, Aristos and Matsaganis, Manos (2012). *National Populism and Xenophobia in Greece*. London: Counterpoint.

Edmonds, David and Eidenow, John (2001). *Wittgenstein's Poker*. London: Faber and Faber.

Ellis, George and Silk, Joe (2014). Scientific Method: Defend the Integrity of Physics. *Nature*, Vol. 516, no. 7531, 321-3.

Feyerabend, Paul (1995). *Killing Time*. Chicago: University of Chicago Press.

Foot, Philippa (1978). The Problem of Abortion and the Doctrine of the Double Effect. In: *Virtues and Vices*. Oxford: Basil Blackwell. pp. 19-32.

Foot, Philippa (2001). *Natural Goodness*. Oxford: Oxford University Press.

Foucault, Michel (1984). Truth and Power. In: Rabinow, Paul (ed.), *The Foucault Reader*. London: Penguin. pp. 51–75.

Freud, Sigmund (1955). *Moses and Monotheism*. Trans. Jones, Katherine. New York: Vintage Books.

Gardner, Dan (2008). *Risk: The Science and Politics of Fear*. London: Virgin Books.

Goldman, Alvin I (1999). *Knowledge in a Social World*. Oxford: Oxford University Press.

Haack, Susan (2009). *Evidence and Inquiry* (2nd edition). Amherst, NY: Prometheus.

Habermas, Jurgen (2005). Religion in the Public Sphere. Speech at the University of San Diego, 4 March 2005. www.sandiego.edu/pdf/pdf_library/habermaslecture031105_c939cceb2ab087bdfc6df291ec0fc3fa.pdf

Hampshire, Stuart (1999). *Justice is Conflict*. London: Duckworth.

Honderich, Ted (2001). *Philosopher: A Kind of Life*. London: Routledge.

Honderich, Ted (2015). *Philosophers of Our Time*. Oxford: Oxford University Press.

Horkheimer, Max and Adorno, Theodor W. (2002). *Dialectic of Enlightenment: Philosophical Fragments*. Trans. Jephcott, Edmund. Stanford: Stanford University Press.

Humanist Philosophers Group (2001). *Religious Schools: The Case Against*. London: British Humanist Association.

Hume, David (1962) [1739]. *A Treatise of Human Nature* (Book One). London: Fontana/Collins.

Hume, David (1972) [1739–0]. *A Treatise on Human Nature (Books Two and Three)*. London: Fontana/W.C. Collins.

Hume, David (1988) [1748]. *An Enquiry concerning Human Understanding*. La Salle, Ill.: Open Court.

Irigaray, Luce (1987). Sujet de la science, suject sexué? In: *Sens et place des connaissances dans la société*. Paris: Centre National de Recherche Scientifique. pp. 95–21.

Irigaray, Luce (2004). *Luce Irigaray: Key Writings*. London: Continuum.

Ivanhoe, Philip J. and Van Norden, Bryan W. (2005). *Readings in Classical Chinese Philosophy*. Indianapolis/Cambridge: Hackett Publishing.

Jeffries, Stuart. (Friday 21 December 2007). Enemies of thought, *the Guardian*.

Jogalekar, Ashutosh (2014). Truth and beauty in science, *Scientific American* blog, 21 May 2014, http://blogs.scientificamerican.com/the−curious−wavefunction/truth−and−beauty−in−science/

Kahneman, Daniel (2011). *Thinking Fast and Slow*. London: Penguin.

Kant, Immanuel (1998) [1797]. *Groundwork of the Metaphysics of Morals*. Trans. Gregor, Mary J. Cambridge: Cambridge University Press.

Knapton, Sarah. (Tuesday 18 March 2014). No Link Found between Saturated Fat and Heart Disease, *the Daily Telegraph*.

Korsgaard, Christine (1996). *The Sources of Normativity*. Cambridge: Cambridge University Press.

Kumar, Manjit (2014). *Quantum: Einstein, Bohr and the Great Debate about the Nature of Reality*. London: Icon Books.

Lenin, V. I. (1975). Karl Marx. In: *On Marx and Engels*. Peking: Foreign Language Press.

Lewens, Tim (2015). *The Meaning of Science*. London: Penguin.

Locke, John (1976) [1690]. *An Essay concerning Human Understanding*. London: Everyman.

Lynch, Michael P. (2012). *In Praise of Reason*. Cambridge, Mass.: MIT Press.

Macdonald, Toby (2014). How Do We Really Make Decisions?. BBC News website. 24 February 2014. www.bbc.co.uk/news/science−environment−26258662 www.bbc.co.uk/news/science−environment−26258662

McFadden, Daniel (2006). Free Markets and Fettered Consumers. AEA Presidential Address, 7 January, 2006. https://eml.berkeley.edu/~mcfadden/aea/presidentialaddress.pdf

Mackie (1977). *Ethics: Inventing Right and Wrong*. Harmondsworth:

Penguin.

Marmot, Michael (2015). *The Health Gap*. London: Bloomsbury.

Marx, Karl and Engels, Friedrich (2015) [1848]. *The Communist Manifesto*.London: Penguin.

Medawar, Peter (1996). Is the Scientific Paper a Fraud? In: *The Strange Case of the Spotted Mice and Other Classic Essays on Science*. Oxford: Oxford University Press. pp. 33-9.

Mill, John Stuart (1962) [1859]. *On Liberty, in Utilitarianism*. London: Fontana Press.

Mill, John Stuart (1988) [1867]. *The Logic of the Moral Sciences*. Chicago and La Salle, Ill.: Open Court.

Mill, John Stuart (1989) [1873]. *Autobiography*. London: Penguin.

Nagel, T. (1986). *The View from Nowhere*. Oxford: Oxford University Press.

Nozick, Robert (1974). *Anarchy, State, and Utopia*. New York: Basic Books.

Parekh, B. (2000a). *Rethinking Multiculturalism: Cultural Diversity and Political Theory*. Basingstoke: Palgrave Macmillan.

Parekh, B. (2000b). *The Future of Multi-Ethnic Britain*. London: Profile.

Pascal, Blaise (1995) [1670]. *Pensées*. Trans. Krailsheimer, A. J. London: Penguin.

Plantinga, Alvin (1981). Is Belief in God Properly Basic? *Noûs*, Vol. 15, No. 1, 41-51.

Plantinga, Alvin (2011). *Where the Conflict Really Lies: Science, Religion and Naturalism*. Oxford: Oxford University Press.

Plato (1955). *The Republic*. Trans. Lee, Desmond. Harmondsworth: Penguin.

Plato (1994). *The Republic*. Trans. Waterfield, Robin. Oxford: Oxford University Press.

Plato (1996). *Protagoras*. Trans. Taylor, C.C.W. Oxford: Oxford University Press.

Plato (2000). *Euthyphro*. In: Plato. The Trial and Death of Socrates (3rd edition). Trans. Grube, G.M.A. and Cooper, John M. Indianapolis/Cambridge: Hackett.

Poincare, Henri (1913) [1904]. *The Foundations of Science: Science and Hypothesis, the Value of Science, Science and Method*. Trans. Halsted, G. B. New York and Garrison, NY: The Science Press.

Putnam, Hilary (1991). The 'Corroboration' of Theories'. In: Boyd, Richard; Gasper, Philip and Trout, J.D. (eds), *The Philosophy of Science*. Massachusetts: MIT Press. pp. 121–37.

Quine, W. V. O. (1985). *The Time of My Life*. Cambridge, Mass.: MIT Press.

Rawls, John (1997). The Idea of Public Reason Revisited. *University of Chicago Law Review*, Vol. 64, no. 3, 764–807.

Rescher, N. (2001), Philosophical Reasoning: *A Study in the Methodology of Philosophising*. Oxford: Blackwell.

Ridley, Matt (1996). *The Origins of Virtue*. London: Viking.

Rosenberg, Alex (2011). *The Atheist's Guide to Reality*. New York: W.W. Norton.

Rousseau, Jean–Jacques (1996) [1781]. *The Confessions*. Ware, Herts: Wordsworth.

Russell, Bertrand. (1967). *The Problems of Philosophy*. Oxford: Oxford University Press.

Russell, Bertrand (2000). *Autobiography*. London: Routledge.

Sartre, Jean– Paul (2001) [1945]. Existentialism and Humanism. In Priest,Stephen (ed.), *Jean– Paul Sartre: Basic Writings*. London: Routledge.

Scanlon, T. M. (2015). Reasons Fundamentalism. In: Honderich, Ted (ed.), *Philosophers of Our Time*. Oxford: Oxford University Press. pp. 157–70.

Schlosshauer, Maximilian; Kofler, Johannes and Zeilinger, Anton (2013). A Snapshot of Foundational Attitudes toward Quantum Mechanics. *Studies in History and Philosophy of Science Part B Studies In History and Philosophy of Modern Physics* 44, 222–30.

DOI: 10.1016/j.shpsb.2013.04.004

Scruton, Roger (2001). *The Meaning of Conservatism* (3rd edition). Basingstoke: Palgrave.

Scruton, Roger (2006). *A Political Philosophy*. London: Continuum.

Searle, John (2001). *Rationality in Action*. Cambridge, Mass.: MIT Press.

Sen, Amartya (2009). *The Idea of Justice*. London: Allen Lane.

Singer, Peter (1972). Famine, Affluence, and Morality. *Philosophy and Public Affairs*, Vol. 1, no. 1, 229–43.

Singer, Peter (2015). *The Most Good You Can Do*. New Haven: Yale University Press.

Sokal, Alan and Bricmont, Jean (1998). *Intellectual Impostures*. London: Profile.

Spinoza, B. (1982) [1677], *The Ethics and Selected Letters*. Trans. Shirley, S. Indiana: Hackett.

Suskind, Ron (Sunday 17 October, 2004). Faith, Certainty and the Presidency of George W. Bush. *New York Times Magazine*. www.nytimes.com/2004/10/17/magazine/faith–certainty–and–the–presidency–of–george–w–bush.html?_r=0

Thornhill, Randy and Palmer, Craig T. (2002). *A Natural History of Rape: Biological Bases of Sexual Coercion*. Cambridge, Mass.: MIT Press.

Tse–Tung, Mao (1968). On Practice. In: *Four Essays on Philosophy*. Peking: Foreign Language Press.

van Inwagen, Peter (2004). Freedom to Break the Laws. *Midwest Studies in Philosophy*, 28, 334–50.

Warnock, Mary (1984). *Report of The Committee of Inquiry into Human Fertilisation and Embryology*. Department of Health & Social Security, www.hfea.gov.uk/docs/Warnock_Report_of_the_Committee_of_Inquiry_into_Human_Fertilisation_and_Embryology_1984.pdf

Wigner, Eugene Paul (1979). *Symmetries and Reflections: Scientific Essays*. Woodbridge, Conn.: Ox Bow Press.

Williams, Bernard (1985). Ethics and the Limits of Philosophy. London:

Fontana Press/Collins.

Williams, Bernard (2015). Philosophy as a Humanistic Discipline. In:
Honderich, Ted (ed.), *Philosophers of Our Time*. Oxford: Oxford
University Press. pp. 327–42.

Wittgenstein, Ludwig (1969). *On Certainty*. Trans. Paul, Dennis and
Anscombe, G.E.M. Oxford: Basil Blackwell.

Wittgenstein, Ludwig (1980). *Culture and Value*. Trans. Von Wright,
Georg Henrik. Oxford: Blackwell.

Wolpert, Lewis (1992). *The Unnatural Nature of Science*. London: Faber
and Faber.

찾아보기

ㄱ

갈릴레오 89

감정주의 253—4, 256, 268-70, 272, 276—7, 279, 294

객관성 139—40, 144, 158, 185—6, 195—6, 198—203, 205, 211, 215, 234, 237, 244, 271, 319, 321, 421—2

객관적 욕구 262

검증 원칙 208

결과주의 166

결정적 마디들 55—6, 69, 419

경험적 접근법 169, 175

계몽 241, 412

고야, 프란시스코 203

고야의 〈개〉 203

고정관념 위협 184

골드먼, 앨빈 160

골드에이커, 벤 231

공감 131, 133, 258—9, 275, 285, 311, 314

공리주의 106—8, 228, 276, 366

공산주의 350—5, 357, 367—8

공적 이성 10, 12

과학 9, 11, 24, 26, 33, 35—8, 42, 45, 59, 62—3, 72—87, 90—103, 125, 133, 139, 140, 144, 177, 182, 192, 204, 207—9, 213—4, 222—3, 236, 238, 241, 273, 293, 315, 351, 356—7, 372, 377, 384, 411, 421, 422—3, 425

과학적 도덕 302

과학적 방법론 33, 72, 81—2, 84, 86, 90, 100, 422

과학주의 62, 295, 306, 422

과학철학 76, 81—2, 100

관용 374–5, 379, 382, 386

관용의 원칙 379

광차 문제 166, 168, 176

구상화 193

권리장전 392

귀류법 107–10

규범적 사실들 270, 277, 328, 424

규범적 질문 282

근본주의 99, 412–3

글렌디닝, 사이먼 150–1

기반 38, 42, 52–3, 58, 61–2, 65, 123, 126, 133, 144, 169, 172, 208, 219, 232, 234, 236, 252, 258, 260, 269, 273, 285, 292, 294, 296, 303, 309, 319, 324, 338, 349, 351, 368, 380, 388–9, 394, 414

ㄴ

나이, 빌 79–80

낙태 305, 307–8, 397–8

내재주의 250

네이절, 토머스 195–6, 200

노직, 로버트 132

논리, 논리학 124, 127, 422

논리실증주의 208–9

'논증이 이끄는 대로 따른다'는 메타포 45, 134

뉴턴, 아이작 83

니체, 프리드리히 111

ㄷ

다수결 주의 373, 384

다원주의 371–5, 379–86, 388, 390, 394–6, 401, 404–7, 426

다윈, 찰스 222–3, 311

다이슨, 프랭크 왓슨 213

닻 내림 171, 173

대륙 철학 150

대처, 마거릿 406

데카르트, 르네 23, 45, 56, 77, 120–2, 130–1, 274, 282

데카르트의 순환논법 52

도교 124

도덕적 공감 275, 285

독시아디스, 아리스토스 388

동종 요법 229, 230–1, 234

뒤앙, 피에르 76

뒤앙-콰인 명제 76

디랙방정식 96

디랙, 폴 97

ㄹ

라이시테 390, 402

라이프 오브 브라이언 240

랭턴, 레이 183, 188

러셀, 버트런드 54, 109, 153, 329

레닌, 니콜라이 351

레셔, 니콜라스 51, 54

로런스, 데이비드 허버트 174

로젠버그, 알렉스 305–6

로크, 존 56

로티, 리처드 242

롤스, 존 397

루소, 장 자크 142

르윈스, 팀 82, 222

린치, 마이클 P. 16, 57, 205, 409, 412

ㅁ

마르크스, 카를 222, 351–2, 354

마멋, 마이클 368

마트사가니스, 마노스 388

마틴, 마이클 110–1

만족 억제 문제 309

매긴, 콜린 330

매키, 존 레슬리 250

맥패든, 대니얼 358–9

메더워, 피터 82, 85–6

메타–귀납적 회의주의 49

몬티 파이선 240

몽크, 레이 109–11

무의식적 6, 12, 86, 167, 169, 174, 178, 291, 423

무효화 가능성 57, 202, 212, 215, 284, 413

물리학 37, 72, 76, 83, 91, 92–4,

101–2, 204, 378

미국 독립선언문 392

민주주의 41, 349, 370–1, 373–4, 384, 388, 396, 401, 404

밀, 존 스튜어트 14, 76–7, 141–2, 299, 303

밀리컨, 로버트 87

ㅂ

바디우, 알랭 402

바르텔스, 대니얼 176

바쿠닌, 미하일, 알렉산드로비치 355–6

반증 208–10, 213, 216–7, 379

발생론적 오류 314

배런코언, 사이먼 180

배중률 124–6

밴 인와겐, 피터 145

버크주의 346

베를루스코니, 실비오 389

벤담, 제러미 299

벨, 존 75–6

변증론 58, 60–1, 63–5, 427

보른, 막스 91–2

보스트롬, 닉 77

보어, 닐스 71, 78–9, 92–3, 95, 101

보일, 로버트 87

보편적 가능성의 원칙 288

볼, 필립 98

볼테르 337

봄, 데이비드 75

부르제, 데이비드 145

부시, 조지 W. 413

분명함 34-5, 353

분석철학 23, 105, 150-1

브레이스웨이트, R. B. 109

브리크몽, 장 222

블랙번, 사이먼 240, 276, 286

비모순율 54-6, 58, 66, 124-5

비비, 헬렌 183, 187-8

비트겐슈타인, 루트비히 53, 56, 111, 132, 147, 329, 419

빈모어, 켄 313-4

빈의 변위법칙 101

빛의 파동설 75

ㅅ

사르트르, 장 폴 322-3

사심 없는 이성 250-5, 258-9, 267, 272-6, 279, 284-5, 294, 424

사울, 스밀란스키 148, 184-6

사울, 제니퍼 183

사회적 인식론 160

삼단논법 114-6, 128

삼위일체 교리 59-60

삼위일체 방패 59

상대주의 235, 381, 414

서넌, 유진 34

설, 존 255, 257-67

설득력 276-9, 281, 284, 289, 293, 318-20, 325, 352, 379, 413, 420, 425

설득력 있음 202, 224, 227

성 아우구스티누스 6

성실함 242-3

성차별 181, 184, 221

세속주의 390-400, 403-4

센, 아마르티아 341-2

소칼, 앨런 222

소호 콜레라 전염병 229

속임수 26, 35, 120, 171, 310-1, 338

손힐, 랜디 313

수렴 50, 72, 145, 146, 377, 378, 385

순환논법 53, 207

슈뢰딩거, 에르빈 75, 77, 92-3

스미스, 애덤 255, 257-67

스캔런, 토머스 마이클 285

스크러턴, 로저 346

스탈린, 이오시프 168

스태너드, 러셀 33

스탱룸, 제러미 33

스피노자, 바뤼흐 23

시스템 1과 2 167-73, 175, 189-90

신념 5, 12-3, 27-9, 35-40, 42-4, 50-8, 61-3, 65-70, 79, 102, 104, 118, 139, 147, 165, 170, 172, 184, 192, 195, 200-1, 206, 217-

9, 223–4, 229, 234, 236–8, 243–5, 263, 270, 275, 279, 289–95, 301–2, 308, 316–7, 319, 321, 326–30, 344, 350, 358, 371–2, 375–9, 385–6, 389–90, 393–9, 401–2, 404, 409, 411–3, 417–9, 422

신명론 254

신비한 경험 232, 234

신에 대한 공포감 399

신정론 59–61

신학 43, 58–9, 63, 291, 400

실용주의 118, 177, 343,

실존주의 322–3

실천과 관련된 단어들 326–8

실천적 합리성 271–2, 420

실천지實踐知 90

실크, 조 98

심리적 영향력 227

심슨 29

싱어, 피터 106, 228, 311–2, 366

ㅇ

아나키즘 350, 355, 357, 367–8

아도르노, 테어도어 W. 241

아름다움 (이론의) 81, 94–8

아리스토텔레스 6–7, 10, 114, 211, 275, 349, 351, 426

아스페, 알랭 91

아인슈타인, 알베르트 78–9, 83, 86–

9, 93–5, 101, 213–4

아폴로 우주선의 달 탐사 과학자들 99–100

악의 문제 59

안녕 142, 296–8, 300–1

애리얼리, 댄 179

앨런, 우디 291

얇은 개념, 두꺼운 개념 12, 242–3, 412, 417

어조 256, 423

어코드콜리션 400

에딩턴, 아서 88, 213–4

에이어, 앨프리드 줄스 163, 209–11

엘리스, 조지 97

엥겔스, 프리드리히 222, 351

역설 16, 59, 61–3, 81, 104, 123, 125, 143, 193, 196, 219, 271, 391

연역적 추론 114

영, 토머스 83

영향을 미침 16, 36, 73, 83, 93, 102, 119, 139–40, 182, 192, 223–4, 257, 295, 298, 300–1, 312, 325–6, 329, 344, 349, 374, 400, 403, 411

오든, 위스턴 휴 164

오류 이론 378, 380–1

오바마, 버락 9

와일스, 앤드루 98

울퍼트, 루이스 81–2, 85–8, 100–1

워노크, 메리 308

원인에 의한 설명 153-6, 158

위선 286

위험 88, 123, 150, 175, 242, 298, 310, 347-8, 353, 356, 358-9, 362-3, 365-7, 371, 384, 398, 407, 411, 428

윌리엄스, 버나드 16, 196, 241-2, 282

윌첵, 프랭크 96

유효성 408

윤리가 틀렸음을 밝혀냄 304, 313-4

융, 카를 구스타프 33

의무론 166

이기심 274

이누이트 310-1

이리가레, 뤼스 179-81, 221

이성 공동체 416-7, 426

이성의 규범성 318-21, 324

이성의 자율성 193-4

이슬람의 황금시대 375

이치논리 124, 126

이타주의 255-61, 266, 274, 313

이해 가능성 202, 204-6, 215

이해관계에서 자유로움 202, 216, 218-20, 223-4, 230-3, 235-6, 271, 277, 281, 377

인과관계 46, 151, 154, 208

인과적 사건에 의한 설명 153-5

인식론상의 다원주의 원칙 379-81, 385

인식론적 합리성 218-20

인종차별 184, 276

일관성 37, 53-4, 79, 119, 123, 128, 259, 286-90, 292-3, 359, 362, 418, 425

일반상대성이론 87, 213

일화적 229

잉여가치 351-2, 354

ㅈ

자만 160, 358, 377

자명함 120, 386

자서전 141-4, 146-7, 151, 153, 158-9, 162-3

자유주의 346, 374-5, 382, 394, 402

장자 125

재분배 344

적대적 태도 187

전체론 49-51, 62, 65, 207, 289, 418

정서 6, 91, 93, 100, 142, 168-9, 176, 178, 190, 253, 258, 271, 275, 277, 298

정신병질 177

정신분석(학) 168, 180

정의 339, 341-2, 345, 395-6

정의에 대한 초월적 접근법 341

정의주의情意主義 253
정초정합주의 53
정치적 소비자 주의 387
정합성 37
정확함 242-3, 349
제1원리 53-4
조갈레카르, 아슈토시 96-7
존재/당위 간극 268, 270
종교 9, 13, 24, 26, 29-30, 33-4,
  37-8, 42-3, 45, 50, 58, 61, 67-
  9, 104, 118, 133, 192, 253, 262,
  371-2, 375, 377-8, 384, 390-
  404, 413, 426
종교 학교 399-400
종교 복장 403
종교적 체험 68
주관성 76, 200, 421
주의를 기울이는 것 132, 409
증거에 의한 이론의 과소결정 76
지당하게 기본적인 믿음들 39, 42-
  4, 67-8, 104
직관 56, 85-6, 92-3, 107, 111-2,
  118, 166-7, 169, 172, 174, 177,
  189, 208-90, 321, 423
진리 5, 14, 42, 52, 54, 63, 65, 70,
  72, 75, 77, 84, 94, 102, 123, 129,
  134, 139, 141, 144, 146, 148, 151,
  159, 161-2, 189, 192, 194, 196,
  199, 202, 207, 212, 217, 220-3,

233, 235, 241-5, 279-80, 302,
  308, 323, 327, 336-40, 346-7,
  349-50, 356, 375, 378, 380, 382,
  385, 395, 410, 424, 426
진리 전쟁 240, 244
진리의 미덕 242
진화윤리학 312
진화론 43, 80, 313
마오쩌둥 350

ㅊ

차머스, 데이비스 108, 145
창조론 293
처치랜드, 퍼트리샤 127-8, 309-10
철인정치 335
'철학계에서 여성이란 존재는 무엇일
  까?' 블로그 188
초월적 접근법 342

ㅋ

카너먼, 대니얼 167, 169-73, 179,
  189-90
카다피, 무아마르 알 336
카트라이트, 낸시 98
칸트, 이마누엘 193-4, 285, 295,
  328
칸트주의 252-4, 256, 258-9, 267,
  273, 275, 294
케플러 74

코스가드, 크리스틴 282

코페르니쿠스, 니콜라우스 74-5, 77, 87

코펜하겐 해석 71, 75, 93

콜리지, 새뮤얼 테일러 141

콜턴, 찰스 캘럽 346

콰인, 윌러드 밴 오먼 76, 143-4, 163

쿠마르, 만지트 75, 91, 93

퀸, 워런 271

크라빈스키, 젤 366

키르케고르, 쇠렌 오뷔에 111, 291

ㅌ

타산적 사익 271-2

타율성 194

특수주의 288, 397

ㅍ

파레크, 비쿠 393, 395, 398

파머, 크레이그 T. 313

파스칼, 블레즈 178

파울리, 볼프강 91

파이어니어 우주선 196, 200

파이어아벤트, 파울 143-4

파트리지, 엘런 339

판단 12, 14, 23-5, 35-6, 41, 45-8, 57, 72-4, 78, 80, 85-6, 90-1, 98, 103-6, 109-14, 117, 119, 121, 123, 126-9, 132-3, 137, 139-40, 145-6, 151,

156-7, 159-60, 162-3, 165, 172-4, 176-8, 185, 192, 194-5, 199, 203, 205-6, 208, 215-16, 218-9, 222-3, 234-6, 239, 249, 251, 253-4, 258, 261-2, 271, 273, 275-6, 280-1, 286, 289-90, 292, 295, 298-9, 301, 304, 306, 312, 316-7, 321, 322-4, 329, 342, 346, 362, 372-3, 377-9, 381, 385-6, 408, 418, 420, 423-4, 426

판단 유보 47

퍼트넘, 힐러리 64, 112, 213-4

페르디난트 1세 345

페르마의 마지막 정리 98

페미니즘 철학 181, 186

편향 6, 12, 88, 165, 183-6, 200, 245, 421

평가 가능성 202, 205-6, 208, 211-2, 215, 230

포스트모더니즘 141

포퍼, 칼 100, 208, 212-4

포퓰리즘 371, 384-9, 404, 406

포화 지방 45-8, 50

푸앵카레, 앙리 85, 94

푸코, 미셸 220-1

풋, 필리파 15, 165, 270-2, 277

프레임 문제 156

프로이트, 지그문트 6, 164-5, 239

프리덤하우스 370

프톨레마이오스 74, 77, 87

플라톤 7, 10, 13-4, 23, 137, 171, 189-91, 249-51, 254, 335, 338-

43, 345, 349, 350, 355-7
플라톤의 〈국가〉 13, 335, 338-9
플라톤의 형상 250
플랑크, 막스 84, 88, 101
플랜팅가, 앨빈 38-40, 42-3, 66
플루, 앤서니 27
피자로, 데이비드 176
필페이퍼스 조사 145-6

ㅎ

하버마스, 위르겐 402-3
하슬랭거, 샐리 183, 186
하이젠베르크, 베르너 71, 75, 77,
 89, 92-3
학, 수전 53
합리성의 규범적 원칙 321, 370,
 380, 425
합리적 담화의 보편성 236-7
합리화 5, 65-6, 165, 168, 322
해리스, 샘 295-6, 298, 300, 302-
 4, 308
햄프셔, 스튜어트 395
허치슨, 프랜시스 255
현실에 기반을 둔 공동체 414
현실주의 241, 351
형이상학적 법칙론적 다원성 99
호르크하이머, 막스 241
호모 에코노미쿠스 358-60, 362,
 366-8

혼더리치, 테드 147-8, 151-2, 154,
 158-9, 163, 330
회의주의 25, 49, 67, 82, 100, 150,
 158, 284, 288, 292, 409-12, 427
흄, 데이비드 36, 129, 131, 207-8,
 252-5, 268, 272-4, 285-6, 320,
 409-11

옮긴이 박현주

1964년 태어나 서울대학교 철학과를 다녔다. 1980년대 중반부터 노동운동을 했고, 2000년 이후 의문사 진상 규명 활동에 참여했다. 최근에는 인권과 환경 등 여러 주제로 글을 쓰고 옮기는 일을 한다. 지은 책으로는 『미지의 세계에 첫발을 내딛다』, 『여성, 평화와 인권을 외치다』, 『행동하는 양심』, 『세상을 바꾼 아름다운 용기』가 있고, 옮긴 책으로 『여기서 전쟁을 끝내라』, 『열대우림의 깊은 꿈』, 『황금가문비나무』, 『그리즐리를 찾아라』, 『자연 관찰 일기』, 『더 많이 구하라』, 『똑똑똑, 평화 있어요?』, 『우리가 공유하는 모든 것』 등이 있다.

위기의 이성

1판 1쇄 인쇄 2017년 8월 21일
1판 1쇄 발행 2017년 8월 24일

지은이 줄리언 바지니
옮긴이 박현주
펴낸이 김영곤
펴낸곳 아르테

미디어사업본부 본부장 신우섭
책임편집 전민지 **인문교양팀** 장미희 신원제 **디자인** 소요 이경란 **교정** 송경희
영업 권장규 오서영 **마케팅** 김한성 정지은 **제작** 이영민

출판등록 2000년 5월 6일 제10-1965호
주소 (우 10881) 경기도 파주시 회동길 201(문발동)
대표전화 031-95 5-2100 **팩스** 031-955-2151 **이메일** book21@book21.co.kr
ISBN 978-89-509-7184-7 03100

아르테는 **(주)북이십일**의 브랜드입니다.

(주)북이십일 경계를 허무는 콘텐츠 리더

아르테 채널에서 도서 정보와 다양한 영상자료, 이벤트를 만나세요!
장강명, 요조가 진행하는 팟캐스트 말랑한 책수다 〈책, 이게뭐라고〉
페이스북 facebook.com/21arte   블로그 arte.kro.kr
인스타그램 instagram.com/21_arte   홈페이지 arte.book21.com